INTRODUCTION AU FRANÇAIS ACTUEL

INTRODUCTION

AU FRANÇAIS ACTUEL

FIRST YEAR FRENCH

Robert E. Helbling
Andrée M. L. Barnett
UNIVERSITY OF UTAH

HOLT, RINEHART AND WINSTON
New York   Toronto   London

PERMISSIONS AND ACKNOWLEDGMENTS

Permission by the following authors, publishers, and copyright holders, to reprint and include copyrighted material in this textbook is gratefully acknowledged:

L'AURORE: "Simplification du 'Tout-Compris'," by C. M. Vadrot. (J)

L'EXPRESS: "Jeunes Français d'aujourd'hui," (J) and "L'aménagement de Paris." (J)

LE FIGARO: "Utah Beach," by Gilles Perrault; (J) "Le temps des nombres," by Carlo Bronne; (J) "De bouche à oreille," by Jean Fougère; (J) "Les gars du Nord," by P. Macaigne; (J) "Les Méridionaux," by J. M. Garraud; (J) "L'ordre," by Yves Grosrichard; (J) "Sur un passeport périmé," by Roger Ikor; (J) "Sélectivité," by Jean Fayard; (J) "La tête la première," by Yves Grosrichard; (J) "Orly 'Hors taxes'," by Pierre Fisson; (J) "Le souci de Gide: exalter l'effort humain," by Jean Grenier. (J)

GEORGES BORCHARDT: "Les Visiteurs sans bagages," by Michele Kespi. (BE)

LE HERISSON: "Alouette," by Pierre-Jean Vaillard; (J) "La maison de mes rêves," by Jean-Pierre Monein. (J)

ILLUSTRATION CREDITS

Peter Buckley: title page, 123, 142 *right*, 229 *right*
Photo Feher: *Page* 93, 94
Courtesy of French Cultural Services: *Page* 377, 378
Courtesy of French Embassy Press and Information Services: *Page* 57, 91, 118, 132, 144, 147, 184, 246, 318, 428
Courtesy of French Government Tourist Office: *Page* 9 *lower right*, 189
Rapho-Guillumette: *Page* 135
Renate Hiller: *Page* 1, 31, 287, 325, 338, 339
Courtesy of Institut Pedagogique National: *Page* 171, 202
Helena Kolda: *Page* 5, 9 *left*, 17, 18, 21, 26, 66, 79, 81, 97, 120, 131, 142 *left*, 177, 187, 191, 199, 216, 228 *left*, 232, 248, 265, 268, 283, 284, 301, 302, 305, 322, 342, 359, 363, 381, 382, 385, 394, 395, 396, 431, 432, 446
Reportage Lefebvre: *Page* 111
Albert Monier: *Page* 71, 213, 399
Courtesy of The Morgan Library: *Page* 162
Courtesy of New York Public Library, Picture Collection: *Page* 190, 249
Courtesy of New York Public Library, Prints Division: *Page* 106, 160, 161
Nancy W. Parker: *Page* 20, 175
Ted Mahieu, Photofind, S.F.: cover
Marc Phincherle: *Page* 391
Howard Tilton, Memorial Library, New Orleans: *Page* 7
Francois Vikar: *Page* 40, 142 *center*, 215, 229 *left*, 253, 271 409, 415
H. Roger Viollet: *Page* 145
Photo Yvon ©*SPADEM*, French Reproduction Rights, Inc.: *Page* 109

Library of Congress Catalog Card Number: 72-84085
Printed in the United States of America

ISBN: 0-03-086737-1

3 4 5 6 7   038   9 8 7 6 5 4 3 2 1

Preface

Introduction au français actuel attempts to be "*actuel*," (*i.e.*, up-to-date) in several ways: in its method which combines the more widely accepted features of audio-lingual instruction with a more traditional grammatical approach, in the topics of each lesson which deal largely with contemporary concerns, and in its language, which reproduces modern French as it is used today in speaking and writing. The aim of the book and the accompanying *Laboratory Manual* is to provide the student with ample opportunity to practice all four language skills: listening, speaking, reading, and writing.

The textbook itself is divided into thirty lessons, each of which can be covered in approximately one week's time. All the lessons contain the following subdivisions:

Illustration. This first section consists of a number of sample phrases in the form of a dialogue, a series of independent sentences, or a brief narrative passage in which the grammatical or syntactical principles taken up in the lesson are presented and emphasized through the use of italics. In most lessons, no more than three new items are introduced.

Explanation. The explanations given in English offer brief analyses of the new grammar presented in the lesson with some further illustrations in French, where necessary. At times the explanations are sketchy, at times more extensive. It is hoped that in all cases they are both precise and undogmatic enough to aid the instructor's own interpretations. With respect to the place of the explanations in the pedagogic scheme, it is the authors' conviction that they should be presented prior to the exercise material. The linguistic code of the native tongue interferes too strongly to be readily expunged by rote repetition of pattern phrases without some intellectual grasp of the underlying grammatical principles.

Whenever possible, a grammatical or syntactial topic is fully explored in one and the same lesson. However, problems of larger scope such as the agreement of the past participle or certain tenses and modes of verbs are presented in successive stages through two or three consecutive lessons. But in general, the scattering of component parts over many lessons has been avoided.

Oral Drills. These make up a large portion of each lesson. They are essentially of the "pattern sentence" and "substitution" varieties and involve a relatively restricted vocabulary used in many combinations in order to give the student sufficient practice in manipulating the basic structure and idiom of French. The drills are intended to be done in class, but for the purpose of reinforcement most of them are also included in the Language Laboratory Program slightly modified.

Vocabulary. The glossary for each lesson is introduced at the point of transition from the comparatively sparse vocabularly of the **Oral Drills** to the wider range of words used in the reading passages. Obvious cognates have been omitted but are listed in the French-English end vocabulary. In the more advanced lessons, vocabulary words and expressions are subsumed under a "primary" and a "secondary" category. The latter contains words and expressions which should be part of the learner's passive rather than active vocabulary. Accordingly, the vocabulary exercises which follow the first reading passage make use only of the "primary" category of words.

Première Lecture, Questionnaire, Vocabulary Exercises. These three sections belong together. They are designed to build up the student's vocabulary, to develop his reading comprehension and to stimulate his ability to express himself on a given topic. The reading passages touch not only on prominent cultural, geographic and, occasionally, historic aspects of France but also on features of contemporary life that are of equal and abiding interest on both sides of the Atlantic. Some passages are condensations or slightly altered versions of articles that have appeared in well-known French newspapers and journals; others have been written by the authors themselves. In all cases, the language used is not a contrived form of textbook French and, though the reading passages embody the new principles studied in a lesson, they do not do so excessively and at the expense of naturalness of expression. The **Questionnaire** should help make the transition from a passive reading comprehension to a more active verbal mastery of the material. Finally, the **Vocabulary Exercises,** in which the student is asked to use some of the new words in a certain context, are designed to further develop his mental agility in the new language.

Deuxième Lecture. The second reading passage repeats within another topical framework some of the new grammatical elements, especially those which did not occur frequently enough in the **Première Lecture.** But this second passage is essentially designed to promote the student's passive reading comprehension. It contains a large number of new words printed in italics which are translated or explained in footnotes and constitute a kind of "tertiary" group of words. The vastly expanded vocabulary will afford the student a form of immersion in the language, allowing him to develop the necessary confidence to handle a text strewn with unfamiliar words even if he cannot hope to retain them all. There is no questionnaire following the second reading passage, precisely because its primary aim is to further the student's passive reading ability.

Grammar Exercises. These are of the traditional "fill-in" type and serve as a device to check the student's theoretical grasp and practical knowledge of the new forms and principles. They also are intended to serve as a foundation for correct writing.

Composition. The topics suggested are germane to those of the reading passages and, with proper guidance from the instructor, should give the student an opportunity to apply what he has learned, if not "creatively," at least in a "recreative" way.

The basic organization of each lesson is clear, easily visible and consistent throughout. It should also prove flexible enough to stress any aspect of the language learning process according to the aims set for a first-year course. If the development of listening and speaking abilities is the chief purpose, the second reading passage, the **Grammar Exercises** and the **Composition** may be neglected or omitted altogether, while the rest of the material and the laboratory work will be emphasized. Conversely, if the primary aim is to impart a reading and, possibly, a writing ability, the **Oral Drills** can easily be shortened and the lab exercises omitted.

The Supplementary Materials consist of a *Laboratory Manual* with accompanying tape recordings, and a brief *Instructor's Manual*.

Each lesson of the *Laboratory Manual* consists of oral work to be done in conjunction with the tapes, and includes phonetic and pronunciation exercises, oral drills supplementing those in the textbook and a dictation. The **Illustrations** have also been recorded and are followed by a series of short questions. The final section of the *Laboratory Manual* is a "Guide to Phonetics and Pronunciation."

The Instructor's Manual contains a number of useful hints and additional explanatory material for each lesson as well as a general plan for the effective integration of the various teaching materials.

A first version of *Introduction au français actuel* was tested over a period of one year at the University of Utah with notable success. We have profited from the experience and attempted to incorporate the positive results of the trial run into the printed work.

Robert E. Helbling
Andrée M. L. Barnett

Table of Contents

ix

Première Leçon

ILLUSTRATION

— *Je suis* étudiant.

— Paul et Max, est-ce que *vous êtes* Français?

— Non, *nous sommes* Anglais.

— Est-ce que Paul *est* professeur?

— Non, *il est* ingénieur.

— Est-ce que Marie et Louise *sont* à l'Université?

— Oui, *elles sont* à l'Université de Bruxelles.

— Est-ce que *tu es* prêt à partir?

— Oui, *je suis* prêt.

— Est-ce que *vous êtes* content?

— Oui, *je suis* très content.

— Les Dupont *sont* en France.

— Et les Jones? Est-ce qu'*ils sont* aussi en France?

— Non, *ils sont* en Amérique.

— Est-ce que Marie *est* en Suisse?

— Non, *elle est* en Belgique.

EXPLANATION

I. The Subject Pronouns.

A. Forms.

In French, the subject pronouns are the following:

je	**nous**
tu	**vous**
il/elle	**ils/elles**

je becomes **j'** in front of a verb beginning with a vowel or a mute **h.**

B. Uses.

1. Tu, used in *"est-ce que tu es prêt à partir?"* and in the subsequent answer, tells us that the two persons involved in the dialogue know each other well, are friends or close relatives. They use the familiar form.

Vous, used in *"est-ce que vous êtes content?"*, indicates that the two persons do not have close ties, are mere acquaintances or strangers. They use the polite form of address.

French people are sensitive about the right usage of **tu** and **vous**. When referring to more than one person, **vous** may be familiar or polite, depending on the situation.

2. There is no direct French equivalent for the English pronoun *it* replacing a noun. In French, all nouns are considered to be either masculine or feminine and are therefore replaced with **il** or **elle** depending on their grammatical gender.

3. In the plural, the distinction between masculine and feminine, **ils** and **elles**, is maintained (compare with English *they*, plural for all three genders, *he*, *she*, *it*.)

II. The verb être.

In French as in most other Indo-European languages, the verb "to be", **être**, has a very irregular conjugation:

je **suis**	nous **sommes**
tu **es**	vous **êtes**
il/elle **est**	ils/elles **sont**

Il **est** professeur.
Nous **sommes** Anglais.
Je **suis** content.
Est-ce qu'elles **sont** en France.

III. Est-ce que?

A simple method of asking a question consists of placing **est-ce que** in front of a statement (**est-ce qu'** in front of a noun or pronoun beginning with a vowel as in "*Est-ce qu'il est prêt?*"). In later chapters, another method of asking a question and different types of questions will be discussed.

ORAL DRILLS

A. *Repeat the following sentences using the words in parentheses as new subjects. Make the necessary changes.*

1. Je suis Français.
(Paul / Nous / Paul et Marie / Vous / Tu / Pierre et Georges / Les Dupont)

2. Paul est chez Pierre.
(Paul et Marie / Je / Vous / Il / Nous / Tu / Les étudiants / Louise / L'ingénieur / Les Dupont)

3. Je suis à Paris.
(Vous / Marie / Le professeur / Tu / Paul / Nous / L'étudiant / Pierre et Georges)

B. *Repeat the following sentence substituting the words in parentheses for the underlined words. Make the necessary changes.*

Paul est Français mais Jean est Anglais.
(Le professeur — l'étudiant / Nous — vous / Je — tu / Pierre — Georges / Vous — nous / Paul et Marie — Bernard et Louise / Les Dupont — les Jones / Il — je)

C. *Ask the following questions, using* **est-ce que**. *Follow the example.*

Je suis Français. Et vous?
Est-ce que vous êtes Français?

1. Pierre est étudiant. Et Paul? **2.** Georges est ingénieur. Et Pierre? **3.** Les Jones sont Anglais. Et les Allen? **4.** Marie est professeur. Et Louise? **5.** Je suis prêt à partir. Et vous? **6.** Paul est à Paris. Et Louise et Jean? **7.** Le professeur est content. Et l'étudiant? **8.** Tu es à l'université. Et le professeur? **9.** Paris est en France. Et Bruxelles?

D. *Substitution Exercise*

Paul est en quatrième année de médecine.
Je...
...........en première année...................
...................................de pharmacie.
...................................d'architecture.
Nous...
...........en dernière année ....
....de philosophie.
....de chimie.
Marie ....
...........en troisième année...................
...................................de droit.
...................................de physique.
Vous ....
...........en deuxième année...................
...................................de théologie.

Vocabulary

à at, to
l'ami/l'amie friend
l'année (*f*) year
aussi also
chez at the house of
de of, from
dernier/dernière last
deuxième second
en in
et and
être to be

la **faculté de droit** law school
le **frère** brother
mais but
partir to leave
pour for
premier/première first
prêt (à) ready (to)
quatrième fourth
la **sœur** sister
très very
troisième third

Première Lecture

Pierre et Françoise

Pierre et Françoise sont frère et sœur. Ils sont Français. Ils sont à l'université. Pierre est à Montpellier et Françoise est à Poitiers. Pierre est en quatrième année de médecine. Il est sérieux et studieux. Françoise est en première année de philosophie et lettres. Elle est aussi très capable.

Georges est l'ami de Pierre, et Louise est l'amie de Françoise. Georges et Louise sont en Amérique. Ils sont à l'Université de Chicago. Georges est à la faculté de droit et Louise est à la faculté de pharmacie. Pour le moment, Georges est à Chicago mais Louise est à Poitiers chez Françoise. Georges est prêt à partir pour la France.

QUESTIONNAIRE

1. Est-ce que Pierre et Françoise sont Français?
2. Est-ce qu'ils sont frère et sœur?
3. Est-ce que Pierre est professeur?
4. Est-ce qu'il est capable?
5. Est-ce que Françoise est à la faculté de droit?
6. Est-ce que Georges et Louise sont en France?
7. Est-ce qu'ils sont à l'Université de Poitiers?
8. Est-ce que Louise est à Chicago pour le moment?
9. Est-ce que Georges est à la faculté de médecine?
10. Est-ce que Georges est chez Pierre?

VOCABULARY EXERCISES

A. *Fill in the blanks with the proper word to be found in the list on the right.*

1. Pierre et Françoise sont ____ et ____.
2. Françoise et Pierre sont ____.
3. Pierre est à ____ de Montpellier.
4. Georges est à la faculté de ____.
5. Pierre est en ____ année de médecine.
6. Louise est à ____ de pharmacie.
7. Georges et Louise sont ____.
8. M. Dupont est ____.
9. Vous êtes ____.

a. l'université
b. quatrième
c. en Amérique
d. frère
e. ingénieur
f. Français
g. droit
h. capable
i. sœur
j. la faculté

B. *Do the same with the following sentences.*

1. Louise est _____ Françoise.
2. Tu es _____ partir.
3. Pierre et Françoise sont _____ France.
4. Françoise est _____ Poitiers.
5. Georges est à Chicago _____.
6. Je suis _____ à Chicago.
7. Pierre _____ Françoise sont en France.
8. Nous sommes _____ sérieux.
9. Louise est à Poitiers, _____ Georges est à Chicago.
10. Vous êtes prêt à partir _____ la France.

a. prêt à
b. à
c. très
d. pour
e. en
f. chez
g. et
h. mais
i. aussi
j. pour le moment

Deuxième Lecture

Conversation *entre*[1] étudiants

— Est-ce que vous êtes Anglais?

— Non, je suis Belge.

— Est-ce que vous êtes étudiant?

— Je suis étudiant à l'Université de Louvain. Est-ce que vous êtes Américain?

— Oui, je suis de la Nouvelle-Orléans. Je suis étudiant à l'Université de Bruxelles. Est-ce que vous êtes à la faculté de droit?

— Non, je suis à la faculté de médecine; *ma*[2] sœur est à la faculté de philosophie et lettres; elle est en deuxième année de *philologie romane*.[3] Et vous?

— Je suis en sciences politiques. Est-ce que vous êtes chez *des*[4] amis?

— Pour le moment, ma sœur est chez des amis; elle est très contente. Je suis dans un autre appartement *avec*[5] un étudiant en

---

[1] between
[2] my
[3] Romance philology
[4] plural of the indefinite article rendered approximately in English by "some"
[5] with

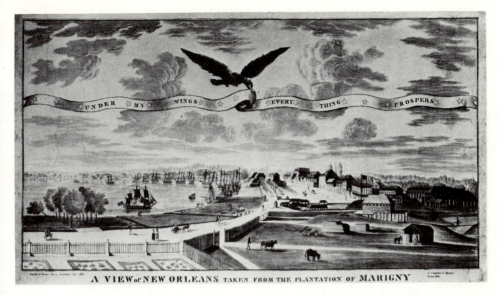

A VIEW OF NEW ORLEANS TAKEN FROM THE PLANTATION OF MARIGNY

pharmacie et un futur ingénieur; l'appartement est très agréable. Et vous?

— Je suis *en pension*[6] chez des amis français. Ils sont très aimables. Mais, je suis prêt à *partager*[7] un appartement avec *trois*[8] amis.

— Vous êtes *souvent*[9] à Louvain?

— Oui, Louvain est *près de*[10] Bruxelles et la *bibliothèque*[11] de l'Université de Louvain est remarquable.

---

[6] boarding
[7] to share
[8] three
[9] often
[10] near
[11] library

GRAMMAR EXERCISES

A. *Fill in the blanks with the proper subject pronoun.*

1. ____ est ingénieur. **2.** ____ sont Français. **3.** ____ suis étudiant. **4.** ____ êtes content. **5.** ____ es Américain. **6.** ____ est prêt à partir. **7.** ____ sommes en France. **8.** ____ sont à l'université. **9.** ____ êtes en Amérique. **10.** ____ sommes à Paris.

B. *Fill in the blanks with the proper form of* **être.**

1. Pierre ____ à l'université. **2.** Nous ____ à Paris. **3.** Je ____ content. **4.** Tu ____ prêt à partir. **5.** Louise ____ professeur. **6.** Elles ____ en France. **7.** Vous

_____ ingénieur. **8.** Ils _____ en Amérique. **9.** Vous _____ Anglais. **10.** Pierre et Georges _____ Français. **11.** Bernard _____ de Bruxelles. **12.** Les Jones _____ en Belgique.

C. *Ask the questions that correspond to the given answers. Follow the examples.*

Oui, nous sommes Français.
Est-ce que vous êtes Français?

1. Oui, Paul est professeur. **2.** Oui, je suis à l'université. **3.** Oui, les Jones sont à Paris. **4.** Oui, Pierre est prêt à partir. **5.** Oui, je suis content.

Non, Louise est à Bruxelles.
Est-ce que Louise est à Paris?

6. Non, Georges est en France. **7.** Non, je suis ingénieur. **8.** Non, les professeurs sont Anglais. **9.** Non, Georges est étudiant. **10.** Non, Françoise est à Poitiers.

COMPOSITION

Tell your friends about your own studies using the texts and the vocabulary as a guide.

Deuxième Leçon

ILLUSTRATION

Le *français* est *la langue* parlée en France et dans *les pays* de *la communauté*. *Les Canadiens* français aussi parlent français.

En France, *l'ouvrier*, *le bourgeois*, *le paysan*, *l'étudiant*, *l'hôtelier*, *la vendeuse*, *le médecin* ou *l'avocat* parlent *la* même *langue*.

L'accent est souvent particulier: *le Nord* diffère de Paris et *le hameau* de *la ville*.

Est-ce que *les habitants* du Sud ont *l'accent* de Paris? Non. *Le méridional* a souvent *l'accent* très reconnaissable de Marseille. A Toulouse aussi, par exemple, *l'accent* est très prononcé. Mais, aujourd'hui, *l'instruction* obligatoire, *la radio* et *la télévision* minimisent *les différences*.

Tu as l'accent américain. J'ai l'accent francais.

EXPLANATION

I. The Noun.

A. Gender.

1. All nouns are either masculine or feminine. This distinction is generally arbitrary and depends on etymology rather than on real gender. Memorize the proper article with each noun.

le is the article which denotes a masculine noun:

> le médecin, le Nord

la is the article which denotes a feminine noun:

> la vendeuse, la radio

(After some experience with French, one can detect the gender of most nouns, often by their endings. A list of masculine and feminine endings which indicate gender is provided in the *Tableaux de récapitulation*, page 466.)

2. Certain nouns denoting primarily nationality and profession have a masculine and a feminine form. In the feminine, an **-e** is added:

> l'étudiant **l'étudiante**
> le Français **la Française**

B. Number.

1. In the plural, most nouns take an **-s**:

> le médecin **les médecins**

2. A noun ending in an **-s** (or **-x** and **-z**) in the singular remains the same in the plural:

> le Français **les Français**
> BUT: la Française **les Françaises**

3. A noun ending in **-eau** (or **-au**) takes an **-x** (instead of an **-s**) in the plural:

> le hameau **les hameaux**

II. The Definite Article.

A. Forms.

There are four written forms of the definite article:

MASCULINE SINGULAR	FEMININE SINGULAR	PLURAL
le / l'	**la / l'**	**les**

1. Both the masculine and the feminine articles become **l'** in front of a singular noun beginning with a vowel.

le médecin / **l'**accent
la ville / **l'**étudiante

l' is used also in front of a singular noun beginning with a mute **h**:

l'hôtelier (mute **h**)
but: le hameau (aspirated **h**)

It is necessary to learn by heart whether the initial **h** of a noun is aspirated or not.

2. The plural for all singular forms of the definite article is **les**:

les médecins   les accents

les villes   les étudiantes

les hameaux
les hôteliers

Notice the "liaison" of the **-s** in **les** to the initial vowel or initial mute **h** of a noun. (See *Phonetics and Tape Manual*.)

B. Uses.

1. Aside from indicating the specific meaning "the," the definite article must also be used in French to designate nouns used in a general sense. In English, the article is omitted with nouns used abstractly, or in a general sense. Compare:

L' instruction obligatoire, **la** radio et **la** télévision minimisent les différences.	*Compulsory instruction, radio and television attenuate the differences.*
L'homme est mortel.	*Man is mortal.*
Il aime **les** animaux.	*He likes animals.*

2. The names of rivers, mountains, continents,[1] countries and languages also take the article:

le Rhin	*the Rhine*
le Mont Cervin	*the Matterhorn*
l'Europe	*Europe*
la France	*France*
le français	*French*

Compare English and French usage in these instances. Also note:

le Français	*the Frenchman*
le français	*(the) French (language)*

---

[1] Names of continents (**l'Europe, l'Asie, l'Afrique, l'Amérique** et **l'Océanie**) and of countries ending in **-e** (except **le Mexique**) are feminine.

NOTE:

Generally, the definite article is *not* used with the name of a language when it follows the verb **parler.**

Les Canadiens français aussi **parlent français.**

But if an adverb or adverbial phrase comes between **parler** and the name of the language, the article must be used:

Il **parle** très bien **le français.**
He speaks French very well.

III. The Verb **avoir.**

The verb **avoir** is conjugated as follows:

j'ai	nous **avons**
tu **as**	vous **avez**
il/elle **a**	ils/elles **ont**

IV. The **-er** Verbs.

The infinitive form of a great number of French verbs ends in **-er.** They have the following regular conjugational pattern in the present tense:

parler

je parle	nous parl**ons**
tu parl**es**	vous parl**ez**
il/elle parle	ils/elles parl**ent**

Notice that the endings **-e, -es,** and **-ent** remain silent. In front of a verb beginning with a vowel **je** becomes **j',** and in the plural the proper liaisons must be made as in **avoir** above.

ORAL DRILLS

A. *Repeat the following sentence substituting the words in parentheses for the underlined word. Make the necessary changes.*

1. Nous regardons la télévision.

(texte / ville / médecin / ingénieur / hameau / hôtelier / université / vendeuse / avocat / étudiante)

2. Vous écoutez la radio.

(professeur / paysan / ami de Pierre / leçon / étudiant / homme / Canadien / accent de Paul / ouvrier)

3. Il cherche les médecins.

(avocats / étudiants / professeurs / dames / hommes / vendeuses / ouvriers / hôteliers / hameaux)

B. *Repeat the following sentence using the words in parentheses as new subjects. Make the necessary changes.*

Je regarde l'étudiant et la vendeuse.

(Le professeur / Les dames / Il / Vous / Paul et Marie / Les étudiants / Nous / Tu / Marie)

C. *Complete the following sentences using the correct form of the verb* **aimer** *and the correct definite articles. Follow the example.*

Je ____ musique (*f*).
J'aime la musique.

1. Tu ____ littérature (*f*). **2.** Nous ____ peinture (*f*). **3.** Il ____ sculpture (*f*). **4.** Vous ____ physique (*f*). **5.** Paul ____ chimie (*f*). **6.** Georges ____ droit (*m*). **7.** Les Dupont ____ théâtre (*m*). **8.** Marie ____ philosophie (*f*). **9.** Paul et Marie ____ ballet (*m*).

D. *Repeat the following sentence, using the words in parentheses as new subjects. Make the necessary changes.*

Paul a l'accent de Paris.

(Il / M. Dupont / Tu / Paul et Marie / Je / Nous / Marie / Vous)

E. *Complete the following sentences using the correct form of* **avoir**. *Follow the example.*

Paul ____ la radio.
Paul a la radio.

1. Tu ____ la télévision. **2.** Marie ____ le chien de Paul. **3.** Nous ____ deux sœurs. **4.** Je ____ le texte. **5.** Vous ____ la première leçon. **6.** Pierre et Françoise ____ deux chats. **7.** Ils ____ le même accent. **8.** Elles ____ deux frères.

F. *Complete the following sentences using the correct form of the verb* **parler**. *Follow the example.*

Marie ____ français.
Marie parle français.

1. Nous ____ espagnol. **2.** Tu ____ russe. **3.** Il ____ japonais. **4.** Elle ____ anglais. **5.** Pierre ____ allemand. **6.** Je ____ portugais.

G. *Substitution exercise.*

J'étudie le français.
..............allemand.
Nous....................
....................italien.
Marie ....
.... espagnol.
Vous....................
.... russe.
Les étudiants...........
.............hollandais.
Tu....................
....................latin.
Paul....................
.... grec.
Le professeur ....
...............japonais.
Les étudiantes........
.... chinois.
Je....................
.... portugais.
Les Espagnols........

H. *Complete the following sentences as shown in the example.*

Je suis Français. Marie ____.
Je suis Français. Marie est Française.

1. Paul est Allemand. Louise ____. **2.** Les étudiants sont Espagnols. Les étudiantes ____. **3.** Le professeur est Anglais. La dame ____. **4.** L'avocat est Hollandais. La vendeuse ____. **5.** Il est Japonais. Elle ____. **6.** Ils sont Chinois. Elles ____. **7.** Le frère est Portugais. La sœur ____.

I. *Repeat the following sentence substituting the words in parentheses for the underlined word. Make the necessary changes.*

Le <u>français</u> est la langue parlée par les Français.

(italien / japonais / allemand / hollandais / portugais / espagnol / chinois / russe / anglais)

J. *Do the same with the following sentence.*

L'<u>Europe</u> est immense.

(Asie / Océanie / Amérique / Afrique)

K. *Repeat the following sentences substituting the words in parentheses for the underlined words. Make the necessary changes.*

1. La France est en Europe.
(Espagne / Allemagne / Italie / Suisse / Belgique / Irlande / Hollande / Angleterre / Danemark / Portugal / Luxembourg / Liechtenstein)

2. La Colombie est en Amérique.
(Brésil / Mexique / Canada / Argentine / Pérou / États-Unis)

3. Le Japon est en Asie.
(Chine / Indes / Viet-Nam / Philippines)

4. La Nouvelle-Zélande est en Océanie.
(Australie / Nouvelle-Guinée)

5. La Tunisie est en Afrique.
(Maroc / Égypte / Algérie / Togo / Nigéria / Angola / Côte-d'Ivoire)

L. *Respond to the following sentence using a subject pronoun. Follow the example.*

Dites-moi que vous[2] êtes prêt.
Je suis prêt.

Dites-moi que . . .

1. Paul a deux sœurs. 2. le médecin est Français. 3. Marie aime la Suisse. 4. j'ai l'accent de Paris. 5. l'hôtelier écoute la radio. 6. nous sommes à l'université. 7. les vendeuses parlent français. 8. l'étudiant regarde le texte. 9. Marie et Louise sont en Suisse. 10. vous[2] êtes Françaises. 11. les étudiants regardent la télévision.

M. *Progressive substitution.*

Je regarde l'ami de la vendeuse.
....aime..................................
..............le frère....................
..........................de l'hôtelier.
..........................de l'avocat.
Elle.....................................
....cherche.............................
.... le nom ....
..........................de l'étudiant.

---

[2] Here the **vous** is addressed to you the student(s). You must therefore answer with **je** or **nous**. Watch **prêt**, singular and **Françaises**, plural!

Vocabulary

aimer to like, love
allemand German
aujourd'hui today
l'**aveugle** (*m*) blind man
l'**avocat** (*m*) lawyer
certain some
la **chasse** hunt, chase
le **chat** cat
chercher to look for
le **chien** dog
la **communauté** France and her former colonies
la **dent** tooth
depuis since
écouter to listen to
l'**état** (*m*) state
étudier to study
la **garde** watch
gris grey
le **hameau** hamlet
l'**hôtelier** (*m*) inn-keeper
la **liberté** freedom
la **maison** house
même same

le **méridional** southerner
moins less
le **monde** world
nombreux numerous
ou or
l'**ouvrier** (*m*) worker
par by
par exemple for example
parlé spoken
parler to speak
particulier special, peculiar
le **pays** country
le **peuple** people
plusieurs several
policier/policière detective *adj. only*
prononcé marked
que than
la **recherche** search *, research*
reconnaissable recognizable
regarder to look at
souvent often
le **Sud** south *le Midi*
la **vendeuse**/le **vendeur** saleslady/salesman

Première Lecture

Le chien

Le chien existe à l'état domestique depuis l'antiquité égyptienne. Certains chiens sont retournés à l'état sauvage.

Le chien est intelligent. Il a plusieurs fonctions: la garde de la maison, la chasse et la recherche policière. Il guide l'aveugle et l'invalide.

Le chien est fidèle: il est souvent le compagnon de l'homme.

Les chiens ont 42[1] dents. Ils aiment la viande, mais sont moins carnivores que *leur*[2] ennemi légendaire, le chat.

Les chiens sont nombreux dans le monde et les races de chiens sont très diverses.

---

[1] quarante-deux   [2] their

QUESTIONNAIRE

1. Est-ce que le chien existe à l'état domestique?
2. Est-ce que certains chiens existent à l'état sauvage?
3. Est-ce que le chien a la garde de la maison?
4. Est-ce que le chien guide l'aveugle?
5. Est-ce qu'il est intelligent et fidèle?
6. Est-ce que les chiens sont nombreux dans le monde?
7. Est-ce qu'ils ont 42 dents?
8. Est-ce que les chiens et les chats sont ennemis?
9. Est-ce qu'ils aiment la viande?
10. Est-ce qu'ils sont carnivores?

VOCABULARY EXERCISES

A. *Fill in the blanks with the proper word to be found in the list on the right.*

1. Les Canadiens français parlent ____.
2. La vendeuse et l'avocat parlent la ____ langue.
3. L'instruction est ____.
4. La télévision ____ les différences d'accent.
5. L'accent de Paris est ____.
6. Le chien ____ plusieurs fonctions.
7. Le chien existe à l'état sauvage et à l'état ____.
8. Le chat est ____.
9. Les chiens sont ____ dans le monde.
10. Le chien a la garde de la ____.

a. obligatoire
b. minimise
c. maison
d. même
e. carnivore
f. nombreux
g. domestique
h. a
i. particulier
j. français

B. *Do the same with the following sentences.*

1. Le chien et le chat ____ la viande.
2. Le chat est l'ennemi ____ du chien.
3. Les chiens varient par la ____.
4. Le chien est ____.
5. Il est souvent le ____ de l'homme.
6. Le chien a plusieurs fonctions: la recherche policière et la ____.
7. Le chien guide l'____.
8. Les races de chiens sont ____.
9. Le chien a 42 ____.
10. Il existe à l'____ sauvage.

a. légendaire
b. race
c. chasse
d. diverses
e. aiment
f. intelligent
g. état
h. compagnon
i. aveugle
j. dents

Deuxième Lecture

Le chat

Le chat est originaire d'Égypte. Il existe *déjà*[1] à Rome *avant*[2] l'Empire. Le *mot*[3] «chat» existe dans les langues européennes depuis le commencement de la Chrétienté.

Les chats sont nombreux. Nous avons le chat domestique et le chat sauvage, le chat siamois et le chat commun, noir, gris, ou blanc.

Le chat arrive souvent à l'âge de 12 ou 15 *ans*.[4] Il a une *fourrure*[5] solide, souvent utilisée pour les manteaux et les pelisses.

Le chats ont les *yeux*[6] oblongs et les *oreilles*[7] en triangle.

Le chat domestiqué est très caressant. Il est carnivore: il aime la viande. Il chasse *pendant*[8] la *nuit*[9] et dévore *avec*[10] avidité et *sans*[11] pitié les *souris*[12] et les rats.

---

[1] already	[5] fur	[9] night
[2] before	[6] eyes	[10] with
[3] word	[7] ears	[11] without
[4] years	[8] during	[12] mice

GRAMMAR EXERCISES

A. *Fill in the blanks with the proper form of the definite article.*

1. ＿＿ français est ＿＿ langue parlée en France. **2.** ＿＿ hôtelier regarde ＿＿ télévision. **3.** ＿＿ avocat est ＿＿ ami de Paul. **4.** ＿＿ étudiant aime ＿＿ chiens et ＿＿ chats. **5.** ＿＿ professeur de Marie est ＿＿ ami de Paul. **6.** ＿＿ chat et ＿＿ chien aiment ＿＿ viande. **7.** ＿＿ hôteliers aiment ＿＿ chasse. **8.** ＿＿ accent de Marseille est spécial. **9.** Nous cherchons ＿＿ hameau. **10.** Ils guident ＿＿ invalides et ＿＿ aveugles. **11.** ＿＿ chiens sont nombreux dans ＿＿ monde. **12.** ＿＿ France est en Europe. **13.** ＿＿ Méditerranée sépare ＿＿ Afrique de ＿＿ Europe. **14.** ＿＿ Rhin sépare ＿＿ Allemagne de ＿＿ France. **15.** ＿＿ Français aiment ＿＿ liberté.

B. *Fill in the blanks with the proper form of the verb given in parentheses at the beginning of each sentence.*

1. (être) Les chiens ＿＿ fidèles. **2.** (avoir) Vous ＿＿ l'accent de Paris. **3.** (guider) Le chien ＿＿ l'aveugle. **4.** (aimer) Les chiens ＿＿ la viande. **5.** (avoir) Tu ＿＿ la garde de la maison. **6.** (être) Nous ＿＿ en Amérique. **7.** (chercher) Je ＿＿ le chien de Paul. **8.** (être) Vous ____ Canadiens. **9.** (être) Je ____ Français. **10.** (avoir) Paul et Marie ____ plusieurs chats. **11.** (regarder) Nous ____ la télévision. **12.** (écouter) Vous ____ la radio. **13.** (avoir) Je ____ un chien. **14.** (avoir) Le chien de Paul ____ 42 dents. **15.** (avoir) Nous ____ un chat. **16.** (être) Tu ____ l'ami de Paul. **17.** (être) Paul et Marie ____ Français. **18.** (parler) Elle ____ plusieurs langues. **19.** (être) Il ____ le compagnon de l'homme. **20.** (être) Elles ____ vendeuses.

C. *Ask the questions which should normally receive the following answers.*

1. La radio et la télévision minimisent les différences d'accent. **2.** Le chien guide l'aveugle. **3.** Je regarde la télévision (*familiar form*). **4.** Ils écoutent la radio. **5.** L'instruction est obligatoire. **6.** Oui, j'ai un chien. **7.** Oui, je suis Français. **8.** Oui, nous parlons français.

COMPOSITION

Describe your own dog, taking the reading passage and the vocabulary as a guide.

Troisième Leçon

ILLUSTRATION

— Est-ce que vous *préférez* la mer *à la* montagne?

— Je *préfère* la Méditerranée *aux* Vosges, mais je *préfère* les Alpes *à l'*océan Atlantique.

— Est-ce que vous *préférez* l'odeur *des* roses *à l'*odeur *des* violettes?

— Je *préfère* le parfum *des* roses.

— Est-ce que vous *préférez* le goût *des* pommes *au* goût *des* poires?

— Je *préfère* les pommes *aux* poires.

— Est-ce que vous *préférez* le son *du* violon *au* son *du* piano?

— Je *préfère* le son *du* piano.

— *Quel* est le parfum de Marie?

— « Shalimar ».*

— *Quelle* est la couleur *du* ciel?

— Aujourd'hui, le ciel est gris.

— *Quels* sont les cours obligatoires?

— Les cours de grammaire sont obligatoires.

— *Quelles* sont les fleurs de Louise?

---

* name of a famous perfume

— Les lilas.

— *Quelles* fleurs est-ce que vous préférez?

— *Nous préférons* les fleurs *des* bois *aux* fleurs *des* jardins.

EXPLANATION

I. The Contractions of the Definite Article.

A. With Preposition à.

à + le   contract to **au**
à + les contract to **aux**

à + la   do *not* contract
à + l'   do *not* contract

Elle parle **au** médecin.	*She is talking to the doctor*
Le professeur parle **aux** étudiants.	*The professor is talking to the students.*
Je parle **à la** dame.	*I am talking to the lady.*
Il parle **à l'**avocat.	*He is talking to the lawyer.*

B. With Preposition de.

de + le   contract to **du**
de + les contract to **des**

de + la   do *not* contract
de + l'   do *not* contract

Elle parle **du** médecin.	*She is talking about the doctor.*
Le professeur parle **des** étudiants.	*The professor is talking about the students.*
Je parle **de la** dame.	*I am talking about the lady.*
Il parle **de l'**avocat.	*He is talking about the lawyer.*

II. Verbs with Orthographical Changes (**préférer**).

The regular **-er** verbs with **-é-** in the last syllable of the stem:
These follow the pattern of **parler**. Notice, however, the vowel change from **-é-** to **-è-** in the last syllable of the stem before a silent **-e, -es, -ent** ending.

préférer

je préf**è**re	nous préférons
tu préf**è**res	vous préférez
il/elle préf**è**re	ils/elles préf**è**rent

Other such verbs are: **céder, différer, espérer, répéter, tempérer.**

III. The Interrogative Adjective **quel** (**quelle, quels, quelles**).

When the answer to the question *which (what) is . . . ?* or *which (what) are . . . ?* is expected to be one of a number of possible choices, the various forms of the interrogative adjective **quel** are used.

	SINGULAR	PLURAL
MASCULINE	**quel**	**quels**
FEMININE	**quelle**	**quelles**

Quel est **le chien** de Paul?	*Which one is Paul's dog?*
Quels sont **les chiens** de Paul?	*Which ones are Paul's dogs?*
Quelle est **la maison** de Marie?	*Which one is Mary's house?*
Quelles sont **les maisons** de Marie?	*Which ones are Mary's houses?*

Quel may also modify the object of the sentence:

Quel chien est-ce que Paul préfère?	*Which dog does Paul prefer?*
Quelles maisons est-ce que vous préférez?	*Which houses do you prefer?*

ORAL DRILLS

A. *Repeat the following sentence substituting the words in parentheses for the underlined word. Make the necessary changes.*

Paul a l'adresse du professeur.

(vendeuse / avocat / étudiants / médecin / dame / hôtelier / vendeuses / professeurs / étudiante)

B. *Answer the following questions replacing the alternative elements by choosing the first one. Follow the example.*

Est-ce que vous préférez les pommes aux poires?
Je préfère les pommes aux poires.

Est-ce que vous préférez . . .
1. les roses aux violettes? **2.** les chiens aux chats? **3.** la médecine au droit?
4. le son du violon au son de la harpe? **5.** le goût des bananes au goût des poires?
6. le Nord au Midi? **7.** l'accent du Nord à l'accent du Sud? **8.** la Bretagne à la Lorraine? **9.** le jaune au bleu? **10.** les Alpes à l'océan?

C. *Repeat the following sentence substituting the words in parentheses for the underlined word. Make the necessary changes.*

Vous parlez au professeur.

(vendeuse / avocat / chien / chats / hôtelier / sœur de Marie / frère de Robert / étudiants)

D. *Repeat the following sentences using the words in parentheses as new subjects. Make the necessary changes.*

1. Nous espérons partir demain.

(Vous / Paul / Paul et Marie / Je / Marie / Marie et Louise / Tu)

2. Nous répétons la question.

(Tu / Vous / Il / Jean et Marie / Paul / Je / Suzanne / Vous / Nous / Ils)

E. *Repeat the following sentence substituting the words in parentheses for the underlined word. Make the necessary changes.*

1. Quelle fleur est-ce que vous préférez?

(chien / pays / leçon / rose / chat / montagne / ville / parfum / maison / accent / hameau)

2. De quels pays est-ce que vous parlez?

(écoles / leçons / villes / chiens / maisons / médecins / avocats / vendeuses / étudiants / hôteliers)

F. *Progressive substitution.*

Paul aime les roses du jardin.
...... préfère ....
..............les violettes.........
...........................du bois.
...........................du parc.
Nous ....
.......rapportons................
..............les lilas..............
........................du marché.

Vocabulary

agir to act
appelé called
apporter to bring
le **bois** wood
céder to yield, to give up
chacun *pr.*
chaque *adj.* } each
le **ciel** sky
la **coutume** custom, habit
le **costume** dress, costume
la **couleur** color
le **cours** course
d'abord at first
dans in *into*
demain tomorrow
empêcher to prevent
espérer to hope
l'**esprit** (*m*) mind *, spirit*
et puis and then
la **façon** manner, way
foncé dark
le **geste** gesture
le **goût** taste
il y a there is, there are
le **jardin** garden
jaune yellow

le **livre** book
le **marché** market
même even, *same*
la **mer** sea
le **Midi** the South of France

oïl yes (in northern France)
oc yes (in southern France) } during the Middle Ages

le **parfum** perfume
la **partie** part
le **patois** country dialect
partout everywhere
le **plat** dish
plus more
pointu sharp
la **poire** pear
la **pomme** apple
la **profondeur** depth
rapporter to bring back
régional (*pl*: **-aux**) local
sans bornes limitless
le **son** sound
spécial (*pl*: **-aux**) special
le **teint** complexion
voilà there is, are

Première Lecture

L'hexagone appelé France

La France est le pays des contrastes et des oppositions. D'abord, il y a la France du Nord et la France du Midi, le dialecte de langue d'oïl et le dialecte de langue d'oc. Il y a l'accent pointu du Nord et la voix sonore du Midi. Le teint des Français du Sud est plus foncé; là, les gestes ont plus d'exubérance et l'esprit a moins de sérieux.

Et puis, il y a dans le Nord, comme dans le Midi, la grande

En Bretagne

diversité des accents, des patois, des façons d'agir, des plats régionaux, des coutumes et des costumes. De la Lorraine au Berry, de la
Bretagne au Lyonnais, comme de Nice à Bordeaux, chaque région
apporte sa marque et son génie particulier à la civilisation de la
nation.

Diversité des caractères, des tempéraments, des physiques, des
langues même, mais fusion harmonieuse des traditions: voilà la
nation française dans *ses*[1] dissemblances et dans *son*[2] unité.

---

[1] its   [2] its

QUESTIONNAIRE

1. Est-ce que la France est le pays des contrastes?
2. Est-ce que l'accent du Sud est pointu?
3. Est-ce que le teint du Français du Sud est foncé?

4. Est-ce que les gestes du Français du Nord sont très exubérants?
5. Est-ce qu'au Sud l'esprit a moins de sérieux?
6. Est-ce que les coutumes sont les mêmes partout?
7. Est-ce que les plats sont les mêmes à Paris et à Marseille?
8. Est-ce que la diversité empêche l'unité?
9. Est-ce Lyon est la capitale du Lyonnais?
10. Quelle est la raison de l'unité de la France?

VOCABULARY EXERCISES

A. *Fill in the blanks with the proper word to be found in the list on the right.*

1. La France est le pays des ____.
2. L'accent du Nord est ____.
3. Les Français du Sud ont le teint ____.
4. Dans le Sud de la France, l'esprit a moins de ____.
5. En France, il y a beaucoup de ____.
6. Chacun apporte à la nation son génie ____.
7. Les coutumes et les ____ varient de province en province.
8. Au Nord, on parle le dialecte ____.
9. Au Sud, la voix est ____.
10. Il y a partout une grande diversité de ____.

a. costumes
b. foncé
c. caractères
d. plats régionaux
e. d'oïl
f. contrastes
g. sonore
h. sérieux
i. particulier
j. pointu

B. *Do the same with the following sentences.*

1. D'abord, il y a la grande diversité des accents, ____ il y a la diversité des tempéraments.
2. La diversité des patois est ____.
3. ____ région apporte sa marque.
4. Il y a ____ la diversité des langues et des plats régionaux.
5. En résumé, ____ la nation.
6. Les plats régionaux sont spéciaux à Nice ____ à Bordeaux.
7. Chaque région apporte ____ génie particulier.
8. Il y a des dissemblances ____ il y a de l'unité.
9. Nice est ____ le Midi.
10. Il y a une grande diversité ____ patois.

a. chaque
b. voilà
c. mais
d. de
e. même
f. comme
g. et puis
h. grande
i. dans
j. son

Deuxième Lecture

La Normandie

La Normandie est la province située au nord-ouest de Paris, entre la Bretagne et les provinces du Nord.

Le grand *fleuve*[1] de Normandie est la Seine. Elle traverse Rouen et *se jette dans*[2] la Manche au Havre.

La Normandie diffère des autres provinces maritimes *parce que*[3] la partie continentale du territoire est très riche et très fertile. Le Normand exploite *à la fois*[4] le sol et la mer.

Quelle est la capitale de la Normandie? La Normandie possède deux capitales: Rouen, la ville du gothique, le port actif, la capitale maritime et opulente; Caen, la cité du *roman*,[5] du charme mystérieux, la capitale rurale, grave et *fière*.[6] A Rouen, les *dernières*[7] *vagues*[8] de la mer, les *fumées*[9] et les *bruits*[10] évoquent l'exotisme et le risque. A Caen, les prairies *ondoyantes*,[11] la limpidité et la *verdure*[12] suggèrent le *labeur*[13] et l'intimité.

Rouen et Caen: deux capitales, deux aspects, deux tendances de la Normandie.

---

[1] river
[2] flows into
[3] because
[4] at the same time
[5] Romanesque (style)
[6] proud
[7] last

[8] waves
[9] smoke, fumes
[10] noises
[11] wavy
[12] greenery
[13] work

GRAMMAR EXERCISES

A. *Fill in the blanks with the proper form of the verb given in parentheses at the beginning of each sentence.*

1. (préférer) Il ___ les pommes aux poires.   2. (espérer) Nous ___ partir aujourd'hui.   3. (céder) Tu ___ la place à Paul.   4. (préférer) Est-ce que vous ___ la mer à la montagne?   5. (différer) Le Nord ___ du Midi.   6. (espérer) Je ___ écouter le concert.   7. (céder) Nous ___ toujours.   8. (différer) Partout les tempéraments, les physiques, les façons d'agir ___.   9. (espérer) Pierre et Françoise ___ partir pour Chicago.   10. (différer) Le dialecte de langue d'oc ___ du dialecte de langue d'oïl.

B. *Fill in the blanks with the proper form of* **quel**.

1. ___ est la capitale de la France?   2. ___ sont les amis de Pierre?   3. ___ est la langue parlée par les Canadiens français?   4. ___ sont les professeurs de français?   5. ___ est le chien de l'avocat?   6. ___ sont les langues parlées en Suisse?   7. ___ est l'ennemi légendaire du chien?   8. ___ est la couleur du chien de Marie?   9. ___ sont les coutumes du pays?   10. ___ est le nom du professeur?

C. *Fill in the blanks with the proper form of the definite article (contracted if necessary).*

1. Paul a le livre de ___ professeur.   2. L'homme de ___ peuple parle comme le médecin.   3. L'accent de ___ Canadiens est spécial.   4. Quel est le nom de ___ hameau?   5. Nous regardons le chien de ___ invalide.   6. Je préfère les bananes à ___ poires.   7. J'aime le parfum de ___ roses.   8. Voilà la maison de ___ ami de Paul.   9. Marie rapporte les roses de ___ jardin.   10. Le livre de ___ étudiant est gris.   11. Françoise parle à ___ aveugles.   12. Le Nord diffère de ___ Sud.   13. Elle cède la place à ___ invalide.   14. Elles ont l'accent de ___ Nord.   15. La diversité sans bornes de ___ coutumes est la cause de ___ charme de ___ pays.   16. Quel est le nom de ___ hôtelier?   17. Il préfère le piano à ___ violon.   18. Nous espérons séjourner à ___ États-Unis.

D. *Make questions based on the following sentences. Use a form of* **quel**.

1. La France est le pays des contrastes et des oppositions.   2. Lyon est la capitale du Lyonnais.   3. La Normandie possède deux capitales: Rouen et Caen.   4. Le nom du professeur est Dupont.   5. Marie préfère le son du violon au son du piano.   6. Je parle français.   7. Paul a la radio du professeur.   8. La Normandie est la province située au nord-ouest de Paris.   9. Nous aimons les leçons de piano.   10. Marie préfère les cours de philosophie.

COMPOSITION

Give a few characteristics of the country or the state where you live, using the text and the vocabulary as a guide.

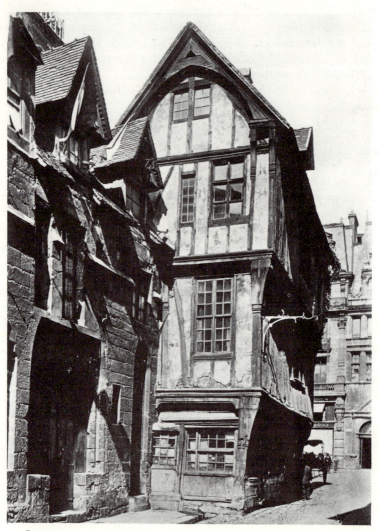

Rouen

Quatrième Leçon

ILLUSTRATION

— Pardon, madame, est-ce que vous parlez anglais?
— Non, monsieur, je parle français; je suis Française, née en France, de parents *français*.
— Vous êtes Parisienne?
— Je suis des environs de Paris. Mais vous, monsieur, vous êtes Anglais?
— Non, je suis Américain, de mère *italienne* et de père *anglais*.
— Vous êtes de l'est?
— Non, de l'ouest: j'habite San Francisco.
— San Francisco est une très *belle* ville.
— C'est une *grande* ville. Elle ressemble à une ville *européenne*.
— Les États-Unis sont *grands* et la France est *petite*.

EXPLANATION

The Adjective.

A. Gender.

In French, an adjective agrees in gender and number with the noun or pronoun it modifies.

1. Most adjectives become feminine by adding **-e** to the masculine form:

MASCULINE	FEMININE
espagnol	espagnol**e**
grand	grand**e**

In many cases such as **grand/grande**, the addition of **-e** will alter the pronunciation. In others such as **espagnol/espagnole**, the difference in spelling has no effect on the pronunciation. (See *Phonetics and Tape Manual.*) Adjectives whose masculine form ends in **-e** remain the same in the feminine:

Le problème est **facile.**
La leçon est **facile.**

2. The following types of adjectives have spelling variations in the feminine, prompted by phonetics:

masc.	*fem.*	MASCULINE	FEMININE	
-os	-osse	gros	gro**sse**	*(big)*
-as	-asse	gras	gra**sse**	*(fat)*
-eil	-eille	pareil	parei**lle**	*(same)*
-el	-elle	naturel	nature**lle**	
-er	-ère	premier	premi**ère**	
-ien	-ienne	italien	ital**ienne**	
-éen	-éenne	europ**éen**	europ**éenne**	
-f	-ve	neuf	neu**ve**	*(new)*
-il	-ille	gentil	genti**lle**	*(nice, kind, gentle)*
-eux	-euse	heur**eux**	heur**euse**	

3. The adjectives listed below have markedly irregular forms in the feminine:

MASCULINE	FEMININE	
beau	**belle**	
bon	**bonne**	
épais	**épaisse**	*(thick)*
doux	**douce**	*(sweet, soft)*
favori	**favorite**	
long	**longue**	

frais	**fraîche**	(*fresh*)
blanc	**blanche**	(*white*)
fou	**folle**	(*crazy, mad*)
mou	**molle**	(*slack, soft, flabby*)
sec	**sèche**	(*dry*)
vieux	**vieille**	(*old*)
nouveau	**nouvelle**	(*new, recent*)
grec	**grecque**	
public	**publique**	

4. The following five adjectives have a special masculine singular form which is used when the word it directly precedes begins with a vowel or a mute **h**:

beau	un **bel** enfant
fou	un **fol** enfant
mou	un **mol** encouragement
nouveau	un **nouvel** hôtel
vieux	un **vieil**[1] hôtel

B. Number.

1. Most French adjectives form their masculine and feminine plurals by adding (a silent) **-s** to the singular form:

	SINGULAR	PLURAL
MASCULINE	amusant	amusants
FEMININE	amusante	amusantes
MASCULINE	difficile	difficiles
FEMININE	difficile	difficiles
MASCULINE	premier	premiers
FEMININE	première	premières

2. Adjectives ending in **-s** or **-x** in the masculine singular are invariable in the masculine plural:

	SINGULAR	PLURAL
MASCULINE	gris	gris
FEMININE	grise	grises
MASCULINE	heureux	heureux
FEMININE	heureuse	heureuses

---

[1] See *Phonetics and Tape Manual.*

3. Adjectives with a masculine singular in **-al** and **-eau** become **-aux** and **-eaux** in the masculine plural respectively:

	SINGULAR	PLURAL
MASCULINE FEMININE	normal normale	norm**aux** normales
MASCULINE FEMININE	nouveau nouvelle	nouv**eaux** nouvelles

C. Position.

In English, attributive adjectives[2] precede their nouns. But in French, such an adjective tends to follow the noun it modifies. There are, however, several instances where an adjective may or must be placed in front of its noun. The position of the adjective depends on its type, its function, sometimes even on the relative length of noun and adjective or the rhythm of the sentence. The following rules will help in determining the position of an attributive adjective:

1. Before the noun:

If used figuratively, descriptive adjectives are placed in front of the noun:

les neiges **éternelles**	(*eternal—i.e. perennial snow*)
BUT: l'**éternelle** chanson	(*the same old song*)
une valise **lourde**	(*a heavy bag*)
BUT: une **lourde** responsabilité	(*a heavy—i.e. considerable responsibility*)

A number of common short adjectives are usually found in front of the noun without their adopting a figurative meaning:

autre (*other*)	**joli** (*pretty*)
beau	**long**
bon	**mauvais** (*bad*)
gentil	**même** (*same*)
grand (*large*)	**nouveau**
gros	**petit**
jeune (*young*)	**vieux**

Some descriptive adjectives may precede their noun for stylistic effect, largely to express a quality that has come to be commonly associated with the noun:

un **magnifique** château	*a magnificent castle*
un **violent** combat	*a violent struggle*

(Numerals, demonstrative, interrogative, possessive and some indefinite adjectives, to be discussed in later chapters, always precede the noun.)

---

[2] i.e. adjectives not separated from their noun by the verb *to be* as in "a good man", in contradistinction to an adjective in a predicate position as in: "He *is* very kind."

2. After the noun:

When an adjective has a distinctly descriptive function, i.e. when it distinguishes the object modified by it from others of the same kind, it follows the noun:

une région **montagneuse**	*a mountainous region*
la saison **froide**	*the cold season*

(In a great number, if not the majority, of cases, adjectives are thus placed after the noun.)

Adjectives of color, nationality, religion, profession and so-called past participles used as adjectives (to be discussed later) automatically fall into this category:

le livre **bleu**	*the blue book*
une ville **française**	*a French town*
un pays **catholique**	*a catholic country*
une revue **médicale**	*a medical journal*
les villes **situées** sur la Méditerranée	*the towns located on the Mediterranean*

ORAL DRILLS

A. *Repeat the following sentence substituting the words in parentheses for the underlined words. Make the necessary changes.*

1. Paul est Français; Marie est Française aussi.
   (grand / petit / agréable / bon / doux / gros / heureux / Italien / naturel / lent / premier / beau)

2. Les lilas sont blancs; les roses aussi sont blanches.
   (frais / beaux / naturels / nouveaux / fleuris / odorants / ouverts / fanés / rares / chers)

3. Les exercises sont faciles; la leçon est facile aussi.
   (longs / bons / nouveaux / intéressants / excellents / ennuyeux / simples / compliqués / intelligents / finis)

B. *In the sentence given use each adjective at its proper place. Follow the example.*

       Voilà le livre.

mauvais   **Voilà le mauvais livre.**

1. noir   **2.** nouveau   **3.** rouge   **4.** petit   **5.** français   **6.** beau   **7.** ennuyeux
8. gros   **9.** bon   **10.** amusant

C. *Answer each question using a subject pronoun and making the necessary changes to make the adjective agree. Follow the example.*

L'hiver est froid. Et l'eau de l'océan?
Elle est froide.

1. Les orages sont violents. Et les pluies? **2.** Les lilas sont artificiels. Et les roses? **3.** Le garçon est matinal. Et la fille? **4.** Le jour est beau. Et la nuit? **5.** Le ciel est bleu. Et la mer? **6.** Le voyage est long. Et la route? **7.** Les jours sont frais. Et la saison? **8.** L'été est bon. Et la température? **9.** L'hiver est doux. Et la soirée? **10.** Le pays est montagneux. Et la région? **11.** Les arbres sont verts. Et les prairies? **12.** Le garçon est grand. Et la fille? **13.** Le monsieur est gros. Et la dame? **14.** Le mur est blanc. Et la neige? **15.** Le livre est nouveau. Et les histoires? **16.** Le chien est vieux. Et les chattes? **17.** Les climats sont continentaux. Et les régions?

D. *Progressive substitution.*

Nous détestons le climat pluvieux et humide.
........aimons ....
....................les jours ....
...............................beaux ....
....et chauds.
....et secs.
Vous ....
........préférez..
....................les étés................................
...............................torrides................
....et lourds.
....et agréables.
Ils..
........aiment ....
....................les soirées............................
...............................fraîches................
....et pluvieuses.
....et belles.
Tu..
........aimes ....
....................les journées........................
...............................chaudes................
....et calmes.

Vocabulary

à la fois together
à mi-chemin half-way
l'arbre (*m*) tree
beau/belle beautiful
blanc/blanche white
bon/bonne good
c'est it is
la chaleur heat
le chat, la chatte cat
le chêne oak
le chêne-liège cork-tree
cher/chère dear
le ciel sky
deux two
divers various
douze twelve
l'eau (*f*) water
enfin finally
ennuyeux (*f*: -se) boring
ensuite then
les environs (*m pl*) surroundings
épais/épaisse thick
l'est (*m*) east
l'été (*m*) summer
facile easy
fané withered
la feuille leaf
la fille girl
fleuri blossoming
fou/folle mad
frais/fraîche fresh
le garçon boy
la gelée frost
gras/grasse fat
gris/grise grey
gros/grosse big
habiter to inhabit, live
le hêtre beech

heureux (*f*: -se) happy
l'hiver (*m*) winter
le jour day
la journée day
jusqu'à as far as
lent slow
le livre book
lourd heavy
le maquis brush
matinal early
la mère mother
mille thousand
montagneux (*f*: -se) hilly
monter to climb, go up
mou/molle soft
le mur wall
née born
la neige snow
noir black
non no
la nuit night
on one (pronoun)
l'orage (*m*) storm
l'ouest (*m*) west
oui yes
parfois sometimes
le père father
la pierre stone
la pluie rain
plusieurs several
pluvieux (*f*: -se) rainy
presque almost
quatre four
rouge red
sec/sèche dry
la soirée evening
vert green
vieux/vieille old

Première Lecture

Le climat de la France

Il y a en France quatre catégories de climat: le climat des régions océaniques, des régions méditerranéennes, des régions montagneuses et des régions intérieures ou continentales.

A l'ouest, le climat des régions voisines de l'océan est uniforme et tempéré: les étés sont frais, les hivers sont doux. Le climat est favorable au chêne et à la prairie.

Au sud, la région méditerranéenne est petite et limitée par les Alpes, les Cévennes et les Pyrénées. Les étés sont chauds et secs; les hivers sont doux; les pluies et les gelées sont rares. Cependant, les orages sont parfois violents et les vents très froids. C'est la région du chêne-liège et du maquis.

Dans les montagnes, l'hiver est froid mais l'altitude tempère la chaleur de l'été. Les prairies et les forêts de chênes et de hêtres montent jusqu'à 1200 mètres d'altitude et les pins jusqu'à 2000 mètres. Ensuite, c'est la région des pierres et des neiges éternelles.

A l'intérieur du pays, la séparation des saisons est plus marquée: les différences de température sont plus grandes, les hivers sont plus rigoureux et, en été, les pluies sont moins fréquentes. Dans les forêts, le hêtre est voisin du chêne.

Située à mi-chemin du pôle et de l'équateur, la France a un climat à la fois maritime et continental mais généralement tempéré et humide.

QUESTIONNAIRE

1. Est-ce qu'il y a plusieurs catégories de climat en France?
2. Est-ce que le climat des régions voisines de l'océan est uniforme?
3. Est-ce que la région méditerranéenne est grande?
4. Est-ce que les orages sont fréquents au sud?
5. Est-ce que l'hiver est froid dans les montagnes?
6. Est-ce que, dans les montagnes, l'altitude tempère la chaleur de l'été?
7. Est-ce que les pins montent jusqu'à 2000 mètres d'altitude?
8. Est-ce que le sommet des Alpes est la région des neiges éternelles?
9. Est-ce que la séparation des saisons est plus marquée dans les régions continentales?
10. Est-ce que la France est située à mi-chemin du pôle et de l'équateur?

VOCABULARY EXERCISES

A. *Fill in the blanks with the proper word to be found in the list on the right.*

1. En France, il y a quatre ____ de climat.
2. Il y a les régions intérieures ou ____.
3. Les régions ____ sont tempérées.
4. Dans les régions voisines de l'océan, les étés sont ____.
5. La région ____ est limitée par les Alpes, les Cévennes et les Pyrénées.
6. Dans la région méditerranéenne, les hivers sont ____.
7. Dans les montagnes, l'altitude ____ la chaleur de l'été.
8. L'ouest de la France est favorable à la ____.
9. Dans les montagnes, l'hiver est ____.
10. Dans les forêts, le chêne est voisin du ____.

a. méditerranéenne
b. catégories
c. doux
d. continentales
e. tempère
f. froid
g. océaniques
h. prairie
i. hêtre
j. frais

B. *Do the same with the following sentences.*

1. Les orages sont ____ violents.
2. ____ du pays, les saisons sont plus marquées.
3. Le climat de la France est ____ tempéré et humide.
4. Il est ____ maritime et continental.
5. La région méditerranéenne est située ____ du pays.
6. La France est située ____ du pôle et de l'équateur.
7. Le hêtre monte ____ 1200 mètres d'altitude.
8. Le climat est chaud et sec; ____, les orages sont fréquents.
9. Dans les montagnes, l'hiver est ____ froid.
10. En France, ____ quatre catégories de climat.

a. généralement
b. il y a
c. cependant
d. à mi-chemin
e. à l'intérieur
f. jusqu'à
g. dans le sud
h. à la fois
i. toujours
j. parfois

Deuxième Lecture

Les Pyrénées

Les Pyrénées forment la *frontière*[1] entre l'Espagne et la France. Elles commencent à l'océan Atlantique et se terminent à la Méditerranée.

Alors que[2] les Alpes sont sauvages et majestueuses, la chaîne des Pyrénées invite l'homme avec amabilité. Dans les vallées *étroites*[3] et profondes, il y a diverses *stations thermales,*[4] et *au pied*[5] des montagnes, il y a plusieurs rivières qui traversent les larges vallées fertiles et les prairies très riches.

L'histoire et la légende *peuplent*[6] les Pyrénées. Dans la partie occidentale, Biarritz *salue*[7] les touristes du *monde*[8] entier; Pau est le *berceau*[9] d'un roi; Lourdes a les *pèlerins,*[10] et le *cirque*[11] de Gavarnie *porte*[12] la marque de Durandal, l'*épée*[13] de Roland.

La petite république d'Andorre *ouvre*[14] la porte aux Pyrénées orientales. *Ensuite,*[15] les montagnes descendent *vers*[16] la Méditerranée dans un *paysage*[17] de cyprès et d'oliviers.

---

[1] border
[2] while
[3] narrow
[4] spas
[5] at the foot
[6] people, fill
[7] salutes
[8] world
[9] cradle (of Henri IV)

[10] pilgrims
[11] amphitheatre
[12] bears
[13] sword
[14] opens
[15] then
[16] toward
[17] landscape

GRAMMAR EXERCISES

A. *In each of the following sentences insert the adjective given in parentheses in its proper place, making the necessary agreement.*

1. (noir) Je regarde le chat. **2.** (français) Nous aimons la langue. **3.** (favori) Voilà la région de Paul. **4.** (petit) Il a un chien. **5.** (légendaire) Le chat est l'ennemi du chien. **6.** (éternel) C'est la région des neiges. **7.** (froid) Nous détestons les vents. **8.** (bon) Vous êtes sur la route. **9.** (beau) C'est le chat de Paul. **10.** (doux) J'aime le parfum des roses. **11.** (long) C'est l'histoire de Charlemagne. **12.** (frais) Nous aimons la viande. **13.** (vieux) J'aime les maisons. **14.** (montagneux) Il préfère les régions. **15.** (gros) Voilà la voiture de Pierre.

B. *Complete the following sentences using the proper form of the adjective given in parentheses.*

1. (frais) Les forêts sont ____. **2.** (mauvais, national) C'est la ____ route ____. **3.** (beau) Les montagnes sont ____. **4.** (bon) La viande est ____. **5.** (favori) L'été est la saison ____ de Marie. **6.** (long) En été, les soirées sont ____. **7.** (fréquent) Les pluies sont ____ dans la région. **8.** (italien, harmonieux) La langue ____ est très ____. **9.** (premier, simple) La ____ leçon est ____. **10.** (nouveau) Il regarde les ____ vendeuses. **11.** (bleu) Les mers sont ____. **12.** (policier) J'aime les romans ____. **13.** (blanc) La neige est ____. **14.** (voisin, pluvieux) La région ____ est ____. **15.** (nouveau, agréable) Les ____ voisins de Paul sont ____. **16.** (beau) Voilà un ____ arbre. **17.** (doux) Ils sont très ____. **18.** (nouveau) C'est un ____ état. **19.** (continental, rigoureux) Les climats ____ sont ____. **20.** (beau) Est-ce que les ____ chiens sont les chiens de Paul? **21.** (éternel) Les neiges ____ sont au sommet des Alpes. **22.** (long) La route est ____ pour arriver au pôle. **23.** (vieux) Nous sommes dans un ____ hameau, dans un ____ hôtel, chez une ____ hôtelière.

C. *Change the following sentences to the plural.*

1. La région située dans le nord du pays est très humide. **2.** Tu préfères le chêne-liège au hêtre. **3.** Le vent est froid et violent. **4.** Le Français aime la viande grillée. **5.** Le climat du pays continental est rigoureux.

COMPOSITION

Describe the climate of the country where you live.

Cinquième Leçon

ILLUSTRATION

— Avez-vous *un* cheval?

— Oui, j'ai *un* beau cheval noir. C'est *une* jument de trois ans.

— Il y a *des* chevaux dans la prairie.

— Ce sont *des* chevaux de course: les voisins ont toujours *de* beaux chevaux.

— En effet, ce sont *de* très beaux chevaux.

— Il faut voir les chevaux *de* Paul!

EXPLANATION

I. The Indefinite Article.

A. Forms and Usage.

The indefinite article ("a" or "an" in English) has two singular forms and one plural form:

	SINGULAR	PLURAL
MASCULINE	**un**	**des**
FEMININE	**une**	**des**

Il a **un** cheval.   Il a **des** chevaux.
La maison a **une** terrasse.   La maison a **des** terrasses.

Notice that in English there is no plural form for the indefinite article. "Some" is only an approximation to an indefinite article and more restrictive than the latter:

SINGULAR   PLURAL
a   book   books (some books)

If the plural noun is preceded by an adjective, **des** is reduced to **de** or **d'** (in front of a vowel or a mute **h**):

Nous avons **un** autre chien.   Nous avons **d'autres** chiens.
Elle a **une** belle robe.   Elle a **de belles** robes.

But when the adjective follows the plural noun, **des** is used:

Elles ont **des** robes **élégantes.**

B. Omission.

The indefinite article is omitted before a predicate adjective or an unmodified predicate noun indicating nationality, religion or profession:

Il est Français.   *He is a Frenchman (He is French.)*
Elle est protestante.   *She is a Protestant.*
Je suis avocat.   *I am a lawyer.*

II. How to form questions.

A. With a Pronoun Subject.

1. If the subject of the sentence is a pronoun, a declarative statement may be made interrogative by <u>inverting</u> the pronoun subject and its verb:

Parlez-vous anglais?

Parlent-ils russe?

Notice the hyphen between verb and pronoun and, of course, the question mark at the end.

In the third person singular of **-er** verbs and the verb **avoir**, a "**-t-**" must be inserted between verb and pronoun, largely for the sake of pronunciation:

Parle-**t**-il allemand?
A-**t**-il une belle voiture?

NOTE:

With **-er** verbs, in the first person singular, the "**est-ce que**" construction should be used:

Est-ce que je monte l'escalier?

2. Another way of asking a question is by sheer intonation and the addition of a question mark:

Vous parlez allemand?

(For intonation patterns, see *Phonetics and Tape Manual*.)

3. Or one may use the "**est-ce que**" form studied in *Lesson I*:

Est-ce qu'il parle bien l'allemand?

B. With a Noun Subject.

1. If the subject of the sentence is a noun, the inverted form requires the following procedure: state the noun subject first and then invert the verb and the pronoun equivalent of the noun subject. Observe:

Paul a-t-il un chien?
Armande voyage-t-elle en Europe?
Les amis de Georges **habitent-ils** Paris?

2. The same questions could of course be asked by means of the "**est-ce que**" form:

Est-ce que Paul a un chien?

Or by mere intonation:

Paul a un chien?

III. The Expressions: **il y a, c'est (ce sont), il faut.**

A. Il y a.

Il y a means *there is, there are.*

Il y a une belle maison sur la place des Vosges. (*There is . . .*)
Il y a de belles maisons sur la place des Vosges. (*There are . . .*)

Study the interrogative form of this expression:

> **Y a-t-il** une belle maison sur la place des Vosges? (*Is there . . .*)
> **Y a-t-il** de belles maisons sur la place des Vosges? (*Are there . . .*)

B. C'est and Ce sont.

In order to give a definition of something **être** is used with **ce** for both singular and plural.

> **C'est** un beau cheval.   *This is a beautiful horse.*
> **Ce sont** de beaux chevaux.   *These are beautiful horses.*

Study the interrogative forms of these expressions:

> **Est-ce** un beau cheval?
> **Est-ce que c'est** un beau cheval?

In the plural the **est-ce que** construction is preferred.

> **Est-ce que ce sont** de beaux chevaux?

C. Il faut.

Il faut followed by an infinitive means *it is necessary* + infinitive.

> **Il faut** monter au troisième étage. *It is necessary to go up to the 3rd floor.*

Study the interrogative forms of this expression:

> **Faut-il** monter au troisième étage?
> **Est-ce qu'il faut** monter au troisième étage?

ORAL DRILLS

A. *Repeat the following sentence substituting the words in parentheses for the underlined words. Make the necessary changes.*

Il a un <u>cheval noir</u>; ils ont des <u>chevaux noirs</u> aussi.

(jument noire / cheval de course / beau cheval / chat blanc / chien fidèle / ami intéressant / vieux meuble / belle voiture)

B. *Change the following sentences to the plural. Follow the example.*

C'est un obscur malaise.
Ce sont d'obscurs malaises.

1. C'est un autre chien.   **2.** C'est un heureux caractère.   **3.** C'est une adorable femme.   **4.** C'est un horrible chapeau.   **5.** C'est un unique exemplaire.   **6.** C'est un honnête voisin.   **7.** C'est une agréable illusion.   **8.** C'est un hideux métier.

9. C'est un immense avantage.   **10.** C'est une humble demeure.   **11.** C'est un implacable ennemi.   **12.** C'est un honorable contradicteur.   **13.** C'est un énorme jardin.   **14.** C'est un haut mur.   **15.** C'est une laide habitude.

C.   *Repeat the following sentences substituting the words in parentheses for the underlined words.*

1. La porte s'ouvre sur un hall.

   (un balcon / un jardin / un parc / un palier / un corridor / une cour / une terrasse / une véranda)

2. Vous habitez une vieille maison.

   (un appartement / la ville / la campagne / Paris / la banlieue / Boulevard Raspail / Place des Vosges / près de Fontainebleau / les Ardennes / chez des amis / chez moi)

D.   *Repeat the following questions using the inversion instead of* **est-ce que.** *Follow the example.*

   Est-ce qu'il est Français?
   Est-il Français?

1. Est-ce qu'il est avocat?   **2.** Est-ce qu'il est médecin?   **3.** Est-ce qu'il a une maison?   **4.** Est-ce qu'il a des chevaux?   **5.** Est-ce qu'il a un chien?   **6.** Est-ce qu'ils sont Italiens?   **7.** Est-ce qu'ils sont à Paris?   **8.** Est-ce qu'ils sont en France?   **9.** Est-ce qu'ils ont des enfants?   **10.** Est-ce qu'ils ont un jardin?   **11.** Est-ce qu'ils ont un poste de radio?   **12.** Est-ce qu'il aime les voitures sport?   **13.** Est-ce qu'il aime la chasse?   **14.** Est-ce qu'il aime la musique?   **15.** Est-ce qu'ils aiment les voyages?   **16.** Est-ce qu'ils aiment l'hiver?   **17.** Est-ce qu'ils aiment les montagnes?   **18.** Est-ce qu'il faut fermer la porte?   **19.** Est-ce qu'il faut donner des fleurs?   **20.** Est-ce qu'il faut téléphoner à Catherine?

E.   *With the information given in each sentence and in parentheses, ask a question, using the inversion. Follow the example.*

   Paul parle français (l'italien).
   Paul parle-t-il aussi l'italien?

1. Martine a un chien (un chat).   **2.** Paul aime les chiens (les chevaux).   **3.** Les Fayard ont une maison (un appartement).   **4.** Il y a un parc sur la place (une statue).   **5.** Dans l'appartement, il y a un salon (une salle à manger).   **6.** Les enfants écoutent des disques (la radio).   **7.** Les voisins entrent dans le hall (le salon).   **8.** Marie a un frère (une sœur).   **9.** Pierre est sérieux (studieux).   **10.** Les étrangers visitent les musées (les châteaux).   **11.** Les voisins regardent la maison (le jardin).   **12.** Olivier achète une revue médicale (un journal).

F. *Ask the questions suggested using the inversion only. Follow the example.*

> Demandez-moi si j'habite une maison.
> **Habitez-vous une maison?**

Demandez-moi ...

1. si j'habite un appartement. **2.** si Paul habite Paris. **3.** si Olivier est en voyage. **4.** si Martine voyage souvent. **5.** si la maison des Fayard a trois étages. **6.** si les Fayard habitent au 3ème étage. **7.** si les voisins sont à la campagne. **8.** si Pierre regarde la télévision. **9.** si Micheline cherche un livre. **10.** si M. Dupont a de beaux chevaux.

G. *Do the same using the inversion or* **est-ce que.** *Follow the examples.*

> Demandez-moi si c'est une vieille maison.
> **Est-ce que c'est une vieille maison?**
> **Est-ce une vieille maison?**

Demandez-moi ...

1. si ce sont des meubles modernes. **2.** si c'est un grand appartement. **3.** si c'est un musée intéressant. **4.** si c'est un escalier bien éclairé. **5.** si c'est un vaste salon. **6.** si ce sont des maisons agréables. **7.** si ce sont des immeubles remar-quables. **8.** si ce sont des statues en marbre. **9.** si c'est un beau parc. **10.** si ce sont des voitures chères. **11.** si c'est un vieux quartier. **12.** si ce sont des chevaux de course. **13.** si c'est une galerie continue. **14.** si ce sont des chiens de chasse.

H. *Progressive substitution.*

Nous demeurons à Nancy au 2ème étage d'une vieille maison.
........résidons ....
....................à Paris...
...............................au 3ème étage...............................
....d'une grande maison.
.... d'un bel immeuble.
Tu ....
........habites ....
....................à Rouen..
...............................au 1er étage...............................
....d'une maison de maître.
....d'un gratte-ciel.
Vous ....

.... séjournez ....

.... à Lyon ....

.................................au dernier étage.........................

....d'un hôtel.

I. *Progressive substitution.*

Ils logent quelquefois chez des amis à la campagne.

.... séjournent ....

..............parfois ....

..........................chez moi..............................

....en province.

....dans le Midi.

Nous ....

.... demeurons..

..............souvent...

..........................chez Paul.............................

....place des Vosges.

...............................Boulevard Raspail.

Elle...

.... habite..

..............encore ....

..........................chez un frère.......................

....à Neuilly.

J. *Use the verb* **être** *with names of nationality, profession and religion.*

Je suis Français.

Marie...............

.... vendeuse.

Nous ....

.... catholiques.

...... protestantes.

Il.....................

.........professeur.

.............avocat.

...........Parisien.

Elle................

.... étudiante.

...........Chinoise.

..............Belge.

Vous ....

..........Japonais.

.... médecin.

Vocabulary

Primary

adorablement very nicely
aménager to arrange
ancien/ancienne former
l'an (*m*) year
l'animal (*m*) (*pl*: animaux) animal
appelé called
autre other
avoir besoin de to need
la banlieue suburbs
beaucoup much, many
bien well
bordant bordering, encircling
border to border
la campagne country
le cheval (*pl*: chevaux) horse
continu uninterrupted
la cour court yard
la course race
couvert covered
dater (de) to date (back)
la demeure house
demeurer to live
le disque record
divisé divided
dix-septième seventeenth
éclairé lighted
l'ensemble (*m*) whole
l'entrée (*f*) entrance
entrer (dans) to enter
l'époque (*f*) epoch
l'escalier (*m*) stairs
établi established
l'étage (*m*) floor-story
il est nécessaire (de),
il faut it is necessary (to)

l'immeuble (*m*) apartment house
jadis formerly
le jardin garden
la jument mare
là there
laid ugly
la maison de maître large house
mal badly
le marbre marble
le métier job
le meuble piece of furniture
meublé furnished
le milieu middle
le musée museum
occupé inhabited
(s') ouvrir (sur) to open up (on)
passé last
le palier landing
pénétrer to enter
percé de pierced with
la porte door
près de near
le quartier quarter
quelquefois sometimes
rester ⎫ to live, inhabit, remain,
séjourner⎭ reside
la salle à manger dining room
le salon living room
la(le) secrétaire secretary
le siècle century
sous under
(se) trouver to be
la voiture car
la vue view

Secondary

l'érable (*m*) maple
le marécage swamp

la minuterie time switch (of electric
    light in staircases)

Première Lecture

Un appartement à Paris

Nous sommes à Paris, chez des amis, monsieur et madame Fayard.
Ils habitent place des Vosges. La maison des Fayard est une vieille
maison de maître divisée en plusieurs appartements. L'appartement occupé par les Fayard est au troisième étage. Pour arriver
chez les Fayard, il faut monter un escalier en spirale assez noir et
mal éclairé par une minuterie. Sur le palier, il y a une porte qui
s'ouvre sur un petit hall d'entrée. De là, on pénètre dans un vaste
salon adorablement meublé de meubles d'époque. Du salon, on a
sur la place des Vosges une vue splendide.

Jadis appelée «Place Royale», la place des Vosges est un bel
ensemble architectural qui date de XVIIème siècle. Au centre d'un
parc aménagé sur la place, se trouve une statue de Louis XIII en
marbre blanc. Il y a sur la place des maisons intéressantes, par
exemple, la maison habitée au siècle dernier par Victor Hugo,
aujourd'hui le musée Victor Hugo. Il y a d'autres immeubles
remarquables parmi les maisons symétriques bordant la place.
Sous le premier étage des maisons se trouve une galerie continue
percée d'arcades.

La place des Vosges est située dans le quartier du Marais,
ancien marécage, couvert, au XVIIème siècle, de nombreux hôtels
aristocratiques.

QUESTIONNAIRE

1. Sommes-nous à Paris?
2. Les Fayard habitent-ils une maison ou un appartement?
3. Faut-il monter un escalier pour arriver chez les Fayard?
4. L'escalier est-il bien éclairé?
5. Y a-t-il une porte sur le palier?
6. Le salon est-il bien meublé?
7. Est-ce que ce sont des meubles modernes?
8. A-t-on une belle vue du salon des Fayard?
9. Quel est l'ancien nom de la place des Vosges?
10. L'ensemble architectural est-il moderne?
11. Y a-t-il un musée au centre du parc?
12. La statue est-elle en bronze?
13. Y a-t-il des maisons intéressantes sur la place?
14. Y a-t-il une cour sous le premier étage des maisons?
15. La place des Vosges est-elle située dans un nouveau quartier?

VOCABULARY EXERCISES

A. *Fill in the blanks with the proper word to be found in the list on the right.*

1. Ils habitent dans une vieille maison ___.
2. Pour arriver au 3ème étage, il faut ___ un escalier assez noir.
3. La porte ___ sur un palier.
4. L' ___ est éclairé par une minuterie.
5. C'est un bel ensemble ___.
6. Il habite au 2ème ___.
7. La place des Vosges, appelée ___ place Royale, est au Marais.
8. C'est une statue en ___ blanc.
9. Ce sont des meubles ___.
10. ___ de la place, il y a une statue.

a. monter
b. étage
c. d'époque
d. de maître
e. au centre
f. escalier
g. jadis
h. s'ouvre
i. marbre
j. architectural

B. *Replace the words in italics by a synonym to be found in the list on the right.*

1. L'appartement est *occupé* par des Américains.
2. Ils *habitent* place des Vosges.
3. *Il faut* entrer dans la maison.
4. On *entre* d'abord dans un salon.
5. L'escalier est assez *noir*.

a. pénètre
b. habité
c. se trouve
d. il est nécessaire d'

6. Sur la place, *il y a* une statue.
7. Il y a un parc *au centre* de la place.
8. C'est un meuble *d'époque*.
9. Voilà la maison habitée au siècle *passé* par Victor Hugo.
10. Il habite *une maison* de trois étages.

e. un immeuble
f. mal éclairé
g. dernier
h. demeurent
i. au milieu
j. de style

Deuxième Lecture

Maison de campagne

C'est une vieille maison qui a plus de cent ans. Elle est en *pierres*.[1] Les *fenêtres*[2] sont petites, les murs *épais*.[3] Elle a un *toit*[4] gris et des *volets*[5] vert foncé.

C'est une grande maison avec un *seul*[6] étage et un double garage. Le *rez-de-chaussée*[7] est divisé en deux parties *presque*[8] *égales*[9] par un long corridor. *A droite*,[10] il y a *sur le devant*[11] une *salle de*

---

[1] stone
[2] windows
[3] thick
[4] roof
[5] shutters
[6] single
[7] main floor
[8] almost
[9] equal
[10] to the right
[11] in the front part

séjour[12] et *derrière*,[13] une *cuisine*.[14] *A gauche*,[15] il y a un *fumoir*[16] et une salle à manger. Les *pièces*[17] sont vastes et les *plafonds*[18] très bas.

A l'étage, il y a six *chambres à coucher*[19] et une *salle de bains*.[20]

Les meubles sont anciens. *La plupart*[21] sont des antiquités. La cuisine est moderne et le *chauffage*[22] central au gaz donne la possibilité d'occuper la maison depuis le 1er janvier jusqu'au 31 décembre.

L'été, la maison est *pleine*[23] de monde, mais la disposition des pièces assure à chacun un *coin*[24] privé et reposant.

[12] living-room	[17] rooms	[22] heating system
[13] to the rear	[18] ceilings	[23] full
[14] kitchen	[19] bedrooms	[24] corner
[15] to the left	[20] bathroom	
[16] parlor	[21] most	

GRAMMAR EXERCISES

A. *Fill in the blanks with the proper form of the verb given in parentheses at the beginning of each sentence.*

1. (être) Nous ____ à Paris. **2.** (avoir) On ____ sur la place une vue splendide. **3.** (pénétrer) Du hall, on ____ dans un vaste salon. **4.** (dater) La maison ____ du XIXème siècle. **5.** (habiter) Paul ____-il Paris? **6.** (espérer) Je ____ trouver un appartement. **7.** (se trouver) La statue ____ sur la place. **8.** (avoir) Y ____-il trop d'hôtels ici? **9.** (falloir) Il ____ partir. **10.** (être) Il ____ nécessaire de partir.

B. *Complete the following sentences with an indefinite article if necessary or with* **de**.

1. Avez-vous ____ chien? **2.** Nous avons ____ chevaux. **3.** C'est ____ longue histoire. **4.** Il a ____ grande maison. **5.** Vous avez ____ livres intéressants. **6.** Paul a ____ beaux livres. **7.** Le père de Paul est ____ professeur. **8.** La France et l'Italie sont ____ pays d'Europe. **9.** Les Alpes sont ____ hautes montagnes. **10.** Voilà ____ autre livre. **11.** Avez-vous ____ stylo? **12.** L'italien est ____ langue harmonieuse. **13.** Il y a ____ autres pays en Europe. **14.** Le frère de Pierre est ____ avocat. **15.** Il a ____ secrétaire. **16.** Il a ____ longues vacances. **17.** Paul a ____ livre français. **18.** Le frère de Marie a ____ difficultés. **19.** Il y a ____ vendeuse dans le magasin. **20.** Paul a ____ amis.

C. *Complete the following sentences with an article if necessary or with* **de**.

1. Nous sommes chez ____ amis. **2.** Ils habitent ____ grand appartement. **3.** Paul aime ____ chevaux. **4.** Il a ____ chevaux de course. **5.** Marie aime ____ chiens.   **6.** Dans ____ parc, il y a ____ belle statue.   **7.** Sur ____ palier, il y a ____ porte qui s'ouvre sur ____ salon.   **8.** Sur la place, il y a ____ autres belles maisons. **9.** Il aime ____ meubles d'époque.   **10.** Ce sont ____ beaux meubles.   **11.** Il y a ____ belles statues.   **12.** Il y a ____ appartements ici.   **13.** Dans ____ forêt voisine, il y a ____ hêtres et ____ érables.   **14.** Il y a ____ hôtels à Paris.   **15.** J'aime ____ chiens.   **16.** Il a ____ livres rares.   **17.** J'aime ____ animaux.   **18.** Elle a ____ ennemis.   **19.** Vous avez ____ très beaux meubles.   **20.** Il a ____ meubles de style.

D.   *Ask the questions which should normally receive the following answers (don't use* **est-ce que**).

Non, je regarde le chien.
Regardez-vous le chat?

1. Non, Paul habite Paris.   **2.** Non, Marie a des chiens.   **3.** Non, nous voyageons l'été.   **4.** Non, Pierre et Françoise voyagent en Italie.

COMPOSITION

Describe your own apartment or your own house, using the reading section and the vocabulary as a guide.

Maison de l'ORTF (*French television*)

Sixième Leçon

ILLUSTRATION

— *De quoi* parlez-vous?

— *A quoi* pense-t-on pour l'instant? *Qu'est-ce qui* intéresse les Parisiens? *Où* sont-ils?

— Au salon de la radio et de la télévision, bien sûr!

— Parfaitement. Alors, *que* préférez-vous: une télévision en couleur ou un poste en noir et blanc?

— Il faut examiner le problème. *Quand* regardez-vous la télé?

— Le soir, bien sûr. *Qui* a le temps de regarder la télévision pendant le jour?

— *Que* regardez-vous sur le petit écran?

— Les informations, parfois un programme en direct.

— *Quel* poste avez-vous?

— J'ai une télévision en couleur.

— Faut-il un poste en couleur pour écouter les nouvelles et regarder les torses des commentateurs? Ce sont les couleurs des cravates qui sont intéressantes?

— *Pourquoi* rejetez-vous l'idée d'un téléviseur en couleur? Est-ce ridicule de marcher avec le progrès?

— A propos, c'est bientôt le salon de l'automobile. . .

EXPLANATION

I. The Interrogative Pronouns.

A. Qui.

The interrogative pronoun **qui** (*who, whom*) may be the subject or direct object of the sentence. The following constructions are possible:

   1. Subject: (*who*)

     Qui habite la maison neuve?
     Qui est-ce qui habite la maison neuve? (more colloquial)

   2. Direct object: (*whom*)

     Qui regardez-vous?
     Qui est-ce que vous regardez?
     Qui Paul regarde-t-il ?
     Qui est-ce que Paul regarde? (colloquial)

In this case, you can use either the inverted word order or the regular word order.

B. Que.

The interrogative pronoun **que** (*what*) may also be either subject or direct object of the sentence. Study the following forms:

   1. Subject: (*what*)

     Qu'est-ce qui éclaire l'escalier?

Notice the **qui** after **est-ce** instead of **que**. Only in some set impersonal expressions such as: **Que se passe-t-il? Qu'y a-t-il?** or **Qu'arrive-t-il?** (*What's happening?*), may the inverted form be used in this case.

   2. Direct object: (*what*)

     Que regardez-vous?
     Qu'est-ce que vous regardez?
     Que regarde Paul?
     Qu'est-ce que Paul regarde?

In this case, you can use either the inverted word order or the regular word order.

NOTE:

With **-er** verbs, in the 1st pers. sing., use **qu'est-ce que.**

     Qu'est-ce que je regarde?

C. Qui and **Que** after Prepositions.

When **qui** or **que** (**quoi**) follows a preposition, the inverted word order is preferred over the **est-ce que** construction.

of whom: **De qui** parlez-vous? (rather than «**De qui est-ce que** vous parlez?»)
to whom: **A qui** pensez-vous?
with whom: **Avec qui** voyagez-vous?
of what: **De quoi** parlez-vous?
about what: **A quoi** pensez-vous?
with what: **Avec quoi** jouez-vous?

Notice that after a preposition **que** becomes **quoi**.

D. Lequel.

1. The interrogative pronoun **lequel** (*which one*) stands for a word with which it agrees in gender and number.

	SINGULAR	PLURAL
MASCULINE	**lequel**	**lesquels**
FEMININE	**laquelle**	**lesquelles**

J'ai deux sœurs; **laquelle** connaissez-vous?
Lequel de ces livres préfères-tu?

2. The different forms of **lequel** contract with the prepositions **à** and **de**.

with **a**:

	SINGULAR	PLURAL
MASCULINE	**auquel**	**auxquels**
FEMININE	à laquelle	**auxquelles**

with **de**:

	SINGULAR	PLURAL
MASCULINE	**duquel**	**desquels**
FEMININE	de laquelle	**desquelles**

J'ai deux frères; **auquel** voulez-vous parler?
Il a de nombreux amis; **desquels** parlez-vous?

II. Other ways of asking questions.

A. The Interrogative Adverbs.

1. Many questions ask for specific information, involving an interrogative adverb or adjective such as *"when, where, which,* etc." The following are the most common interrogative adverbs in French:

où	*where*
combien	*how much, how many*
comment	*how*
quand	*when*
pourquoi	*why*

2. Stylistically, it is preferable to use the inversion rather than **est-ce que** with these adverbs. The **est-ce que** form results in an unpleasant rhythm:

PRONOUN SUBJECT	NOUN SUBJECT
Où habitez-vous?	**Où** Paul habite-t-il?
Combien de disques avez-vous?	**Combien** de disques Paul a-t-il?
Comment voyagez-vous?	**Comment** Paul voyage-t-il?
Quand êtes-vous ici?	**Quand** Paul est-il ici?
Pourquoi cédez-vous?	**Pourquoi** Paul cède-t-il?

The same is true of a question involving the interrogative adjective **quel (quels, quelle, quelles)** discussed in *Lesson 3.* The inverted form sounds better than the **est-ce que** construction:

Quel meuble regardez-vous?
Quel meuble Paul regarde-t-il?

3. In colloquial style, the above mentioned adverbs (with the exception of **pourquoi**) and the adjective **quel** allow a direct inversion of noun subject and verb, when there is no direct object:

Où Paul voyage-t-il?   **Où voyage Paul?**
A quelle heure le train arrive-t-il?   **A quelle heure arrive le train?**
        BUT: **Quand Paul regarde-t-il la télévision?**

B. Qu'est-ce que c'est?
If you put together the following syntactical elements: **que + est-ce que + c'est,** you arrive at a very frequently used expression:

Qu'est-ce que c'est?   *What is it?*

(The short form **qu'est-ce?** sounds somewhat stilted).
Qu'est-ce que...? and the more colloquial **qu'est-ce que c'est que...?** + a noun ask for a definition:

Qu'est-ce que l'humour?   Qu'est-ce que c'est que l'humour?

III. Verbs with Orthographical Changes (**appeler, jeter**).

Verbs ending in **-ler** and **-ter** such as **appeler** and **jeter** are conjugated as follows in the present indicative:

appeler	jeter
j'app**elle**	je **jette**
tu app**elles**	tu **jettes**
il/elle app**elle**	il/elle **jette**
nous appelons	nous jetons
vous appelez	vous jetez
ils/elles app**ellent**	il/elles **jettent**

Notice the **ll** + mute **e** endings in **appeler** and the **tt** + mute **e** endings in **jeter**.

ORAL DRILLS

A. *Ask questions corresponding to the following statements, using the interrogative pronoun,* **qui**. *Follow the example*

> L'étudiant est studieux.
> **Qui est studieux?**

1. Paul est à Paris. **2.** Catherine parle français. **3.** L'hôtelier regarde la télé. **4.** Tu préfères les pommes. **5.** Nous habitons Nice. **6.** Pierre a un cheval noir. **7.** Vous aimez les fleurs. **8.** Je parle d'un roman. **9.** La vendeuse écoute la radio. **10.** L'enfant guide l'aveugle. **11.** Les voisins ont de beaux chevaux. **12.** Les enfants montent l'escalier.

B. *Do the preceding exercise, using* **Qui est-ce qui**. *Follow the example.*

> L'étudiant est studieux.
> **Qui est-ce qui est studieux?**

C. *Ask questions corresponding to the following statements, using the interrogative pronoun* **que**. *Follow the example.*

> Le chat aime la viande.
> **Qu'aime le chat?**

1. Pierre aime les voyages. **2.** Les Fayard occupent un appartement. **3.** Tu montes l'escalier. **4.** Paul cède sa place. **5.** Vous rapportez des roses. **6.** Nous utilisons un cyclomoteur. **7.** Les étudiants regardent le film. **8.** Vous écoutez les nouvelles. **9.** Pierre cherche un livre. **10.** Tu achètes un veston. **11.** Catherine étudie la chimie.

D. *Do the preceding exercise, using* **Qu'est-ce que**. *Follow the example.*

> Le chat aime la viande.
> **Qu'est-ce que le chat aime?**

E. *Ask questions corresponding to the following statements, using* **qu'est-ce qui**. *Follow the example.*

> L'instruction est obligatoire.
> **Qu'est-ce qui est obligatoire?**

1. L'accent de Paris est particulier. **2.** La maison des Fayard a plusieurs étages.
3. Le ciel est bleu. **4.** L'arbre est vert. **5.** Le poste est vieux. **6.** L'immeuble
est centenaire. **7.** Le printemps est doux. **8.** La porte s'ouvre sur un hall.
9. Une lampe éclaire l'escalier. **10.** Une statue se trouve au milieu de la place.
11. San Francisco ressemble à une ville européenne. **12.** Le journal est sur le
bureau.

F. *Ask questions corresponding to the following statements, using* **Qui** *or* **Qui est-ce que**. *Follow the examples.*

> Paul regarde la vendeuse.
> **Qui est-ce que Paul regarde?**
> **Qui Paul regarde-t-il?**

1. Nous guidons l'aveugle. **2.** Vous cherchez le professeur. **3.** Pierre aime les
Françaises. **4.** Catherine préfère les Anglais. **5.** Nous détestons l'hôtelier.
6. Vous regardez l'ingénieur. **7.** Tu préfères les étudiants en droit. **8.** J'écoute
le commentateur. **9.** Marie appelle le voisin. **10.** Les Dupont invitent des
amis. **11.** Le commentateur présente le président. **12.** Tu appelles le médecin.

G. *Ask questions corresponding to the following statements, as shown in the example.*

> Vous séjournez chez des amis.
> **Chez qui séjournez-vous?**

1. Paul demeure chez un frère. **2.** Nous parlons de l'hôtelier. **3.** Vous voyagez
avec Martine. **4.** Le professeur est devant les étudiants. **5.** Marie est derrière
le Canadien. **6.** Tu voyages sans les enfants. **7.** Vous parlez à des amis. **8.**
Catherine travaille pour un avocat. **9.** Les enfants jouent avec les voisins. **10.**
Nous pensons à Françoise. **11.** Tu téléphones à une amie.

H. *Ask questions corresponding to the following statements, as shown in the example.*

> Il pense à la statue.
> **A quoi pense-t-il?**

1. La porte s'ouvre sur un hall. **2.** Nous parlons d'un film. **3.** La maison est à
côté d'un musée. **4.** Nous avons vue sur la place. **5.** On passe sous le premier
étage. **6.** Vous habitez près de l'université. **7.** La voiture est devant une maison.
8. Paul joue avec une balle. **9.** On marche avec le progrès. **10.** Les enfants
nagent dans une piscine. **11.** Tu marches le long de la mer.

I. *Ask the questions suggested. Follow the example.*

> Demandez-moi où il habite.
> **Où habite-t-il?**

Demandez-moi . . .

1. quand il arrive. **2.** où nous sommes. **3.** pourquoi elle chante. **4.** comment nous voyageons. **5.** combien de disques il y a. **6.** quelles langues je parle. **7.** quand nous sommes à l'université. **8.** où ils ont une villa. **9.** pourquoi nous sommes à Paris. **10.** quel pays nous préférons. **11.** comment ils travaillent. **12.** combien d'enfants nous avons.

J. *Ask the questions suggested. Follow the example.*

> Demandez-moi où Pierre voyage.
> **Où Pierre voyage-t-il?**

Demandez-moi . . .

1. quand Martine arrive. **2.** pourquoi Françoise est contente. **3.** comment les Dupont voyagent. **4.** combien d'étages a l'immeuble. **5.** quels chevaux Paul préfère. **6.** pourquoi Marie est fatiguée. **7.** quand le professeur est dans son bureau. **8.** où Paul achète le journal. **9.** quand Olivier travaille. **10.** comment les étudiants travaillent. **11.** pourquoi Catherine chante. **12.** où les Hemmerling ont une maison de campagne.

K. *Ask the questions to which the following sentences are a logical answer. Follow the example.*

> Il arrive un accident.
> **Qu'arrive-t-il?**

1. Il se passe un drame. **2.** Il y a du bruit. **3.** Il arrive un malheur. **4.** C'est un cheval. **5.** Il faut regarder la télé. **6.** Il se passe une chose extraordinaire. **7.** Il y a une collision. **8.** C'est une surprise.

Vocabulary

Primary

acheter to buy
à côté de near, next to
alors then
appeler to call

à présent now, presently, nowadays
à propos by the way
à quelle heure? at what time?
arriver to arrive

au milieu de in the midst of
aussi also
l'**automobiliste** (*m*) motorist
l'**avertisseur** (*m*) horn
avoir le sourire to be smiling
avoir vue sur to look out on
bien sûr! of course, naturally, to be sure
bientôt soon
bloqué stopped
le **bruit** noise
le **bureau** office
céder to give in
centenaire hundred year old
combien how much
comment how
le **commentateur** radio-reporter
le **conducteur** driver
conscient conscious
la **cravate** necktie
le **cyclomoteur** motorcycle
la **demoiselle** young lady
dernier (*f*: **-ière**) last, past
derrière behind
devant before, in front of
éclairer to light
l'**embouteillage** (*m*) traffic-jam, bottleneck
en direct live
l'**énervement** (*m*) nervous irritation
en retard late
entre between
envieux (*f*: **-euse**) envious
éprouver to feel
et puis and then
être enchanté to be pleased
être en retard to be late
exquis exquisite
le **facteur** mailman
faire du bruit to make noise
fatigué tired
la **fenêtre** window
le **fervent** enthusiast
fièrement proudly
filer (*fam.*) to run

hier yesterday
impérieux (*f*: **-euse**) domineering
inexistant non-existent
les **informations** (*f pl*) news
jeter to throw away
le **jeudi** Thursday
la **jeunesse** youth
jouer à to play
le **journal** newspaper
le **journal parlé** news broadcast
le long de along
la **main** hand
le **maître** master
maîtriser to master
le **malheur** misfortune, unhappiness
marcher avec le progrès to keep up with progress
le **motocycliste** driver of a motor-cycle
nager to swim
neuf (*f*: **-ve**) new
les **nouvelles** (*f pl*) news
occuper to reside
où where
paisible peaceful
le **pare-chocs** bumper
passager (*f*: **-ère**) momentary
passé past, last
(se) **passer** to happen
pas seulement not only
le **petit écran** television screen
la **piscine** swimming pool
le **plaisir** pleasure
la **porte** gate
le **poste** set
pour l'instant now, for the moment
pourquoi why
le **printemps** spring
quand when
que what, whom, which
quel/quelle which
qui who, which
rapporter to bring back
le **regard** look
rejeter to reject, dismiss

le **renouveau** renewal
résister to resist
le **roman** novel
la **roue** wheel
rouler to run, to drive, to go
second second
sur place on the spot
tant mieux so much the better
le **téléviseur** television set

le **torse** torso
tout à coup suddenly
le **transport** transportation
le **triomphe** triumph
utiliser to use
le **veston** jacket
la **victoire** victory
le **voisin** neighbour

Secondary

le **blouson noir** name given to some
young delinquents dressed in
black leather jackets.
le **klaxon** horn

méprisé despised
ronfler to snore
serpenter to meander
la **trépidation** jarring

Première Lecture

Dans Paris: triomphe des deux roues

Jeudi: dix-neuf heures. Porte de la Chapelle. Voitures immobilisées pare-chocs contre pare-chocs, concert d'avertisseurs, énervement...

Et puis, tout à coup, sous le regard envieux des automobilistes bloqués, un cyclomoteur serpente entre les voitures, ronfle, file... Les embouteillages sont inexistants pour les fervents des deux roues!

A présent, il y a de bons bourgeois paisibles, en veston et cravate, qui utilisent la moto. Le motocycliste, hier encore méprisé, considéré comme le cousin du blouson noir, zigzague fièrement entre les voitures qui restent sur place roues dans roues.

Que faut-il aujourd'hui pour être un homme? Il faut une moto. Elle fait du bruit? Tant mieux! Résiste-t-elle? Une main impérieuse maîtrise l'animal. D'ailleurs, les rares trépidations augmentent le plaisir et donnent au conducteur la sensation exquise d'être le maître viril de la situation.

Depuis le printemps dernier, le compagnon de la moto, la bicyclette aujourd'hui centenaire, a une seconde jeunesse. Qui pédale dans Paris? Pas seulement les hommes mais aussi de belles et charmantes demoiselles. Les cyclistes ont le sourire car ils sont concients d'une victoire.

Le triomphe des deux roues est-il la solution cherchée aux problèmes des transports urbains? Ou est-ce un simple renouveau passager?

QUESTIONNAIRE

1. Quelle est la situation à la Porte de la Chapelle, un soir à dix-neuf heures?
2. Qu'est-ce qui serpente tout à coup entre les voitures?
3. Qu'est-ce qui n'existe pas pour les fervents des deux roues?
4. Le motocycliste est-il encore méprisé?
5. Qui utilise la moto aujourd'hui?
6. Que fait le conducteur quand la moto résiste?
7. Quelle sensation le conducteur éprouve-t-il alors?
8. Qui a une seconde jeunesse?
9. Qu'est-ce qui est aujourd'hui centenaire?
10. Qui est-ce qui pédale dans Paris?
11. Pourquoi ont-ils le sourire?
12. Qu'est-ce que le triomphe des deux roues est peut-être?

VOCABULARY EXERCISES

A. *Fill in the blanks with the proper word to be found in the list on the right.*

1. Les voitures sont immobilisées pare-chocs contre _____.	a. file
2. Un cyclomoteur serpente entre les _____.	b. veston
3. Il ronfle et _____.	c. sur place
4. Les embouteillages sont _____ pour les fervents des deux roues.	d. inexistants
5. Les motocyclistes _____ fièrement.	e. pare-chocs
6. Les voitures restent _____ .	f. centenaire
7. Elles sont bloquées _____.	g. zigzaguent
8. Les bourgeois en _____ et cravate utilisent la moto.	h. fait du bruit
9. La moto _____.	i. roues dans roues
10. La bicyclette est _____.	j. voitures

B. *Replace the words in italics by a synonym to be found in the list on the right.*

1. C'est le triomphe *des deux roues.*	a. parent
2. Les voitures sont *bloquées.*	b. l'impression
3. Le motocycliste est-il encore considéré comme le *cousin* du blouson noir?	c. aujourd'hui
	d. de la moto
4. Il y a *à présent* des bourgeois qui utilisent la moto.	e. succès
5. C'est une sensation *exquise.*	f. passé
6. Il a *la sensation* d'être maître de la situation.	g. immobilisées
7. Depuis le printemps *dernier*, la bicyclette a une seconde jeunesse.	h. délicieuse
	i. sont enchantés
8. Ils *ont le sourire.*	j. une renaissance
9. Que pensez-vous du *triomphe* des deux roues?	
10. Est-ce *un renouveau*?	

Deuxième Lecture

Le Périgord[1]

Michel Eyquem de Montaigne *est né*[2] en 1553 au château de Montaigne en Périgord.

Dans les *Essais*,[3] il explique l'origine du nom du château familial: sa demeure est perchée sur une petite montagne, ou «montaigne» dans la langue du xvie siècle.

---

[1] region north east of Bordeaux
[2] was born

[3] the most important of Montaigne's books

La bibliothèque du château est située au troisième étage de la tour. Elle est ronde et les *murs*[4] sont couverts de livres. C'est là que Montaigne passe la plus grande partie de son temps, *à lire*,[5] *à écrire*[6] et *à surveiller*[7] *ses*[8] *propriétés*[9] et son entourage.

Les trois *fenêtres*[10] offrent à Montaigne une belle vue sur la campagne *environnante*.[11]

La région a des vallées fertiles *où l'on*[12] cultive les céréales, la *vigne*[13] et le tabac. Le Périgord est *fier*[14] de ses *primeurs*[15] et de ses fruits.

Si[16] le pays est riche, l'horizon est vaste et l'on *sent*[17] passer le *souffle*[18] de l'océan tout *proche*.[19]

C'est *peut-être*[20] pour *cette*[21] double raison que Montaigne est à la fois un enfant des *champs*,[22] réaliste et *sensé*[23] comme un *campagnard*[24] attaché à la terre, et un *esprit*[25] curieux, alerte, *ouvert*[26] à tout, tourné vers l'Atlantique et les mondes nouveaux.

---

[4] walls
[5] reading
[6] writing
[7] watching over
[8] his
[9] estate
[10] windows
[11] surrounding

[12] where one
[13] vine
[14] proud
[15] early vegetables
[16] if
[17] feels
[18] breeze
[19] close by

[20] perhaps
[21] this
[22] country
[23] sensible
[24] peasant
[25] mind
[26] open

GRAMMAR EXERCISES

A. *Fill in the blanks with the proper interrogative pronoun or adjective.*

1. ____ parle? **2.** De ____ parlez-vous? De téléviseurs? **3.** A ____ pensez-vous? Aux examens? **4.** Avec ____ les enfants jouent-ils? Avec le train électrique? **5.** ____ préférez-vous, la physique ou la chimie? **6.** ____ regardes-tu? Michel? **7.** A ____ faut-il téléphoner? **8.** Chez ____ habitez-vous? **9.** ____ intéresse les Parisiens? **10.** ____ vous regardez sur le petit écran? **11.** ____ la philosophie? **12.** ____ est sur la table? **13.** ____ est en tête du tour de France? **14.** ____ jetez-vous par la fenêtre? **15.** Avec ____ voyagez-vous? Des amis? **16.** De ____ poste parlez-vous? **17.** ____ préférez-vous? Paul ou Olivier? **18.** Avec ____ voiture voyagez-vous? **19.** ____ éclaire l'escalier? **20.** A ____ heure part le train? **21.** ____ y a-t-il? **22.** ____ voiture avez-vous? **23.** ____ arrive-t-il? **24.** A ____ étage habitent les Fayard? **25.** ____ se passe-t-il?

B. *Rewrite the following questions using another construction.*

1. Qui est-ce qui habite ici? **2.** Qu'est-ce que Paul regarde? **3.** Qu'est-ce que c'est que l'humour? **4.** Est-ce que c'est une belle couleur? **5.** Est-ce qu'il faut téléphoner à Pierre? **6.** Est-ce que c'est une bonne idée? **7.** Où Paul travaille-t-il? **8.** Comment Olivier voyage-t-il? **9.** A quelle heure le train arrive-t-il? **10.** Quelle voiture Olivier préfère-t-il? **11.** Quand les Dupont arrivent-ils? **12.** Qui est-ce que vous regardez? **13.** Qu'est-ce qui arrive? **14.** Où habitent les Fayard? **15.** Qu'est-ce qui se passe? **16.** Comment roule le train? **17.** Qu'est-ce qu'il y a? **18.** De quel livre parle Pierre? **19.** Est-ce que Paul a un chien? **20.** Est-ce bien? **21.** Où est Françoise? **22.** Quand passe le facteur? **23.** De quel embouteillage Paul parle-t-il? **24.** A quelle heure passe le train? **25.** Qu'est-ce qu'on maîtrise?

COMPOSITION

Où la moto et le vélo ont-ils du succès dans votre pays et pourquoi?

Septième Leçon

ILLUSTRATION

— Nous avons un printemps tardif. *Il fait* froid, gris, pluvieux.
Les jardins sont en retard.
— Oui. Les autres années, les arbres fruitiers *fleurissent* déjà.
— *J'ai mal* aux jambes. Je *souffre* beaucoup.
— C'est sans doute du rhumatisme.
— Peut-être. *J'ai* toujours *froid* aux pieds.
— *Avez-vous faim?*
— Non, mais *j'ai soif. J'ai mal* à la tête. Est-ce qu'*il pleut?*
— Non. Pas pour le moment.
— Alors, je *sors* pour dix minutes.
— Bien. A tout à l'heure.

EXPLANATION

I. The -ir Verbs.

A. Verbs conjugated like finir.

In the present tense, a majority of these verbs are conjugated according to the following pattern:

finir

je fin*is*	nous fin*iss***ons**
tu fin*is*	vous fin*iss***ez**
il/elle fin*it*	ils/elles fin*iss***ent**

Notice the insertion of **-iss-** between the stem and the endings of the plural. Other verbs conjugated like **finir**:

bâtir	*to build*
choisir	*to choose*
fleurir	*to bloom*
punir	*to punish*
réussir	*to succeed*
etc.	

B. Verbs conjugated like dormir.

Two small groups of frequently used verbs with **-ir** infinitives require special attention. The first group of six verbs have no **-i-** nor **-iss-** in the present tense. Observe the conjugation of **dormir** (*to sleep*):

dormir

je dor**s**	nous dorm**ons**
tu dor**s**	vous dorm**ez**
il/elle dor**t**	ils/elles dorm**ent**

Notice the omission of the stem consonant in the singular. The other verbs in this group are:

mentir	*to tell a lie*
partir	*to leave, go away*
sentir	*to feel, to smell*
servir	*to serve*
sortir	*to go out*

C. Verbs conjugated like ouvrir.

The next group consists of four verbs which also drop the **-i-** of the ending but otherwise follow the conjugational pattern of **-er** verbs in the present tense. Observe **ouvrir** (*to open*):

ouvrir

j'ouvre	nous ouvrons
tu ouvres	vous ouvrez
il/elle ouvre	ils/elles ouvrent

The other verbs in this group are:

couvrir	*to cover*
offrir	*to offer*
souffrir	*to suffer*

II. Impersonal Verbs.

The verb **faire** (*to make*) (to be fully studied later) is used with the impersonal subject **il**, here denoting "*it*," to indicate the condition of the weather in expressions such as:

il fait chaud	*it is warm*
il fait froid	*it is cold*
il fait frais	*it is cool*
il fait doux	*it is mild*
il fait beau (temps)	*it is good weather*
il fait mauvais (temps)	*it is bad weather*
il fait sec	*it is dry*
Quel temps fait-il?	*What is the weather like?*
il fait du vent	*it is windy*
il fait jour	*it is day (daylight)*
il fait nuit	*it is night (growing dark)*

Other useful impersonal verbs denoting weather conditions are:

il pleut	*it rains, it is raining*
il neige	*it snows, it is snowing*
il gèle	*it freezes, it is freezing*
il tonne	*it thunders, it is thundering*

III. Expressions with **avoir**.

The verb **avoir** is used in many common expressions containing a noun which denotes a certain physical or mental condition. Some of these expressions are:

avoir besoin (de)	*to need*
avoir chaud	*to be hot*
avoir envie (de)	*to desire (something)*
avoir faim	*to be hungry*
avoir froid	*to be cold*
avoir honte (de)	*to be ashamed (of)*
avoir mal (à)	*to have a pain, to hurt*
avoir peur (de)	*to be afraid (of)*
avoir raison	*to be right*
avoir soif	*to be thirsty*
avoir sommeil	*to be sleepy*
avoir tort	*to be wrong*

Notice that no article is needed with these nouns when they occur with **avoir**.

ORAL DRILLS

A. *Repeat the following sentence substituting the words in parentheses for the underlined word.*

Il fait froid.

(chaud / beau / mauvais / bon / gris / pluvieux / jour / nuit / du vent)

B. *Repeat the following question substituting the words in parentheses for the underlined words and answer the questions.*

Aujourd'hui, fait-il beau ou mauvais?

(chaud ou froid / sec ou pluvieux / frais ou lourd / bon ou mauvais / doux ou frisquet / gris ou soleil)

C. *Repeat the following command and question, substituting the words in parentheses for the underlined word. Make the necessary changes.*

Demandez à Paul s'il fait doux. —Paul, fait-il doux?

(frais / nuit / lourd / orageux / sombre / humide / clair / soleil)

D. *Repeat the following sentences substituting the words in parentheses for the underlined words.*

1. En hiver, il pleut.

(il neige / il gèle / il fait du vent / il fait froid / il fait mauvais)

2. En été, il fait beau.

(il fait chaud / il fait lourd / il fait orageux / il tonne)

E. *Answer the following questions in the affirmative. Follow the example.*

As-tu soif?
Oui, j'ai soif.

1. A-t-il faim? **2.** As-tu peur? **3.** Avons-nous chaud? **4.** Ont-ils mal à la tête? **5.** Avez-vous sommeil? **6.** Ai-je froid? **7.** A-t-elle froid aux pieds? **8.** Avez-vous honte? **9.** A-t-il tort?

F. *Repeat the following sentence, using the words in parentheses as new subjects. Make the necessary changes.*

Paul bâtit une maison.

(Je / Nous / Paul et Marie / Tu / Marie / Vous / Les Dupont)

G. *Answer the following questions, using the words given in parentheses and subject pronouns. Follow the example.*

Qu'est-ce que Paul bâtit? (une maison)
Il bâtit une maison.

1. Qu'est-ce que les Dupont bâtissent? (un immeuble) **2.** Qu'est-ce que l'ingénieur bâtit? (un pont) **3.** Qu'est-ce que vous bâtissez? (une église) **4.** Qu'est-ce que Paul et Pierre bâtissent? (un magasin) **5.** Qu'est-ce que l'oiseau bâtit? (un nid) **6.** Qu'est-ce que la ville bâtit? (un hôpital)

H. *Repeat the following sentence using the words in parentheses as new subjects. Make the necessary changes.*

Paul offre un livre à Marie.

(Nous / Paul et Louise / Je / Vous / Tu / Louise et Jeanne / Pierre et Paul / Il / Martine)

I. *Repeat the following question substituting the words in parentheses for the underlined word. Make the necessary changes.*

Quand partez-vous en vacances?

(tu / nous / Paul / Marie / Paul et Marie / Pierre et Paul / Marie et Jeanne)

J. *Progressive substitution.*

Quand il fait froid, Paul souffre beaucoup.
.... il pleut, ...
.... nous ....
...................................sortons..............
.... peu.
....rarement.
Lorsque..
.... il tonne, ...
.... vous ....
...................................dormez..............
.... mal.

K. *Use the expression* **avoir mal à.**

J'ai mal aux jambes.
.................au cœur.
...............aux dents.
Nous ....
.................à la tête.
...............aux mains

Tu ....
..............à la gorge.
................au doigt.
Elle........................
............au bras droit.
.........au bras gauche.
Ils ....
................aux yeux.
............aux oreilles.
Vous ....
............à l'estomac.
..................au foie.
................aux pieds.

L.   *Use the expression* **avoir besoin de.**

J'ai besoin d'une maison.
....................un crayon.
Nous ....
.......................un livre.
Elle.............................
....................un cahier.
Vous ....
.... un stylo.
Elles............................
...................une voiture.
Ils.............................
.... un journal.
Tu ....
.......une feuille de papier.

M.   *Do the preceding exercise with the expression* **avoir envie de.**

J'ai envie d'une maison.

N.   *Use idiomatic expressions with the verb* **avoir.**

J'ai froid.
..... chaud.
Nous ....
..... raison.
Il ....
.. sommeil.
Tu ....
.... soif.

Elle.........
.... tort.
Vous ....
......honte.
Je ....
.... faim.
Il............
.... peur.

Vocabulary

Primary

ailleurs elsewhere
à l'égard de towards
alors que when, whereas
l'**année** (*f*) year
à tout à l'heure see you later
au–dessous de under
autre other
bâtir to build
la **boule** ball
le **bras** arm
causer to speak
chaud warm
choisir to choose
le **cœur** heart
couvrir to cover
déjà already
d'habitude usually
le **doigt** finger
dormir to sleep
écrit written
l'**église** (*f*) church
encore again
l'**estomac** (*m*) stomach
la **faim** hunger
fictif (*f*: **-ve**) fictitious
fleurir to blossom
le **foie** liver
frisquet cool
fruitier fruit bearing

garnir to trim
geler to freeze
la **gorge** throat
la **honte** shame
l'**instituteur** (*m*) school teacher
la **jambe** leg
jouer à to play (a game)
jouer de to play (instrument)
longtemps a long time
lorsque when
le **magasin** store
maint many (a)
mentir to lie
neiger to snow
le **nid** nest
l'**œil** (*m*) (*pl*: **yeux**) eye
l'**oiseau** (*m*) bird
orageux stormy
l'**oreille** (*f*) ear
ouvrir to open
partir to leave
le **penchant** inclination
peupler to people
la **peur** fear
peut-être maybe
le **pied** foot
pleuvoir (il pleut) to rain (it is raining)
le **pont** bridge

le **postier** post office employee
réclamer to claim
rencontrer to encounter, meet
revendiquer to claim
rougir to redden
sept seven
le **siège** seat
la **soif** thirst
le **sommeil** sleep
sortir to go out
la **tête** head

tonner to thunder
le **tort** wrong
toujours always
le **trait** mark, trait
travailler to work
triste sad
trouver to find
les **vacances** (*f pl*) vacation
le **vent** wind
verdir to grow green

Secondary

le **béret** cap
la **chemisette** sport shirt
la **chevauchée** ride
la **cour d'amour** court of love
envahissant invading
le **fonctionnaire** civil servant

le **percepteur** tax collector
le **platane** plane-tree
le **tournois** tournament
le **trouvère** minstrel
l'**usine** (*f*) factory

Première Lecture

Les Méridionaux

Au-dessous de la ligne imaginaire qui sépare le Nord de la
France du Sud du pays, il y a un accent spécial, un certain tempérament, une vieille civilisation de langue d'oc et aussi un héritage
des anciens occupants romains: le droit écrit, la cité, le forum.

L'homme du Sud a le goût de la discussion, il a rarement *peur de
son ombre*[1] et a un petit penchant à critiquer les «puissances». Et,
a-t-il tort s'il éprouve une certaine réserve à l'égard d'un Nord
centralisateur et envahissant?

Alors que le Nord est l'ancien pays des tournois, des chevauchées épiques et des trouvères, le Midi est le berceau de la musique
et de la poésie des «Cours d'Amour».

Depuis longtemps, le Midi fournit des présidents à la République
et des orateurs à la France.

Le Méridional aime la politique, mais beaucoup de fonctionnaires sortent de la région: partout, dans l'hexagone, on rencontre
toujours un postier, un instituteur, un gendarme ou un percepteur
de Toulouse ou de Montauban.

---

[1] easily frightened

En maintes disciplines, il y a un Méridional. En peinture, par exemple, le Midi réclame Ingres, Cézanne et Toulouse-Lautrec.

Toulouse est la quatrième ville de France. C'est un centre d'industrie chimique et le siège des grandes usines de construction aéronautique de Sud-Aviation.

Les Méridionaux peuplent sept départements et présentent une grande diversité de types. Il y a cependant un dénominateur commun: la volubilité et l'affabilité. Car l'homme du Sud cause beaucoup et ouvre toujours sa porte. C'est un trait permanent du caractère méridional.

Une tête solide sous le béret et un brave cœur sous la chemisette: voilà le Méridional qui, l'hiver, quand il fait froid, parle de rugby et l'été, quand il fait chaud, a envie de jouer aux boules sous les platanes. Après avoir travaillé comme partout ailleurs.

D'après Jean-Marie Garraud,
Le Figaro

QUESTIONNAIRE

1. Qu'est-ce qui sépare le Nord de la France du Sud du pays?
2. Qu'est-ce qui caractérise le Midi?
3. Qu'est-ce que le Méridional critique facilement?

4. Pourquoi le Méridional a-t-il à l'égard du Nord une certaine réserve?
5. De quoi le Nord est-il l'ancien pays?
6. De quoi le Midi est-il le berceau?
7. Qu'est-ce que le Midi fournit à la France?
8. Qu'est-ce qu'on rencontre partout dans l'hexagone?
9. Y a-t-il des peintres français qui sont du Midi?
10. Est-ce que Toulouse est une ville importante?
11. Qu'est-ce qui est commun aux Méridionaux?
12. A quoi le Méridional joue-t-il pendant l'été?

VOCABULARY EXERCISES

A.   *Fill in the blanks with the proper word to be found in the list on the right.*

1. Une ligne _____ sépare le Nord de la France du Sud du pays.
2. Il y a au Sud une vieille civilisation de _____.
3. L'homme du Sud a _____ de la discussion.
4. Il a aussi une certaine _____ à l'égard du Nord.
5. Le Nord est l'ancien pays des chevauchées _____.
6. Le Midi est _____ de la musique des «Cours d'amour.»
7. Le Midi a un petit _____ à critiquer les puissances.
8. Le Midi _____ depuis longtemps des orateurs à la France.
9. Beaucoup de fonctionnaires _____ du Midi.
10. Partout dans l'hexagone, on _____ des fonctionnaires du Midi.

a. réserve
b. rencontre
c. langue d'oc
d. le goût
e. sortent
f. imaginaire
g. fournit
h. le berceau
i. penchant
j. épiques

B.   *Select in the list on the right the proper synonyms of the words in italics.*

1. L'homme du Sud *parle* beaucoup.
2. Le Méridional a *un brave* cœur
3. Il a beaucoup *de courtoisie.*
4. En *plusieurs* disciplines, il y a un Méridional.
5. Les Méridionaux présentent une grande *variété* de types.
6. Le Méridional a *un penchant pour* la discussion.
7. C'est *une marque* du caractère méridional.
8. Une ligne *fictive* sépare le Nord du Sud.
9. Partout en France, on *trouve* des fonctionnaires méridionaux.
10. Le Midi *revendique* Ingres et Toulouse-Lautrec.

a. maintes
b. bon
c. d'affabilité
d. diversité
e. réclame
f. un trait
g. cause
h. rencontre
i. le goût de
j. imaginaire

Le pont du Gard

Deuxième Lecture

Le Languedoc

Le Languedoc est une vieille province française qui commence à la Garonne et finit au Rhône. Le Languedoc est situé entre la Gascogne et la Provence. Il est limité par une partie des Pyrénées et par une partie de la Méditerranée.

La véritable capitale du Languedoc, c'est Nîmes, la Rome des Gaules.

Il fait chaud à Nîmes, et il fait sec. La campagne *voisine*[1] est aride *car*[2] il pleut rarement. Les habitants aiment les *courses de taureaux*[3] qu'on *donne*[4] dans les arènes antiques.

Si[5] vous partez vers l'est, vous arrivez au Pont du Gard, un aqueduc grandiose qui sort, *pour ainsi dire,*[6] de la Rome antique.

Le Languedoc, jadis *royaume*[7] du sud sous la direction du Comte de Toulouse, jadis berceau des «Cours d'amour» sous la protection d'Éléonore d'Aquitaine, souffre encore aujourd'hui de la dévastation matérielle et intellectuelle due à la terrible *croisade*[8] contre les *Albigeois,*[9] au XIIIe siècle.

---

[1] neighboring
[2] since, because
[3] bullfights
[4] which are held
[5] if
[6] so to speak
[7] kingdom
[8] crusade
[9] Albigenses

GRAMMAR EXERCISES

A. *Fill in the blanks with the right form of the verb given in parentheses at the beginning of each sentence.*

1. (rougir) Les tomates ____. **2.** (agir) Ils ____ avec courtoisie. **3.** (partir) Nous ____ aujourd'hui. **4.** (offrir) Le Midi ____ une grande diversité de types. **5.** (fournir) Les départements du Midi ____ des orateurs à la France. **6.** (sortir) Maints fonctionnaires ____ du Midi. **7.** (souffrir) ____-vous beaucoup? **8.** (dormir) Nous ____ peu. **9.** (servir) Ils ____ une bonne cause. **10.** (mentir) Tu ____ encore. **11.** (sentir) Les roses ____ bon. **12.** (ouvrir) Le Méridional ____ toujours sa porte. **13.** (couvrir) Des neiges éternelles ____ le sommet des Alpes. **14.** (fleurir) Les lilas ____ déjà. **15.** (partir) Quand ____-tu? **16.** (choisir) ____-vous les lilas ou les roses? **17.** (établir) Nous ____ un programme. **18.** (punir) Vous ____ les enfants. **19.** (dormir) Je ____ toujours bien. **20.** (garnir) Ils ____ la table. **21.** (polir) Nous ____ les meubles. **22.** (verdir) Les prairies ____. **23.** (sortir) Tu ____ souvent. **24.** (offrir) ____-tu des livres à Paul? **25.** (bâtir) Les oiseaux ____ un nid.

B. *Fill in the blanks with the proper form of one of the verbs to be found in the column on the right.*

1. A l'équateur, il ____ très chaud.	a. avoir
2. En hiver, il ____ souvent.	b. être
3. Aujourd'hui, il ____.	c. faire
4. Quand il y a de l'orage, il ____.	d. geler
5. Quand il y ____ du vent, il ____ frisquet.	e. neiger
6. ____-vous soif?	f. pleuvoir
7. Elle ____ honte.	g. tonner
8. L'hiver, il ____ froid dans les montagnes.	
9. Elle ____ mal à la tête.	
10. Vous ____ tort.	
11. Au pôle, il ____ froid.	
12. Il ____ dans les montagnes.	
13. Les jardins ____ en retard.	
14. L'enfant ____ sommeil.	
15. ____-tu peur?	

COMPOSITION

Décrivez les habitants du sud de votre pays.

Huitième Leçon

ILLUSTRATION

— Pierre a-t-il *son* livre de français?

— Oui, il a *son* livre et *sa* grammaire mais il n'a aucune note.

— Et Françoise?

— Elle n'a ni *son* livre ni *sa* grammaire. Elle n'a que *ses* notes.

— N'avez-vous pas *votre* grammaire?

— J'ai *mon* livre, *ma* grammaire et *mes* notes.

— Alors, nous n'avons pas tous *notre* livre, *notre* grammaire et *nos* notes.

— Pierre et Françoise ont *leur* dictionnaire.

— Ont-ils *leurs* exercices?

— Oui. Pierre n'a-t-il pas *son* stylo?

— Il n'a pas *son* stylo; *son* stylo est dans *sa* serviette.

— Où est *sa* serviette?

— Est-ce qu'elle n'est pas dans *sa* voiture?

— Où est *son* auto? Elle n'est plus ici.

— Françoise est partie avec *leur* auto.

EXPLANATION

I. The Possessive Adjectives.

A. Agreement.

A possessive adjective must agree in gender and number with the noun modified.

mon livre	**mes** livres
sa serviette	**ses** serviettes
leur voiture	**leurs** voitures

In contrast to English, a possessive adjective <u>agrees in gender with what is owned</u>, not with the owner. The difference between the two languages on this point is especially apparent when the owner is, grammatically speaking, in the third person singular. Compare:

ENGLISH	FRENCH
his book	**son** livre
her book	**son** livre
his car	**sa** voiture
her car	**sa** voiture

B. Forms.

Hereafter the full list of the possessive adjectives:

SUBJECT PRONOUNS   POSSESSIVE ADJECTIVES

	SINGULAR		PLURAL
	MASCULINE	FEMININE	MASC./FEM.
je	**mon**	**ma**	**mes**
tu	**ton**	**ta**	**tes**
il/elle	**son**	**sa**	**ses**
nous	**notre**		**nos**
vous	**votre**		**vos**
ils/elles	**leur**		**leurs**

Notice that there is only one singular form for the masculine and feminine when the owner is **nous, vous, ils** or **elles.**

C. Uses.

When a feminine noun begins with a vowel or a mute **h, ma, ta** and **sa** are replaced by **mon, ton** and **son** for the sake of liaison:

Elle a **mon** automobile.
(NOT: . . . ma automobile)
Ton histoire est intéressante.

BUT: Il cache mal **sa** haine. (aspirate **h**)
He hardly hides his hatred.

When a feminine noun in the singular is preceded by an adjective beginning with a vowel, the same replacements must be made:

C'est Madame Dupont et **son** aimable sœur.
C'est Monsieur Lévêque et **son** honorable mère.

II. Other ways of indicating possession.

A. de + Noun.

Possession may be expressed with the preposition **de** and a noun or a name:

Le livre **de** Paul, **de** l'étudiant.

Or the preposition **de** contracted with the definite article:

Le livre **du** professeur.

B. être + à.

Another way of indicating possession is with the preposition **à** and **être**:

C'est le livre de Paul.
Il n'**est** pas **à** Pierre.

(If the object of **à** is a personal pronoun, the so called disjunctive pronoun must be used which will be discussed in *Lesson 20*.)

III. The Negative Form.

A. ne . . . pas.

In the present tense a sentence is made negative by placing **ne . . . pas** around the verb:

Je **ne** parle **pas** le russe.

In a question in the inverted form (see *Lesson 5*) the **ne . . . pas** surrounds the entire inversion:

Ne parle-t-il **pas** le russe?
Georges **ne** parle-t-il **pas** le russe?

When **est-ce que** is used, **ne . . . pas** surrounds the verb as in a declarative statement:

Est-ce que Georges **ne** parle **pas** le russe?

B. Other negations.

The same syntactical principles apply with other frequently used negations:

ne . . . plus	*no longer, not any more*
ne . . . guère	*hardly*
ne . . . jamais	*never*
ne . . . rien	*nothing*
ne . . . personne	*no one, nobody*
ne . . . que	*only*
ne . . . ni . . . ni	*neither . . . nor*
ne . . . aucun (-e)	*not any, no*

Nous **n'**avons **qu'**un chien.
Il **ne** parle **jamais** de sa mère.
Elle **ne** regarde **personne.**
Nous **n'**avons **rien.**

C. personne ne and **rien ne** as subjects.

When **personne ne** (*no one*) and **rien ne** (*nothing*) are used as the subject, they are at the beginning of the clause and are treated as a masculine:

Personne n'est content.
Personne ne regarde la télévision.
Rien n'est sur la table.

D. aucun ne.

The adjective **aucun** comes directly before the modified noun and agrees with it:

Je **n'**ai **aucune** revue. (OBJECT)
Aucune voiture (SUBJECT) **n'**est dans la rue.

E. ne . . . ni . . . ni.

With **ne . . . ni . . . ni**, the indefinite article is dropped:

Il **n'**a **ni** frère **ni** sœur.   (POSITIVE: Il a un frère et une sœur.)
Il **n'**a **ni** frères **ni** sœurs.

The definite article is kept:

Nous **n'**aimons **ni** les chiens **ni** les chats.
(POSITIVE: Nous aimons les chiens et les chats.)

ORAL DRILLS

A. *Repeat the following sentences using a possessive adjective to express possession. Follow the example.*

C'est le livre de Paul.
C'est son livre.

C'est le livre . . .
1. de Marie. **2.** du professeur. **3.** de la vendeuse. **4.** des étudiants. **5.** de l'ingénieur. **6.** du médecin. **7.** de l'avocat. **8.** des voisins. **9.** de la secrétaire.

B. *Do the same with the following sentences.*

Ce sont les livres de Paul.
Ce sont ses livres.

Ce sont les livres . . .
1. de Marie. **2.** du professeur. **3.** de l'étudiante. **4.** des parents. **5.** de la fille. **6.** du garçon. **7.** des amis de Paul. **8.** de l'hôtelier. **9.** des vendeuses. **10.** de l'invalide.

C. *Do the same with the following sentences.*

C'est l'auto de Paul.
C'est son auto.

C'est l'auto . . .
1. de Marie. **2.** du professeur. **3.** de la vendeuse. **4.** des étudiants. **5.** de l'étudiante. **6.** de l'avocat. **7.** de la fille. **8.** du garçon. **9.** des parents. **10.** des ouvriers.

D. *Do the preceding exercise, replacing* **C'est l'auto** *by* **Ce sont les autos.**

Ce sont les autos de Paul.
Ce sont ses autos.

E. *Repeat the following question and answer substituting the words in parentheses for the underlined words. Make the necessary changes.*

— A qui sont les stylos? — Au professeur. Ce sont ses stylos.
(A Paul / A Louise / A nous / Aux étudiantes / Au médecin / A la vendeuse / A Marie / A vous / Aux ouvriers / A l'hôtelier)

F. *Repeat the following sentences using possessive adjectives. Follow the example.*

> C'est le livre de Paul.
> **C'est son livre.**

1. C'est le stylo de Marie. **2.** C'est le dictionnaire des étudiants. **3.** C'est la maison des Dupont. **4.** C'est le jardin de la voisine. **5.** C'est l'auto de Françoise. **6.** C'est la serviette de Pierre. **7.** C'est la harpe du musicien. **8.** C'est la grammaire du professeur. **9.** C'est l'herbe de la fermière.

G. *Change the following sentences to the negative. Follow the example.*

> Marie chante.
> **Marie ne chante pas.**

1. Paul part. **2.** Tu as chaud. **3.** Nous avons froid. **4.** Il pleut. **5.** Vous bavardez. **6.** Les voisins arrivent. **7.** Je travaille. **8.** Il fait beau.

H. *Do the same with the following sentences.*

> Est-ce que j'habite San Francisco?
> **Est-ce que je n'habite pas San Francisco?**

1. Est-ce que Paul a faim? **2.** Pierre a-t-il froid aux pieds? **3.** Est-ce qu'il neige? **4.** Gèle-t-il? **5.** Est-ce que tu écoutes la radio? **6.** As-tu sommeil? **7.** Est-ce que nous regardons la télévision? **8.** Sommes-nous en retard? **9.** Est-ce que vous avez mal à la tête? **10.** Dormez-vous bien? **11.** Est-ce que les voisins ont deux voitures? **12.** Les enfants sont-ils dans le jardin?

I. *Repeat the following sentences substituting the words in parentheses for the underlined word.*

1. Paul ne parle pas.

(plus / jamais / guère / pas beaucoup / pas assez / pas trop / plus jamais / plus beaucoup / plus guère / plus assez)

2. Nous ne regardons pas la télévision.

(plus / jamais / guère / pas beaucoup / plus jamais / plus guère / plus beaucoup / pas assez / que)

J. *Repeat the following sentences, using* **ni ... ni.** *Follow the example.*

> Je n'aime pas la télévision et je n'aime pas la radio.
> **Je n'aime ni la télévision ni la radio.**

1. Je n'aime pas les chiens et je n'aime pas les chats. 2. Je n'aime pas la musique et je n'aime pas la danse. 3. Je n'aime pas la physique et je n'aime pas la chimie. 4. Je n'aime pas les pommes et je n'aime pas les poires. 5. Je n'aime pas la mer et je n'aime pas la montagne. 6. Je n'aime pas le violon et je n'aime pas le piano. 7. Je n'aime pas le Nord et je n'aime pas le Midi. 8. Je n'aime pas la pluie et je n'aime pas la neige. 9. Je n'aime pas les roses et je n'aime pas les violettes. 10. Je n'aime pas l'avocat et je n'aime pas le médecin. 11. Je n'aime pas l'hiver et je n'aime pas l'été.

K. *Do the same with the following sentences, use* **ne . . . ni . . . ni.**

> Marie a un chien et un chat.
> **Marie n'a ni chien ni chat.**

1. Marie a une radio et une télévision. 2. Marie a une maison et un jardin. 3. Marie a un appartement et un balcon. 4. Marie a des livres et des cahiers. 5. Marie a des voisins et des amis. 6. Marie a des usines et des immeubles. 7. Marie a le gaz et l'électricité. 8. Marie a l'eau et le chauffage. 9. Marie a le temps et l'argent. 10. Marie a la santé et la fortune. 11. Marie a les cartes et les feuilles.

L. *Do the preceding exercise, using* **ne . . . que** *and choosing the first possible answer.*

> **Marie n'a qu'un chien.**

Vocabulary

Primary

à côté de next to
aligné (*f*: **-e**) aligned
alors then
l'appui de fenêtre (*m*) windowsill
au contraire on the contrary
au revoir goodbye
l'auto (*f*) car
bien well
bien fait well done
briller to shine

brun (*f*: **-e**) brown
la cafetière (le pot à café) coffeepot
la chose thing
la colère anger
la contrée region
dire (il dit) to tell, say (he says)
donner to give
les droits (*m pl*) rights
entier (*f*: **ière**) entire
fâché (*f*: **-e**) angry

faire to cause to
la **fenêtre** window
la **froideur** coldness
la **gare** station
  glacial (*f*. **-e**) cold
  l'**herbe** (*f*) grass
le **jeu** game
  moi me
le **mot** word
  noirci (*f*: **-e**) blackened
le **nuage** cloud
  obstiné (*f*: **-e**) stubborn
  oublier to forget
le **pareil** match
  parti (*f*: **-e**) gone
  penser to think

  pourtant however
  propre clean
la **rue** street
  sans without
  sembler to seem
la **serviette** briefcase
le **stylo** pen
la **tasse** cup
  têtu (*f:* **-e**) stubborn
  toi you
  tous all
  tout de suite immediately
  tout le monde everybody
le **travail** work
  travailleur (*f:* **-euse**) hardworking
la **voiture** car

Secondary

  bavarder to chat
la **cire** wax
le **clocher** steeple
la **cuisinière** stove
  deviser to chat
  l'**émail** (*m*) enamel
le **fermier**/la **fermière** farmer
le **fourneau** stove

le **gars** guy
  l'**hôte/hôtesse** guest; host, hostess
le **jardinet** little garden
le **parquet** floor
  piétiner to trample
la **poussière** dust
le **quai** platform
la **vague** wave

Première Lecture

Les *gars*[1] du Nord

Non, ils ne sont pas tous grands, blonds et d'une froideur polaire.

Au contraire, sur les quais des gares, dans les autobus ou dans les rues de Valenciennes, de Douai ou de Maubeuge, on rencontre

souvent le petit gars brun du pays. *Il n'a pas froid aux yeux*;[2] il dit les choses comme il *les*[3] pense, sans avoir peur des mots. Et sans avoir peur de personne. Il est têtu, presque comme un Breton. Et il est travailleur. Il aime le travail bien fait. Il insiste sur ses droits et sur sa liberté. Quand il pense qu'on piétine son jardinet sans invitation, il est en colère. Mais alors! Quelle colère! Elle monte comme les vagues de la mer et fait vibrer la contrée entière.

Dans *le pays noir*,[4] où les briques des maisons sont couvertes d'une poussière noire, l'air même donne l'impression d'être noir. Et quand il pleut, l'eau tombe noircie des nuages gris.

Et pourtant, si vous entrez dans une des maisons du Nord, vous désirez irrésistiblement bavarder avec ses occupants. Les intérieurs du Nord n'ont pas leur pareil. Leurs meubles anciens sentent la cire, le parquet brille, les fenêtres sont si propres qu'on oublie leur existence et que les pots de géraniums rouges alignés sur l'appui de fenêtre semblent plantés dans le jardin à côté des dahlias et des chrysanthèmes. Et sur le fourneau, il y a toujours un pot à café en émail. Notre hôtesse caresse sa cafetière au profil de chameau et dit:

— Une tasse de café bien chaud?

Et elle sert ses hôtes et continue à deviser des choses du quartier.

D'après Pierre Macaigne,
Le Figaro

---

[1] For pronunciation, see *Phonetics and Tape Manual*.
[2] He is not afraid
[3] them
[4] La région des charbonnages dans le département du Nord.

QUESTIONNAIRE

1. Comment imagine-t-on que sont les gens du Nord?
2. Comment sont-ils au contraire?
3. Qu'est-ce que le gars du Nord n'a pas?
4. Comment dit-il les choses?
5. De quoi n'a-t-il pas peur?
6. Comme qui est-il têtu?
7. Est-il travailleur?
8. Sur quoi insiste-t-il?
9. Quand est-il en colère?
10. Comment sont les maisons du pays noir?
11. Quand on entre dans une des maisons du Nord, que désire-t-on faire?
12. Comment est le parquet?
13. Comment sont les meubles?
14. Et les fenêtres?
15. Qu'est-ce qu'il y a toujours sur le fourneau?

VOCABULARY EXERCISES

A.   *Fill in the blanks with the proper word to be found in the list on the right.*

1. Je l'ai rencontré sur le quai de la ___.	a. café
2. Sa colère fait vibrer la ___ entière.	b. noire
3. Les vagues de la ___ montent.	c. alignés
4. Les maisons sont couvertes d'une poussière ___.	d. pareil
5. Les intérieurs du Nord n'ont pas leur ___.	e. profil
6. Les ___ sentent la cire.	f. gare
7. Le parquet ___.	g. brille
8. Les pots de géraniums rouges sont ___ sur l'appui de fenêtre.	h. contrée
9. Sur le fourneau, il y a toujours un pot à ___ en émail.	i. meubles
10. La cafetière a un ___ de chameau.	j. mer

B.   *Replace the words in italics with a synonym to be found in the list on the right.*

1. Elle n'a pas *froid aux yeux*.	a. cause
2. Elle *parle* avec sa propriétaire.	b. le pays
3. Quand il pleut, *l'eau* tombe noircie des nuages gris.	c. un pot à café
4. Nous *causons* des choses du quartier.	d. parlons

5. L'air même *donne l'impression d*'être noir.
6. Sur le fourneau, il y a *une cafetière.*
7. Il est d'*une froideur polaire.*
8. Il est *têtu.*
9. Elle est *en colère.*
10. Sa colère fait vibrer *la contrée.*

e. une réserve
   glaciale
f. fâchée
g. peur
h. semble
i. obstiné
j. la pluie

Deuxième Lecture

La Picardie et la Flandre

Pendant[1] le Moyen Age, le territoire qui *comprend*[2] la Flandre et la Picardie est souvent la *proie*[3] des *envahisseurs* :[4] l'empereur, le roi de France, les comtes et les *évêques*[5] *convoitent*[6] la plaine du Nord.

Ses habitants ont l'esprit actif et travailleur, *entreprenant*[7] et indépendant. Leurs sentiments trouvent un écho dans la littérature française qui, *à l'époque*,[8] est à ses *débuts*.[9] Les genres populaires

---

[1] during
[2] includes
[3] prey

[4] invaders
[5] bishops
[6] covet

[7] enterprising
[8] at the time
[9] beginnings

surtout[10] ont leur centre dans le pays: les *contes*,[11] la comédie et le *roman*[12] satirique. Jusqu'au XIIIe siècle, la vie intellectuelle de la Picardie est supérieure à la vie intellectuelle de sa rivale: Paris.

Aujourd'hui, le chanteur-compositeur Jacques Brel célèbre dans une de ses chansons, *Le Plat*[13] *Pays* le charme *prenant*[14] de son pays natal, la Flandre. Il célèbre ses cathédrales qui sont ses uniques montagnes; il chante ses *clochers*[15] noirs *entourés de*[16] diables en *pierre*[17] qui *s'emparent*[18] des nuages gris et bas; il poétise ses dunes qui arrêtent les *vagues*[19] de la Mer du Nord et ses chemins *détrempés*[20] par la pluie. Il contemple sa Flandre qui résiste au *vent*[21] d'est, travaille avec le vent d'ouest, craque sous le vent du nord et chante quand le vent est au sud.

[10] above all	[14] engaging	[18] seize, grasp
[11] short stories	[15] steeples	[19] waves
[12] novel	[16] surrounded by	[20] soppy
[13] flat	[17] stone	[21] wind

GRAMMAR EXERCISES

A. *Change the following sentences to the negative.*

1. Il fait beau. **2.** Vous avez peur. **3.** Il a froid aux yeux. **4.** Ils sont grands. **5.** Paul dit des choses justes. **6.** Marie est têtue. **7.** Les enfants sont travailleurs. **8.** Vous désirez bavarder avec Paul. **9.** Les intérieurs français ont leur pareil. **10.** La dame continue à deviser des choses du quartier. **11.** Il caresse le chien. **12.** Paul est en colère. **13.** Les nuages sont gris. **14.** Pleut-il? **15.** Fait-il froid? **16.** Aimez-vous les chiens? **17.** Paul a-t-il peur des chiens? **18.** Les fenêtres sont-elles propres? **19.** Les meubles sentent-ils la cire? **20.** Le gars insiste-t-il sur ses droits?

B. *Change the following sentences to the negative, using the words given in parentheses and making the necessary changes.*

1. (ne ... ni ... ni) Marie a un chien et un chat. **2.** (ne ... que) Paul a des chevaux. **3.** (ne ... aucun) Nous avons des livres. **4.** (ne ... ni ... ni) Jean est grand et fort. **5.** (aucun ... ne) L'étudiant a son livre. **6.** (rien ne) Les fenêtres sont propres. **7.** (ne ... que) Vous avez une voiture. **8.** (ne ... ni ... ni) Tu as des livres et des cahiers. **9.** (personne ne) Paul est en colère. **10.** (rien ne) La viande est bonne. **11.** (ne ... aucun) Pierre a des notes. **12.** (ne ... que) Ils ont un fils. **13.** (personne ne) Les étudiants partent. **14.** (rien ne) C'est cher. **15.** (ne ... aucun) Jean a une idée. **16.** (ne ... que) Paul dit des choses justes. **17.** (ne ... ni ... ni) Nous aimons les chiens et les chats. **18.** (personne ne) Pierre est prêt.

C. *Fill in the blanks with the proper form of the possessive adjective, supposing the possessor is the subject of the sentence.*

1. Nous aimons ____ frère. **2.** Paul caresse ____ chien. **3.** Ils finissent ____ déjeuner. **4.** Elle adresse une lettre à ____ amie. **5.** Françoise montre le restaurant à ____ amis. **6.** Regarde-t-elle la voiture de ____ frère? **7.** Nous revendiquons ____ droits. **8.** Les gars du Nord insistent sur ____ liberté. **9.** Paul cherche ____ stylo. **10.** Il préfère ____ chien au chien de ____ sœur. **11.** Le gars est fâché quand on piétine ____ jardinet sans invitation. **12.** Marie appelle ____ avocat. **13.** La maison est jolie mais ____ entrée est trop petite et ____ hall est trop grand. **14.** La dame parle à ____ filles. **15.** Le musicien cherche ____ harpe. **16.** Paul oublie toujours ____ notes. **17.** Elle punit ____ enfants. **18.** Paul bavarde avec ____ voisins. **19.** Marie choisit ____ amis. **20.** Paul ment souvent: ____ histoire est incroyable. **21.** Elle offre une tasse de café à ____ hôte et à ____ hôtesse. **22.** L'église est grande; ____ haut clocher domine la contrée.

23. Paul est capable: ____ haute autorité est respectée.   **24.** Pierre commande les employés et ____ autorité est grande.   **25.** Voilà Madame Dupont et ____ adorable fille.

COMPOSITION

Décrivez le caractère des habitants d'une contrée du nord de votre pays.

Neuvième Leçon

ILLUSTRATION

Un bon petit dîner

Pour commencer, un petit apéritif: *du* champagne ou *du* pernod. Ensuite, une entrée: *du* poisson, des escargots ou des écrevisses. Puis, le plat de résistance: *du* canard, des cailles ou *du* rosbif. Alors, un choix *de* fromage: *du* brie, *du* camembert ou *de l'*édam. Et si vous aimez les sucreries: *de la* crème au chocolat, *du* flan ou un petit gâteau.

Buvez-vous *du* vin? La carte des vins propose *du* bordeaux ou *du* bourgogne de très bons crus.

Bon appétit!

EXPLANATION

I. The Partitive Article.

A. Formation.

The partitive article (*some, any*) is formed by combining **de** with the definite article (**le, la, l', les**):
Before masc. sing. nouns beginning with a consonant or aspirate **h**: <u>de + le = **du**</u>

       du fromage   **du** hachés (hash)

Before fem. sing. nouns beginning with a consonant or aspirate **h**:
<u>de + la = **de la**</u>

                      de la crème
                      de la haine

Before masc. or fem. sing. nouns beginning with a vowel or mute **h**:
<u>de + l' = **de l'**</u>

                    de l'alcool (*m*)
                    de l'eau (*f*)
                    de l'herbe (*f*)

	SINGULAR	PLURAL
MASCULINE	**du/de l'**	**des**
FEMININE	**de la/de l'**	**des**

Before nouns in the plural: <u>de + les = **des**</u>

                  des confitures

B. Uses.

1. In the singular, the partitive article occurs with nouns denoting <u>noncountable objects</u> such as **du beurre** (*butter*). In a sense, these nouns denote <u>substances that can be divided into indefinite parts without becoming something else</u>. A small or a large quantity of butter will be referred to as "butter". In English, the notion expressed in the partitive article can only be approximated with *some* (or *any* in the negative or interrogative), which often adds a considerably different nuance to the meaning of the phrase:

Elle a **de** l'argent. $\left\{\begin{array}{l} \textit{She has money.} \\ \textit{She has some money.}[1] \end{array}\right.$

Je préfère **de la** soupe. $\left\{\begin{array}{l} \textit{I prefer soup.} \\ \textit{I prefer some soup.} \end{array}\right.$

Notice that the partitive is also used with abstract nouns denoting some quality of mind or temper:

Il a du courage.   *He has courage.*

2. On the other hand, nouns denoting countable objects cannot be used with the partitive article. When used in an indefinite sense, they take the indefinite article. An apple, for instance, could not be divided into indefinite parts and still be referred to as an apple, as butter could. It might then be rather something like **compote de pommes** (*applesauce*):

Je mange une pomme tous les jours.
Je mange des pommes tous les jours.
BUT: Je mange **de la** compote de pommes tous les jours.

3. In the plural, the partitive article is hardly distinguishable from the indefinite article plural. On the basis of the distinction made above between "non-countable" and "countable" objects, common sense will tell whether **des** is partitive or indefinite plural:

Nous mangeons **des** confitures (*jams*).

Rather partitive, plural of **de la confiture.**

Il mange des haricots (beans).

Indefinite article plural of **un haricot** (though the latter will hardly ever be used in the singular).

Especially in the case of abstract nouns denoting mental qualities or character traits, the partitive will not occur in the plural:

Il a **du** courage.
Ils ont **du** courage.

4. With certain verbs such as **aimer** (*to like*), **détester,** etc., the noun usually occurring with a partitive article will be referred to as a whole, i.e. in a general

---

[1] This comes close to "She has a little money," which could be rendered more adequately in French with «*Elle a un peu d'argent*» or «*Elle a passablement d'argent.*»

and, at the same time, definite sense. In that case, the definite article must be used (where English, by contrast, uses no article or modifier at all). Compare:

Je bois **du** lait.	*I drink (some) milk.*
J'aime **le** lait.	*I like milk (in general).*

II. The Use of **de**.

A. After ne ... pas.

After the negation **ne ... pas**, the partitive article and indefinite article are replaced by **de** (or **d'**). In this case, the **pas** has automatically a quantitative sense (i.e. it expresses the zero quantity):

PARTITIVE:	Il n'a pas **d'**argent.	*He has no money.*
INDEFINITE SINGULAR:	Elle n'a pas **de** cheval.	*She has no horse.*
INDEFINITE PLURAL:	Elle n'a pas **de** chevaux.	*She has no horses.*

But if **un** denotes the cardinal number "one," it is retained after **ne ... pas** or **ne ... que**:

Il **n'a pas un** sou.	*He does not have a (one) penny.*
Il **n'a qu'un** dollar.	*He has only one dollar.*

B. After Adverbs of Quantity.

After adverbs of quantity such as **beaucoup** (*much, many*), **peu** (*little, few*), **assez** (*sufficiently*), **trop** (*too much*), **pas mal de** (*a certain quantity of*), **plus** (*more*), **moins** (*less*), the partitive article and the indefinite article plural are also reduced to **de** (or **d'**):

PARTITIVE:	Vous mangez peu **de** fromage (*cheese*).
INDEFINITE PLURAL:	Ils ont beaucoup **d'**enfants.

C. Exception: with Nouns used in a general sense.

When a noun is used in a general sense, it retains the definite article after the **ne ... pas** or an adverb such as **beaucoup** and **peu** (which then become adverbs of manner or quality rather than quantity):

Il n'aime pas **le** lait.	*He doesn't like milk.*
Elle aime beaucoup **les** enfants.	*She likes children (very) much.*
J'aime peu **le** roman policier.	*I like the detective novel (very) little.*

D. Exception: after **bien, ne . . . que, la plupart.**

There are three expressions, namely: **bien** used in the sense of **beaucoup** (adverb of quantity), **ne . . . que** (*nothing but, only, except*), and **la plupart** (*most*) which are followed by the unreduced partitive and indefinite articles:

Il a bien **de la** peine.	He *has much sorrow.*
Il a bien **des** soucis.	He *has many worries.*
Il ne mange qu'**une** banane.	He *only eats a banana.*
Il ne mange que **du** pain.	He *only eats bread.*
Il ne mange que **des** prunes.	He *only eats plums.*
Il est ici la plupart **du** temps.	He *is here most of the time.*
Il aime la plupart **des** animaux.	He *likes most animals.*

NOTE: With **ne . . . ni . . . ni** the partitive article is dropped:

Il **ne** mange **ni** pain **ni** beurre.	He *eats neither bread nor butter.*

When referring to a partitive noun in a general sense, the *definite* article must be used as explained in Lesson 8:

Il **n'**aime **ni le** brie **ni le** camembert.

III. Verbs with Orthographical Changes (**commencer, manger**).

Since **c** is pronounced like **s** before **e** and **i**, and like **k** before **a, o,** and **u**, verbs ending in **-cer** change **c** to **ç** when **c** is followed by **a, o,** or **u**, in order to preserve the soft sound of the **c**.

commencer — nous commençons

Since **g** is pronounced like *s* in *pleasure* before **e** and **i**, and like **g** in **go** before **a, o,** and **u**, verbs ending in **-ger** change **g** to **ge** when **g** is followed by **a, o,** or **u**, in order to preserve the soft sound of the **g**.

manger — nous mangeons

IV. The Irregular Verb **boire.**

PRESENT INDICATIVE

je bois	nous buvons
tu bois	vous buvez
il/elle boit	ils/elles boivent

ORAL DRILLS

A. *Repeat the following sentences substituting the words in parentheses for the underlined words. Make the necessary changes.*

   1. Mangez-vous du canard?

   (tu / il / nous / Marie / Paul et Marie)

   2. Vous commencez par de la soupe.

   (Tu / Paul / Nous / Il / Paul et Marie / Je)

   3. Nous mangeons du pain.

   (fromage *m* / viande *f* / flan *m* / crème au chocolat *f* / herbe *f* / poisson *m* / soupe *f* / beurre *m* / confiture *f* / rosbif *m*)

B. *Substitution exercise.*

   Je bois du lait.
   Tu.................
   ....vin (*m*).
   Nous ....
   ....bière (*f*).
   Marie..............
   ....café (*m*).
   Vous...............
   ....cidre (*m*).
   Paul...............
   ....eau (*f*).
   Les enfants.......
   ....coca cola(*m*).
   Les dames........

C. *Answer the following questions using* **beaucoup de, peu de, trop de.** *Follow the examples.*

   Mangez-vous des marmelades?
   Nous mangeons beaucoup de marmelades.
   Nous mangeons peu de marmelades.
   Nous mangeons trop de marmelades.

1. Mangez-vous des confitures?   **2.** Mangez-vous des haricots?   **3.** Mangez-vous des abricots?   **4.** Mangez-vous des compotes?   **5.** Mangez-vous des oranges? **6.** Mangez-vous des crèmes?   **7.** Mangez-vous des escargots?   **8.** Mangez-vous des purées?   **9.** Mangez-vous des huîtres?   **10.** Mangez-vous des endives?

D. *Repeat the following sentences substituting the words in parentheses for the underlined word. Make the necessary changes.*

1. Paul a du courage.

   (goût / esprit / *hardiesse *f* / humour *m* / plaisir / tact *m* / intelligence *f* / chance *f* / profondeur / style *m* / enthousiasme *m* / énergie *f* / héroïsme)

2. Marie a bien du souci.

   (chance / mérite *m* / difficultés *f pl* / ennuis *m pl* / *hardiesse / malheurs *m pl* / courage / audace *f* / contrariétés *f pl* / charmes / mal / peine)

3. Paul aime le fromage.

   (viande *f* / rosbif / lait *m* / eau gazeuse *f* / flan / confiture / vin *m* / bourgogne *m* / soupe / édam *m* / crème au chocolat / camembert *m*)

4. Il ne mange pas de fromage parce qu'il n'aime pas le fromage.

   (poisson / viande / flan / crème / camembert / soupe / pain / beurre / confiture / *hachis)

5. Marie ne mange jamais de chocolat.

   (guère / plus / pas / pas beaucoup / plus jamais / plus guère / plus beaucoup)

6. Nous ne mangeons que du poisson.

   (soupe / viande / fromage / beurre / crème / flan / confiture / édam / camembert / canard)

E. *Answer the following questions, using* **ne . . . ni . . . ni.** *Follow the example.*

   Mangez-vous du fromage ou de la crème?
   Je ne mange ni fromage ni crème.

   1. Mangez-vous des pommes ou des poires?   **2.** Mangez-vous de la soupe ou du rosbif?   **3.** Mangez-vous du brie ou du camembert?   **4.** Mangez-vous du poisson ou de la viande?   **5.** Mangez-vous du flan ou du gâteau?   **6.** Mangez-vous de l'édam ou du chocolat?

F. *Progressive substitution.*

   Mes voisins mangent souvent du pain et du beurre.
   . . . . .achètent . . . .
   . . . . .parfois . . . .
   . . . . .du café. . . . .
   . . . . .et du lait.
   . . . . .et du thé.

Je ....
...............offre...
...................................rarement.............................
...................................des fruits.................................
....et du poisson.
....et du fromage.
Mon frère ....
...............sert ....
...................................toujours ....
....du champagne.........
....et des écrevisses.

Vocabulary

Primary

acheter (j'achète) to buy (I buy)
allemand (*f*: **-e**) German
l'**argent** (*m*) money
attirer to attract
avancer to go forward
belge Belgian
la **Belgique** Belgium
le **beurre** butter
la **bière** beer
le **bond** jump, leap
le **bordeaux** wine of the region of Bordeaux.
le **bourgogne** burgundy (wine)
le **brie** kind of cheese from "la Brie," a region east of Paris
brumeux misty
le **café** coffee
le **camembert** kind of cheese from Camembert (Normandy)
le **canard** duck
la **carte** list
célèbre famous
le **chef d'œuvre** masterpiece
le **choix** choice

commencer to begin
la **confiture** jam
connu known
conter to tell
la **contrariété** vexation
le **cri** shout
le **cru** vineyard
le **début** beginning
doré golden
le **dos** back
le **drap** cloth
l'**eau gazeuse** (*f*) seltzer
l'**écrevisse** (*f*) crayfish
l'**édam** (*m*) kind of cheese from Edam (Holland)
l'**ennui** (*m*) trouble
ensuite then
l'**entrée** (*f*) first course
l'**escargot** (*m*) snail
l'**étranger**/l'**étrangère** foreigner
évoquer to evoke
la **farine** flour
le **fils** son
le **flan** custard

la **force** strength
le **fromage** cheese
les **fruits** (*m pl*) fruit
le **gâteau** cake
　guère scarcely
la **guerre** war
la **guerre mondiale** world war
le **hachis** mince meat
la **haine** hatred
　l'**huître** (*f*) oyster
　jamais never
　joli pretty
le **labeur** work
le **lait** milk
　longer to go along
　manger to eat
　monté riding
　nager to swim
　ne . . . que only
les **nouvelles** (*f pl*) news
le **pain** bread
　partager to share
　pas mal de a lot of
la **patrie** native land
　pauvre poor
le **pernod** kind of alcoholic anisseed
　　drink made by "*Pernod fils*"

　placer to put, place
le **plat de résistance** main dish
　pleuvoir to rain
le **poisson** fish
　pourchasser ⎫
　poursuivre ⎬ to pursue
(se) **prolonger** to extend
　raconter to tell
　réfugié having taken shelter
　retentir to resound
le **rosbif** roast
　rude rough
le **saut** jump, leap
　seul only, alone
le **sol** soil
le **sou** cent
le **souci** care, worry
les **sucreries** (*f pl*) sweets
　surtout mainly
　tel/telle such
la **terre** land
le **titre** title
　tous les jours everyday
la **tribu** tribe
la **vache** cow
le **vin** wine
　wallon (*f*: **-ne**) walloon

Secondary

　l'**audace** (*f*) audacity, daring
la **caille** quail
la **chanson de geste** epic poem
　déchirant heart-rending
la **hardiesse** boldness
la **houille** coal

la **percée** piercing, penetration
la **peuplade** tribe
le **preux** valiant knight
le **roman de chevalerie** romance
le **vacancier** tourist

Expressions

avoir envie de to have a fancy for
Bon appétit! Good appetite!

Il fait brumeux. It is misty.

Godefroy
de Bouillon

Première Lecture

L'Ardenne

L'Ardenne est un vieux plateau au climat rude: froid en hiver, brumeux en été. Les pluies sont abondantes et le sol est pauvre. Une grande partie de la région est couverte d'immenses forêts. Elles sont situées dans le département français des Ardennes et se prolongent dans la Belgique wallonne.

Les forêts de l'Ardenne sont connues depuis l'époque romaine: dans ses *Commentaires*, César mentionne leurs peuplades belliqueuses.

De nombreuses légendes sont nées dans la contrée. La légende des quatre fils Aymon, les quatre fils du duc Aymes, raconte les aventures des quatre frères poursuivis par Charlemagne et réfugiés en Ardenne. Ces quatre chevaliers rebelles sont souvent montés sur le dos de leur cheval Bayard, cheval rapide, aux bonds prodigieux. Les exploits des quatre preux sont aussi contés dans une chanson de geste et dans un roman de chevalerie.

Aujourd'hui, les forêts de l'Ardenne, et surtout la vallée de la Semoy, attirent les touristes belges et français.

En Belgique, Bouillon où l'on visite encore le château féodal habité jadis par Godefroid IV, duc de Bouillon, avant son départ pour la première croisade, est un grand centre touristique.

En France, Charleville, centre industriel très actif, est la patrie d'Arthur Rimbaud. Dans un poème, l'auteur du *Bateau ivre* évoque la vallée de la Meuse et la jolie place ducale, réplique de la place des Vosges à Paris.

Sedan, la ville du drap, est aussi la ville martyre, le théâtre de désastres répétés: la capitulation de Napoléon III en 1870, l'occupation allemande dès le début de la première guerre mondiale et la percée allemande de 1940.

Terre de légendes dorées et de souvenirs déchirants, terre de dur labeur où retentissent les cris joyeux des vacanciers, telle est l'Ardenne mystérieuse, héroïque et captivante.

QUESTIONNAIRE

1. Quel temps fait-il en Ardenne?
2. Où sont situées les immenses forêts de l'Ardenne?
3. Depuis quand les forêts de l'Ardenne sont-elles connues?
4. Que raconte la légende des quatre fils Aymon?
5. Quel est le nom de leur cheval?
6. Où les exploits des quatre frères sont-ils aussi contés?
7. Qu'est-ce que la vallée de la Semoy attire?
8. Que visite-t-on encore à Bouillon?
9. Quelle est la patrie du poète Rimbaud?
10. Quel est le titre d'un de ses poèmes?
11. De quoi la place ducale à Charleville est-elle la réplique?
12. De quoi la ville de Sedan est-elle périodiquement le théâtre?
13. Quels sont ces désastres?
14. Qu'est-ce qui retentit en Ardenne?

VOCABULARY EXERCISES

A. *Fill in the blanks with the proper word to be found in the list on the right.*

1. Les pluies sont ____ dans la contrée.	a. aventures
2. Aujourd'hui, il fait ____.	b. conte
3. Le légende raconte les ____ des quatre fils Aymon.	c. chevaliers
4. Ce sont quatre ____ rebelles.	d. montés
5. Ils sont ____ sur le dos de leur cheval.	e. labeur
6. L'Ardenne est une terre de dur ____.	f. drap
7. Une chanson de geste ____ aussi les exploits des quatre preux.	g. abondantes
	h. réplique
8. A Bouillon, on visite encore le château ____ de Godefroid IV.	i. féodal
	j. brumeux
9. La place ducale est la ____ de la place des Vosges.	
10. Sedan est la ville du ____.	

B. *Replace the words in italics by a synonym to be found in the list on the right.*

1. La région est couverte *de vastes* forêts.
2. *De nombreuses* légendes sont nées dans la contrée.
3. La légende raconte les aventures des quatre preux *pourchassés* par Charlemagne.
4. Charleville est *la patrie* de Rimbaud.
5. Le sol de l'Ardenne est *aride*.
6. Les forêts de l'Ardenne et *surtout* la vallée de la Semoy, attirent les touristes.
7. César mentionne leurs *peuplades* belliqueuses.
8. Qu'est-ce qui *conte* les exploits des quatre frères?
9. Bayard est un cheval aux *bonds* prodigieux.
10. C'est *une terre* de légendes.

a. pauvre
b. tribus
c. poursuivis
d. la ville natale
e. un pays
f. d'immenses
g. sauts
h. beaucoup de
i. raconte
j. particulièrement

Deuxième Lecture

La Champagne

Quand on évoque la Champagne, on pense *d'abord*[1] à ses *vignobles,*[2] puis à ses fromages, enfin à sa ville célèbre, Reims. C'est qu' un *verre*[3] de champagne accompagne admirablement un *bout*[4] de fromage ou un biscuit de Reims.

Le champagne est un vin *mousseux*[5] blanc, parfois rosé. La champagnisation est un procédé de fabrication de vin mousseux spécialement employé en Champagne: ce procédé est long et compliqué et *a lieu*[6] dans d'immenses caves fraîches. On *boit*[7] le champagne avant, pendant ou après le repas.

Au centre de la Champagne, on cultive le *blé*;[8] il n'y a pas de pâturages et il y a peu de vaches.

A l'Est, au contraire, c'est la région de *l'élevage*[9] et il n'y a que des pâturages.

La région des riches vignobles est située *aux environs de*[10] Reims.

---

[1] first
[2] vineyards
[3] glass
[4] piece
[5] sparkling
[6] takes place
[7] drinks
[8] wheat
[9] stock-farming
[10] in the neighborhood of

Depuis[11] le baptême de Clovis, roi des Francs, par saint Rémi, en l'an 496, Reims est la capitale spirituelle de la France. Sa cathédrale est un des chefs d'œuvre de l'art gothique.

C'est à Reims que, le 7 mai 1945, le Général Eisenhower et les *chefs d'état-major*[12] alliés ont reçu la *reddition*[13] de la Wehrmacht.

---

[11] since   [12] chiefs of staff   [13] surrender

Reims

GRAMMAR EXERCISES

A. *Fill in the blanks with the proper form of the verb given in parentheses at the beginning of each sentence.*

1. (commencer) Nous ____ la leçon. **2.** (monter) Ils ____ sur le dos de leur cheval. **3.** (longer) Nous ____ la côte. **4.** (retentir) Les forêts ____ des cris des vacanciers. **5.** (placer) Où ____-nous cela? **6.** (avancer) Nous ____ vite. **7.** (préférer) Vous ____ de la soupe? **8.** (nager) Nous ____ dans la mer. **9.** (appeler) Il ____ son chien. **10.** (jeter) Je ____ du pain aux oiseaux. **11.** (préférer) ____-tu du poisson? **12.** (prolonger) Nous ____ nos vacances. **13.** (pleuvoir) Dans la région, il ____ souvent. **14.** (partager) Nous ____ beaucoup de souvenirs. **15.** (manger) Nous ____ peu.

B. *Fill in the blanks with the proper article or* **de**.

1. Il mange ____ viande. **2.** Elle a ____ argent. **3.** Vous préférez ____ fromage?
4. Marie a ____ courage. **5.** Avez-vous assez ____ poisson? **6.** Vous avez ____
eau. **7.** Il aime ____ fromage. **8.** Paul a bien ____ difficultés. **9.** Il pleut la
plupart ____ temps **10.** Les quatre frères ont beaucoup ____ audace et peu ____
respect. **11.** J'ai trop ____ patience. **12.** Paul a bien ____ chance.

C. *Do the same with the following sentences.*

1. Paul n'a pas ____ chat. **2.** Il n'aime pas ____ chats. **3.** Je n'ai plus ____ argent.
4. Il ne préfère pas ____ brie à ____ camembert. **5.** Nous n'avons guère ____
temps. **6.** Paul n'aime guère ____ télévision. **7.** Marie n'a ni ____ brie ni ____
camembert. **8.** Ils n'ont que ____ ennemis. **9.** Ma sœur n'apprécie guère ____
viande. **10.** Les Dupont n'ont que peu ____ amis. **11.** Paul ne regarde que ____
préface du livre. **12.** Marie n'a ni ____ force ni ____ courage. **13.** Elle ne
regarde pas trop ____ télévision. **14.** Paul n'aime pas beaucoup ____ chevaux.
15. Il n'a pas beaucoup ____ vaches. **16.** Elle n'aime ni ____ pain ni ____ tarte.
17. Paul n'a pas ____ seul ami. **18.** Il n'a que ____ chiens de chasse. **19.** La
région n'attire que ____ étrangers. **20.** Il n'y a pas ____ houille dans la contrée.
21. Madame Dupont n'a pas ____ ennemi. **22.** Il n'y a pas ____ chevaux dans la
prairie. **23.** Aujourd'hui, les étudiants n'ont pas ____ livre. **24.** Quel mois
d'avril pluvieux! Pas ____ jour de beau temps. **25.** A la télévision, nous ne
regardons que ____ nouvelles.

COMPOSITION

Décrivez le genre de dîner que vous aimez.

Dixième Leçon

ILLUSTRATION

Veille d'élections

— *Ce* soir, je *vais écouter* les nouvelles.

— Pourquoi *ce* soir?

— Parce que *cet* après-midi il y a de nouveaux candidats qui se présentent aux élections.

— Quels sont *ces* candidats?

— Nous *allons écouter* les nouvelles pour savoir comment ils s'appellent.

— *Cette* élection-*ci* est très importante?

— *Cette* élection-*ci* est particulièrement intéressante.

— N'êtes-vous pas fatigué de toute *cette* politique?

— Bien sûr! Mais la politique est un mal nécessaire.

— N'y a-t-il pas un ou deux candidats vers qui se porte l'attention?

— Non. Les jeux ne sont pas encore faits. Il *va falloir* attendre.

EXPLANATION

I. Omission of the Partitive and Indefinite Articles.

There are certain expressions containing intrinsically the preposition **de**. In that case the partitive and indefinite article plural would be felt as redundant and are therefore dropped altogether:

PARTITIVE:

    Nous **avons besoin d'**aide (NOT: . . . **de de** l'aide)   *We are in need of help.*
    La table **est couverte de** farine. (NOT: . . . **de de** farine) *The table is covered with flour.*

INDEFINITE PLURAL:

    Nous **avons besoin** de livres. (NOT: . . . **de des** livres) *We are in need of books.*

BUT:

    Nous **avons besoin d'une** voiture.   *We need a car.*
    Nous **avons besoin de la** voiture de Paul.   *We need Paul's car.*
    Nous **avons besoin des** livres de Paul. (**de les**) *We need Paul's books.*

II. The Verb **aller** and the Immediate Future.

    A. Forms.

The verb **aller** is the only **-er** verb with a strongly irregular conjugation in the present tense:

je **vais**	nous‿**allons**
tu **vas**	vous‿**allez**
il/elle **va**	ils/elles **vont**

    B. Uses

It is frequently followed by the infinitive of another verb to indicate an action about to take place in the near or immediate future:

    Nous **allons** partir dans cinq minutes.
    We are going to leave in five minutes.
    Paul **va** arriver à 7 heures ce soir.
    Paul is going to arrive at 7 o'clock this evening.

In the negative form, the **ne . . . pas** surrounds the conjugated form of the verb **aller**, not the infinitive:

DECLARATIVE: Le train ne **va** pas partir.
INTERROGATIVE: Le train ne **va**-t-il pas partir?

(The future tense will be studied in *Lesson 12*).

III. The Demonstrative Adjectives.

A. Forms.

	SINGULAR	PLURAL
MASCULINE	ce/cet	ces
FEMININE	cette	ces

B. Uses

Before a masculine singular word beginning with a consonant or an aspirated **h: ce**

ce garçon — **ce** *héros — **ce** *haut édifice

Before a masculine singular word beginning with a vowel or a mute **h: cet**

cet arrangement — **cet** homme

Before a feminine singular word beginning with a vowel or consonant: **cette**

cette semaine — **cette** jeune fille — **cette** affaire

The plural of the demonstrative adjective is **ces**:

ces garçons — **ces** *héros — **ces** hommes
ces arrangements — **ces** semaines — **ces** affaires

NOTE: **Ce** means *this* or *that* but when a clear distinction is necessary, **-ci** (added to the noun and hyphenated) means *this* and **-là** means *that*:

Ce livre-**ci** est rouge.   *This book is red.*
Ce livre-**là** est vert.   *That book is green.*

IV. Si instead of **Oui.**

In an affirmative answer in response to a question put in the negative **si** is used instead of **oui** for the sake of emphasis:

— Vous n'allez pas en ville?
— **Si**, je vais en ville.

ORAL DRILLS

A.   *Answer the following questions using* **j'ai besoin de.** *Follow the example.*

>   Avez-vous des livres?
>   **Non, j'ai besoin de livres.**

1. Avez-vous du pain?   **2.** Avez-vous de la farine?   **3.** Avez-vous une voiture?
4. Avez-vous des habits de voyage?   **5.** Avez-vous les livres de Paul?   **6.** Avez-
vous du courage?   **7.** Avez-vous de l'aide?   **8.** Avez-vous le hamac de Jean?
9. Avez-vous la carte de Marie?   **10.** Avez-vous un stylo?   **11.** Avez-vous des
crayons rouges?

B.   *Repeat the following sentences substituting the words in parentheses for the underlined word. Make the necessary changes.*

1. Il y a des livres sur la table. La table est couverte de livres.

(des fleurs / du marbre / des images / un tapis / la nappe de Marie / de l'eau / des
haricots / de la farine / une poussière blanche / les photos du voyage / de
l'huile / des huîtres)

2. Il n'y a que du pain et tu n'as pas envie de pain.

(des prunes / des haricots / du fromage / des abricots / des huîtres / du beurre /
de l'eau / de la confiture / du flan / de la tarte / des gâteaux / du vin)

C.   *Complete the following sentences with an immediate future. Follow the example.*

>   Je ne mange pas mais ____.
>   **Je ne mange pas mais je vais manger.**

1. Il ne voyage pas mais ____.   **2.** Nous ne commençons pas mais ____.   **3.** Marie
ne parle pas mais ____.   **4.** Tu ne tombes pas mais ____.   **5.** Paul et Marie n'arrivent pas mais ____.   **6.** Il ne gèle pas mais ____.   **7.** Je ne sors pas mais ____.
8. Il ne fait pas chaud mais ____.   **9.** Il ne neige pas mais ____.   **10.** Paul ne part
pas mais ____.

D.   *Do the preceding exercise in the negative. Follow the example.*

>   **Je ne mange pas et je ne vais pas manger.**

E.   *Substitution exercise.*

>   Allez-vous parler?
>   ....-tu............?

.... manger?
...............nager?
.......-nous.........?
............voyager?
...............partir?
.......-ils ....?
...............sortir?
.... arriver?
.......je ....?
.... commencer?
...........continuer?
.......-il ....?
...............geler?
..............neiger?

F.   *Do the preceding exercise in the negative.*

N'allez-vous pas parler?
.........-tu..................?
etc.

G.   *Substitution exercise.*

Le professeur ne va-t-il pas parler?
L'enfant...............................?
.... jouer?
La petite fille ....-elle...........?
.... chanter?
Les oiseaux ....-ils ....?
.... voler?
L'avion ....-il ....?
...................................partir?
Les étudiantes ....-elles ....?
.... travailler?

H.   *Repeat the following sentence substituting the words in parentheses for the underlined word. Make the necessary changes.*

Je vais partir ce soir.

(semaine / été / samedi / nuit / printemps / automne / année / hiver / après-midi / matin)

I. *Repeat the following sentence substituting the words in parentheses for the underlined words. Then change the sentence to the plural. Follow the example.*

> Paul va manger cette banane.
> **Paul va manger ces bananes.**

> Paul va manger ce gâteau.

(cet ananas / cette caille / cet avocat / ce melon / cet éclair / ce hareng / cette orange / ce homard / cet escargot / cette écrevisse / cet artichaut)

J. *Repeat the following sentence substituting the words in parentheses for the underlined word. Make the necessary changes.*

> Il ne montre pas ce livre-ci mais ce livre-là.

(arbre / banane / bois / canard / carte / chat / cour / école / hôtel / escalier / herbe / enfant / hameau / cheval)

K. *Do the preceding exercise in the plural.*

> Ils ne montrent pas ces livres-ci mais ces livres-là.

Vocabulary

Primary

l'**affaire** (*f*) matter, business
à l'**intérieur de** inside
les **alliés** (*m pl*) allies
(s')**appeler** to be called
l'**après-midi** (*m*) afternoon
attendre to wait
chanter to sing
chaque each
la **côte** shore, coast
élever to erect
ériger to erect

étonné surprised
exprimer to express
fait done
fatigué tired
guéri healed
***haut** (*f*: –**e**) high
le **héros** hero
***huit** eight
ici here
jeune young
juin June

là-bas there
lors de at the time of
la main hand
le matin morning
le mois month
le mouchoir handkerchief
mourant dying
les nouvelles (*f pl*) news
peut-être perhaps
plein de full of
plus tard later
(se) présenter (à) to run (for)
quelque chose something
quelqu'un some one
rappeler to recall

rentrer to return
le samedi Saturday
savoir to know
la semaine week
si yes
le soir evening
suivant following
surpris surprised
tomber to fall
(se) tourner to turn
tué killed
la veille eve
voler to fly
voyager to travel
les yeux (*m pl*) (*sing*: œil) eyes

Secondary

la balle bullet
la commune unincorporated city
le débarquement landing
la grandeur d'âme magnanimity
le héraut herald

le littoral shore
le logis house, home
le maire mayor
la reconnaissance gratitude

Expressions

à la main in his hand
à la mémoire de⎫
en souvenir de ⎭ in memory of
Comment s'appellent les candidats? How are the candidates called?
Comment vous appelez-vous? What is your name?
écouter les nouvelles to listen to the news

être fatigué de quelque chose to be tired of something
faire preuve de quelque chose to demonstrate, show something
Je m'appelle Pierre Dupont. My name is Pierre Dupont.
l'attention se porte sur all eyes are on something, someone
les jeux sont faits the die is cast

Première Lecture

Souvenir

Les États-Unis vont élever à Utah-Beach, en Normandie, un monument à la mémoire des soldats tombés lors du débarquement du 6 juin 1944.

On raconte là-bas l'histoire *suivante*[1] :

« 6 juin. Le mur de l'Atlantique est percé. Les Américains avancent à l'intérieur des terres. Ils pensent que la population française du littoral *a été*[2] évacuée au Sud du pays et qu'il ne reste que des ennemis.

Dans un village de la côte normande, un jeune Français de 24 ans, un *mouchoir*[3] blanc à la main, sort de son château. Il tombe sous les balles américaines.

On transporte le jeune Français *mourant*[4] en Angleterre. Huit mois plus tard, il rentre chez lui presque guéri. Aujourd'hui, il est maire de sa commune. Chaque année, le 6 juin, il évoque le souvenir du jour glorieux et exprime sa reconnaissance aux Alliés qui ont libéré son pays. Il y a de la grandeur d'âme et de l'émotion dans sa voix. »

Les étrangers sont peut-être étonnés par son accent plein de sincérité. Ils ne *savent*[5] pas son histoire. Ils ne savent pas pourquoi

---

[1] following
[2] was
[3] handkerchief

[4] dying
[5] know

il y a en cet homme à la fois de la gratitude envers ses libérateurs et de la noblesse devant leur méprise.

C'est dans le village où ce jeune Français est maire que les États-Unis vont élever un monument à la mémoire des soldats morts sur les côtes de Normandie.

D'après Gilles Perrault,
Le Figaro

QUESTIONNAIRE

1. Qu'est-ce que les États-Unis vont élever à Utah-Beach?
2. Quelle est la date du débarquement américain?
3. Qu'est-ce qui est percé alors?
4. Où les Américains avancent-ils?
5. Dans quelle province française est Utah-Beach?
6. Quand le jeune Français sort de son château, qu'a-t-il à la main?
7. Qu'arrive-t-il à ce jeune homme?
8. Où transporte-t-on le jeune Français?
9. Quand rentre-t-il chez lui?
10. Comment est-il alors?
11. Quelle est sa fonction aujourd'hui?
12. Qu'évoque-t-il le 6 juin de chaque année?
13. Qu'y a-t-il dans sa voix?
14. Pourquoi les étrangers sont-ils peut-être étonnés par son émotion?
15. Où les États-Unis vont-ils précisément élever leur monument?

VOCABULARY EXERCISES

A. *Fill in the blanks with the proper word to be found in the list on the right.*

1. On va élever un monument ___ des soldats morts.	a. plus tard
2. Les troupes avancent ___ des terres.	b. à l'intérieur
3. La population de la ___ a été évacuée.	c. guéri
4. Le jeune homme a un mouchoir blanc ___ .	d. chaque année
5. Il tombe ___ les balles.	e. à la mémoire
6. Le jeune homme rentre chez lui 8 mois ___ .	f. côte
7. Il est presque ___ .	g. aujourd'hui
8. ___ , ce jeune Français est maire de sa commune.	h. sous
9. Il y a de l'émotion dans sa ___ .	i. voix
10. Il évoque ___ le souvenir du jour glorieux.	j. à la main

B.   *Replace the words in italics by a synonym to be found in the list on the right.*

1. On va *ériger* une statue.
2. C'est un monument à la mémoire des soldats *tombés* le 6 juin 1944.
3. La population *du littoral* a été évacuée.
4. Le jeune homme *exprime* sa reconnaissance aux Alliés.
5. C'est un monument *en souvenir* des soldats morts à la guerre.
6. Il *retourne* chez lui.
7. Elle est *presque* guérie.
8. Le maire *évoque* le souvenir du jour glorieux.
9. Les étrangers sont *étonnés*.
10. Il y a de la gratitude *chez* cet homme.

a. tués
b. à peu près
c. en
d. rappelle
e. élever
f. à la mémoire
g. de la côte
h. surpris
i. rentre
j. proclame

Deuxième Lecture

Déjeuner[1] à Paris

J'ai besoin de changement et de repos et j'ai envie d'un bon déjeuner. Je vais aller au «*Quai d'Orsay*». Ce restaurant-là est situé à l'*ombre*[2] des grands arbres du quai, dans le septième

---

[1] lunch   [2] shade

*arrondissement.*³ Vous aussi vous allez *déjeuner*⁴ *là-bas*?⁵ N'allez-vous pas prendre le *métro*?⁶ Bien. Nous allons descendre à *Latour-Maubourg.*⁷

Ce restaurant-ci est un *bistrot,*⁸ mais ses tables sont couvertes de nappes d'une *éclatante*⁹ *blancheur*¹⁰ et la *patronne*¹¹ *accueille*¹² les clients avec un charmant *sourire.*¹³

Les prix sont *abordables.*¹⁴ Pour *30 francs,*¹⁵ nous allons faire un excellent repas *arrosé*¹⁶ d'une bonne *bouteille*¹⁷ de vin.

---

³ district
⁴ to have lunch
⁵ over there
⁶ subway
⁷ subway stop
⁸ small, unpretentious type of restaurant or café serving meals
⁹ striking
¹⁰ whiteness
¹¹ owner (woman)
¹² greets
¹³ smile
¹⁴ reasonable
¹⁵ about $6.00
¹⁶ sprinkled
¹⁷ bottle

GRAMMAR EXERCISES

A. *Rewrite the following sentences, using the immediate future.*

1. Je pense qu'il part ce soir. **2.** Les États-Unis élèvent un monument dans cette ville. **3.** Il pleut. **4.** Il rentre chez lui. **5.** Nous évoquons des souvenirs. **6.** On transporte le jeune homme en Angleterre. **7.** Il faut attendre. **8.** Tu rentres au logis. **9.** Ils écoutent les nouvelles. **10.** Vous êtes fatigués. **11.** Les yeux se tournent vers la France. **12.** Les troupes avancent à l'intérieur des terres. **13.** Nous attendons la nuit. **14.** Comment s'appelle cet enfant? **15.** Trois candidats se présentent aux élections.

B. *Fill in the blanks with the proper form of the demonstrative adjective.*

1. Il fait froid ＿＿ matin. **2.** Nous avons un printemps pluvieux ＿＿ année. **3.** Comment s'appelle ＿＿ enfant? **4.** Nous allons faire ＿＿ voyage en juin. **5.** Je n'aime pas ＿＿ grand vent. **6.** Allez-vous à Paris ＿＿ semaine? **7.** Préférez-vous ＿＿ meuble-ci ou ＿＿ table-là? **8.** ＿＿ enfants sont impossibles. **9.** ＿＿ gars-là est fatigué. **10.** ＿＿ zéros sont superflus. **11.** Vous êtes encore ici à ＿＿ heure! **12.** ＿＿ homme est charmant. **13.** La maison est petite à côté de ＿＿ haut immeuble. **14.** ＿＿ hôtel est confortable. **15.** Il habite dans ＿＿ hameau. **16.** ＿＿ hêtre a vingt ans. **17.** Est-ce que ＿＿ harpe est à vous? **18.** ＿＿ Hollandais est mon ami. **19.** Comment s'appellent ＿＿ hérauts antiques? **20.** Nous allons élever un monument à la mémoire de ＿＿ héros morts pour la patrie.

C. *Ask the questions which should normally receive the following answers. Follow the example.*

Si, nous allons, voyager.
N'allez-vous pas voyager?

1. Si, je vais manger. **2.** Si, il fait froid. **3.** Si, cet homme est charmant. **4.** Si, je suis fatiguee. **5.** Si, cette harpe est à moi. **6.** Si, ce monsieur s'appelle Dupont. **7.** Si, la maison est immense. **8.** Si, nous rentrons au logis. **9.** Si, ils partent ce soir. **10.** Si, tu es en retard.

D. *Complete the following sentences with a definite, indefinite or a partitive article, if necessary. Pay attention to possible contractions.*

1. Il a besoin de ＿＿ courage. **2.** Il a aussi besoin de ＿＿ argent. **3.** La table est couverte de ＿＿ lait. **4.** Nous avons besoin de ＿＿ livres. **5.** Vous avez envie de ＿＿ nouvelle voiture. **6.** Vous n'avez pas besoin de ＿＿ voiture de luxe. **7.** Paul a-t-il besoin de ＿＿ livres de Marie? **8.** La région est couverte de ＿＿ forêts. **9.** Cet enfant a peur de ＿＿ chiens. **10.** Ce travail est plein de ＿＿ fautes. **11.** J'ai besoin de ＿＿ autre montre. **12.** Parlez-vous de ＿＿ livres? **13.** Nous parlons de ＿＿ livres de Paul. **14.** Voulez-vous un verre de ＿＿ eau? **15.** Je préfère une tasse de ＿＿ café.

COMPOSITION

Décrivez une situation où le personnage principal fait preuve de magnanimité.

Onzième Leçon

ILLUSTRATION

— Allez-vous *vendre* la maison où vous habitez?

— Je *viens* justement *de vendre* la maison.

— Vous *vendez* des maisons, n'est-ce pas?

— Oui, je *vends* des maisons, des magasins, des fermes, des terrains, des usines, etc. . . .

— Les agents immobiliers *vendent*-ils aussi des bois?

— Oui; en principe, nous *vendons toutes* sortes d'immeubles. Mais bien sûr, *tous* les agents immobiliers ne *vendent* pas nécessairement des bois, comme *tous* ne *vendent* pas forcément des usines.

— Ainsi donc, vous êtes amenés à *vendre* de *tout*.

— C'est exact.

EXPLANATION

I. The -re Verbs.

Verbs whose infinitive ends in **-re** have the following present tense:

vendre

je vends	nous vend**ons**
tu vends	vous vend**ez**
il/elle vend	ils/elles vend**ent**

In the inverted interrogative form, third person singular, the final **-d** is pronounced and linked like a **-t**:

  Vend-il des livres?

NOTE:

Many **-re** verbs are irregular. Two important verbs among them are **prendre** (*to take*) and **mettre** (*to put, place*):

prendre	**mettre**
je prends	je mets
tu prends	tu mets
il/elle prend	il/elle met
nous pren**ons**	nous mett**ons**
vous pren**ez**	vous mett**ez**
ils/elles prenn**ent**	ils/elles mett**ent**

The compounds of **prendre** such as **reprendre, comprendre, surprendre, dépendre, entreprendre,** etc. are conjugated like **prendre**.

II. The Verb **venir** and the Immediate Past.

This verb has highly irregular forms:

je **viens**	nous **venons**
tu **viens**	vous **venez**
il/elle **vient**	ils/elles **viennent**

Venir + **de** + infinitive of another verb denotes an action done in the immediate past:

Il vient de partir.	*He just left.*
Elle vient d'arriver.	*She just arrived.*

The verb **tenir** (*to hold*) and its compounds (of which there are many), for instance **appartenir à** (*to belong to*), follow the conjugational pattern of **venir**:

	tenir		**appartenir**
je tiens	nous tenons	j'appartiens	nous appartenons
tu tiens	vous tenez	tu appartiens	vous appartenez
il/elle tient	ils/elles tiennent	il/elle appartient	ils/elles appartiennent

III. **Tout** Adjective, Pronoun and Noun.

A. Forms.

Tout, meaning *all, every, whole,* has the following forms:

	SINGULAR	PLURAL
MASCULINE	**tout**	**tous**
FEMININE	**toute**	**toutes**

B. Uses.

1. As an adjective, it is placed in front of the definite or indefinite article and agrees in gender and number with the noun:

Il a **tout** le temps.	*He has all the time (in the world).*
Il est à l'Université **toute** la journée.	*He is at the university the whole day (all day long).*
Il aime **tous** les livres.	*He likes all books.*
Il a **toutes** les enveloppes.	*He has all the envelopes.*
C'est **toute** une histoire.	*It is a long story.*

2. It may also be used as a pronoun:

Il pense à **tout**.	*He thinks of everything.*
Paris a de **tout**.	*Paris has everything (Lit: has something of everything).*
Ils sont **tous** ici.	*They are all here.*

(In this case, the **-s** is pronounced in contrast to the adjective **tous**, as in "**tous les livres**" where it remains silent.)

Elles sont **toutes** ici.	*They (f) are all here.*

Tout le monde (*everybody*) is an important and frequently used expression.

3. It may also be used as a noun:

Le tout n'est pas intéressant.	*The whole is not interesting.*
Il n'a rien **du tout**.	*He has nothing at all.*
Le tout et les parties.	*The whole and the parts.*

4. At times, **tout** is used <u>adverbially</u> and then is usually invariable.

Il va parler **tout** simplement.   *He will simply speak.*

ORAL DRILLS

A. *Repeat the following sentences using the words in parentheses as new subjects. Make the necessary changes.*

1. <u>Nous</u> vendons des maisons.

(Paul / Je / Les agents immobiliers / Tu / Vous / Paul et Marie / Il)

2. <u>Je</u> comprends tout.

(Tu / Paul / Marie / Elle / Nous / Paul et Marie / Vous / Marie et Jeanne / Il / Paul et Pierre)

3. <u>Nous</u> venons de Paris.

(Il / Vous / Paul et Marie / Pierre / Jeanne / Marie et Jeanne / Tu / Je)

4. <u>Marie</u> met un chapeau.

(Je / Pierre / Tu / Paul et Marie / Vous / Il / Nous / Elle)

B. *Change the following sentences to direct discourse, using a pronoun subject. Follow the example.*

Dites-moi que vous ne comprenez rien.

Je ne comprends rien.

Dites-moi que . . .

1. Marie n'apprend pas sa leçon.   **2.** Paul et Marie ne prennent jamais l'avion.
3. nous ne reprenons pas le train.   **4.** le père de Paul n'entend plus bien.   **5.** vous ne vendez rien.   **6.** Marie ne surprend personne.   **7.** nous ne répondons pas à la question.   **8.** je ne rends pas tout.   **9.** Marie et Jeanne ne prennent pas l'autobus.

C. *Answer the following questions by choosing the first alternative. Follow the example.*

Paul rend-il le livre ou le cahier?

Il rend le livre.

1. Marie entend-elle le chien ou le chat?   **2.** Apprenons-nous les verbes ou les noms?   **3.** Comprenez-vous mieux Paul ou Marie?   **4.** Le chien mord-il le cheval ou la vache?   **5.** Paul et Marie répondent-ils à papa ou à maman?   **6.** Paul prend-il la voiture ou le camion?   **7.** Marie reprend-elle le train ou l'avion?
8. Surprennent-ils les hommes ou les femmes?   **9.** Entends-tu le téléphone ou le réveil?   **10.** Vendez-vous des pommes ou des poires?

D. *Answer the following questions in the affirmative using a form of* **tout.** *Follow the example.*

> Est-ce que les jeunes gens sont heureux?
> **Oui, tous les jeunes gens sont heureux.**

1. Est-ce que les jeunes filles sont heureuses? **2.** Est-ce que les professions sont importantes? **3.** Est-ce que le chien est peureux? **4.** Est-ce que la vallée est humide? **5.** Est-ce que les fromages sont bons? **6.** Est-ce que les prairies sont vertes? **7.** Est-ce que les chats sont carnivores? **8.** Est-ce que les femmes sont jolies? **9.** Est-ce que les sapins sont verts? **10.** Est-ce que les mers sont bleues?

E. *Replace* **tout,** *adjective, by* **tout,** *pronoun. Follow the example.*

> Tous les livres ne sont pas rouges.
> **Tous ne sont pas rouges.**

1. Tous les bois ne sont pas verts. **2.** Toutes les montagnes ne sont pas couvertes de neige. **3.** Tous les agents immobiliers ne vendent pas des bois. **4.** Tous les jeunes gens ne désirent pas une voiture. **5.** Toutes les professions ne sont pas bonnes. **6.** Toutes les maisons ne sont pas grandes. **7.** Tous les terrains ne sont pas fertiles. **8.** Tous les chiens ne sont pas peureux. **9.** Toutes les villes ne sont pas intéressantes. **10.** Tous les climats ne sont pas continentaux.

F. *Answer the following questions in the negative and express an immediate past. Follow the example.*

> Allez-vous vendre la maison?
> **Non, je viens de vendre la maison.**

1. Allons-nous acheter du fromage? **2.** Vont-ils manger une pomme? **3.** Paul va-t-il quitter Paris? **4.** Marie va-t-elle acheter un chien? **5.** Vas-tu aller en Europe? **6.** Vais-je répondre à la question? **7.** Vont-elles rentrer à la maison? **8.** Allez-vous vendre le cheval? **9.** Vas-tu rendre le livre à Paul? **10.** Paul et Marie vont-ils apprendre le vocabulaire?

G. *Answer the following questions in the negative, using the words given in parentheses. Follow the example.*

> L'agent immobilier vend-il des voitures? (immeubles)
> **Non, il vend des immeubles.**

1. Les librairies vendent-ils des bois? (livres) **2.** Le garagiste vend-il des pommes? (voitures) **3.** Vendez-vous des chats? (chiens) **4.** Vends-tu des appartements? (maisons) **5.** Paul vend-il du poisson? (viande) **6.** Les fermiers vendent-ils du pain? (fromage) **7.** Vendez-vous des postes de radio? (postes de télévision) **8.** Le fermier vend-il des chevaux? (vaches) **9.** Vends-tu des violons? (pianos) **10.** Les marchands vendent-ils des poires? (bananes)

H. *Progressive substitution.*

Paul regarde les jeunes gens dans la rue.

.......surprend ....

...............les jeunes filles................

...........................dans la maison.

...........................dans le jardin.

Je..

.......entends ....

...............les parents.....................

...............................dans la cour.

...........................dans le salon.

Nous...

.......accompagnons..........................

...............les visiteurs....................

...........................dans les montagnes.

Vocabulary

Primary

accorder to give, grant
acheter to buy
actuel (*f*: **-le**) present
ainsi thus, so
amené brought
appartenir to belong to
apprendre to learn
à propos de about
assurer to ensure
le **bien** good
bien sûr of course
le **billet** ticket
le **bonheur** happiness
le **but** goal
le **cahier** notebook
le **camion** truck
capital essential
le **cas** case
cela that
c'est exact that's right

le **chapeau** hat
comblé loaded with
comprendre to understand
la **distraction** amusement
donc then
d'un certain âge middle aged
en bref in short, in a word
en effet in fact
entendre to hear
en tout cas at any rate
exercer to carry on
expérimenté experienced
la **femme** woman
la **fleur** flower
forcément necessarily
fortuné rich
le **garagiste** garage man
les **gens** (*m pl*) people
les **jeunes filles** (*f pl*) young girls
les **jeunes gens** (*m pl*) young men

le **journal** diary
  laisser to allow
le **libraire** bookseller
  libre free
  malheureux (*f*: **-se**) unhappy
la **maman** mamma
la **manière** manner
le **manteau** coat
  mettre to put
  mieux better
  mordre to bite
le **moyen** means
  ne pas . . . non plus not . . . either
  n'est-ce pas isn't it?
le **papa** dad
  par exemple for instance
  passer to spend
  peureux (*f*: **-se**) fearful
  plus more
  prendre to take

  quitter to leave
  rendre to give back; to make
  répondre to answer
  reprendre to take back
le **réveil** alarm clock
  rien nothing
la **signification** meaning
  sonner to ring
  surprendre to surprise
  tenir to hold; to keep; to manage
le **terrain** field, lot
  tout (*adj, noun, adv, pron.*) all
  tout le monde everyone
la **vallée** valley
  vendre to sell
  venir to come
  venir de to have just
la **vie** life
  vrai true

Secondary

l'agent immobilier (*m*) real-estate
  agent

le **loisir** spare time

Première Lecture

Jeunes Français d'aujourd'hui

En France, comme dans tous les pays du monde, les jeunes constituent un segment considérable de la population actuelle du pays. Ils ont une philosophie de vie différente de la façon de penser des Français d'un certain âge. Par exemple, ils considèrent les satisfactions matérielles comme secondaires. Avoir une voiture n'est pas important; avoir des amis est essentiel: la solitude est une calamité. Habiter un bel appartement ne rend pas la vie heureuse: le confort matériel n'est pas un but mais un moyen pour dévelop-per sa personnalité.

Mais les jeunes Français sont-ils heureux? Question difficile!
Qu'est-ce que le bonheur? Qu'est-ce qui rend heureux ou
malheureux?

Tous les jeunes gens et toutes les jeunes filles de France
d'aujourd'hui ne sont ni très heureux ni très malheureux. Cependant, tous semblent assez heureux. Pourquoi? Parce que tous les
jeunes Français — ou en tout cas, la grande majorité des jeunes
Français — semblent donner une importance primordiale à la
profession. Il faut choisir une profession et l'[1] aimer, pensent-ils.
C'est une condition essentielle au bonheur. En effet, on passe une
grande partie de sa vie à exercer une profession. Et on aime une
profession quand elle assure un salaire suffisant, quand elle laisse
assez de temps pour avoir des loisirs, pour continuer à apprendre,
pour avoir des vacances et des distractions.

En bref, de nos jours, les jeunes Français semblent penser
qu'*être comblé*[2] n'est pas synonyme d'être heureux, mais que pour
être heureux, il faut d'abord savoir donner un sens à la vie.

D'après une enquête présentée par Françoise Giroud,
L'Express

---

[1] it   [2] to have everything

QUESTIONNAIRE

1. Qu'est-ce que les jeunes constituent dans tous les pays?
2. Pensent-ils comme les gens d'un certain âge?
3. Que pensent-ils des satisfactions matérielles?
4. Est-ce important d'avoir une voiture?
5. Qu'est-ce qui est essentiel?
6. Pourquoi est-il essentiel d'avoir des amis?
7. Le confort matériel est-il un but ou un moyen?
8. Les jeunes Français sont-ils très heureux?
9. Pourquoi les jeunes semblent-ils assez heureux?
10. A quoi donnent-ils une importance primordiale?
11. Que pensent-ils à propos d'une profession?
12. A quoi passe-t-on une grande partie de sa vie?
13. Quand aime-t-on une profession?
14. Les jeunes Français pensent-ils qu'il est nécessaire d'être comblé pour être heureux?
15. Que faut-il faire d'abord pour être heureux?

VOCABULARY EXERCISES

A. *Fill in the blanks with the proper word to be found in the list on the right.*

1. Les jeunes constituent un segment considérable de la population ____ du pays.
2. Ils considèrent les satisfactions matérielles comme ____.
3. La solitude est une ____.
4. Un bel appartement ne ____ pas la vie heureuse.
5. Le confort matériel est un ____ pour développer sa personnalité.
6. Tous ____ assez heureux.
7. Ils donnent une importance ____ à la profession.
8. Cette profession ____ un salaire suffisant.
9. Nous avons peu de ____.
10. Il faut savoir donner un ____ à la vie.

a. secondaires
b. semblent
c. rend
d. actuelle
e. assure
f. moyen
g. sens
h. primordiale
i. temps libre
j. calamité

B. *Replace the words in italics with a synonym to be found in the list on the right.*

1. Les jeunes constituent *une portion* de la population actuelle.
2. C'est une *façon* de parler.
3. Avoir des amis est *essentiel*.
4. Quelle est la situation *actuelle* des choses?
5. *De nos jours*, on prend peu de vacances.
6. Ils *accordent* une grande importance à la profession.
7. *En bref*, ces jeunes gens sont heureux.
8. Il faut donner *une signification* à la vie.
9. On a besoin *de distractions*.
10. Ce sont des gens *d'un certain âge*.

a. présente
b. manière
c. En un mot
d. donnent
e. capital
f. d'amusements
g. a l'heure actuelle
h. un segment
i. relativement vieux
j. un sens

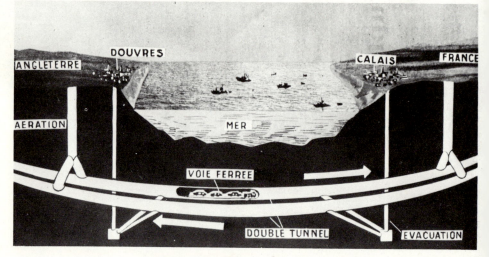

Deuxième Lecture

Eurotunnel

On vient de reparler du tunnel sous la *Manche*.[1] Pour donner une *certaine*[2] illusion de progrès, on vient même de baptiser ce tunnel qui n'existe encore qu'en imagination: *à l'avenir*,[3] on va le désigner par ce néologisme, Eurotunnel. Il est vrai que nous avons déjà Eurovision et Eurodollar. Alors, pourquoi pas Euro-tunnel?

---

[1] English channel   [2] some   [3] in the future

Le mot fait *sourire*.[4] C'est qu'en effet une des raisons hostiles à la construction du tunnel qui va *relier*[5] la France à l'Angleterre est depuis toujours une raison politique. Quelle tragédie si un beau matin un habitant de la côte française contemple avec *ahurissement*[6] une division de soldats britanniques qui sortent du tunnel! Ou vice versa naturellement.

Mais cette crainte est *périmée*.[7] Aujourd'hui, on n'envahit plus un pays voisin avec une infanterie qui *débouche*[8] d'un tunnel. On a d'autres moyens plus «efficaces» et plus rapides.

D'autre part, plus on avance dans ce vingtième siècle, plus on comprend la nécessité d'une Europe unie, d'une Europe devenue un pays. On comprend. Mais est-on prêt psychologiquement à se qualifier d'Européen en même temps que de Français, d'Anglais ou d'Italien?

Les néologismes tels que Eurovision, Eurodollar, Eurotunnel vont peut-être aider les Européens à penser un jour leur continent en terme de nation, *à l'instar de*[9] la Suisse où il y a unité politique en même temps que variété culturelle et linguistique.

---

[4] smile	[6] bewilderment	[8] comes out
[5] connect	[7] obsolete, out of date	[9] after the manner of

GRAMMAR EXERCISES

A. *Fill in the blanks with the proper form of the verb given in parentheses at the beginning of each sentence.*

1. (mordre) Le chien ____-il? **2.** (comprendre) ____ -tu? **3.** (entendre) Je ____ sonner le téléphone. **4.** (prendre) ____-ils du lait? **5.** (répondre) Vous ne ____ pas aux questions de Paul. **6.** (vendre) Marie ____ la voiture bleue. **7.** (surprendre) La nouvelle ____ tout le monde. **8.** (mettre) ____-tu un chapeau? **9.** (reprendre) Je ____ les explications. **10.** (rendre) Il ____ le bien pour le mal. **11.** (répondre) Elle ne ____ pas. **12.** (comprendre) Elles ne ____ rien. **13.** (entendre) ____-vous bien? **14.** (tenir) ____-tu un journal? **15.** (mordre) Tous les chiens ne ____ pas. **16.** (surprendre) Tu me ____! **17.** (prendre) Nous ____ les billets. **18.** (rendre) Vous ne ____ jamais rien. **19.** (reprendre) Ils ____ le train à 5 heures. **20.** (tenir) Ils ____ un café.

B. *Fill in the blanks with the proper form of* **tout.**

1. J'ai ____ les livres. **2.** Aimez-vous ____ les langues? **3.** Il écoute ____ les nouvelles. **4.** J'aime ____ les chiens. **5.** Nous travaillons ____ la journée.

6. Il sort ____ les soirs. 7. Aimez-vous ____ les fromages? Non, ____ ne sont pas bons. 8. Aimez-vous ____ les fleurs? Oui, ____ sont jolies. 9. Le ciel est gris ____ l'hiver. 10. Il y a du vent ____ l'année.

C. *Fill in the blanks with the correct form of* **aller** *or* **venir** *according to the sentence.*

1. Il ____ d'aller à Paris. 2. Elle ____ aller en Europe. 3. Nous ____ partir. 4. Le train ____ de partir. 5. Paul et Marie ____ de sortir. 6. Ils ____ rentrer. 7. Je ____ sortir. 8. Je ____ de sortir. 9. Le vent ⸺ de tomber. 10. La neige ____ tomber.

COMPOSITION

Qu'est-ce qui constitue pour vous la vraie source du bonheur?

En Italie

Douzième Leçon

ILLUSTRATION

— *Voilà* trois ans *que* vous parlez d'aller en France. Allez-vous partir bientôt?

— Oui, je *partirai* dans un mois.

— Vous *resterez* longtemps en France?

— Je *séjournerai* en France pendant plusieurs mois; puis, je *voyagerai* dans d'autres pays.

— *Visiterez*-vous l'Italie?

— *Il y a* longtemps *que* je désire connaître ce pays-là et je *passerai* au moins quinze jours à Florence et dans ses environs.

— Vous *irez* à Rome sans doute.

— Oui. *Depuis* des années je rêve d'aller à Rome. *Voilà* longtemps *que* je prépare mon voyage. D'ailleurs, Rome a une histoire *qui* me fascine et *que* je désire approfondir.

EXPLANATION

I. The Future (*le futur*).

A. Forms.

The future tense is formed by adding to the infinitive a set of endings which are in effect the forms of the present tense of **avoir** (**avons** shortened to **-ons**, **avez** to **-ez**).

parler	**finir**
je parler**ai**	je finir**ai**
tu parler**as**	tu finir**as**
il/elle parler**a**	il/elle finir**a**
nous parler**ons**	nous finir**ons**
vous parler**ez**	vous finir**ez**
ils/elles parler**ont**	ils/elles finir**ont**

The **-e** of the stem in **-er** verbs often becomes silent. (See *Tape and Phonetics Manual*).

Verbs in **-re** drop the final **-e** of the infinitive before adding the endings:

> je vendr-**ai** *etc.*

A few commonly used verbs have an irregular future stem, i.e. one that is not identical with the infinitive. Among them are:

> **aller**: j'**irai** *etc.*
> **avoir**: j'**aurai** *etc.*
> **être**: je **serai** *etc.*
> **faire**: je **ferai** *etc.*

B. Uses.

In general, French uses the future tense more rigorously than English. After **quand**, **aussitôt que**, **dès que**, French uses the future:

> Quand je **partirai**, je téléphonerai à Paul.
> Dès qu'il **fera** beau, je sortirai.

II. **Qui** and **Que** as Relative Pronouns.

Qui and **que** may be relative pronouns, i.e. grammatical particles connecting clauses, as well as interrogative pronouns. As relative pronouns, both **qui** and **que** may refer to persons or things. The distinction between the two is one of grammatical function. **Qui** is subject in its clause and **que** direct object.

Subject referring to a person:

> Voila une femme **qui** est vraiment belle.

Subject referring to an animal or a thing:

Voici un livre **qui** intéressera votre ami.

Direct object referring to a person:

Le médecin **que** tu vas voir est-il bon?

Direct object referring to an animal or a thing:

Le livre **que** tu lis est-il intéressant?

III. The Present Tense with **depuis, il y a . . . que, voilà (voici) . . . que.**

An action begun in the past and continuing to the present requires the present perfect in English:

How long have you lived here? $\begin{cases} \textit{I have lived here for 10 years.} \\ \textit{I have lived here since 1961.} \end{cases}$

In French, however, the present tense is used with the expressions **depuis, il y a . . . que, voilà (voici) . . . que**:

Il parle **depuis** une heure.
Il y a une heure **qu'**il parle.
Voilà une heure **qu'**il parle.

IV. The Irregular Verbs **faire, écrire, dire, lire.**

PRESENT INDICATIVE

faire	**écrire**	**lire**	**dire**
je fais	j'écris	je lis	je dis
tu fais	tu écris	tu lis	tu dis
il/elle fait	il/elle écrit	il/elle lit	il/elle dit
nous faisons	nous écrivons	nous lisons	nous disons
vous faites	vous écrivez	vous lisez	vous dites
ils/elles font	ils/elles écrivent	ils/elles lisent	ils/elles disent

ORAL DRILLS

A. *In the following sentences replace* **maintenant** + *present indicative by* **demain** + *future. Follow the example.*

Maintenant, je corrige les fautes.
Demain, je corrigerai les fautes.

1. Maintenant, tu parles à Paul. **2.** Maintenant, Paul étudie. **3.** Maintenant, nous mangeons de la tarte. **4.** Maintenant, Marie et Paul voyagent. **5.** Maintenant, vous écoutez la radio. **6.** Maintenant, elle regarde la télévision. **7.** Maintenant, tu cherches des enveloppes. **8.** Maintenant, ils vont en ville. **9.** Maintenant, je suis à l'université. **10.** Maintenant, il y a du vent.

B. *Change the following sentences to the future. Follow the example.*

Quand il a de l'argent, il voyage.
Quand il aura de l'argent, il voyagera.

1. Quand Paul va à Paris, il loge chez des amis. **2.** Quand j'arrive à Orly, je prends un taxi. **3.** Quand nous partons, nous donnons une clé à Marie. **4.** Quand vous allez en Italie, vous parlez l'italien. **5.** Quand ils sont en France, ils séjournent à Paris. **6.** Quand tu es en Bretagne, tu longes la côte. **7.** Quand Marie sort, elle va chez Paul. **8.** Quand il y a du vent, Marie met un chapeau. **9.** Quand l'hiver arrive, la neige couvre les montagnes. **10.** Quand Paul et Marie vont à la mer, ils nagent souvent.

C. *Do the same with the following sentences.*

Écrivez-vous à vos amis lorsque vous avez le temps?
Écrirez-vous à vos amis lorsque vous aurez le temps?

1. Partez-vous lorsque Marie arrive? **2.** Madame Dupont sort-elle lorsqu'il fait beau? **3.** Dînez-vous au restaurant lorsque vous allez au concert? **4.** Donnons-nous la clé à Marie lorsque nous partons? **5.** Écoutes-tu les nouvelles lorsque tu rentres? **6.** Mettez-vous un manteau lorsqu'il fait froid?

D. *Answer the following questions using the words given in parentheses and starting with* **dès que**.

Quand Marie téléphonera-t-elle à Paul? (aller à Paris).
Dès qu'elle ira à Paris.

1. Quand iras-tu en ville? (avoir le temps). **2.** Quand Paul sortira-t-il? (faire beau). **3.** Quand irons-nous dormir? (être fatigué). **4.** Quand irez-vous chez Paul? (faire un voyage en Europe). **5.** Quand écouteras-tu les nouvelles? (rentrer à la maison). **6.** Quand irez-vous à la bibliothèque? (aller à l'université).

E. *Answer the following questions using* **Si, voilà ... que**. *Follow the example.*

Ne parle-t-elle pas depuis dix minutes?
Si, voilà dix minutes qu'elle parle.

1. Ne voyagent-ils pas depuis deux mois? **2.** Ne travaillez-vous pas depuis

longtemps? **3.** Ne neige-t-il pas depuis plusieurs semaines? **4.** N'es-tu pas
ici depuis une demi-heure? **5.** N'habite-t-il pas Paris depuis quelques années?
6. Paul n'est-il pas malade depuis une semaine? **7.** Paul et Marie ne sont-ils
pas mariés depuis 10 ans? **8.** Ne manges-tu pas depuis une heure?

F. *Answer the following questions using* **Il y a . . . que** + *the words given in parentheses.*
Follow the example.

> Désires-tu aller à Paris? (longtemps)
> **Il y a longtemps que je désire aller à Paris.**

1. Est-il en France? (5 ans). **2.** Regardent-ils la télévision? (une heure).
3. Marie cherche-t-elle son stylo? (10 minutes). **4.** Habite-t-il Paris? (plusieurs
années). **5.** Marie est-elle enrhumée? (trois jours). **6.** Paul prépare-t-il son
voyage? (longtemps). **7.** Il n'entend plus? (un an). **8.** Paul et Marie ne
sortent plus? (des années).

G. *Progressive substitution.*

Quand Paul voyagera, Marie sera heureuse.
.........tu................................
................rentreras,.................
............................Jeanne.................
....ravie.
....contente.
Lorsque ....
.........vous.............................
................partirez, ...
.......................Louise et Marie........
..................................seules.
....tristes.
Dès que..................................
.........nous.............................
................arriverons, ...
.... tu ....
.................................tranquillisé.
....................................rassuré.
Aussitôt que............................
.........je................................
................téléphonerai, ...
............................mes parents........
...................................calmés.

H. *Combine each pair of sentences using* **qui.** *Follow the example.*

> Le livre est vert. Il est sur la table.
> **Le livre qui est sur la table est vert.**

1. L'auto est bleue. Elle est dans le garage. **2.** La voiture est blanche. Elle est dans la rue. **3.** L'étudiant est absent. Il est malade. **4.** Les voisins s'appellent Dupont. Ils sont en vacances. **5.** Les étudiants réussissent toujours. Ils travaillent bien. **6.** Le vin est rouge. Il est sur la table. **7.** La machine à écrire est à Paul. Elle est dans la voiture. **8.** Les crayons sont à Marie. Ils sont sur le bureau. **9.** La maison est très belle. Elle est à vendre.

I. *Combine each pair of sentences using* **que.** *Follow the example.*

> Le livre est vert. Je cherche le livre.
> **Le livre que je cherche est vert.**

1. La voiture est bleue. Je conduis la voiture. **2.** Le vin est rouge. Paul préfère le vin. **3.** La maison est neuve. Nous allons acheter la maison. **4.** Les montagnes sont très hautes. Vous aimez les montagnes. **5.** Les livres sont à la bibliothèque. Vous cherchez les livres. **6.** L'actrice est Française. Vous aimez l'actrice. **7.** Le professeur est de Paris. Nous venons de rencontrer le professeur. **8.** Les étudiants parlent français. Tu accompagnes les étudiants. **9.** La dame est ma voisine. Je viens de saluer la dame.

J. *Repeat the following sentences, using the words in parentheses as new subjects. Make the necessary changes.*

1. Paul fait ses devoirs.

(Tu / Marie / Je / Nous / Pierre et Jeanne / Elle / Vous)

2. Paul écrit une lettre. Il ne dit rien.

(Tu / Marie / Je / Nous / Pierre et Jeanne / Elle / Vous)

3. Paul lit un livre.

(Tu / Marie / Je / Nous / Pierre et Jeanne / Elle / Vous)

Vocabulary

Primary

à l'avenir from now on
après after

au moins at least
au moyen de by means of

aussitôt que as soon as
avec with
le **bateau** boat
le **bienfait** good turn
bientôt soon
calmé pacified
causer to cause
charger de to charge with
le **chiffre** figure
circuler to move around
la **clé** key
content satisfied
corriger to correct
d'ailleurs besides
demain tomorrow
demander to demand, require
demi half
la **demi-heure** half-hour
désormais from now on
dès que as soon as
disparaître to disappear
distinguer to distinguish
dix-huit eighteen
dormir to sleep
échanger to exchange
écrire to write
effacer to erase
employer to use
emporter to carry off
enrhumé having a cold
en ville downtown
l'**espace** (*m*) space
évident obvious
exiger to demand
la **faute** error
l'**heure** (*f*) hour
incontestable unquestionable

inscrire to register, enter
le **langage** language
le **langage chiffré** code language
lire to read
louer to rent
maigre lean, thin
marié married
le **nom** name
le **nom propre** surname
le **nombre** number
le **numéro** number
numéroter to number
le **pape** pope
pendant during
le **point** period, dot
le **point cardinal** direction
porter to bear
provoquer to cause
quarante forty
quasi almost
quinze jours two weeks, a fortnight
rassuré reassured
ravi very glad
le **registre** book
réussir to succeed
rêver to dream
le **roi** king
sacré sacred
sauter to jump
sous peu soon
la **tarte** pie
le **temps** time
tenir de to get from
tranquillisé calmed
la **valise** suitcase
vulgaire simple

Secondary

l'**arrondissement** (*m*) district
les **Immortels** (*m pl*) the 40 members of
  the French Academy
le **litige** litigation, issue

l'**ordinateur** (*m*) computer
le **procès** trial
rédiger to write, compose

Expressions

avoir le temps to have time
faire un voyage to go on a trip
il est vrai que it is true that

rentrer dans la maison to go back home
sauter aux yeux to be obvious

Première Lecture

Le temps des nombres

Bientôt nous ne serons plus que des numéros. Sous peu, chaque personne aura un numéro unique qui désignera cette personne dans les multiples branches de l'administration. On inscrira tout le monde dans un registre comme de vulgaires bagages. D'ailleurs, le passage en ce monde, n'est-il pas un voyage avec, pour tous, la même destination?

Les bienfaits incontestables de la réforme sautent aux yeux: les ordinateurs échangeront automatiquement des informations qui demandent actuellement des interventions manuelles. Il n'y aura plus d'erreurs; la distraction des employés ne provoquera plus de confusion, de litiges, de procès.

Le nom propre disparaîtra: Dupont n'existera plus. A l'avenir, il sera 72 x 42 VD 14 Z, ce sera simple et rapide. Le nom propre, qui est le premier signe distinctif de notre personnalité, sera effacé. Nous serons anonymes.

Il est vrai qu'on numérote bien les rois et les papes; les départements et les arrondissements portent un numéro; on identifie les maisons et les voitures au moyen de chiffres et des satellites numérotés circulent dans l'espace.

Nous employons même des nombres qui deviennent presque sacrés pour parler des deux Amériques, des trois Grâces, des quatre points cardinaux ou des sept vaches maigres que nous plaçons après les sept vaches grasses. Il y a aussi les dix commandements que nous tenons de Dieu et les quarante Immortels que l'Académie charge de rédiger le dictionnaire.

Alors, pourquoi pas, pour nous aussi, ce langage chiffré qui nous transformera en numéros?

D'après un article de Carlo Bronne,
Le Figaro

QUESTIONNAIRE

1. Qu'est-ce que nous serons bientôt?
2. A quoi servira ce numéro unique?
3. Qu'est-ce d'ailleurs que le passage en ce monde?
4. Que feront les ordinateurs?
5. Qu'est-ce que la distraction des employés ne provoquera plus?
6. Qu'est-ce qui disparaîtra?
7. Qu'est-ce que le nom propre?
8. Qu'est-ce qu'on numérote déjà?
9. Comment identifie-t-on maisons et voitures?
10. Qu'est-ce qui circule dans l'espace?
11. Pour parler de quoi employons-nous des nombres quasi sacrés?
12. Où plaçons-nous les sept vaches maigres?
13. Quels sont les quatre points cardinaux?
14. De qui tenons-nous les dix commandements?
15. Qui rédige le dictionnaire de l'Académie française?

VOCABULARY EXERCISES

A. *Fill in the blanks with the proper word to be found in the list on the right.*

1. Chaque personne aura un numéro ____.   a. registre
2. On nous inscrira dans un ____.   b. tous
3. Nous serons comme de ____ bagages.   c. au moyen de
4. Le passage en ce monde est le même pour ____.   d. effacé
5. Les ____ de la réforme sont incontestables.   e. unique
6. Il n'y aura plus de ____.   f. circulent
7. Le nom propre sera ____.   g. rédigent
8. On identifie les voitures ____ chiffres.   h. bienfaits
9. Des satellites ____ dans l'espace.   i. confusion
10. Les 40 Immortels ____ un dictionnaire.   j. vulgaires

B. *Replace the words in italics by a synonym to be found in the list on the right.*

1. *Bientôt* chaque personne aura un numéro.   a. simples
2. On inscrira tout le monde dans un registre comme de b. sautent aux yeux
   vulgaires bagages.   c. causera
3. Les bienfaits de la réforme *sont évidents*.   d. à l'avenir
4. Ces informations *demandent* des interventions manuel- e. quasi
   les.   f. nombreuses
5. La distraction des employés ne *provoquera* plus de g. sous peu
   confusion.   h. employons
6. Vous serez *désormais* un simple numéro.   i. disparaîtra
7. Nous employons des nombres *presque* sacrés.   j. exigent
8. Le nom propre *sera effacé*.
9. Un numéro désignera chaque personne dans les
   multiples branches de l'administration.
10. Nous *utilisons* des nombres quasi sacrés.

Deuxième Lecture

Choix

Mon désir est d'habiter dans une petite maison qui sera à moi. *Je tiens à*[1] être seul dans la maison. Je désire être logé chez moi. La maison sera située au milieu d'un petit jardin où il y aura de l'eau, de l'ombre, une *pelouse*[2] et du silence.

Ce *souhait*,[3] exprimé en termes semblables par *Proudhon*,[4] date de plus de cent ans.

---

[1] I want
[2] lawn
[3] wish
[4] Pierre-Joseph Proudhon, French socialist and political writer (1809–1865)

Que disent les Français d'aujourd'hui de ce *rêve*[5] centenaire?

Prenons les statistiques comme guide: il y a moins de maisons individuelles en France que dans plusieurs autres pays européens et surtout qu'aux États-Unis; depuis des générations, le Français préfère l'habitat collectif.

Mais voilà quelques mois que la situation semble changée. Et on lit dans les journaux que plusieurs groupes de Français défendent les avantages des maisons individuelles *entourées de*[6] *verdure*.[7]

Offrira-t-on aux Français le choix entre deux modes de vie: la ville, sans l'automobile, *où l'on*[8] retrouvera le plaisir de marcher; ou la banlieue résidentielle cachée dans son paradis de verdure?

Est-ce d'ailleurs un paradis? La banlieue ne sera un paradis que quand on donnera une heureuse solution aux problèmes des moyens de transport et de la décentralisation des entreprises de travail. *Alors,*[9] on n'ira plus à la ville pour travailler, on ne perdra plus des heures et des heures à *s'énerver*[10] dans les embouteillages; on restera dans ce coin de verdure que l'on appellera *avec justesse*[11] un paradis.

Encore sera-t-il nécessaire de[12] protéger cette verdure, *sinon*[13] elle *fera* bientôt *place à*[14] des habitations, rien que des habitations, sans arbres et sans verdure. . .

---

[5] dream
[6] surrounded by
[7] greenery
[8] où l'on = où on (the l is used to avoid the hiatus)
[9] then
[10] getting nervous
[11] rightly
[12] even then it will be necessary to
[13] otherwise
[14] will be replaced by

GRAMMAR EXERCISES

A. *Fill in the blanks with the future form of the verb indicated at the beginning of each sentence.*

1. (aller) Dans un mois, je ___ en France. **2.** (voyager) ___ -vous seul? **3.** (sortir) Quand ___ -vous? **4.** (être) Sous peu, nous ___ tous des numéros. **5.** (avoir) Nous ne ___ plus de nom propre. **6.** (disparaître) Le premier signe distinctif de notre personnalité ___. **7.** (avoir) Il n'y ___ plus d'erreurs. **8.**

(provoquer) La distraction des employés ne ____ plus de confusion. **9.** (prendre) ____ -vous l'avion ou le bateau? **10.** (être) Quand ____ -vous en Europe? **11.** (écrire) Nous ____ bientôt à nos amis. **12.** (donner) Je ____ la clé à Marie. **13.** (apprendre) Marie ____ le vocabulaire. **14.** (partir) Paul ____ seul. **15.** (inscrire) On ____ votre nom dans un registre.

B.   *Fill in the blanks with* **qui** *or* **que.**

1. Voilà la maison ____ porte le numéro 28. **2.** C'est l'appartement ____ nous allons louer. **3.** Le nom propre est un signe ____ distingue une personne des autres. **4.** Le passage en ce monde est un voyage ____ a la même destination pour tous. **5.** Il y a des rois ____ sont appelés Louis. **6.** Il y a plusieurs papes ____ portent le nom de Jean. **7.** Le voyage ____ vous allez faire sera-t-il long? **8.** Est-ce la valise ____ vous emportez? **9.** L'avion ____ nous prendrons est en retard. **10.** Voilà les livres ____ j'emporte.

C.   *Complete the following sentences with* **voilà,** **il y a** *or* **depuis.**

1. ____ quand êtes-vous ici? **2.** ____ une heure que je suis ici. **3.** ____ -il longtemps que vous habitez Paris? **4.** J'habite Paris ____ trois mois. **5.** Nous sommes amis ____ des années. **6.** Parle-t-il ____ longtemps? **7.** ____ dix minutes qu'il parle. **8.** Nous sommes sans électricité ____ plusieurs heures.

D. *Say in French in as many ways as possible.*

1. I have been here for two hours. **2.** Paul has lived in Paris for five years. **3.** Have you been here long? **4.** Since when has he been ill? **5.** How long have you been here? **6.** Jean has been ill ten years. **7.** Has the president been speaking for long?

COMPOSITION

Faites un recit de vos projets.
Où avez-vous l'intention de voyager l'été prochain?

Treizième Leçon

ILLUSTRATION

— Bonjour, Monsieur. Vous venez essayer votre costume?

— C'est exact.

— *Entrez* dans ce salon. *Prenez* place.

Mademoiselle, *appelez* le coupeur et *faites* descendre le costume de Monsieur des Granges.

Excusez-moi, Monsieur, je suis à vous dans un instant.

— Je vous en prie.

— Voilà. *Passez* le pantalon. J'apporte le veston.

— Merci.

— Ah! *voyons*. *Tournez-vous*, lentement. *Regardez-vous* dans la glace. *Baissez-vous*. *Regardons* la longueur.

— Le pantalon n'est-il pas un peu long?

— *Levez* la tête. *Courbez-vous*, *redressez-vous*, *asseyez-vous*. Bon. Je trouve qu'il va très bien. *Mettez* le veston. *Boutonnez* d'abord le gilet. Bien. *Pivotez*. *Marchez*. *Arrêtez-vous*. *Tendez* le bras. *Pliez* le coude. *Levez* les bras. La manche gauche est un peu longue. *Indiquons* cette retouche. Voilà.

A part cela, ce costume vous va comme un gant.

Mademoiselle. . .

— Oui, Monsieur.

— *Emportez* ce veston. *Faites* faire la retouche immédiatement.

— *Ne vous pressez pas. Envoyez* ce costume à mon hôtel, voici l'adresse.

— Au revoir, Monsieur des Granges.

Fig . 3 .

Fig . 4 .

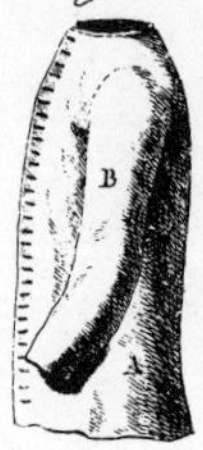

EXPLANATION

I. The Imperative (*l'impératif*).

A. Regular Forms.

The imperative is a special form of the verb used to give a command.
It is distinguished by the absence of any pronoun subject.

1. There are two persons: one corresponds to the 2nd person singular of
the present indicative; the other one, to the 2nd person plural.

INDICATIVE	IMPERATIVE		INDICATIVE	IMPERATIVE
tu finis	**finis!**		tu ne finis pas	**ne finis pas!**
tu réponds	**réponds!**		tu ne réponds pas	**ne réponds pas!**
tu dis	**dis**		tu ne dis pas	**ne dis pas!**
vous finissez	**finissez!**		vous ne finissez pas	**ne finissez pas!**
vous répondez	**répondez!**		vous ne répondez pas	**ne répondez pas!**
vous dites	**dites!**		vous ne dites pas	**ne dites pas!**

The 2nd person singular of the verbs in **-er** drops the **-s**:

tu parles — **parle!**

This rule also applies to the irregular verb **aller**:

tu vas — **va!**

2. There is also a 1st person plural imperative which includes the speaker.
It corresponds to the 1st person plural of the present indicative.

INDICATIVE	IMPERATIVE	
nous allons	**allons!**	*let us go!*
nous parlons	**parlons!**	*let us speak!*
nous disons	**disons!**	*let us speak!*

B. Irregular Forms.

Some verbs have an irregular imperative:

être: **sois! soyons! soyez!**
avoir: **aie! ayons! ayez!**
savoir: **sache! sachons! sachez!**

II. The Reflexive Verbs and Reflexive Pronouns.

A. Reflexive Verbs.

1. In reflexive verbs, the performer of an action does it to or for himself. The verb "to reflect" from which "reflexive" is derived literally means "to bend back". In reflexive verbs the effect of the action is in a sense "bent back" upon the performer of the action, i.e. the subject in the sentence:

Elle se lave.	*She washes herself.*

2. There are some verbs which are always used reflexively.

Elle s'absente.
Elle se souvient.

3. Others may or may not be reflexive depending on the meaning that one wants to convey:

Elle **lave** la vaisselle.	*She is washing dishes.*
Ce gamin ne **se lave** qu'à contre-cœur.	*This boy only washes himself reluctantly.*

B. Reflexive Pronouns.

1. Any transitive verb can be made "reflexive" by adding a reflexive pronoun providing it makes sense:

Je lave / Je me lave.

At times, a significant change of meaning may occur, as in:

Je lève . . .	*I am lifting. . .*
Je me lève.	*I am getting up.*

2. Reflexive pronouns can be used as direct or indirect objects. They are placed before the verb, directly after the subject.

DIRECT OBJECT	INDIRECT OBJECT
je **me** lave	je **me** dis
tu **te** laves	tu **te** dis
il/elle **se** lave	il/elle **se** dit
nous **nous** lavons	nous **nous** disons
vous **vous** lavez	vous **vous** dites
ils/elles **se** lavent	ils/elles **se** disent

3. Reflexive pronouns can have a reciprocal meaning:[1]

Ils se parlent.	They are talking to each other.

(NOTE: They are talking to themselves, i.e. each individual to himself.)

---

[1] Some verbs are used reflexively to replace a passive voice: **cela se dit** = *this is said;* **les alouettes se vendent** = *larks are sold.* (The passive voice will be discussed in *Lesson 29.*)

C. Word Order of Reflexive Sentences.

In the negative:

> **Il ne se lave pas.**
> **Ils ne se parlent pas.**

In the interrogative:

> **Se lave-t-il?**
> **Se parlent-ils?**

In the interrogative-negative:

> **Ne se lave-t-il pas?**
> **Ne se parlent-ils pas?**

In the imperative:

> **Lave-toi.**
> **Lavons-nous.**
> **Lavez-vous.**

Notice that pronouns following the verb are hyphenated and **te** becomes **toi.**

In the imperative negative:

> **Ne te lave pas.**
> **Ne nous lavons pas.**
> **Ne vous lavez pas.**

III. The Irregular Verbs **savoir, voir, s'asseoir, se taire.**

PRESENT INDICATIVE
savoir

je sais	nous savons
tu sais	vous savez
il/elle sait	ils/elles savent

Savoir means *to know, to know how.*

voir

je vois	nous voyons
tu vois	vous voyez
il/elle voit	ils/elles voient

s'asseoir

je m'assieds	OR	m'assois
tu t'assieds		t'assois
il/elle s'assied		s'assoit
nous nous asseyons		nous assoyons
vous vous asseyez		vous assoyez
ils/elles s'asseyent		s'assoient

se taire

je me tais	nous nous taisons
tu te tais	vous vous taisez
il/elle se tait	ils/elles se taisent

IV. Verbs with Orthographical Changes (**se lever**).

The verbs in **-er** whose stem contains a mute **e** change the mute **e** into **è** before a mute **e** ending:

PRESENT INDICATIVE
se lever

je me **lève**	nous nous levons
tu te **lèves**	vous vous levez
il/elle se **lève**	ils/elles se **lèvent**

ORAL DRILLS

A. *Change the following sentences to the imperative. Follow the example.*

Tu cherches le livre.
Cherche le livre.

1. Tu regardes le livre. **2.** Tu écoutes le professeur. **3.** Tu lis la leçon. **4.** Tu es sage. **5.** Tu as de l'argent. **6.** Tu parles vite. **7.** Tu chantes fort. **8.** Tu vends ta voiture. **9.** Tu mets ton manteau. **10.** Tu fais tes devoirs. **11.** Tu sais ta leçon. **12.** Tu restes ici. **13.** Tu vas dormir. **14.** Tu choisis tes amis.

B. *Do the preceding exercise, using the formal or plural form.*

Vous cherchez le livre.
Cherchez le livre.

C. *Do exercise* **A.**, *using the 1st person plural.*

Nous cherchons le livre.
Cherchons le livre.

D. *Change the following sentences to the imperative negative. Follow the example.*

Tu donnes le crayon à Paul.
Ne donne pas le crayon à Paul.

1. Nous écoutons les nouvelles. **2.** Vous regardez la télévision. **3.** Nous finissons notre travail. **4.** Vous marchez vite. **5.** Tu mets un manteau. **6.** Nous mangeons du fromage.   **7.** Vous partez ce soir.   **8.** Tu vas en ville.   **9.** Nous faisons du bruit.   **10.** Vous faites des fautes.   **11.** Vous dites des riens.

E.   *Use the following sentences reflexively. Follow the example.*

Je lave.
Je me lave.

1. Tu lèves.   **2.** Il voit.   **3.** Elle arrête.   **4.** Nous regardons.   **5.** Vous dites que c'est bien.   **6.** Ils appellent.   **7.** Marie coupe.   **8.** Les dames parlent.

F.   *Repeat the following sentence substituting the words in parentheses for the underlined word. Make the necessary changes.*

Je me lave, lave-toi aussi, lavez-vous, lavons-nous.

(lève / habille / coiffe / regarde / tais / couche / arrête / presse / sers / montre)

G.   *Do the preceding exercise in the negative.*

Je ne me lave pas, ne te lave pas, ne vous lavez pas, ne nous lavons pas.

H.   *Respond to the following, using the words given in parentheses. Follow the example.*

Dites-moi comment s'appelle cet enfant. (Paul)
Il s'appelle Paul.

Dites-moi . . .
1. à quelle heure vous vous levez. (à 8 heures)   **2.** où vous vous lavez. (dans la salle de bain)   **3.** quand nous nous habillons. (avant de déjeuner)   **4.** pourquoi Marie se presse. (parce qu'elle est en retard)   **5.** quand vous vous couchez. (à minuit)   **6.** qui s'arrête devant la maison. (un inconnu)   **7.** la chose que Paul se dit. (qu'il va travailler)   **8.** pourquoi nous nous trompons. (parce que vous allez trop vite)   **9.** si vous vous rappelez le nom du voisin. (que c'est Jacques Dupont)   **10.** pourquoi vous vous taisez. (parce que je n'ai rien à dire)

I.   *Use the proper form of the verb* **s'asseoir.**

Paul s'assied dans un fauteuil.
Je.....................................
.....................sur une chaise.
Vous.................................
.......................sur le divan.
Nous................................

.........................sur le banc.
Les enfants ....
............................par terre.
Le chien............................
.....................sur la pelouse.
Tu ....
.........................sur le mur.
Pierre ....
......................sur le bureau.
Le professeur......................

J. *Do the same with* **voir.**

Nous voyons que le ciel est bleu.
Tu ....
........................qu'il fait beau.
Je......................................
............................qu'il pleut.
Vous ....
.... qu'il neige.
Paul ....
.............................qu'il gèle.
Marie..................................
.... qu'il y a du vent.
Les touristes...........................
.........................qu'il fait froid.
Tu ....
.... qu'il fait chaud.
Je ....

K. *Answer the following questions in the affirmative, using a form of* **savoir.** *Follow the example.*

Paul sait-il que vous êtes ici?
Il sait que je suis ici.

1. Les enfants savent-ils leur leçon? **2.** Sais-tu qui est cet homme? **3.** Est-ce que je sais qui vous êtes? **4.** Savez-vous ce poème par cœur? **5.** Savent-elles nager? **6.** Savez-vous l'heure qu'il est? **7.** Savons-nous quel jour nous partons?

L. *Do the preceding exercise in the negative.*

Paul sait-il que vous êtes ici?
Il ne sait pas que je suis ici.

Vocabulary

Primary

s'**absenter** to absent oneself
à cause de thanks to
(s')**adresser** to address
l'**aile,** (*f*) wing
aller bien to fit well
à part cela besides
(s')**arrêter** to stop
s'**asseoir** to sit
avant de before
(se) **baisser** to stoop; to bend down
bonjour good morning
la **bonté** goodness
le **bras** arm
le **chasseur** hunter
choisir to choose
(se) **coiffer** to comb or "do" one's hair
compter to count
(se) **coucher** to go to bed, to lie down
le **coude** elbow
(se) **courber** to stoop
le **crayon** pencil
le **déjeuner** lunch
déranger to disturb
descendre to go down
devant before, in front of
le **devoir** assignment
(se) **dresser (contre)** to rise up (against)
(s')**élever** to protest
envoyer to send
ériger to erect
essayer to try
(s')**étendre** to spread, to extend
le **fauteuil** arm chair
la **fois** time
fort strongly
le **gamin** street-boy; urchin
gauche left
le **gilet** vest
la **glace** mirror

grâce à thanks to
habiller to dress
l'**inconnu** (*m*) stranger
inutile useless
laver to wash
lentement slowly
lever to raise
(se) **lever** to rise
la **longueur** length
louer to praise
la **manche** sleeve
minuit (*m*) midnight
monter to go up
la **nourriture** food
oser to dare
le **pantalon** trousers
le **pardessus** overcoat
passer to spend, to take place, to put on
plier to bend
la **plume** feather
(se) **presser** to hurry
(se) **redresser** to straighten out
remonter à to go back to
les **riens** (*m pl*) trifles
sage wise, good
sale dirty
la **salle de bain** bathroom
sinon else
sourire to smile
(se) **taire** to keep silent
tendre to hold out
tirer to shoot
tourner to turn
(se) **tromper** to make a mistake
la **vaisselle** dishes
le **veston** coat
vite quickly
voler to fly

Secondary

l'**alouette** (*f*) lark	le **monceau** heap
le **bec** beak	la **patte** foot
le **coupeur** cutter	la **pâture** food
épater to amaze	**pivoter** to turn round
le **filet** net, snare	la **retouche** alteration
meurtrier (*f*: **-ière**) killing	

Expressions

à contre–cœur reluctantly	**je suis à vous** I'll be with you
aller comme un gant to fit well	**je vous en prie** please; very well!
être digne de to be worthy of	**mon Dieu** good heavens
faire erreur to err	**savoir par cœur** to know by heart

Première Lecture

Alouette, gentille alouette

Le président de la ligue française pour la protection des oiseaux vient de faire condamner les chasseurs d'alouettes.

Cet homme-là, plus tard, méritera qu'on érige une statue pour célébrer ses hautes vertus et commémorer la décision du tribunal.

Pauvre alouette . . . gentille alouette . . . C'est que capturer au filet 800 douzaines d'alouettes cela représente 9600 petits becs, 19.200 jolies petites pattes . . . Je calcule si bien, mon Dieu, que je m'épate! Bref, des *monceaux*[1] de petits oiseaux qui se vendent sur les marchés lyonnais!

Dans *la Divine Comédie*, Dante écrit: «Le jeune oiseau se laisse tirer deux ou trois fois, mais c'est en vain qu'on tend un filet devant *ceux*[2] qui ont déjà des plumes.»

---

[1] heaps   [2] those

Je pense que Dante se trompe. L'alouette est incapable de tout comprendre et, même adulte, elle se laisse prendre.

Je loue ce président qui s'élève avec courage contre une *pratique*[3] inhumaine et ose se dresser contre une armée de chasseurs *munis de*[4] leurs *ridées*[5] meurtrières.

Je loue ce président: «*Aux petits des oiseaux, il donne leur pâture. Et sa bonté s'étend sur toute la nature*».[6]

Alouette, gentille alouette, c'est à vous que s'adresse Saint François d'Assise quand il écrit: «Vous devez beaucoup louer et admirer votre Créateur; grâce à votre Dieu, vous avez des plumes pour vous vêtir, des ailes pour voler. Vous êtes ses plus nobles créatures».

D'après une lettre de Pierre-Jean Vaillard,
Le Hérisson

---

[3] practice
[4] armed with
[5] nets
[6] Racine, *Athalie*, acte II, scène VII, vv 644–645.

QUESTIONNAIRE

1. Qui vient de se voir condamner?
2. Qui fait condamner les chasseurs d'alouettes?
3. Qu'est-ce que cet homme-là méritera?
4. Pourquoi érigera-t-on une statue?
5. Comment se capturent les alouettes?

6. Combien de petits becs 800 douzaines d'alouettes représentent-elles?
7. Pourquoi l'auteur de la lettre dit-il qu'il s'épate?
8. Où ces monceaux de petits oiseaux se vendent-ils?
9. Quels sont les oiseaux qui se laissent tirer d'après Dante?
10. Pourquoi l'auteur pense-t-il que Dante se trompe?
11. De qui sont les vers que l'auteur cite pour louer le président?
12. Pourquoi les oiseaux ont-ils des plumes?
13. Pourquoi les oiseaux ont-ils des ailes?
14. Quelles sont, d'après Saint François d'Assise, les plus nobles créatures de Dieu?

VOCABULARY EXERCISES

A. *Fill in the blanks with the proper word to be found in the list on the right.*

1. Ses ____ vertus seront louées.	a. calcule
2. On ____ les alouettes au filet.	b. capture
3. Des monceaux de petits oiseaux ____ sur les marchés.	c. s'étend
4. Je ____ si bien que je m'épate.	d. se vendent
5. Il donne la pâture aux ____.	e. ailes
6. L'alouette a des plumes pour ____.	f. hautes
7. L'oiseau a des ____ pour voler.	g. trompez
8. A qui vous ____ -vous?	h. se vêtir
9. Sa bonté ____ sur toute la nature.	i. adressez
10. Je pense que vous vous ____.	j. oiseaux

B. *Replace the words in italics by a synonym to be found in the list on the right.*

1. On loue Pierre pour ses *grandes* vertus.	a. se prennent
2. Les alouettes *se capturent* au filet.	b. grâce à
3. Il *est digne d'*une récompense.	c. mérite
4. Je *compte* bien.	d. te trompes
5. Vous parlez *intutilement*.	e. se vêtir
6. Tu *fais erreur*.	f. hautes
7. Il *glorifie* son créateur.	g. le manger
8. Voilà *la nourriture* des oiseaux.	h. en vain
9. Tu réussis *à cause de* ton intelligence.	i. loue
10. Il faut *s'habiller* chaudement.	j. calcule

Deuxième Lecture

Du latin aux langues romanes

Savez-vous quelle est l'origine des langues romanes en général et du français en particulier?

Remontons au temps de la *Romania*.[1] Tout le monde *s'exprime*[2] en latin. Mais quel latin?

---

[1] the Roman world, opposed to Barbaria
[2] expresses himself

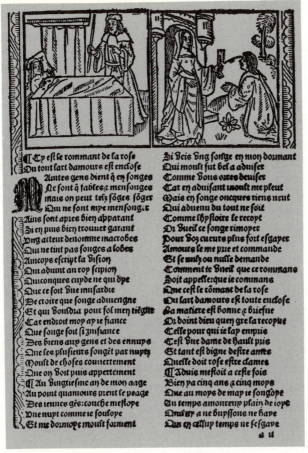

Ouvrez un *ouvrage*[3] de Cicéron. Vous voyez que c'est du latin classique.

Maintenant, examinez une *œuvre*[4] du IXe siècle, la *Vita Caroli*[5] d'Eginhart par exemple. C'est *toujours*[6] du latin; mais ce n'est plus du latin classique. C'est du latin évolué, simplifié, plus analytique. C'est du latin *vulgaire*.[7]

Peu de temps après la mort de Charlemagne, un habitant de Rome monte à Paris et *s'aperçoit*[8] que son langage n'est pas le même que le langage qui *se parle*[9] dans la capitale française. Le Romain et le Parisien ne se comprennent plus: les langues romanes sont nées.

---

[3] work
[4] work
[5] *Life of Charlemagne*, written between 817 and 830 by Eginhart or Einhard
[6] still
[7] spoken by the *vulgus*, the people
[8] notices
[9] is spoken

Regardons ensuite un texte du XIᵉ siècle: la *Chanson de Roland*. Et prenons un texte espagnol et un texte italien de la même époque. Nous voyons que ces textes ont une certaine ressemblance: ils emploient une langue dérivée du latin. Mais chaque langue porte la marque spéciale de l'évolution *propre à*[10] la partie de la Romania où elle se parle.

Au cours[11] des siècles qui vont suivre, les langues romanes continueront d'évoluer dans des directions différentes. Elles vont s'enrichir de mots *empruntés*[12] à d'autres langues; elles altéreront la syntaxe; certaines *subiront*[13] l'influence du *substrat*[14] celtique ou étrusque ou encore ibère. Les unes innoveront; les autres seront plus conservatrices. Certaines caractéristiques anthropologiques joueront sans doute un rôle dans la prononciation. Et l'influence de l'Église, différente de région en région, sera la cause d'une démocratisation de la langue en Gaule où son évangélisme est émotif et populaire, *alors qu'*[15] en Espagne elle restera plus aristocratique dans son opposition à l'Islam, et qu'en Italie elle préservera l'héritage romain.

Aujourd'hui, le latin classique n'existe plus que dans les livres. C'est une langue morte, *l'apanage*[16] des étudiants qui *font leurs humanités.*[17] Mais le latin continue de *vivre*[18] dans les formes parlées des langues romanes.

---

[10] pertaining to

[11] during

[12] borrowed

[13] will come under

[14] language superseded by another. *Here*: latin superseded the languages spoken respectively by the Celts, the Etruscans and the Iberians, but in turn was transformed under their influence.

[15] while

[16] the attribute

[17] study Latin and Greek

[18] to live

GRAMMAR EXERCISES

A. *Fill in the blanks with the proper form of the imperative of the verb given in parentheses at the beginning of each sentence.*

1. (emporter) Mademoiselle, ____ ce costume. **2.** (entrer) Paul, ____ dans ce salon. **3.** (aller) Marie, ____ chercher ton livre. **4.** (choisir) ____ bien vos amis. **5.** (venir) Paul et Marie, ____ ici et **6.** (faire) ____ attention. **7.** (voir) Réflé-chissons et ____ où est l'erreur. **8.** (mettre) ____ ton pardessus. **9.** (prendre) Ne ____ pas ton chapeau. **10.** (répondre) ____ à la lettre de votre cousin. **11.** (lire) ____ le texte tous ensemble. **12.** (écrire) Ne ____ pas dans votre livre. **13.** (savoir) ____ votre leçon par cœur. **14.** (être) ____ donc moins pessimiste. **15.** (avoir) ____ le courage de vos opinions. **16.** (acheter) ____ cette maison si tu as assez d'argent. **17.** (ouvrir) Ne ____ pas la porte. **18.** (dire) ____ à Paul que vous irez chez lui. **19.** (dormir) Bonsoir Marie, ____ bien. **20.** (servir) ____ votre pays.

B. *Do the same with the following sentences. The verbs are used reflexively.*

1. (se lever) ____, tu vas être en retard. **2.** (s'habiller) ____, puis vous déjeunerez. **3.** (se dépêcher) ____, sinon, nous arriverons trop tard. **4.** (s'asseoir) ____ ici, monsieur. **5.** (se tourner) ____, madame. **6.** (se presser) Ne ____ pas, mademoi-selle. **7.** (se dire) ____ que tout vous sourira. **8.** (se coucher) ____, vous êtes fatigué. **9.** (se regarder) ____ dans cette glace et vois comme tu es élégante. **10.** (s'arrêter) ____ un peu, nous avons le temps. **11.** (se tromper) Voilà les adresses; ne ____ pas. **12.** (se taire) Vous parlez depuis une heure, ____. **13.** (se laver) ____, tu es très sale. **14.** (s'asseoir) ____ dans ton fauteuil. **15.** (se servir) ____, c'est ton plat préféré. **16.** (se mettre) ____ près de ton frère. **17.** (s'excuser) Écrivez à votre oncle et ____. **18.** (se rappeler) ____ cette date, c'est l'anniversaire de ta tante. **19.** (s'engager) Ne ____ pas dans cette affaire, tu te repentiras de ton action. **20.** (se tenir) ____ tranquille, fais comme ta sœur.

C. *Fill in the blanks with the proper reflexive pronoun.*

1. Marie ____ lève tard. **2.** Tous les hommes ____ trompent. **3.** Je ____ excuse de vous déranger. **4.** Nous ____ asseyons toujours ici. **5.** Ces choses ne ____ disent pas en public. **6.** Il ____ fait tard. **7.** Tu ____ regardes dans la glace. **8.** Cette dame ____ habille bien. **9.** Ce petit garçon ____ appelle Paul. **10.** Comment vos voisins ____ appellent-ils? **11.** L'autobus ____ arrête-t-il ici? **12.** Pourquoi ____ pressez-vous? **13.** Ne ____ trompez-vous pas? **14.** Nous ne ____ servons pas les premiers. **15.** Nos voisins ____ montrent très affables.

COMPOSITION

Imaginez une visite dans un salon d'essayage.

Quatorzième Leçon

ILLUSTRATION

— Regardez ces deux athlètes. *Les* voyez-vous?

— Je ne *les* vois pas bien. Le chapeau de cette dame *les* cache en partie.

— Mais, regardez-*le* donc, le grand.

— Maintenant, je *le* vois.

— Vous ne *le* voyez plus courir.

— Non, mais je *le* vois tomber.

— Voulez-vous changer de place? Accompagnez-*moi*.

— Non, la dame change de place. Regardez-*la*, elle part.

— Elle ne *vous* dérangera plus.

— C'est vrai. Enfin, le chapeau ne *m'*empêche plus de voir le film.
  Ah! non. A présent, je *le* revois, ce chapeau! Je *le* maudis.
  Je ne peux plus suivre le film.

— Vraiment, ce chapeau *nous* ennuie. Écoutez-*moi* et partons.

EXPLANATION

I. The Direct Object Pronouns.

A. Forms.

Personal pronouns which receive the direct action of the verb, as in "we like *them*," "I cannot see *it*," are called direct object pronouns. In French, the forms of the direct object pronoun are the following:

	SINGULAR	PLURAL
1st person	me/m'	nous
2nd person	te/t'	vous
3rd person	le/la/l'	les

B. Position.

1. In statements and interrogative sentences, the pronouns are placed immediately in front of the verb.
Affirmative statement:

— Voyez-vous ces deux athlètes?
— Oui, je **les** vois.

Negative statement:

— Non, je ne **les** vois pas.

Interrogative sentences:

Les voyez-vous?
Est-ce que vous **les** voyez?
Ne **les** voyez-vous pas?
Est-ce que vous ne **les** voyez pas?

2. In the imperative affirmative, the personal direct object pronoun follows the verb and a hyphen must be put between the verb and pronoun:

Paul, regardez-**nous**.
Paul, regarde-**moi**.

Notice that **me** placed after the verb becomes **moi**.

3. In the negative form of the imperative, the direct object pronoun moves again in front of the verb:

Paul, ne **nous** regarde pas.
Paul, ne **me** regarde pas.

NOTES:

a) The pronoun **le** may replace a complete phrase:

> Est-ce qu'ils sont intelligents?   Oui, ils **le** sont.
> Pensez-vous qu'elle rentrera demain? Oui, je **le** pense.

b) In front of a verb beginning with a vowel, both **le** and **la** are reduced to **l'**:

> Entends-tu la musique? Oui, je **l'**entends.
> Entendez-vous le cri de l'oiseau? Non, je ne **l'**entends pas.

c) In a phrase containing a dependent infinitive as with **aller** and **venir de**, the object pronoun is placed in front of the infinitive:

> Allez-vous envoyer cette lettre? Oui, je **vais l'envoyer**.

II. The Irregular Verbs **pouvoir, vouloir, conduire.**

PRESENT INDICATIVE

pouvoir	vouloir	conduire
je peux (puis)	je veux	je conduis
tu peux	tu veux	tu conduis
il/elle peut	il/elle veut	il/elle conduit
nous pouvons	nous voulons	nous conduisons
vous pouvez	vous voulez	vous conduisez
ils/elles peuvent	ils/elles veulent	ils/elles conduisent

III. Verbs with Orthographical changes (**essayer, envoyer, s'ennuyer**).

Verbs ending in **-ayer, -oyer** and **-uyer** change **y** to **i** before a mute-**e** ending:

> essayer: il essaie   envoyer: tu envoies
> s'ennuyer: ils s'ennuient

ORAL DRILLS

A. *Repeat the following sentences substituting the words in parentheses for the underlined word. Make the necessary changes.*

    1. Tu vois le garçon. Tu le vois.

      (le chien / le stylo / le tableau / le chat / le professeur / l'homme / Paul)

    2. Vous voyez la fille. Vous la voyez.

      (la table / la porte / la chaise / la fenêtre / la maison / la carte / la voisine / Marie)

3. Tu entends la radio. Tu l'entends.

(la pluie / la dame / la musique / la chanteuse / le voisin / le facteur / le train / l'avion)

4. Ils voient les garçons. Ils les voient.

(les hommes / les enfants / les étudiants / les fenêtres / les tables / les portes / les étudiantes)

5. Paul n'écoute pas les autres, il m'écoute.

(Les étudiants / Paul et Jeanne / Françoise / Vous / Vos parents / Pierre / Les voisins / Mes enfants)

6. Paul regarde-t-il Marie? La regarde-t-il?

(cherche / aime / écoute / accompagne / appelle / voit / comprend)

7. Les enfants n'écoutent-ils pas les nouvelles? Ne les écoutent-ils pas?

(la radio / la musique / le disque / le professeur / les parents / les conférences / la chanteuse / l'opéra)

8. Paul ne regarde-t-il pas la télévision? Ne la regarde-t-il pas?

(le journal / la carte / le programme / le film / la pièce / les livres / les voitures / la lettre)

B. *Ask each question using the inversion. Follow the example.*

Vous m'entendez?
M'entendez-vous?

1. Vous le regardez? 2. Nous les cherchons? 3. Il t'écoute? 4. Elle les comprend? 5. Vous l'étudiez? 6. Vous nous mentez? 7. Ils t'accompagnent? 8. Elles la regardent? 9. Nous te voyons? 10. Tu nous vois? 11. Il te voit?

C. *Do the preceding exercise in the interrogative negative.*

Vous ne m'entendez pas?
Ne m'entendez-vous pas?

D. *Repeat the following sentences using the words in parentheses as new subjects. Make the necessary changes.*

1. Paul veut avoir une voiture neuve.

(Je / Nous / Les enfants / Vous / Tu / Marie / Il / Marie et Laure)

2. Marie ne peut pas conduire.

(Je / Les enfants / Tu / Nous / Il / Vous / Paul et Pierre / Les aveugles)

E. *Substitution exercise.*

Pierre   conduit   bien.

Tu........................

...............la voiture.

Nous.......................

...............l'autobus.

Je.........................

...............le camion.

M. Dupont..............

.... l'avion.

Les pilotes..............

........les automobiles.

Les coureurs............

F. *Repeat the following sentence using the words in parentheses as new subjects. Make the necessary changes.*

J'envoie une lettre.

(Marie / Tu / Les enfants / Nous / L'étudiant / Vous / Il / Marie et Laure)

Vocabulary

Primary

accompagner to accompany
admettre to admit
à l'instant right now
approcher to bring near
l'**auditeur** (*f*: **-trice**) listener
avouer to admit, avow
la **bouche** mouth
le **bruit** noise
cacher to hide
la **campagne** campaign
la **chaise** chair
le **chanteur** (*f*: **-euse**) singer
conduire to drive

la **conférence** lecture
contre against
le **coup** stroke
courir to run
crier to shout
la **cure** cure
de façon à ⎫
de manière à ⎭ so as to
dominer to prevail, dominate
d'où hence
empêcher to prevent, hinder
ennuyer to annoy, bother
en train de in the act of

épouvantable appalling
épouvanter to scare
expliquer to explain
le facteur mailman
fermer to close
le genre kind
maintenant now
maudire to curse
menacer to menace
l'oreille (f) ear
payer to pay
permettre to permit, allow
la pièce (theatre) play
pile exactly
le plaisir pleasure
pouvoir to be able
prouver to prove

public/publique public
puisque since
le rasoir razor
le règlement regulation
la réunion meeting
réveiller to wake up
richement richly
la séance meeting
la sonnerie ringing
le tableau picture
tant many
tenter to tempt
tout à l'heure later
troubler to disturb
vouloir to wish
vraiment truly

Secondary

l'accélérateur (m) gas pedal
(s')achever to end
l'amplificateur (m) amplifier
l'aspirateur (m) vacuum cleaner
fuir to run away

*hausser to increase, amplify, raise
le noctambule night-prowler
l'ouïe (f) hearing
percevoir to perceive
perçu perceived

Expressions

au milieu de in the midst of
changer de place to change place
de plus en plus more and more
en partie partly
faire une cure to follow a medical
treatment
mettre à la portée de to put within

the reach of
payer comptant to pay cash
plus fort louder
prendre la parole to speak
*hausser le ton to raise one's voice
sur la pointe des pieds on tip-toe

Première Lecture

De bouche à oreille

Les réunions publiques m'attirent peu. Tant de gens aiment prendre la parole qu'il est charitable de les laisser parler. Mais au moment où s'achève à Paris une campagne contre le bruit, je fais l'observation suivante: les réunions publiques sont de plus en plus troublées par des auditeurs qui dès le début de la séance, se lèvent et crient: «Plus fort!»

L'orateur se trouble, même si sa voix a un certain volume. Il fait un effort. Il approche le micro de sa bouche. L'objet résiste? Il l'*amadoue*,[1] le *tapote*.[2] Inutile de parler plus haut. L'amplificateur est là pour *enfler*[3] la voix, pour la mettre à la portée de tous.

La voix humaine est-elle en train de s'affaiblir? La plupart des machines qui l'entourent la dominent. Le *vrombissement*[4] du rasoir électrique vous empêche d'entendre la sonnerie du téléphone. Les *rugissements*[5] des aspirateurs font un *vacarme*[6] qui nous

---

[1] flatters, coax	[3] to amplify	[5] roaring
[2] taps	[4] humming	[6] uproar, racket

épouvante. Et les voitures? Certains noctambules les conduisent de façon à vous sortir du sommeil en trois coups d'accélérateur. Ne les critiquons pas trop. Ils prouvent au moins aux personnes qui les maudissent qu'elles ont encore des oreilles.

Ce n'est pas notre voix qui s'affaiblit. C'est notre ouïe. D'où, la nécessité de hausser le ton. La chose est remarquable dans les hôtels, par exemple, où personne ne sait plus baisser la voix ni marcher sur la pointe des pieds à l'heure où les autres dorment.

Nous vivons à une époque où tout le monde crie parce que personne ne sait plus écouter. Au milieu de ce *brouhaha*[7] général, les nuances sont de moins en moins perçues, la qualité de la sensibilité humaine est menacée et nous avons tous besoin de faire une cure de silence.

D'après Jean Fougère
Le Figaro

_____

[7] hubbub

QUESTIONNAIRE

1. Qu'est-ce qui attire peu l'auteur de l'article?
2. Qu'est-ce qui s'achève à Paris?
3. Par quoi les réunions publiques sont-elles troublées?
4. Que fait l'orateur qu'on n'entend pas?
5. A quoi sert l'amplificateur?
6. Qu'est-ce qui domine la voix humaine?
7. Qu'est-ce qui empêche d'entendre la sonnerie du téléphone?
8. Qu'est-ce qui fait un vacarme épouvantable?
9. Qu'est-ce qui nous réveille pendant la nuit?
10. Que prouvent tous ces bruits?
11. Qu'est-ce qui s'affaiblit?
12. Qu'est-il nécessaire de faire puisque notre ouïe s'affaiblit?
13. Qu'est-ce qu'on ne sait plus faire dans les hôtels?
14. Qu'est-ce qu'on ne sait plus faire à notre époque?
15. Qu'est-ce que nous avons tous besoin de faire?

VOCABULARY EXERCISES

A. *Fill in the blanks with the proper word to be found in the list on the right.*

1. Cet orateur parlera au début de la ____.　　　　　a. volume
2. Sa voix a un certain ____.　　　　　　　　　　　b. en train de

3. Si l'objet résiste, il l'____.
4. L'amplificateur met la voix à la ____ de tous.
5. La voix humaine est-elle ____ s'affaiblir?
6. Entendez-vous la ____ du téléphone?
7. Il donne un ____ d'accélérateur.
8. Notre ouïe ____.
9. ____ sur la pointe des pieds pour ne pas réveiller les autres.
10. Nous avons besoin de faire une ____ de silence.

c. cure
d. séance
e. marchez
f. amadoue
g. s'affaiblit
h. sonnerie
i. coup
j. portée

B. *Replace the words in italics by a synonym to be found in the list on the right.*

1. Les réunions publiques *m'attirent* peu.
2. Beaucoup aiment *parler*.
3. Une campagne contre le bruit *se termine* à Paris.
4. Il se trouble au début de chaque *réunion*.
5. L'amplificateur est là pour *grossir* la voix.
6. L'aspirateur fait un *bruit* épouvantable.
7. Il ne faut pas *élever la voix*.
8. Sa voix *baisse*.
9. Certains conduisent *de manière à* vous réveiller.
10. *De là*, l'obligation de hausser le ton.

a. s'achève
b. enfler
c. de façon à
d. me tentent
e. s'affaiblit
f. parler haut
g. prendre la parole
h. vacarme
i. d'où
j. séance

Deuxième Lecture

Le francien

Les rois *carolingiens*[1] vivent sous le régime féodal qui *repose*[2] sur un rapport hiérarchique vertical, de haut en bas, du suzerain au vassal. Les rapports horizontaux sont rares. Les vassaux vivent isolés. *Seul*[3] un devoir commun envers un suzerain peut les *rapprocher*[4] momentanément.

---

[1] of the second French dynasty
[2] is based upon
[3] only
[4] bring closer together

En ce temps là, le pays n'a pas de capitale. Chaque région naturelle a son petit centre.

D'autre part, la vie économique est basée sur le système du manoir. C'est là que le seigneur trouve des *victuailles*[5] pour nourrir sa famille, des *vêtements*[6] pour l'habiller. Il a besoin d'une étable? On la construit. Il faut un ustensile? On le fabrique. Quand les ressources d'une *villa*[7] sont *épuisées*,[8] on va s'installer dans une autre villa.

Le résultat de cette vie domaniale, c'est que chaque région reste isolée, indépendante, et que *chacune*[9] parle un dialecte particulier.

En 987, le premier roi *capétien*[10] monte sur le trône de France. Il provient d'une très riche famille de l'*Ile-de-France*.[11] Il *dispose d'*[12]un vaste domaine situé *autour de*[13] Paris et d'*Orléans*.[14] Ses *terres*,[15] il les exploite méthodiquement.

Pour la première fois, le pouvoir royal a un *semblant*[16] de stabilité. Le domaine du roi est situé au centre géographique de la France du Nord et il devient un point de ralliement, une sorte de centre idéal, spirituel.

Le dialecte de l'Ile-de-France est le francien. On le *pare de*[17] quelques caractéristiques *empruntées*[18] aux dialectes voisins. On le retouche un peu pour l'adapter aux *exigences*[19] d'un vaste territoire et on l'adopte comme la langue commune à tous les habitants de la France du Nord.

Vers 1300, sa suprématie sera incontestable; vers 1400, les autres dialectes tomberont au rang de *patois*.[20] Le francien triomphant *sera devenu*[21] la langue française.

---

[5] victuals, food
[6] clothes
[7] *here*: farm; *today*: suburban residence.
[8] used up
[9] each
[10] of the third French dynasty
[11] French province whose capital is Paris
[12] has at his disposal
[13] around
[14] city on the Loire river, about 80 miles south of Paris
[15] lands
[16] semblance
[17] adorns with
[18] borrowed
[19] demands
[20] provincial dialect
[21] will have become

GRAMMAR EXERCISES

A. *Fill in the blanks with the proper form of the direct object pronoun.*

1. Je vois la maison, mais je ne ____ vois pas bien. **2.** Paul aime les poires; il ____ préfère aux pommes. **3.** J'aime ce livre; je ____ relis avec plaisir. **4.** Nous partons parce que le film ____ennuie. **5.** Cet étudiant aime le français; il ____ parle très bien. **6.** Est-ce que je ____ dérange, madame? **7.** J'admets que ce genre de concert ____ attire peu. **8.** Quand tu travailles, la radio ____ empêche-t-elle de travailler? **9.** Voilà votre cousine; qui sont les dames qui ____ entourent? **10.** J'avoue que la perspective d'une guerre ____ épouvante. **11.** La pluie ____ empêchera-t-elle de sortir, monsieur? **12.** Votre costume est prêt. Voulez vous ____essayer? **13.** Nous partons à 7 heures. ____ savez-vous? **14.** Il y a quelques fautes: vous ____ corrigerez tout à l'heure. **15.** Elle regarde encore la télévision? Elle ____ regarde toute la journée. **16.** Voilà ton chapeau. ____ mets-tu? **17.** Ma lettre? Je ____ envoie à l'instant. **18.** Je ne fais pas mes devoirs maintenant, je ____ ferai demain. **19.** Il vient de louer un appartement. Il ____ meublera richement. **20.** Les gars du Nord, je ____ comprends. **21.** Le chien est dans le jardin. Je ____ entends. **22.** Vous avez une nouvelle voiture. Je ____ trouve fort belle. **23.** A 8 heures pile, on donnera les résultats. On ne ____ donnera pas plus tôt: le règlement ne ____ permet pas. **24.** Vous ____ savez bien.

B. *In the following sentences, replace the noun, pronoun or the phrase by a direct object pronoun.*

1. Mettez votre veston. **2.** Ne pliez pas le coude. **3.** Sachez votre leçon par cœur. **4.** Levez la tête. **5.** Regardez les nouvelles. **6.** Ne boutonnez pas votre veston. **7.** Mets ton chapeau. **8.** N'envoie pas ta lettre. **9.** Fais tes devoirs. **10.** Ne dites pas cela. **11.** Faisons ces exercices. **12.** Sachez qu'il est tard.

C. *Change the following sentences to the affirmative.*

1. Ne me regarde pas. **2.** Ne le lis pas. **3.** Ne le dites pas. **4.** Ne les faites pas. **5.** Ne les emportons pas. **6.** Ne t'arrête pas. **7.** Ne nous regardez pas. **8.** Ne nous asseyons pas. **9.** Ne m'appelez pas. **10.** Ne nous baissons pas. **11.** Ne les maudissez pas. **12.** Ne te presse pas.

D. *Fill in the blanks with the proper form of the verbs given in parentheses at the beginning of each sentence.*

1. (voir) Les enfants ne nous ____ pas. **2.** (ennuyer) Ce bruit me ____. **3.** (changer) Nous ____ de place maintenant. **4.** (vouloir) Ce monsieur ____ sortir. **5.** (pouvoir) ____-vous le laisser passer? **6.** (empêcher) Vous me ____ de voir le film. **7.** (savoir) Je ne ____ rien par cœur. **8.** (pleuvoir) Il ____ encore. **9.** (écrire) ____-vous à vos amis? **10.** (faire) Vous ____ beaucoup de fautes. **11.** (lire) Nous ____ la leçon. **12.** (venir) Paul ____ de partir. **13.** (corriger) Nous ____ les fautes. **14.** (s'asseoir) ____-vous, monsieur. **15.** (dire) Que ____-vous? **16.** (aller) Paul et Marie ____ au cinéma. **17.** (préférer) Ils ____ les films français. **18.** (mettre) Il fait froid: ____ ton manteau. **19.** (avoir) Demain, nous ____ des amis à dîner. **20.** (aller) Ce soir, vous ____ en ville. **21.** (faire) Dans une semaine, tu ____ ta valise. **22.** (être) Dans quinze jours, nous ____ à Rome. **23.** (attendre) Voilà une heure que je vous ____. **24.** (aller) ____ chercher ton livre. **25.** (réciter) ____ ta leçon.

COMPOSITION

Montrez pourquoi une campagne contre le bruit est parfois nécessaire.

Quinzième Leçon

ILLUSTRATION

— Passez-*moi* le livre rouge, voulez-vous?

— Quel livre rouge?

— Le livre rouge qui est sur le bureau.

— Dites-*moi*, quel est le titre du livre?

— C'est *L'actualité française*. Regardez sur le bureau, à côté du dictionnaire. Le trouvez-vous?

— Ah! le voilà.

— Ouvrez-le et lisez-*moi* la première leçon.

— Je ne la trouve pas facile.

— Que *lui* reprochez-vous?

— Je *vous* le dirai après une deuxième lecture.

— Les étudiants la lisent. Je la *leur* expliquerai demain matin.

— Ne la *leur* expliquez pas trop vite. D'ailleurs, présentez-la-*moi* d'abord; je *vous* dirai si vous l'expliquez bien.

— C'est une idée. Commençons!

EXPLANATION

I. The Indirect Object Pronouns.

A. Indirect Object.

I will show *him* the error (to him).
He is telling *you* the truth (to you).

In sentences such as these, the italicized pronouns receive the action of the verb indirectly. They perform the function of indirect object. The indirect object usually answers the question *to whom* or *for whom*? We might have said: "I will show the error *to him*," etc. In English, the sign of the indirect object is the preposition *to*, which may be silently understood or actually expressed.
In French the preposition **à** is used to express the indirect object when the latter is a noun:

Je parle souvent **à Paul.**

The indirect object pronouns, however, drop the preposition and are placed in front of the verb (except in the positive form of the imperative; see below):

Je **lui** parle souvent.

B. Forms.

The indirect pronouns are the following:

	SINGULAR	PLURAL
1st person	**me/m'**	**nous**
2nd person	**te/t'**	**vous**
3rd person	**lui**	**leur**

Elle **nous** lit la première leçon.
Le professeur **leur** donne une explication.
Je **te** passe mes notes.
Paul **me** donne son livre.
Il **m'**explique la leçon.
Sa mère **t'**apporte le pain.

II. Respective Position of Direct and Indirect Object Pronoun.

A. Declarative Sentence.

1. Affirmative form:

Paul me donne le livre (la carte, les crayons).
    Paul **me** *le* (*la*, *les*) donne.

Paul te donne le livre (la carte, les crayons).
   Paul **te** *le* (*la, les*) donne.
Paul donne le livre (la carte, les crayons) à Marie.
   Paul *le* (*la, les*) **lui** donne.
Paul nous donne le livre (la carte, les crayons).
   Paul **nous** *le* (*la, les*) donne.
Paul vous donne le livre (la carte, les crayons).
   Paul **vous** *le* (*la, les*) donne.
Paul donne le livre (la carte, les crayons) à Marie et à Maurice.
   Paul *le* (*la, les*) **leur** donne.

From observation one can formulate the following syntactical rules:

a) If the object pronouns are in different (grammatical) persons, they follow a numerical order:

1st person	2nd person	3rd person
me		**le, la, les**
	te	**le, la, les**
nous		**le, la, les**
	vous	**le, la, les**

In these instances the indirect object pronoun will be automatically in front of the direct object pronoun.

b) If both pronouns are in the <u>third person</u> they follow an alphabetical order:

3rd person	3rd person
le, la, les	**lui, leur**

In this case the order is inverted, i.e. the direct object pronoun is automatically in front of the indirect object pronoun.

2. Negative form:
The **ne . . . . . pas** surrounds the verb including the object pronouns:

   Paul ne **me** *le* donne pas.

3. Interrogative form:
The two object pronouns remain in front of the verb:

   Paul **me** *le* donne-t-il?

4. Interrogative-negative form:

The **ne .....** **pas** surrounds the whole inversion including the object pronouns:

Paul ne **me** *le* donne-t-il pas?

B. Imperative Mode.

1. Positive:
In all cases the order is:

> verb + direct object pronoun + indirect object pronoun

Donne-*les*-**moi**.
Donnez-*la*-**leur**.

Notice the hyphen between verb and pronouns and the change of **me** into **moi** when it stands after the verb.

2. Negative:
The pronouns are now again in front of the verb and are placed in the same sequence as in a declarative affirmative sentence:

Ne **me** *les* donne pas.
Ne *les* **lui** donnez pas.

ORAL DRILLS

A. *Repeat the following sentences using the correct personal pronoun instead of the noun. Follow the example.*

Paul parle au professeur.
Paul lui parle.

1. Paul parle à l'étudiant. **2.** Paul parle au directeur. **3.** Paul parle à Marie. **4.** Paul parle aux étudiants. **5.** Paul parle aux jeunes filles. **6.** Paul parle aux messieurs. **7.** Paul parle à Marie et à Pierre.

B. *Respond to the following, using the correct indirect object pronoun. Follow the example.*

Dites-moi que vous me parlerez des élections.
Je vous parlerai des élections.

Dites-moi que . . .
1. Paul écrira à Marie. **2.** le directeur parle à Paul. **3.** les messieurs parlent aux

dames. **4.** Marie donne un livre à Paul. **5.** le chien vous obéit bien. **6.** le professeur expliquera la leçon aux étudiants. **7.** vous m'écrirez souvent. **8.** les enfants vous donneront un livre.

C. *Respond to the following, using the correct indirect object pronoun. Follow the example.*

> Dites-moi que vous ne donnez pas le stylo à Marie.
> **Je ne lui donne pas le stylo.**

Dites-moi que . . .
1. Marie ne racontera pas l'histoire à son frère. **2.** Paul ne vous apporte pas de fromage. **3.** le chien ne vous obéit pas. **4.** les enfants n'offrent rien aux parents. **5.** le directeur ne vous montrera pas le musée. **6.** les professeurs n'expliqueront rien aux étudiants. **7.** l'aveugle ne vous répond pas. **8.** Marie dit au revoir à sa mère. **9.** Paul et Marie vous écriront.

D. *Repeat the following, using the correct indirect object pronoun. Follow the example.*

> Dites à Paul de partir.
> **Dites-lui de partir.**

Dites . . .
1. à ces messieurs d'entrer. **2.** à ces dames de se taire. **3.** à Pierre de s'asseoir. **4.** au chien de se coucher. **5.** aux chevaux d'avancer. **6.** à l'enfant de manger. **7.** à l'employée de travailler.

E. *Do the preceding exercise in the negative.*

> Ne dites pas à Paul de partir.
> **Ne lui dites pas de partir.**

F. *Repeat the following sentences, using the correct personal pronouns instead of the words underlined. Pay attention to the word order. Follow the example.*

> Je donne le livre à Paul.
> **Je le lui donne.**

Je donne le livre à Paul.
1. Je donne la carte à Paul. **2.** Je donne les crayons à Paul. **3.** Je donne les clés à Paul. **4.** Je donne la lettre à Marie. **5.** Je donne le stylo à Marie. **6.** Je

donne les cahiers à Marie.   **7.** Je donne les enveloppes à Marie.   **8.** Je donne le disque aux enfants.   **9.** Je donne la crème aux enfants.   **10.** Je donne les bonbons aux enfants.   **11.** Je donne les pommes aux enfants.

G.   *Do the same with the following sentences.*

>   Passez-moi le livre.
>   **Passez-le-moi.**

1. Passez-moi la carte.   **2.** Passez-lui les stylos.   **3.** Passez-leur les cahiers. **4.** Passez-lui le crayon.   **5.** Passez le dictionnaire à Paul.   **6.** Passez la valise à Marie.   **7.** Passez les clés à Henri.   **8.** Passez les livres à Pierre.

H.   *Respond to the following, using the correct personal pronouns instead of the words underlined. Follow the example.*

>   Dites-moi que Pierre donnera son dictionnaire à Paul.
>   **Pierre le lui donnera.**

Dites-moi que . . .
1. Paul me présentera la leçon.   **2.** Marie lira la lettre à Pierre.   **3.** je vous lirai la leçon.   **4.** les étudiants nous rendront leurs devoirs.   **5.** nous leur porterons les disques de Brassens.   **6.** la jeune fille nous chantera la chanson.   **7.** vous envoyez la lettre à nos amis.   **8.** les Dupont m'ouvriront la porte.   **9.** je dirai la vérité aux policiers.

I.   *Repeat the following sentences, using the correct personal pronouns instead of the words underlined. Pay attention to the word order. Follow the example.*

>   Voilà les livres. Donnez-les à Paul.
>   **Donnez-les-lui.**

1. Voilà les timbres. Montrez-les à Pierre et à Marie.   **2.** Voilà le dictionnaire. Passez-le aux étudiants.   **3.** Voilà les journaux. Donnez-les à votre père.   **4.** Voilà ma voiture. Prêtez-la aux Dupont.   **5.** Voilà une bonne histoire. Racontez-la à vos parents.   **6.** Voilà une bonne nouvelle. Dites-la à votre ami.   **7.** Voilà un crayon rouge. Passez-le au professeur.   **8.** Voilà un os. Donnez-le au chien. **9.** Voilà ma serviette. Passez-la à ma mère.

J. *Do the preceding exercise in the negative.*

Ne les lui donnez pas.

Vocabulary

Primary

adresser to address to
affectionner to like
aider to help
amener to lead
avoir lieu to take place
battre to beat
bien sûr true, of course
le **bonbon** candy
la **boucherie** butcher shop; slaughter
le **cahier** notebook
ceci this
cela that
les **cheveux** (*m pl*) hair
comme since
conserver to maintain, keep
considérer to consider, look at
la **crème** cream
la **dame** lady
debout standing
décider to decide
découvrir to discover, learn
démasquer to unmask
fabriqué manufactured
faire part de to announce, let s.o. know
les **fiançailles** (*f pl*) betrothal
le **fiancé**/la **fiancée** betrothed
la **folie des grandeurs** delusions of grandeur
***haïr** to hate
***honteux** (*f*: **-se**) ashamed
l'**ingénieur** (*m*) engineer
la **lecture** reading
le **lieu** place

lui-même himself
mais but
le **mariage** marriage
mettre en garde to warn
la **mort** death
obliger to compel
l'**os** (*m*) bone
l'**ouvrier**/l'**ouvrière** worker
parce que because
la **parole** word
le **personnage** person
personne nobody
persuadé convinced
la **pièce** piece
plus tard later
la **poupée** doll
précédent previous
près de + *inf.* about to
prêter to loan, lend
la **preuve** proof
profond deep
purement completely
quelques a few
réfléchir to think over
la **serviette** napkin
la **situation** position
supplier to beseech, beg
sur le point de about to
le **timbre** stamp
le **titre** title
tout le monde everybody
la **veille** the day before
la **vérité** truth
vers toward

Secondary

le **bourreau** executioner	**résonner** ⎫ to resound
le **châtiment** punishment	**retentir** ⎭
clandestin secret	la **tuerie** slaughter
l'**officiel** (*m*) state official	le **vison** mink
le **propos** aim, purpose	

Expressions

Primary

ceci dit this having been said
d'il y a deux ans of two years ago
donner la parole à to give s.o. the right to speak
en quelques lignes briefly
en vue prominent

être sur pied to be standing
la preuve c'est que the proof of it is precisely that
sous un angle from a point of view
tous les deux both

Secondary

de toutes pièces out of nothing
faire le procès de to bring to trial

tout colle everything fits

Première Lecture

Épilogue

Je viens de lire l'épilogue d'un drame vieux de deux ans. Et cet épilogue, la peine de mort, m'oblige à vous faire part de mes réflexions.

Mon propos n'est pas de faire le procès de la peine capitale. Son procès *est fait depuis longtemps.*[1] La preuve c'est qu'en Europe, seule la France conserve encore ce genre de *châtiment.*[2] Mon propos est de vous parler de l'état actuel des choses vues sous un angle purement émotif, affectif ou sentimental.

Ceci dit, je vous raconterai en quelques lignes le drame d'il y a deux ans.

Un jeune ouvrier de la banlieue parisienne rencontre une jeune étudiante en droit. Il lui dit qu'il est ingénieur, que son père est directeur d'usine et qu'il occupe une situation en vue. Les fiançailles ont lieu et la date du mariage approche. Un matin d'octobre, la mère du jeune homme, persuadée que son fils pense être réellement ce personnage qu'il *a fabriqué*[3] de toutes pièces, le met en garde:

— Bien sûr, tout colle; mais réfléchis; ta fiancée va découvrir la vérité; tu seras amené à lui *avouer*[4] qui tu es.

Elle supplie son enfant, qui refuse de l'écouter. Alors la mère se tourne vers le père. Ensemble, ils décident de parler à la jeune fille. Près d'être démasqué, le jeune homme les *abat*[5] tous les deux.

Deux ans plus tard, par un noir matin d'avril, dans le noir des pierres de la prison, le *tambour*[6] retentit. Sa cadence lourde et profonde bat le rythme humain de cette journée.

Tout le monde sait que le *bourreau*[7] est arrivé la veille. L'homme ne sait rien officiellement. Mais comme la prison est faite de mille *chuchotements,*[8] il est debout, quelques lettres à la main. Et *garrotté,*[9] *bousculé,*[10] devant des officiels honteux et un bourreau à qui personne ne *serrerait*[11] la main, ce jeune homme, qui n'a même pas la *hantise*[12] de la liberté mais la folie des grandeurs, s'avance dans cette sorte de boucherie clandestine parce que l'éducation *ne l'a pas aidé*[13] à sublimer ses sentiments.

---

[1] is long over	[6] drum	[11] would shake
[2] punishment	[7] executioner	[12] obsession
[3] has invented	[8] whispers	[13] has not helped him
[4] to admit	[9] pinioned	
[5] kills	[10] hustled	

QUESTIONNAIRE

1. De quand date le drame en question?
2. Qu'est-ce qui oblige l'auteur de l'article à nous faire part de ses réflexions?
3. Pourquoi son propos n'est-il pas de faire le procès de la peine capitale?
4. Qu'est-ce qui prouve que ce procès est fait depuis longtemps?
5. Sous quel angle l'auteur considère-t-il l'état actuel des choses?
6. Que dit le jeune homme à la jeune étudiante en droit?
7. Qu'est-ce qui a lieu?
8. Qu'est-ce qui approche?
9. Qu'est-ce que le jeune homme pense réellement être?
10. Pourquoi la mère le supplie-t-elle de réfléchir?
11. Que fait le jeune homme quand il est près d'être démasqué?
12. Qu'est-ce qui retentit par un matin d'avril?
13. Depuis quand le bourreau est-il là?
14. Comment sait-on tout dans les prisons?
15. Devant qui le jeune homme s'avance-t-il?

VOCABULARY EXERCISES

A. *Fill in the blanks with the proper words to be found in the list on the right.*

1. C'est un drame ____ de deux ans.   a. actuel
2. Je vais vous ____ de mes réflexions.   b. folie
3. Quel est l'état ____ des choses?   c. supplient
4. Paul occupe une situation ____.   d. en vue
5. Il pense être ce personnage qu'il fabrique ____.   e. refuse
6. Les parents ____ le jeune homme.   f. faire part
7. Le jeune homme sera ____ à avouer qui il est.   g. amené
8. La mère le ____.   h. met en garde
9. L'enfant ____ d'écouter sa mère.   i. vieux
10. Marie a la ____ des grandeurs.   j. de toutes pièces

B. *Replace the words in italics by a synonym to be found in the list on the right.*

1. Il n'est plus nécessaire de faire le procès de la peine   a. ne veut pas
   capitale.   b. les environs
2. Seule la France conserve encore ce genre de *châti-*   c. sur pied
   ment.   d. implore
3. Il habite dans *la banlieue* de Paris.   e. de mort

4. Le jeune homme est *près* d'être démasqué.
5. Il *refuse d'*écouter sa mère.
6. Le tambour *bat* le rythme.
7. J'arriverai *la veille*.
8. Il est *debout*.
9. La mère *supplie* son enfant.
10. Sa fiancée va *découvrir* la vérité.

f. le jour précédent
g. apprendre
h. sur le point
i. marque
j. punition

Deuxième Lecture

Le vin

Depuis que Noé *a planté*[1] la première vigne, depuis que Dionysos et puis Bacchus *ont pressé*[2] la première *grappe*[3] de raisin, les poètes sacrés et profanes, anciens et modernes, orientaux et occidentaux *ont chanté*[4] les vertus et les *bienfaits*[5] du vin.

---

[1] planted
[2] pressed
[3] bunch

[4] have sung
[5] good effects

Il y a des *vignobles*[6] partout dans le monde. Et l'on affectionne le vin dans tous les pays. Mais c'est en France, où on le célèbre depuis 200 ans, qu'on trouve *la plus grande variété*[7] de vins.

L'art de choisir les vins, de les harmoniser avec les plats qu'ils accompagnent est très délicat. Pour les connaisseurs, les erreurs sont impardonnables. Pour tous, un dîner sans vin est comme un jour sans soleil.

Les vins se servent dans des *verres*[8] spéciaux. *En principe,*[9] on leur permet de *dégager*[10] leur arôme dans de larges verres en cristal que l'on ne remplit pas.

Les différences qui existent entre les vins de France dépendent du climat, du sol, des diverses traditions *viticoles*[11] *venues de*[12] Grèce et développées par les monastères pendant le moyen âge, *de même que*[13] du choix de la vigne et de sa culture.

Les années ne se ressemblent pas. Les *crus*[14] sont à la merci des conditions atmosphériques et de l'habileté du *viticulteur.*[15]

Quand un étranger me demande quelles sont les principales catégories de vins, je lui réponds qu'il y a trois grandes catégories : les bordeaux, les bourgognes et les champagnes.

Par exemple, si on nous offre un *rôti de veau,*[16] on nous le servira avec un bordeaux rouge. Si l'on vous présente du poisson, on vous suggérera un bordeaux blanc. Avec un *rôti de bœuf,*[17] du *gibier*[18] ou du fromage, on m'apportera du bourgogne rouge.

Si vous hésitez, commandez du champagne : il s'harmonise avec tout, de l'apéritif au dessert. Faites-le-vous servir dans des *flûtes*[19] qui lui conserveront son subtil parfum.

---

[6] vineyards
[7] the greatest variety
[8] glasses
[9] theoretically
[10] to free
[11] viticultural
[12] which came from

[13] as well as—
[14] vineyards
[15] wine grower
[16] veal roast
[17] beef roast
[18] game
[19] tall slender champagne glasses

GRAMMAR EXERCISES

A.   *Replace the words in italics with a pronoun object.*

1. Marie parle *à Pierre*.   **2.** Paul passe son dictionnaire *aux étudiants*.   **3.** Je donne un os *au chien*.   **4.** Que reprochez-vous *à la leçon*?   **5.** Ne répondez pas *à Marie*. **6.** Ne téléphonez-vous pas *à vos parents*?   **7.** J'écrirai une lettre *à ma sœur*.   **8.** Dis cela *à Pierre*.   **9.** Dis cela *à ton père et à moi*.   **10.** Je ne dis pas cela *à toi et à ta mère*.

B. *Replace the underlined words by a pronoun object. Watch the position and the order.*

1. Passez le livre à votre voisin. **2.** Paul ne donne pas le crayon à sa sœur. **3.** Marie n'offre-t-elle pas les bonbons aux enfants? **4.** Pierre prête-t-il sa voiture à ses amis? **5.** Lisez-moi la première leçon. **6.** N'expliquez pas la leçon aux étudiants. **7.** Commençons la lecture. **8.** Racontez-nous l'histoire. **9.** Ne nous donnez pas la réponse. **10.** Donnez-moi la parole. **11.** Dis-toi bien cela. **12.** Paul me prêtera son livre. **13.** Pierre t'apportera la clé. **14.** Nous n'envoyons pas les lilas à Marie. **15.** Il m'adressera la lettre. **16.** Lavez-vous les mains. **17.** Ne te lave pas les dents. **18.** Achète-moi le manteau de vison. **19.** Indiquez-moi le chemin. **20.** Paul ne vous donnera-t-il pas les clés? **21.** Ne vient-il pas de donner les clés aux enfants? **22.** Il ne va pas te dire cela. **23.** Faites ce plaisir à vos parents. **24.** Ne dites pas cela à Marie. **25.** N'habillez pas cette poupée. **26.** Ne haussez pas la voix. **27.** Haïssez-vous cet homme? **28.** N'accompagnez-vous pas cette dame? **29.** Aidez votre ami. **30.** Brossez-vous les cheveux.

COMPOSITION

Quels sont vos sentiments sur la peine capitale?

Joseph-Ignace Guillotin,
inventeur de la guillotine

Seizième Leçon

ILLUSTRATION

— Je n'*ai* pas encore *regardé* ta nouvelle voiture. Est-ce encore une voiture blanche?

— Non, cette fois-ci, nous *avons préféré* une voiture bleue.

— Vous *êtes* partis pendant le week-end?

— Nous ne *sommes* pas *allés* très loin. Samedi dernier, nous *avons* un peu *roulé* en ville.

— Vous n'*êtes* pas encore *sortis* de la ville?

— Si; dimanche, nous *sommes allés* dans les montagnes.

— Elle consomme beaucoup, ta voiture?

— Sur la route, elle *a consommé* moins de 8 litres aux cent kilomètres. Jusqu'à présent, nous n'*avons* pas *vérifié* la consommation en ville.

— Qu'est-ce que ton mari pense de la voiture?

— Il *est parti* en voyage. Attendons-le et nous aurons des précisions sur les qualités et les défauts de cette machine.

EXPLANATION

I. The *Passé Composé*

A. Formation.

The *passé composé*, as the term suggests is a compound of two elements:
- the present form of the auxiliary verb
- the past participle of the main verb.

  Nous **avons** (*present of* **avoir**) **préféré** (*past participle of* **préférer**).

1. *Passé composé* with **avoir**:

préférer

j'ai préféré	nous avons préféré
tu as préféré	vous avez préféré
il/elle a préféré	ils/elles ont préféré

2. *Passé composé* with **être**:

In contrast to English, French also uses the verb "to be," **être**, as auxiliary verb to form the *passé composé* of certain verbs. These are called "intransitive verbs" i.e. verbs that cannot have an object. They express a situation in which the performer and the receiver of the action are most often identical, as in the verb "to go" for instance. I perform the action of going, I am also the one who is "moved." These are, then, intransitive verbs of "motion" or "change of condition."

The following are frequently used:

aller	**naître** (né)	**venir** (venu)
apparaître (apparu)	**partir**	**devenir**
arriver	**repartir**	**revenir**
descendre (descendu)	**rester**	**parvenir**
entrer	**sortir**	**retourner**
rentrer	**passer**	**tomber**
mourir (mort)	**monter**	

tomber

je suis tombé(e)	nous sommes tombés(ées)
tu es tombé(e)	vous êtes tombés(ées)
il est tombé	ils sont tombés
elle est tombée	elles sont tombées

Note the agreement of the past participle with the subject (see Section **II, B**).

B. Uses.

The *passé composé* is a past tense in the indicative mood.[1] The passé composé expresses three different types of past action in the indicative mode:

1. A past action or situation which continues into the present and perhaps even the future. When so used the *passé composé* corresponds to the English present perfect meaning something that is "perfected" or terminated in the present and, by implication begun in the past. In this capacity, the *passé composé* is used in writing and formal speech as well as in conversation and often occurs in conjunction with adverbial expressions such as **déjà, ne . . . pas encore, jusqu'à présent**.

Il n'est pas encore **arrivé.**
He has not arrived yet.

2. Closely related to the above situation is one in which the *passé composé* expresses an action that took place at a vague and quite undefined moment in the past and may or may not have a bearing on the present; if so, only in an indirect way. (The *passé composé* is at times called a "*passé indéfini*".)

J'ai lu cela dans l'encyclopédie.
I have read it in the encyclopedia.

In this instance the present perfect also suggests an effect of the action of reading on the present such as "I know this since I have read it in the encyclopedia." Notice that the action of reading itself does not stretch into the present but purportedly the knowledge derived from it.
In these situations the *passé composé* will also be used in formal and informal speech as well as writing.

NOTE:
An action may have been repeated in a vague or undefined past (although not as a matter of habit, in which case another tense, the imperfect, will be used).

Il a sonné plusieurs fois.
He rang several times.

In this case the *passé composé* is the proper tense in both formal and informal style.

---

[1] This "mood" or "mode" of the verb "indicates" facts or at least, what are considered to be events or actions that do, did or will happen as far as the speaker can tell. The indicative does not express wishful or conjectural matter—fancy—or things that could possibly happen only if certain conditions were fulfilled. (The "subjunctive" and "conditional" modes will be discussed later.)

3. Conversely, the *passé composé* also expresses an action which took place and was terminated at a rather definite point in the past, with no bearing on the present. In other words, it expresses a point in the past (rather than a line starting at some vague point in the past and extending into the present). When functioning in this way as a "simple past," the *passé composé* may only be used in conversation and informal style. (In writing and formal speech, the *passé simple* or *passé défini* must be used; this tense will be discussed in a later chapter).

Il est allé à Paris l'été dernier.
He went to Paris last summer.

II. The Past Participle.

A. Formation.

INFINITIVE	PAST PARTICIPLE	EXAMPLE
-er	**-é**	parler—**parlé**
-ir	**-i**	finir—**fini**
(many verbs in)		
-re	**-u**	répondre—**répondu**
-oir	**-u**	recevoir—**reçu**

B. Agreement.

1. The past participle used without an auxiliary verb:
A past participle can be used as an adjective. In that case, it agrees in gender and number with the noun it modifies:

Regardez ces papiers **jaunis** et sales.

2. The past participle used with the auxiliary **être**:
In the case of the intransitive verbs of motion and change of condition, which take the auxiliary **être**, the past participle agrees with the subject in analogy to an adjective.

Elle **est partie.**   Ils **sont partis.**   Je **suis parti(e).**   Nous **sommes parti(e)s.**

3. The past participle used with the auxiliary **avoir**:
Three cases must be examined:

a) When the verb has no direct object.

b) When the verb has a direct object which follows the verb.

c) When the verb has a direct object which precedes the verb.

In the first two cases, the past participle remains invariable.

Marie **a** beaucoup **marché**.
Marie **a acheté** une nouvelle robe.

The third case will be examined in *Lesson 17*.

NOTES:

a) In a negative sentence, **ne** follows the subject and its modifiers; **pas** follows the auxiliary.

Le père de Paul **n'est pas** arrivé.

In the interrogative-negative:

Paul **n'**a-t-il **pas** mangé?

b) In compound tenses, the adverb is <u>usually</u>, not always, placed after the auxiliary (the position of various types of adverbs or adverbial expressions in the sentence fabric will be discussed later):

Paul a **beaucoup** voyagé.

In the negative, and interrogative-negative the adverb follows **pas**:

Paul n'a pas **beaucoup** voyagé.

Paul n'a-t-il pas **beaucoup** voyagé?

Other common adverbs placed between auxiliary and past participle are: **déjà, encore, assez, peu, trop, tout, bien, mal, vite, parfois.**

ORAL DRILLS

A. *Start the following sentences with* **hier**. *Make the necessary changes (all the verbs are conjugated with* **avoir**). *Follow the example.*

Je parle.
Hier, j'ai parlé.

1. Nous mangeons. **2.** Tu réponds. **3.** Vous finissez. **4.** Marie étudie. **5.** Tous regardent. **6.** Tu chantes. **7.** Paul danse. **8.** Ils acceptent. **9.** J'écoute. **10.** Tu entends.

B. *Do the same with the following sentences (all the verbs are conjugated with* **être**).

Vous sortez.
Hier, vous êtes sortis.

1. Le train arrive. **2.** Nous allons au cours. **3.** Marie rentre. **4.** Ils montent au 2ème étage. **5.** Vous tombez. **6.** Tu entres dans le salon. **7.** Nous passons par Paris. **8.** Les enfants sortent. **9.** Nous rentrons. **10.** Je descends seule.

C. *Do the same with the following sentences (some verbs are conjugated with* **être;** *others with* **avoir**).

Je prépare ma valise.   Je sors.
Hier, j'ai préparé ma valise.   **Je suis sorti(e).**

1. Tu regardes sa voiture. **2.** Vous écoutez les nouvelles. **3.** L'avion part. **4.** Marie marche beaucoup. **5.** Nous entendons de la musique. **6.** Tu répètes ta leçon. **7.** Nous allons en France. **8.** Les enfants dansent. **9.** Jean arrive à 5 heures. **10.** Paul rentre chez lui. **11.** Nous commentons une lettre de Pierre. **12.** Je réponds à cette lettre-là. **13.** La lettre part à 3 heures. **14.** Marie sort. **15.** Je vais en ville.

D. *Start the following sentences with* **l'an dernier** *or* **l'année passée.** *Make the necessary changes. Follow the example.*

Vos amis quittent la ville.
L'an dernier, vos amis ont quitté la ville.

1. Le voisin vend sa maison. **2.** Les étudiants vont en Europe. **3.** Nous descendons à L'Édouard VII.* **4.** Paul tombe dans le lac. **5.** Vous achetez une nouvelle voiture. **6.** Marie monte au 3ème étage. **7.** Sa mère arrive. **8.** Le père de Paul part. **9.** Je tombe. **10.** Elle passe trois semaines en Suisse.

E. *Do the preceding exercise in the negative. Follow the example.*

L'an dernier, vos amis n'ont pas quitté la ville.

F. *Do exercise* **D** *in the interrogative. Follow the example.*

L'an dernier, vos amis ont-ils quitté la ville?

G. *Do exercise* **D** *in the interrogative-negative. Follow the example.*

L'an dernier, vos amis n'ont-ils pas quitté la ville?

H. *Answer the following questions using* **déjà.** *Follow the example.*

Voulez-vous déjeuner avec moi?
J'ai déjà déjeuné.

1. Le facteur passera-t-il bientôt? **2.** Nos amis vont-ils rentrer de promenade? **3.** L'avion de Paris arrivera-t-il sous peu? **4.** Ne va-t-elle pas vous téléphoner? **5.** Mon père va-t-il bientôt rentrer? **6.** Allez-vous parler à vos parents? **7.** Ne

---

* hotel in the heart of Paris.

vont-ils pas critiquer le film français? **8.** Marie ne va-t-elle pas sortir? **9.** Les touristes ne vont-ils pas monter au sommet de la tour? **10.** N'allez-vous pas répondre à Pierre?

I. *Do the preceding exercise with* **ne pas encore.**

    Je n'ai pas encore déjeuné.

Vocabulary

Primary

appétissant appetizing, tempting
assister à to attend
la **banque** bank
le **banquier** banker
le **besoin** need
la **bibliothèque** library
cette fois-ci this time
le **cours** course
coutumier (*f*: **-ière**) customary, usual
créer to create
danser to dance
le **défaut** defect, flaw
d'en face across, on the opposite side
déposer to put down
depuis lors since then
dimanche (*m*) Sunday
l'**édifice** (*m*) building
énorme huge
fleurant smelling
géant gigantic
gravir to climb
hier yesterday
****huit** eight
le **lac** lake
là-haut up there
lequel which

lire to read
mal with difficulty
la **marche** step
mouvoir to move
non pas not
le **palais** palace
pousser to push, to incite
quelque some
quelque part somewhere
le **rassemblement** gathering
recevoir (je reçois, nous recevons, ils reçoivent) to receive (I receive, we receive, they receive)
répéter to repeat
le **retour** return
rouler to drive
semer to sow
sentir to smell
tard late
le **tas** heap
le **toit** roof
tomber to fall
traverser to cross
le **trottoir** sidewalk
vérifier to verify
le **verre** glass
vieillir to grow old

Secondary

la **barrière** fence, barrier
le **buisson** bush
la **consommation** consumption
   consommer to consume
   encombrer to obstruct, to throng
   friable crumbly
   jauni yellow

le **monceau** heap
   percher to perch
le **plateau** tray
la **poussière** dust
la **poutre** beam
le **rappel** recall
   tournoyer to whirl

Expressions

d'occasion amateur

se conformer aux lois de ⎰ to con-
                              ⎱ form to
se mettre en règle avec ⎰ the laws
                             ⎱ of

Première Lecture

L'ordre

Chaque soir, je passe devant un énorme édifice en construction. Tout l'hiver, j'ai assisté au ballet fantastique de deux ou trois de ces *grues*[1] géantes qui *hérissent*[2] nos horizons, tournoient et *hissent*[3] avec docilité, comme des *fétus*,[4] les poutres de ciment.

Le spectacle est devenu habituel et n'a plus attiré mon attention.

Or, l'autre soir, j'ai remarqué un rassemblement sur le trottoir d'en face. J'ai traversé la rue. Et j'ai trouvé, non pas une machine nouvelle ou un *funambule*[5] d'occasion, mais de la terre. Un beau gros tas de bonne terre bien grasse, bien friable, appétissante et *fleurant bon*.[6]

---

[1] cranes
[2] stick up on
[3] raise
[4] straws
[5] tight rope walker
[6] sweet smelling

Une *pelle*[7] mécanique a chargé un peu de cette terre, a déposé cette terre sur un plateau de bois, et le plateau, commandé par un homme perché dans une cage de verre, a gagné le sommet en terrasse de l'édifice.

Ce monceau de terre, déposé là-haut, c'est un retour aux sources, à l'ordre des choses, un rappel impérieux des origines, de cette poussière d'où tout est venu.

Pourquoi semer des fleurs, pourquoi planter des buissons et peut-être des arbres sur le toit d'une banque? Quelle force a donc poussé l'architecte, et mieux encore le banquier, sinon le besoin en ce centre de la ville, en ce cœur de pierre, de se mettre en règle avec la nature, avec l'ordre des choses sans *lequel*[8] rien n'existe et rien ne compte?

D'après un article d'Yves Grosrichard,
Le Figaro.

---

[7] shovel   [8] which

QUESTIONNAIRE

1. Devant quoi l'auteur de l'article passe-t-il chaque soir?
2. Quand a-t-il assisté au ballet fantastique des grues géantes?
3. Qu'est-ce que les grues hissent comme des fétus?
4. Pourquoi le spectacle n'a-t-il plus attiré l'attention de l'auteur?
5. Où a-t-il remarqué un rassemblement l'autre soir?
6. Qu'a-t-il décidé de faire?
7. Qu'a-t-il trouvé sur le trottoir d'en face?
8. Sur quoi la pelle mécanique a-t-elle déposé la terre?
9. Qu'est-ce que le plateau de bois a gagné?
10. Où se trouve l'homme qui commande le plateau?
11. Qu'est-ce qu'on va semer sur le toit de l'édifice?
12. Qu'est-ce qu'on va planter là-haut?
13. Qui est-ce qui va occuper cet édifice?
14. Quelle est la force qui a poussé l'architecte et le banquier à créer ce jardin?
15. Pourquoi ont-ils senti le besoin de se mettre en règle avec la nature?

VOCABULARY EXERCISES

A. *Fill in the blanks with the proper word to be found in the list on the right.*

1. Regardez cet édifice ____.
2. Paul est sur le trottoir ____.
3. Il vient de ____ la rue.
4. Il y a dans mon jardin de la bonne terre bien ____.
5. Le sommet de l'édifice est ____.
6. Pourquoi ____ des fleurs là-haut?
7. Pourquoi ____ des buissons sur le toit d'une banque?
8. Cet édifice est au ____ de la ville.
9. L'architecte a voulu ____ avec la nature.
10. Sans l'ordre des choses, ____ n'existe.

a. traverser
b. centre
c. d'en face
d. rien
e. en terrasse
f. se mettre en rè-
gle
g. en construction
h. planter
i. semer
j. grasse

B. *Replace the words in italics by a synonym to be found in the list on the right.*

1. Chaque soir, je passe devant un *énorme* édifice.
2. C'est un grand *édifice*.
3. Pierre *assistera* à la réunion.
4. Partout, il y a des grues *géantes* qui hérissent nos horizons.
5. C'est un spectacle *habituel*.
6. Il y a des touristes sur *le trottoir d'en face*.
7. Voilà une terre appétissante et *fleurant* bon.
8. On a déposé un *monceau* de terre sur la terrasse.
9. Cet édifice se trouve au *centre* de la ville.
10. Il a voulu *se mettre en règle avec* la nature.

a. tas
b. cœur
c. coutumier
d. immense
e. gigantesques
f. sera présent
g. bâtiment
h. se conformer aux lois de
i. sentant
j. l'autre trottoir

Deuxième Lecture

Faut-il apprendre une langue étrangère?

Depuis quelque temps, l'enseignement des langues vivantes dans les lycées *fait couler beaucoup d'encre.*[1] *Les uns*[2] ont proposé de supprimer *carrément*[3] l'étude obligatoire de la deuxième langue. D'autres veulent rendre l'étude de l'anglais obligatoire. D'autres *encore*[4] sont arrivés à conclure qu'ils sont favorables à l'étude facultative des langues vivantes.

En principe, tous les enseignants ont toujours considéré l'étude d'une langue, morte ou vivante, comme indispensable à la formation intellectuelle des lycéens. Mais le grec, naguère obligatoire, est *pour ainsi dire*[5] absent des programmes; le latin *perd du terrain*[6] et est souvent facultatif. Le russe, très difficile, n'a jamais attiré qu'un faible pourcentage d'élèves. L'italien *n'a pas suscité*[7] un grand enthousiasme; beaucoup d'élèves ont préféré l'espagnol. *Quant à*[8] l'allemand, il se classe en deuxième position, après l'anglais qui reçoit 80% des suffrages. Cette *majorité écrasante*[9] semble *donner raison*[10] aux partisans de l'anglais comme première langue.

---

[1] causes much to be written
[2] some people
[3] flatly
[4] still
[5] so to speak
[6] loses ground
[7] did not arouse
[8] as for
[9] overwhelming majority
[10] to give victory

Si l'on rend une première langue obligatoire, faut-il aussi conserver une deuxième langue?

C'est évidemment possible. En effet, c'est l'étude de la première langue qui est difficile. Mais, quand on apprend — *en bas âge*[11] de préférence — les *rouages*[12] d'un mécanisme qui permet de transposer une *pensée*[13] *à partir d'*[14] une langue dans une autre langue, on est en possession d'une méthode de travail indépendante de la langue même, méthode qui peut s'appliquer aisément à d'autres langues.

Si on laisse de côté l'aspect pratique qui accompagne la connaissance d'une langue vivante de même que l'inquiétude des professeurs de langues devant la menace de ruine de *leur*[15] enseignement, on peut se demander quels sont les avantages intellectuels de l'étude d'une langue étrangère. Je vois trois avantages essentiels.

D'abord, un *approfondissement*[16] de la pensée qui se manifeste dans le *resserrement*[17] et la précision de l'expression.

Puis, une connaissance plus exacte de la langue maternelle accompagnée d'un élargissement et d'une plus grande *justesse*[18] de vocabulaire.

---

[11] at an early age
[12] wheels
[13] thought
[14] from

[15] their
[16] deepening
[17] condensation
[18] exactness

Enfin, une plus grande habileté dans la compréhension d'un texte en langue maternelle, habileté qui résulte normalement de la capacité du *lecteur*[19] de transposer la pensée d'un autre en termes qui lui sont *propres.*[20]

Dans ces conditions-là l'élève qui choisira une langue qui fait partie d'un groupe linguistique différent — par exemple l'allemand, le russe et l'anglais pour un Français — *sera soumis à*[21] une discipline intellectuelle qui lui demandera une grande tension d'esprit; mais les fruits qu'il *récoltera*[22] de son application, de sa concentration seront *d'autant plus*[23] avantageux.

---

[19] reader
[20] his own
[21] will be subjected to

[22] will harvest
[23] all the more

GRAMMAR EXERCISES

A. *Use the proper auxiliary verb to complete each of the following sentences.*

1. Nous ____ fini notre travail. **2.** Paul et Marie ____ allés au théâtre. **3.** Nous ____ marché des heures et des heures. **4.** Je ____ sauté la barrière. **5.** Le nouveau président ____ gravi les marches du palais. **6.** Ils ____ dansé toute la nuit. **7.** Marie ____ tombée. **8.** Les étudiants ____ entrés au musée. **9.** ____-vous envoyé ma lettre? **10.** Elle ____ arrivée hier. **11.** Je ____ répondu à votre lettre. **12.** Paul ne ____ pas entendu les nouvelles. **13.** Tu ____sorti très tard. **14.** ____-ils déjà partis? **15.** ____-vous montés sur la tour? **16.** Le porteur ____ monté les valises. **17.** Les enfants ____ descendus en ville. **18.** Ils ____ descendu l'escalier rapidement. **19.** Mes parents ____ passé l'hiver dans le Midi. **20.** Ils ____ passés par Lyon.

B. *Change the tense of the following sentences to the* passé composé *and use the adverb given in parentheses in the correct position in the sentence. Follow the example.*

(déjà) Cette année, il neige.
Cette année, il a déjà neigé.

1. (encore) Le facteur passe très tard. **2.** (beaucoup) Marie mange. **3.** (assez) Vous ne travaillez pas. **4.** (peu) Cette ville change. **5.** (trop) Les voisins ne parlent-ils pas? **6.** (encore) Vous mentez. **7.** (tout) Manges-tu? **8.** (assez) Paul nage. **9.** (bien) Cet orateur parle. **10.** (mal) La chanteuse chante. **11.** (peu) Ce monsieur voyage. **12.** (encore) Ne sortez-vous pas? **13.** (souvent) Cet enfant tombe. **14.** (ne pas encore) Paul sort. **15.** (jusqu'à présent) Il sort seul. **16.** (ne ... plus) Depuis lors, Paul marche. **17.** (vite) Marie prépare sa valise. **18.** (déjà) Cet enfant remarque tout. **19.** (parfois) Il me téléphone.

C. *Analyze the* passé composé *of the following sentences to find out whether it has the value of a* passé indéfini, passé défini (simple) *or present perfect.*

1. Lindberg a traversé l'Atlantique en 1927.   **2.** Marie n'a pas encore fini ses devoirs.   **3.** Elle a déjà mangé.   **4.** J'ai vu cela quelque part.   **5.** Nous sommes allés en France il y a quelques jours.

D. *Change the tense of the following sentences to the* passé composé. *Watch the agreement of the past participle.*

1. Je regarde sa voiture.   **2.** Il préfère une voiture blanche.   **3.** Nous aimons les longues promenades.   **4.** Nos voisins ne circulent pas mal.   **5.** Elle part.   **6.** Vous sortez à 6 heures, messieurs?   **7.** Elles arrivent tôt.   **8.** Vos amis vont au cinéma. **9.** Nous passons par Rome.   **10.** La population du pays augmente.   **11.** Marie rentre.   **12.** Sa sœur va en ville.   **13.** Les étudiants entrent à la bibliothèque. **14.** Cette dame vieillit.   **15.** Sa sœur reste jeune.   **16.** Les touristes montent au sommet de la tour.   **17.** Nos voisins rentrent.   **18.** La petite fille tombe.   **19.** Nous recevons plusieurs lettres.   **20.** Tu vends ta maison.

COMPOSITION

Décrivez un coin du campus qu'on vient d'aménager.

Dix-septième Leçon

ILLUSTRATION

— Bonjour, mon oncle. Comment allez-vous ? Vous *avez été* malade, m'a-t-on dit.

— J'*ai eu* de la sciatique.

— Vous *avez dû* souffrir !

— J'ai beaucoup *souffert* pendant quelques jours ; j'ai été incapable de faire un pas.

— *Avez-vous suivi* un traitement ?

— J'ai *fait* appeler le médecin. Il *est venu.* Je pense même qu'il *a ri* quand il *a ouvert* la porte et qu'il m'*a vu* cloué dans un fauteuil.

— Je vous *ai apporté* une lettre que j'*ai reçue* de mon frère ce matin.

— Je vous en sais gré. Les nouvelles que vous *avez reçues* sont bonnes ?

— Excellentes. Mon frère *a été* très heureux de recevoir les livres que vous lui *avez envoyés.* Il les *a* déjà *lus* et les *a trouvés* fort intéressants. Il *a dû* vous les renvoyer avec un petit mot. Mais je vous laisse la lettre et je prends congé de vous ; je vais rechercher les enfants que j'*ai déposés* chez le coiffeur. Au revoir, mon oncle. Portez-vous bien !

EXPLANATION

I. The Past Participle (*cont.*)

A. Agreement of the Past Participle used with **avoir** in the *Passé Composé*. If a verb uses the auxiliary **avoir** in a compound tense such as the *passé composé*, the past participle may remain invariable or change its spelling.

1. It remains invariable when the direct object follows the verb (see *Lesson 16*):

J'ai acheté cette voiture il y a plusieurs jours.

2. But the past participle must be made to agree in gender and number with the direct object when the latter precedes the verb.
This will automatically be the case in the following three sentence constructions:

Avez-vous acheté cette voiture? Oui, **je l'ai achetée.**
Voilà une robe que **j'ai achetée** hier.
Quelle voiture **avez-vous** finalement **achetée?**

In the majority of the cases, the agreement of the past participle is primarily a writing problem. But with past participles ending in a consonant the pronunciation will also be affected:

L'erreur qu'il a faite est impardonnable.
(the **-t-** is pronounced)
Quels progrès avez-vous faits le trimestre passé?
(the **-t-** is not pronounced)

Pronounce the four forms of the past participle of the verb **faire**:

fait   faits   faite   faites

B. Irregular Past Participles.

Many verbs have an irregular past participle. The most common are:

apparaître—**apparu**	détruire—**détruit**
avoir—**eu**	devoir—**dû**
boire—**bu**	dire—**dit**
conduire—**conduit**	écrire—**écrit**
connaître—**connu**	être—**été**
courir—**couru**	faire—**fait**
craindre—**craint**	falloir—**fallu**
croire—**cru**	lire—**lu**

mettre—**mis**	prendre—**pris**
*mourir—**mort**	rire—**ri**
mouvoir—**mû**	savoir—**su**
*naître—**né**	suivre—**suivi**
offrir—**offert**	tenir—**tenu**
ouvrir—**ouvert**	vaincre—**vaincu**
plaire—**plu**	*venir—**venu**
pleuvoir—**plu**	vivre—**vécu**
pouvoir—**pu**	

II. The Irregular Verbs **croire** and **devoir**.

PRESENT INDICATIVE

croire	**devoir**
je crois	je dois
tu crois	tu dois
il/elle croit	il/elle doit
nous **croyons**	nous **devons**
vous **croyez**	vous **devez**
ils/elles croient	ils/elles doivent

ORAL DRILLS

A. *Start the following sentences with* **hier** (*the past participles are irregular; the verbs are conjugated with* **avoir**). *Follow the example.*

Je lis.
Hier, j'ai lu.

1. Il pleut. **2.** Nous courons. **3.** Ils écrivent. **4.** Paul souffre. **5.** Tu bois. **6.** Marie tient bon. **7.** Vous riez. **8.** Paul et Marie ont froid. **9.** Il fait beau.

B. *Start the following sentences with* **hier** (*some past participles are irregular; the verbs are conjugated with* **être**). *Follow the example.*

Il revient.
Hier, il est revenu.

1. Nous sortons. **2.** Elle part. **3.** Je reviens. **4.** Tu deviens riche. **5.** Elles viennent chez moi. **6.** Le facteur passe tard. **7.** Marie va au théâtre. **8.** Paul descend seul. **9.** La plante meurt. **10.** Le soleil apparaît. **11.** L'enfant naît.

---

* conjugated with the auxiliary **être**

C. *Change the following sentences to the past. Follow the example.*

Il est malade.
Il a été malade.

1. Elle a des ennemis. **2.** Nous suivons le même chemin. **3.** Vous devez partir. **4.** Je vois Paul. **5.** Vous prenez une autre route. **6.** Marie fait ses devoirs. **7.** Elle devient désagréable. **8.** Il est chauffeur de taxi. **9.** Nous avons peur. **10.** Tu ouvres la porte. **11.** Ils écrivent à Marie. **12.** Paul revient sur ses pas. **13.** Vous faites des fautes. **14.** Nous lisons beaucoup. **15.** Je sais son histoire. **16.** Le chien veut sortir.

D. *Answer the following questions in the negative using the* passé composé. *Follow the example.*

Est-ce que ce sont les roses que vous allez acheter?
Non, ce sont les roses que j'ai achetées.

1. Est-ce la lettre que vous allez écrire? **2.** Est-ce que ce sont les paroles que vous allez dire? **3.** Est-ce la robe que vous allez mettre? **4.** Est-ce la voiture que vous allez prendre? **5.** Est-ce que ce sont les instructions que vous allez suivre? **6.** Est-ce la voiture que vous allez conduire? **7.** Est-ce que ce sont les lettres que vous allez ouvrir? **8.** Est-ce la bière que vous allez boire? **9.** Est-ce que ce sont les difficultés que vous allez craindre? **10.** Est-ce la porte que vous allez ouvrir?

E. *Answer the questions in the affirmative using an object pronoun. Watch the agreement of the past participle. Follow the example.*

Avez-vous vu ma voiture?
Oui, je l'ai vue.

1. Avez-vous mis la lettre à la boîte? **2.** Paul a-t-il détruit les cartes? **3.** Marie a-t-elle écrit la lettre? **4.** As-tu ouvert la porte? **5.** Avez-vous pris les clés? **6.** As-tu fait tes valises? **7.** Ont-ils craint la défaite? **8.** Paul a-t-il conduit votre voiture? **9.** Avez-vous dit la vérité? **10.** Ai-je compris la leçon? **11.** Avez-vous appris cette poésie par cœur?

F. *Respond to the following, using the correct object pronouns. Follow the example.*

Dites-moi que vous avez dit ces choses à Paul.
Je les lui ai dites.

Dites-moi que ...
1. Paul a ouvert la porte au chien. **2.** j'ai écrit cette lettre à Pierre. **3.** nous avons

offert cette carte aux enfants. **4.** Marie a donné ce livre à Paul. **5.** vous avez écrit ces nouvelles à vos amis. **6.** j'ai porté ces fleurs à Françoise. **7.** vos parents ont écrit ces lettres à leurs amis. **8.** nous avons redit les mêmes choses à Pierre. **9.** vous avez prédit ces difficultés à Paul. **10.** Paul a tenu ces propos à Marie-Claire.

G. *Progressive substitution.*

Paul a bien souffert pendant deux ans.

Je...

.........as.................................

.........peu...............................

...........écrit............................

.....................................l'année passée.

.... l'an dernier.

Les étudiants...............................

...............avons.........................

........................trop.................

..............................lu.............

...........................la semaine passée.

...........................le mois dernier.

Vous...

...........ont...............................

..............beaucoup......................

...............................appris..........

.................................avant-hier.

H. *Use a form of* **croire** *instead of a form of the verb* **penser.** *Follow the example.*

Il pense que je partirai demain.
Il croit que je partirai demain.

1. Paul pense que je partirai demain. **2.** Tu penses que je partirai demain. **3.** Vous pensez que je partirai demain. **4.** Mes parents pensent que je partirai demain. **5.** Nous pensons que je partirai demain. **6.** Marie pense que je partirai demain. **7.** Toi et ta sœur, vous pensez que je partirai demain. **8.** Je pense que je partirai demain.

I. *Do the same exercise in the negative. Follow the example.*

Il ne pense pas que je partirai demain.
Il ne croit pas que je partirai demain.

J. *Use a form of* **devoir** *to replace* **être obligé de.**

> Êtes-vous obligé de partir?
> **Devez-vous partir?**

1. Es-tu obligé de partir? **2.** Suis-je obligé de partir? **3.** Paul est-il obligé de partir? **4.** Les enfants sont-ils obligés de partir? **5.** Sommes-nous obligés de partir? **6.** Marie et Jeanne sont-elles obligées de partir? **7.** Toi et moi, sommes-nous obligés de partir? **8.** Marie et toi, êtes-vous obligés de partir?

K. *Do the same exercise in the interrogative-negative. Follow the example.*

> N'êtes-vous pas obligé de partir?
> **Ne devez-vous pas partir?**

Vocabulary

Primary

apercevoir to perceive
apparaître to appear
avant before
avant-hier the day before yesterday
la **bague** ring
la **bête** animal
bien des many
la **bière** beer
boire to drink
la **boîte** box
la **bombe** bomb
cent hundred
le **chauffeur** driver
le **coiffeur** barber
concevoir to conceive
le **congé** leave
courir to run
craindre to fear
croire to believe
derrière behind
détruire to destroy
devoir to have to

en plein right in the middle
l'**événement** (*m*) event
l'**existence** (*f*) life
garder to keep
la **grand-mère** grandmother
la **hâte** haste
l'**instrument** (*m*) tool
jusqu'à until
léger (*f*: -**ère**) light
le **lendemain** morrow
le **mari** husband
mettre to put on
moindre smaller
la **montre** watch
naguère quite lately
l'**œuf** (*m*) egg
l'**oncle** (*m*) uncle
le **parapluie** umbrella
plaire to please
le **poème** ⎫
la **poésie** ⎬ poem
(se) **porter** to feel

promettre to promise
recevoir to receive
renvoyer to send back
retenir to retain
revenir to return
rire to laugh
le **soleil** sun

souffler to blow
souhaiter to wish
tel quel as such
tenir to hold
le **tour** turn
vaincre to conquer
vingt twenty

Secondary

à part aside
clouer to nail
la **crainte** fear
décevoir to deceive, disappoint
la **découverte** discovery
la **défaite** defeat
désobligeant disobliging
les **dispositions** (*f pl*) arrangements
drôle funny, queer
épier }
faire le guet } to watch
la **femelle** female

le **gré** thanks
le **guet** watch
mouvoir to move
le **pas** step
prendre congé to take leave
les **propos** (*m pl*) words, remarks
rechercher to fetch
savoir gré (de) to be thankful (for)
la **sciatique** sciatica
le **traitement** treatment
la **vitre** windowpane

Expressions

Primary

avoir lieu to take place
Comment allez-vous? How are you?
How do you do?
faire le tour du monde to go around
the world

faire une visite à to call on
rire aux larmes to laugh until one
cries
tenir bon to hold fast
tenir des propos to say

Secondary

à la légère lightly
être à l'affût to be watching
faire des vœux to wish
faire le guet to watch out for

prendre congé to take leave
revenir sur ses pas to retrace one's
steps

Première Lecture

En plein Paris

Voilà quelques jours, à l'une de nos fenêtres, sur la terre d'un *bac à fleurs*,[1] où nous n'avons pas encore planté nos géraniums, nous avons, un matin, découvert un œuf de pigeon. Nous *avons guetté*[2] derrière la *vitre*.[3] L'oiseau est revenu. Le lendemain, nous avons trouvé un second œuf. Et maintenant, la petite bête *couve*[4] là, à vingt centimètres de nous. Cet événement a pris dans notre existence une place considérable. Banal dans la moindre ferme, il a quelque chose de miraculeux en plein Paris.

Nous sommes restés *à l'affût*.[5] Nous les avons attendus avec impatience les rares instants où elle quitte son nid. Et alors, nous avons déposé des *miettes*[6] de pain et une *poignée*[7] de *graines*.[8] Le mâle est venu et l'a *relayée*.[9]

Hier soir, la radio a annoncé une nuit fraîche et nous avons tremblé pour la *couvée*.[10] Mais nos craintes et les *vœux*[11] que nous avons faits pour que le vent ne souffle pas du nord sont vains : un instinct primitif et sûr a dicté à cette bête le choix de son gîte,[12] l'art de *se pelotonner*[13] pour garder sa chaleur et de mesurer avec plus de précision qu'un chronomètre, le *déroulement*[14] des jours et des heures.

D'après un article d'Yves Grosrichard,
Le Figaro.

[1] flower pot
[2] watched
[3] window pane
[4] broods
[5] watching
[6] crumbs
[7] handful
[8] seeds
[9] relieved
[10] brood
[11] wishes
[12] dwelling
[13] curling up
[14] passing

QUESTIONNAIRE

1. Quand cet événement a-t-il eu lieu?
2. Qu'est-ce que ces personnes ont découvert?
3. Où ont-ils fait cette découverte?
4. Qu'ont-ils fait derrière la vitre?
5. Qu'est-ce que l'oiseau a fait?
6. Qu'ont-ils trouvé le lendemain?
7. Que fait la bête à présent?
8. Qu'est-ce que cet événement a pris dans l'existence de ces personnes?
9. Cet événement est-il banal à Paris?
10. Qu'ont-ils attendu?
11. Qu'ont-ils déposé dans le nid?
12. Qui est venu relayer la femelle?
13. Qu'est-ce que la radio a annoncé hier soir?
14. Pour qui ont-ils tremblé?
15. Pourquoi ont-ils fait des vœux?
16. Pourquoi leurs craintes sont-elles vaines?

VOCABULARY EXERCISES

A. *Fill in the blanks with the proper word to be found in the list on the right.*

1. Nous avons découvert un ___ de pigeon.   a. est revenue
2. Ils ont guetté près de la ___.   b. souffle
3. La petite bête ___.   c. en plein
4. C'est un événement ___ dans une ferme.   d. nid
5. Nous sommes ___ Paris.   e. œuf
6. Nous avons tremblé pour ___.   f. vaines
7. Ils ont déposé des miettes de ___.   g. l'oiseau
8. Le vent ___ du nord.   h. pain
9. La bête a bien choisi son ___.   i. fenêtre
10. Nos craintes sont ___.   j. banal

B. *Replace the words in italics by a synonym to be found in the list on the right.*

1. Nous avons *découvert* un œuf.   a. plus petite
2. Ils ont trouvé un *second* œuf.   b. conserver
3. Il y a des œufs dans la *moindre* ferme.   c. deuxième
4. Attendez un *instant*.   d. importante
5. *Voilà* quelques jours, nous avons planté nos géra-   e. eu peur
   niums.   f. superflues
6. Vous avez *tremblé* pour les petits oiseaux.   g. trouvé
7. Quel événement dans notre *existence*!   h. il y a
8. Il a pris dans notre vie une place *considérable*.   i. moment
9. Nos craintes sont *vaines*.   j. vie
10. Elle se pelotonne pour *garder* sa chaleur.

Deuxième Lecture

Le français en péril

Une langue évolue, s'enrichit, emprunte aux langues voisines.
Le fait est bien connu. A la Renaissance, on a ri des italianismes,
et la *Pléiade*[1] a défendu la langue française contre l'*envahissement*[2]

---

[1] A group of seven French poets. In their manifesto, *Défense et
illustration de la langue française* (1549) they declared that the French
tongue and its literature should rise to a prominent place in the
modern world.
[2] invasion

de l'italien *aussi bien que*[3] contre la persistance du latin comme langue *savante*.[4]

A la longue,[5] les mots empruntés sont déformés, assimilés à la langue sous une forme familière et ne sont plus reconnaissables.

A la longue . . . Mais précisément aujourd'hui, les Français s'emparent de mots anglais à une cadence accélérée qui ne permet plus le travail d'érosion *de sorte que*[6] les mots d'emprunt sont employés sans modification *sensible*,[7] *même si*,[8] parfois, leur prononciation est *estropiée*.[9]

Comment la langue française est-elle devenue une langue «sous-développée»?

La technologie et l'économie sont les grandes responsables. Les innovations que l'Amérique a multipliées récemment dans le domaine scientifique; les produits que l'Amérique a fabriqués et lancés sur le marché mondial sont *affublés de*[10] mots qui *servent à*[11] les désigner. Et ces mots que la presse a présentés au public, que la *publicité*[12] de tout genre a *serinés*[13] sur tous les tons aux Français des villes et des villages les plus *reculés*[14] sont entrés *tels quels*[15] dans le langage *quotidien*.[16] Devant cette avalanche de nouveautés, le peuple emploie les mots qui lui sont imposés. Il n'a plus le temps de fabriquer son propre langage.

---

[3] as well as	[8] even if	[13] drummed
[4] learned	[9] deformed	[14] remote
[5] in the long run	[10] labeled with	[15] as they are
[6] so that	[11] are employed for	[16] daily
[7] noticeable	[12] advertising	

Il y a d'autres coupables. D'abord, le snobisme. Il ne date pas d'aujourd'hui. L'anglomanie du XIXᵉ siècle a certainement ouvert la porte à l'influence anglo-saxonne.

D'autre part,[17] la structure analytique de la langue française n'est guère compatible avec une civilisation basée sur l'image et l'instantanéité.

De plus,[18] les *formules*[19] brèves, les mots qui frappent, les mots composés qui remplacent une périphrase, sont *l'apanage*[20] des langues germaniques; et si le français les a adoptés tels quels c'est qu'il est dans l'impossibilité de faire *de même*.[21]

Il faut *ajouter*[22] que les Français sont très conservateurs et que les néologismes les ont toujours *effrayés*.[23]

Ces[24] explications, vraies ou pas, sont secondaires. La question est de savoir comment éviter *ce*[25] péril.

Aucun[26] organisme officiel ne peut sauver la «*francophonie*».[27] L'Académie française enregistre l'usage, définit les nuances, *met en garde contre*[28] les emplois abusifs. Mais l'Académie *ne détient pas*[29] le pouvoir de la création linguistique. C'est le peuple qui crée sa langue. Il peut *certes*[30] compter sur l'aide d'organismes comme la radio, la télévision et la presse. Mais, *en fin de compte*,[31] c'est le peuple qui seul a le devoir et le privilège d'inventer son langage.

---

[17] on the other hand
[18] moreover
[19] slogans
[20] the special feature
[21] the same

[22] add
[23] frightened
[24] these
[25] this
[26] no

[27] French speaking world
[28] warns against
[29] does not hold
[30] indeed
[31] in the end

GRAMMAR EXERCISES

A. *Fill in the blanks with the proper form of the past participle of the verb given in parentheses at the beginning of each sentence.*

1. (clouer) Avez-vous vu cet homme ____ dans un fauteuil? **2.** (couvrir) J'aime les montagnes ____ de neige. **3.** (naître) C'est madame Dupont, ____ Marie Durant. **4.** (Mouvoir) Quel est cet instrument ____ par un moteur? **5.** (ouvrir) Il y a là une porte toujours ____. **6.** (mettre) Ces choses ____ à part sont à Marie. **7.** (écrire) Voilà une lettre ____ en hâte. **8.** (dire) Que de paroles ____ à la légère! **9.** (prendre) Que pensez-vous des dispositions ____ par le ministre? **10.** (mourir) Nous avons trouvé le chien ____.

B. *Fill in the blanks with the proper form of the* passé composé *of the verb given in parentheses at the beginning of each sentence. Make the necessary changes.*

1. (apparaître) Une lueur ____ à l'horizon. **2.** (avoir) Nous ____ peur. **3.** (boire) Le chien ____ l'eau du pot. **4.** (conduire) Nous ____ toute la nuit. **5.** (connaître) Cet homme ____ bien des défaites. **6.** (mettre) Vous ____ un beau costume. **7.** (mourir) Apollinaire ____ en 1918. **8.** (naître) Elle ____ à Rome. **9.** (offrir) Mes parents me ____ une nouvelle voiture. **10.** (courir) Combien de mètres ____-il? **11.** (craindre) ____-il la guerre? **12.** (croire) Paul ____ toujours son frère. **13.** (détruire) On ____ ce pont. **14.** (devoir) Vous ____ le savoir. **15.** (dire) Les voisins ne ____ rien de leur voyage. **16.** (écrire) Je ne ____ pas encore à Simone. **17.** (être) Nous ____ très occupés. **18.** (faire) Ils ____ le tour du monde. **19.** (falloir) Il ____ prendre un parapluie. **20.** (lire) ____-vous tout Baudelaire. **21.** (ouvrir) Pourquoi ____-vous la porte? **22.** (plaire) Ce livre lui ____. **23.** (pleuvoir) Il ____ tout l'été. **24.** (pouvoir) Nous ne ____ pas sortir. **25.** (prendre) Marie ____ froid. **26.** (rire) Son histoire était si drôle que je ____ aux larmes. **27.** (savoir) On ne ____ jamais son histoire. **28.** (tenir) Vous ____ des propos désobligeants. **29.** (venir, voir, vaincre) Je ____, je ____, je ____, a dit César. **30.** (vivre) C'est un génie qui ____ peu.

C. *Fill in the blanks with the proper form of the* passé composé *of the verb given in parentheses. Watch the agreement of the past participle. Make the necessary changes.*

1. (acheter) La robe que vous ____ est splendide. **2.** (donner) Les livres? Je les lui ____ hier. **3.** (voir) Votre sœur? Je la ____ il y a 8 jours. **4.** (écrire) Voilà la lettre qu'il me ____. **5.** (lire) Ce sont de beaux poèmes. Les ____-vous? **6.** (suivre) Ces cours sont intéressants. Je les ____ l'an dernier. **7.** (promettre) Vous aurez cette montre. Je vous la ____. **8.** (offrir) C'est la bague que mon mari me ____. **9.** (faire) Je ne ferai pas ces problèmes puisque vous les ____ déjà. **10.** (détruire) C'est une maison que des bombes ____. **11.** (craindre) Ces difficultés, je les ____. **12.** (mourir) Sa grand-mère ____ l'été passé. **13.** (connaître)

Ce sont des personnes que nous ___ naguère.   **14.** (boire) L'eau, vous la ___ ?
15. (avoir) La pluie que nous ___ ne nous a pas empêchés de partir.   **16.** (croire)
Votre histoire, personne ne la ___.   **17.** (pouvoir) Les enfants ne ___ pas revenir.
18. (savoir) Cette poésie, je la ___ par cœur.   **19.** (retenir) Mais je ne la ___ pas.
20. (être) Elles ne ___ pas malades.

COMPOSITION

Décrivez une visite que vous avez faite à votre oncle.

Dix-huitième Leçon

ILLUSTRATION

— Je vous ai posé la question de savoir, messieurs, si *vous vous êtes sentis* déçus par l'exposition qui vient de *s'ouvrir* et que vous avez organisée. Mais, vous ne m'avez pas encore répondu.

— C'est que tout à l'heure *nous nous sommes fait* la réflexion que les choses ne vont jamais ni si bien ni si mal qu'on le croit et que la réponse à votre question n'est pas simple du tout.

— En d'autres termes, vous essayez de me dire que *vous vous êtes dépensés* pour arriver à un résultat décevant.

— Oui et non. Oui, en ce sens que nous avons lancé un appel solennel pour tenter d'assurer un grand succès à cette exposition, mais que *nous ne nous sommes pas* toujours bien *entendus*; que certains même *se sont dérobés* au dernier moment.

— Et *vous vous êtes dit*: ce n'est pas de jeu.

— Permettez-moi d'achever ma pensée. J'ai dit: oui, d'un certain point de vue, le résultat est décevant. D'autre part, je dis non, il n'est pas décevant, parce que il n'a jamais été possible de *faire surgir* d'un coup de baguette magique une exposition dans le genre de celle-ci et que, puisque *nous ne nous sommes pas trouvés* devant un désastre, nous n'avons pas à nous plaindre.

EXPLANATION

I. The *Passé Composé* of Reflexive Verbs.

A. Formation.

All reflexive verbs or verbs used reflexively take the auxiliary **être** in the compound tenses.

Il **s'est distingué** dans cette entreprise.

B. Agreement.

1. As in the case of verbs taking the auxiliary **avoir,** transitive verbs used reflexively agree with the preceding direct object.

Elle s'est levée de bonne heure.

The direct object is **se,** "reflecting" **elle**; it precedes the past participle, therefore add **e.**

La nouvelle robe qu'**elle s'est achetée** lui a coûté cher.

The direct object **que** in the subordinate clause referring back to **la robe** of the principal clause occurs before the past participle. Therefore, agreement.

BUT: **Elle s'est acheté** une nouvelle robe.

In this case, the direct object is **une nouvelle robe**; it follows the past participle; therefore, no agreement. **Se** is the indirect object.

2. In the case of verbs always used reflexively, the past participle agrees in gender and number with the subject.

Elle s'est repentie tout de suite.

II. Special Uses of the Reflexive.

A. With parts of the body.

When reference is made to parts of the *human body*, the reflexive verb + the definite article is preferred to the transitive verb + possessive adjective.

> Il s'est cassé le bras.
> NOT: Il a cassé son bras.
> (Unless it denotes: "He broke his or her (i.e. somebody else's, not his own) arm."

B. To express a passive.

In French, a reflexive verb (3d person) is often used to express an action or a state which would be rendered by the passive voice in English.

Cette maison **s'est** bien **vendue.**	*That house was sold for a good price.*
Cela ne **se dit** pas.	*This is not said.*

III. The **faire** Causative Construction.

A. Meaning.

To have or to cause something to be done.

> L'humidité **a fait mourir** cette plante.

B. Position.

> **faire** + infinitive + direct object + indirect object (nouns)

> **J'ai fait envoyer** ces fleurs à ma tante.

> usual order of pronouns + **faire** + infinitive

> **Je** les lui **ai fait envoyer** hier.

In the imperative positive **faire** will be dissociated from the dependent infinitive.

> **Faites**-les-lui **envoyer.**

In simple tenses in the negative, **ne ... pas** surrounds **faire** (including object pronouns).

> Il ne les lui **fera** pas **envoyer.**
> Ne les lui **faites** pas **envoyer.**

C. Agreement.

In the **faire** (or **se faire**) causative construction, the past participle **fait** is invariable.

> Cette robe, je l'ai **fait** faire.
> Les robes que je lui ai **fait** acheter.
> C'est la robe qu'elle s'est fait faire.
> Elle s'est fait excuser.

IV. The Irregular Verb **recevoir.**

PRESENT INDICATIVE

je reçois	nous recevons
tu reçois	vous recevez
il/elle reçoit	ils/elles reçoivent

Verbs conjugated like **recevoir: apercevoir, concevoir, décevoir.**

ORAL DRILLS

A. *Change the following sentences to the past. Follow the example.*

Je me lave.
Je me suis lavé(e).

1. Paul se lave. **2.** Nous nous lavons. **3.** Marie se lave. **4.** Les enfants se lavent. **5.** Tu te laves. **6.** Vous vous lavez. **7.** Les garçons se lavent. **8.** Les filles se lavent.

B. *Do the preceding exercise in the negative.*

Je ne me suis pas lavé(e).

C. *Do exercise* **A** *in the interrogative.*

Me suis-je lavé(e)?

D. *Do exercise* **A** *in the interrogative-negative.*

Ne me suis-je pas lavé(e)?

E. *Answer the following questions using the words in parentheses. Follow the example.*

Que s'est-elle cassé? (la jambe)
Elle s'est cassé la jambe.

1. Que s'est-elle fendu? (le nez) **2.** Que s'est-elle brûlé? (le doigt) **3.** Que s'est-elle égratigné? (la joue) **4.** Que s'est-elle brisé? (la clavicule) **5.** Que s'est-elle foulé? (le poignet) **6.** Que s'est-elle démis? (le genou) **7.** Que s'est-elle cassé? (une dent) **8.** Que s'est-elle abîmé? (le visage) **9.** Que s'est-elle fêlé? (une côte) **10.** Que s'est-elle déboîté? (l'épaule)

F. *Substitution exercise.*

Je me suis fait mal à la jambe.
Tu ....
.... au pied.
Vous ....
.... au dos.
Nous ....
.....................à la cheville.
Il ....
.....................au bras.
Elle...............................
.....................à la poitrine.
Ils. ....

G. *Substitution exercise.*

Nous nous sommes rencontrés.
.....................aimés.
Vous ....
.....................reconnus.
Ils...............................
.... corrigés.
Elles...............................
.....................critiquées.
Marie et Louise.....................
.....................saluées.
Toi et Marie, vous...................
.....................félicitées.

H. *Substitution exercise.*

Nous nous sommes écrit une fois par an.
.....................téléphoné.................
.....................envoyé des cartes.........
Ils...............................
.....................parlé tous les jours.
.....................dit bonjour..........
Vous ....
.....................répondu avec amertume.
.....................fait du mal.
.................adressé la parole.................
.................rarement ....

I.   *Substitution exercise.*

Hélène ne s'est pas levée ce matin.
Pierre.....................................
.............................coiffé.........
Nous......................................
...........................rasés.........
Il..
.........................lavé..........
Elle.......................................
...........................maquillée ..
.................................ce soir.
..........................couchée.....
Ils...
.........................baignés.....
Les enfants...............................

J.   *Repeat the following sentences substituting the correct form of the verbs in parentheses for the underlined verb.*

1. Cela ne se dit plus aujourd'hui.

(faire / voir / demander / savoir / écrire / lire / vendre / acheter / pouvoir / concevoir)

2. Cela ne s'est plus dit après 1945.

(voir / faire / construire / vendre / demander / lire / porter / mettre / boire / offrir)

K.   *Answer the following questions using the information given in parentheses (the verbs are always used reflexively). Follow the example.*

De quoi Marie s'est-elle servie? (de mon livre)
Marie s'est servie de mon livre.

1. Pourquoi s'est-elle absentée? (parce qu'elle est malade)   **2.** Où se sont-elles rendues? (à l'université)   **3.** De quoi Paul et Marie se sont-ils aperçus? (d'un vol)   **4.** Où se sont-elles enfuies? (dans le jardin)   **5.** De quoi vous êtes-vous emparés? (d'un parapluie)   **6.** Quand les oiseaux se sont-ils envolés? (hier matin)   **7.** Pourquoi se sont-ils endimanchés? (pour aller au concert)   **8.** Qui est-ce qui s'est embourgeoisé? (les Parisiens)   **9.** Pourquoi s'est-elle lamentée? (parce que son chien est malade)   **10.** Comment la soirée s'est-elle passée? (à lire)   **11.** Quand Marie s'est-elle promenée? (l'après-midi)   **12.** Pourquoi ses meubles se sont-ils vite démodés? (parce qu'ils sont trop modernes)

L. *Ask the questions suggested. Follow the example.*

Demandez-moi si Marie s'est lavée.
Marie s'est-elle lavée?

1. Demandez-moi si les enfants se sont levés tôt. **2.** Demandez-moi si les garçons se sont blessés. **3.** Demandez-moi si les chiens se sont battus. **4.** Demandez-moi si les voisins se sont parlé. **5.** Demandez-moi si les Dupont et les Durant se sont nui. **6.** Demandez-moi si les étudiants se sont trompés. **7.** Demandez-moi si nos amis se sont dit des choses aimables. **8.** Demandez-moi si Marie s'est acheté une valise. **9.** Demandez-moi si Jeanne s'est fait une robe. **10.** Demandez-moi si Marie s'est faite à son destin.

M. *Ask the questions suggested. Follow the example.*

Demandez-moi si Paul s'est lavé les mains.
Paul s'est-il lavé les mains?

1. Demandez-moi si les enfants se sont brossés les dents. **2.** Demandez-moi si les dames se sont fait des robes. **3.** Demandez-moi si les messieurs se sont entendus. **4.** Demandez-moi si Marie s'est promis de rentrer tôt. **5.** Demandez-moi si vous vous êtes fait la même réflexion. **6.** Demandez-moi si Marie s'est dit que la robe est trop chère. **7.** Demandez-moi si les organisateurs se sont sentis déçus. **8.** Demandez-moi si je me suis mis au travail à 9 heures. **9.** Demandez-moi si Françoise s'est acheté une blouse. **10.** Demandez-moi si nous nous sommes dérobés.

N. *Repeat the following sentences substituting the words in parentheses for the underlined words.*

Il fait construire une maison.

(un château / un building / une piscine / un tennis / une villa / des magasins / des immeubles / des restaurants / des hôtels / des écoles)

O. *Complete the following sentences using the causative construction. Follow the example.*

Paul ne construit pas une maison, **il la fait construire.**

1. Marie ne se fait pas une robe, ____. **2.** Je ne lave pas la vaisselle, ____. **3.** Pierre n'envoie pas ces livres, ____. **4.** L'étudiant ne s'est pas excusé, ____. **5.** Françoise ne m'a pas dit cela, ____. **6.** Je n'ai pas recouvert ce fauteuil, ____. **7.** Pierre n'a pas tapé ces exercices, ____. **8.** Ce chasseur n'a pas tué son vieux chien, ____. **9.** Tu n'as pas brossé tes vêtements, ____. **10.** Nous n'avons pas lavé la voiture, ____.

Vocabulary

Primary

achever to finish, complete
à la after the manner of
alors que when, whereas
s'apercevoir (*pp*: **aperçu**) to be aware of
augmenter to increase
l'**avenir** (*m*) future
baisser to decrease
(se) **battre** (*pp*: **battu**) to fight
(se) **blesser** to hurt oneself
brosser to brush
brûler to burn
le **bureau** office
le **carreau** floor; square
casser to break
la **clavicule** collar bone
construire (*pp*: **construit**) to build
contraindre (*pp*: **contraint**) to compel
la **côte** rib
coûter to cost
décevant disappointing
décevoir (*pp*: **déçu**) to deceive
le **délai** allowed time
délaisser to desert, leave out
démettre (*pp*: **démis**) to put out of joint, dislocate
(se) **démoder** to go out of fashion
(se) **dépenser** to spare no trouble
dernier (*f*: **-ière**) last
le **destin** destiny
(se) **diriger vers** to go to
le **doigt** finger
(s')**égratigner** to scratch oneself
élevé high

s'élever contre to protest against
s'emparer (de) to seize
en dehors de outside of
(s')**endormir** to fall asleep
s'enfuir to run away
(s')**entendre** to agree, get along
entièrement completely
(s')**envoler** to fly away
l'**épaule** (*f*) shoulder
essayer to try
(s')**établir** to settle
être obligé (**de**) to be forced, compelled
fendre (*pp*: **fendu**) to split
fixer to fasten
gagner to reach, go
le **genou** knee
l'**injure** (*f*) insult
(s')**installer** to settle
la **jambe** leg
la **joue** cheek
lancer to launch
loin de far from
la **mairie** city hall
le **ménage** couple
(se) **mettre** (**à**) to set about
la **naissance** birth
le **nez** nose
(se) **nuire** (*pp*: **nui**) to harm, hurt (one another)
parce que because
par contre on the other hand
parier to bet
la **pensée** thought
permettre to allow

peupler to people
(se) **plaindre** (*pp*: **plaint**) to complain
le **plan** project
le **poignet** wrist
 porter to wear
 presque almost
 prévoir (*pp*: **prévu**) to foresee
le **projet** project
(se) **promener** to go out for a walk
le **propriétaire** owner
le **rapport** report, account
(se) **rendre** (*pp*: **rendu**) to go
(se) **répandre (dans)** (*pp*: **répandu**) to spread

la **réponse** answer
(se) **sentir** to feel
(se) **servir (de)** to use
la **sorte** kind
(se) **succéder** to succeed, follow
 taper to type
 tenter to try, attempt
 tôt early
 tromper to deceive
(se) **tromper** to be mistaken
 valoir (*pp*: **valu**) to be worth
le **vêtement** garment, clothes
le **visage** face
le **vol** theft

Secondary

 abîmer to damage
(s') **accroître** (*pp*: **accru**) to increase
 acheminer to bring
l'**aménagement** (*m*) arrangement
 aménager to arrange
l'**artisan** (*m*) handicraftsman
la **baguette** stick
 briser to break
le **cavalier** horseman
les **cols blancs** (*m. pl.*) white-collar workers
 déboîter to dislocate
(se) **dérober** to steal off
(se) **distinguer** to gain distinction
 élaborer to work out
l'**embourgeoisement** (*m*) becoming middle class
s'**embourgeoiser** to become middle class
s'**endimancher** to dress in Sunday clothes
 envahir to invade
l'**envahissement** (*m*) invasion

(s')**exiler** to go into exile
 exposer to exhibit
 fêler to crack
 fouler to sprain
le **H.L.M. (Habitation à Loyer Modéré)** low-income apartment building
s'**indigner** to become indignant
(se) **lamenter** to lament
le **loyer** rent
la **maquette** model
les **petites gens** (*f.pl*) humble folks
 publier to publish
 recouvrir (*pp*: **recouvert**) to cover again
 solennel (*f*: **-elle**) solemn
 surgir to appear suddenly
le **taudis** slum
le **taux** rate
le **terme** word
(se) **trouver** to be
le **vieillard** old person

Expressions

Primary

avoir à to have to
c'est que the reason is that
d'autre part on the other hand
de bonne heure early
en d'autres termes in other words
en ce sens que in as much as
être d'accord to agree

ni si . . . ni si . . . neither so . . . nor so . . .
pas . . . du tout not . . . at all
poser la question de savoir to ask
pour ainsi dire so to speak
se faire à to get used to
tout à l'heure earlier
un seul only one

Secondary

avec cela que besides
ce n'est pas de jeu it is not fair
lancer un appel to conjure, exhort
prendre de l'âge to grow old

se faire la réflexion to think
surgir d'un coup de baguette magique to happen through magic

Première Lecture

Aménagement de Paris

En dix ans, la région parisienne a vu sa population passer de six millions d'habitants à plus de neuf millions, c'est-à-dire à une population presque équivalente à la population de la Belgique, alors que la ville de Paris n'a pour ainsi dire pas changé depuis 1900.

De nombreuses entreprises ont quitté Paris; on a détruit des taudis et leurs anciens habitants ont gagné la banlieue. Ouvriers, artisans, jeunes ménages et petites gens de toutes sortes qui travaillent à Paris se sont vus contraints à s'exiler en dehors de la ville où les loyers sont moins élevés. Les statistiques ont aussi révélé que si les jeunes se sont exilés, le nombre de vieillards et de femmes s'est accru, les divorces se sont multipliés et le taux des naissances a baissé.

Par contre, les bureaux ont envahi Paris. La ville s'est embourgeoisée, s'est endimanchée et a vieilli. Elle est devenue une capitale de fonctionnaires et d'employés, une sorte de Washington à la française.

Tout le monde s'est indigné contre cet embourgeoisement progressif. Les politiciens se sont élevés, pour des raisons différentes, contre l'envahissement des «cols blancs».

Les Parisiens ont donc décidé d'aménager leur ville.

Les architectes ont fait des plans et *se sont attelés à*[1] élaborer des maquettes qu'on a présentées au chef de l'État. *Certains*[2] Parisiens se sont amusés à parier sur l'avenir du *carreau des Halles*.[3] D'autres se sont plaints de n'avoir pas de baguette magique pour faire surgir d'un seul coup un nouveau Paris. Plusieurs se sont posé la question *de principe*:[4] «Qui va, demain, peupler Paris?» Mais à la question qu'ils se sont posée, personne n'a encore répondu. Et, jusqu'à présent, on n'a pas fixé de délais pour réaliser les opérations d'aménagement qui donneront sa physionomie au Paris de l'an Deux mille.

D'après un article de Robert Franc
(enquête de Françoise Monier):
«Paris joue son avenir», *paru*[5] dans
l'Express.

---

[1] settled down to
[2] some
[3] floor of the central market in Paris where fruit and vegetables were displayed before *les Halles* were moved to their new location, near the Orly airport.
[4] fundamental
[5] published

QUESTIONNAIRE

1. La population de la région parisienne a-t-elle augmenté?
2. Qu'est-ce qui n'a pas changé depuis 1900?
3. Qu'a-t-on détruit?
4. Qu'ont fait les anciens habitants des taudis?
5. Qui a été contraint de s'exiler dans la banlieue?
6. Qu'est-ce qui a envahi Paris?
7. Qu'est-il arrivé à la ville de Paris?
8. Qu'est-elle devenue?
9. Qu'est-ce que les Parisiens ont décidé de faire?
10. Qu'a-t-on élaboré?
11. A quoi n'a-t-on pas répondu?
12. Qu'est-ce qu'on n'a pas encore fixé?

VOCABULARY EXERCISES

A. *Fill in the blanks with the proper word to be found in the list on the right.*

1. Nos amis ont _____ d'aménager leur appartement.
2. La région parisienne a _____ sa population changer.
3. Pourquoi les entreprises ont-elles _____ Paris?
4. Paris est une sorte de Washington _____.
5. En dehors de la ville, les loyers sont moins _____.
6. On a fait des _____.
7. A-t-on _____ des délais?
8. Quelle sera la _____ du Paris de l'an Deux mille?
9. Le nombre de femmes a _____.
10. On a _____ des taudis.

a. plans
b. détruit
c. vu
d. augmenté
e. élevés
f. fixé
g. quitté
h. décidé
i. physionomie
j. à la française

B. *Replace the words in italics with a synonym to be found in the list on the right.*

1. Les habitants de la ville *ont gagné* la banlieue.
2. Il travaille pour une grosse *entreprise*.
3. La foule *a envahi* le parc de Versailles.
4. On *a détruit* ce pont.
5. Ils *ont quitté* Paris hier.
6. Ils se sont vus *contraints à* partir.
7. On a fait des *plans*.
8. Qui va *peupler* Paris?
9. *Par contre*, la ville a vieilli.
10. Son mari n'a *pour ainsi dire* pas changé.

a. s'est répandue dans
b. sont partis de
c. obligés de
d. presque
e. a démoli
f. d'autre part
g. se sont dirigés vers
h. s'établir à
i. projets
j. firme

Deuxième Lecture

Contrastes

Par un beau jour de mai, sous un ciel bleu où *luit*[1] un soleil déjà chaud, nous arrivons à l'aéroport de New York, d'où nous devons repartir en direction de Paris.

---

[1] shines

Tout est gai, tout resplendit; les femmes *arborent*[2] des robes multicolores, les hommes portent des chemises sport aux dessins et aux couleurs exotiques; c'est le printemps.

Tout le monde *est pressé*[3] à New York, car «le temps c'est de l'argent». Les voyageurs *se sont empressés*[4] de sortir de l'avion, *se sont dirigés*[5] *en coup de vent*[6] vers l'*escalier roulant*,[7] où l'on ne peut passer qu'un à un, puis, ont bondi vers l'*arrêt*[8] de l'autobus qui se trouve en face du stand de *United Air Lines*. Là, comme satisfaits de leur course, ils se sont *sagement*[9] alignés sur le *trottoir*.[10]

---

[2] display
[3] in a hurry
[4] hurried
[5] went
[6] rapidly

[7] escalator
[8] stop
[9] nicely
[10] sidewalk

L'autobus s'est arrêté. Très calmement, les voyageurs en transit se sont avancés vers la porte avant. Personne n'a essayé de passer avant son tour. Le chauffeur a rappelé le prix du *trajet*:[11] 25 *cents*. Il s'est amusé de cette affluence. A un moment donné, il *s'est écrié*:[12] «L'autobus est complet.» Les personnes restées dehors ont fait descendre leurs valises et sans récrimination se sont replacées sur le trottoir pour attendre l'autobus suivant.

L'autobus *s'est mis en marche*[13] un peu brusquement. Les voyageurs restés debout *se sont cramponnés*[14] où ils ont pu. Le chauffeur *s'est retourné*[15] et *a souri*;[16] les passagers se sont regardés et se sont souri d'un air de connivence . . .

Quelques heures plus tard, nous apercevons la tour Eiffel qui se dessine vaguement sur un ciel de *plomb*.[17] Il pleut. Il fait gris. Il fait froid. Tout est sombre. On *se bouscule*.[18] Le *douanier*[19] à l'air *renfrogné*[20] me déçoit. Une des valises qu'il m'a fait ouvrir s'est mal refermée. Je perds du temps.

Enfin, me voilà dehors sous une *pluie battante*.[21] Les femmes en manteaux et en imperméables gris et noirs *se faufilent*[22] dans la *brume*[23] matinale. Les hommes en costumes sévères et pardessus ont tous l'air de *P.d.g.*[24] *affairés*.[25]

Je me suis dirigée rapidement vers l'autobus et me suis presque fait *éborgner*[26] par les *baleines*[27] d'un parapluie.

L'autobus est *bondé*.[28] J'attendrai le suivant. J'ai les pieds gelés, les bras fatigués; ces valises sont devenues si lourdes!

Je *hèle*[29] un taxi. Nous roulons *à vive allure*[30] dans un *tourbillon*[31] indescriptible.

Le chauffeur m'a déposée chez une fleuriste. J'ai choisi des *roses Baccarat*.[32]

«Voilà l'adresse de ma tante, ai-je dit, faites-les-lui envoyer cet après-midi.»

Et je suis enfin arrivée à l'hôtel où je *me suis effondrée*,[33] *fourbue*[34] et un peu déprimée. Et je me suis endormie . . .

---

[11] trip
[12] shouted
[13] started
[14] held on
[15] turned around
[16] smiled
[17] lead
[18] pushes and shoves
[19] customs officer
[20] grouchy
[21] driving rain
[22] zigzag

[23] fog
[24] Président-directeur général
[25] busy
[26] to poke an eye out
[27] ribs
[28] full
[29] hail
[30] fast
[31] whirlwind
[32] long stemmed roses
[33] collapsed
[34] tired out

GRAMMAR EXERCISES

A. *Complete the following sentences with the correct form of the past participles given in parentheses.*

1. Elles se sont ____ de retourner voir ce film. (promis) **2.** Trois directeurs se sont ____ en un an. (succédé) **3.** Ce sont des ennuis que j'ai ____. (prévu) **4.** Ils se sont ____ les dents. (lavé) **5.** Ces deux films nous ont ____. (plu) **6.** Ils se sont ____ des choses désagréables. (dit) **7.** Ces deux frères se sont ____ et se sont ____. (trompé; menti) **8.** Elles se sont ____. (trompé) **9.** Ils se sont ____: «Ce n'est pas de jeu». (dit) **10.** Elle s'est ____ une nouvelle robe. (fait)

B. *Complete the following sentences with the* passé composé *of the verb given in parentheses. Watch the agreement of the past participle. Make the necessary changes.*

1. (s'endormir) Cette ville ____ il y a 50 ans. **2.** (se réveiller) Elle ne ____ pas depuis lors. **3.** (s'installer) Les parents de mon amie ____ en province. **4.** (se casser) Le premier jour, sa mère ____ la jambe. **5.** (s'embourgeoiser) Ils ____ vite. **6.** (se voir) Mes amis ____ obligés de louer un appartement dans un H.L.M. **7.** (se sentir) Nous ____ délaissés. **8.** (se parler) La langue latine ne ____ plus depuis des siècles. **9.** (se faire) Marie ____ à sa nouvelle vie. **10.** (s'apercevoir) Ils ____ de leur erreur. **11.** (s'installer) Vos enfants ____-ils à Paris? **12.** (se distinguer) Alice et Paul ne ____ pas. **13.** (se faire) Marie ____ la même réflexion. **14.** (se dépenser) Les étudiantes ____ sans compter. **15.** (s'entendre) Les propriétaires du H.L.M. ne ____ pas. **16.** (se dérober) Plusieurs amateurs ____. **17.** (se dire) Marie ____: «Il vaut mieux partir». **18.** (s'endormir) Alice ____ dans le fauteuil. **19.** (s'ouvrir) L'exposition ____ hier. **20.** (se servir) Marie ____ de mon stylo. **21.** (se tromper) Elle ____ en écrivant l'adresse. **22.** (s'écrire) Marie et Françoise ____ plusieurs fois. **23.** (se dire) Ces choses ____ hier chez les Hemmerling. **24.** (se dire) Les deux adversaires ____ des injures. **25.** (s'accroître) La population de la banlieue ____. **26.** (s'acheter) J'aime beaucoup la nouvelle voiture qu'il ____ hier. **27.** (se diriger) Vos amis ____ vers le parc. **28.** (se casser) C'est la jambe qu'elle ____ l'an dernier. **29.** (se faire) Est-ce la robe que Marie ____ faire? **30.** (s'acheter) Non, c'est la robe qu'elle ____ ce matin.

COMPOSITION

Que fait-on pour donner à votre ville la physionomie que devront avoir les villes de l'an Deux mille?

Dix-neuvième Leçon

ILLUSTRATION

— Hier soir, je suis allé au Lipp.[1] Il *était* 8 heures pile comme j'*arrivais* à Saint-Germain-des-Prés.[2]

— Il y *avait* beaucoup de monde dans le quartier?

— Non. Tout *était* calme. Et au Lipp, il n'y *avait* personne.

— Vous *croyiez* rencontrer des amis?

— Il y a dix ans un soir comme hier, tous les politiciens *se rendaient* au Lipp. Hier, ils *brillaient* par leur absence.

— Où *étaient*-ils?

— On m'a dit qu'ils *étaient* à la campagne.

— Vous êtes allé ailleurs?

---

[1] well known Paris café (*brasserie*)
[2] Paris district, famous for its artists and intellectuals

— Au George V.[3] Je suis tombé sur une vedette italienne qui *revenait* du Festival de Cannes.[4] Il y *avait* une heure à peine qu'elle *était* là.

— Vous êtes resté tard?

— J'*étais* fatigué et je suis rentré chez moi.

---

[3] luxurious hotel in the heart of Paris

[4] famous movie festival which takes place at Cannes (on the French Riviera) every year in May

EXPLANATION

I. The Imperfect (*l'imparfait*).

A. Formation.

1. To form the imperfect, drop the ending **-ons** from the first person plural of the present indicative and add the same set of endings in all conjugations, regular or irregular:

parler	finir
(nous **parl**ons)	(nous **finiss**ons)
je parl**ais**	je finiss**ais**
tu parl**ais**	tu finiss**ais**
il/elle parl**ait**	il/elle finiss**ait**
nous parl**ions**	nous finiss**ions**
vous parl**iez**	vous finiss**iez**
ils/elles parl**aient**	ils/elles finiss**aient**

2. In the **-ir** verbs the so-called "infix" **-iss-** following a stem such as **fin-** must be retained. You may recall, however, that a group of **-ir** verbs such as **dormir** do not take the infix (*see Lesson 7*).

> **dormir:** nous dormons > je **dormais,** *etc.*

3. Practically all irregular verbs follow the general rule for the formation of the imperfect.

> **prendre:** nous prenons > je **prenais**
> **dire:**   nous disons > je **disais**

The only exceptions to the general rule are **être, falloir** and **pleuvoir.**

> **être** > j'**étais,** *etc.*
> **falloir** > il **fallait**
> **pleuvoir** > il **pleuvait**

4. In -er verbs whose stem ends in **g** or **c** the following spelling changes which are prompted by phonetics should be noted:

manger	**commencer**
je mangeais	je commençais
tu mangeais	tu commençais
il/elle mangeait	il/elle commençait
nous mangions	nous commencions
vous mangiez	vous commenciez
ils/elles mangeaient	ils/elles commençaient

B. Uses.

Generally speaking, the imperfect tense is used to express a state of affairs (physical or mental), to describe a backdrop to actions carried on in the foreground or to stress the habitual nature of certain actions in the past. It is in this sense that the imperfect emphasizes the continuous aspect of a situation or action in the past; it does not focus on the completion or the momentariness of an action. The imperfect, then, expresses what "used to be," what "was being done" or existed, so to speak, in the background to something else that happened in the foreground or what one "used to do" in the past.

1. The imperfect must be differentiated from the conversational past (*passé composé*) and the *passé simple* which express what happened at a given time, carry the action(s) forward as if it (they) were in the foreground and thus stress rather the momentariness of an action. The distinctions between the imperfect and the *passé composé*, and between the imperfect and the *passé simple* (to be studied later) have to be observed closely and will become increasingly apparent with practice, particularly the absence of an idea of completion in the imperfect in contrast to the compound past.

> Hier soir, je **suis allé** au Lipp.
> *Yesterday, I went to Lipp's.*

(Momentary action starting or carrying forward the narrative: *passé composé*.)

> Il y **avait** beaucoup de monde dans le quartier?
> *Were there many people in that part of town?*

(A kind of background action or situation at the time I went to Lipp's: *imperfect*.)

> Tout **était** calme.
> *All was quiet.*

(Same as above: a situation prevailing at the time I went to Lipp's: *imperfect*.)

Vous **croyiez** rencontrer des amis?
Did you expect to meet some friends?

(A state of mind existing at the time I went to Lipp's: *imperfect.*)

Il y a dix ans, tous les politiciens **se rendaient** au Lipp.
Ten years ago, all the politicians used to come to Lipp's.

(An habitual action, i.e. one repeated again and again, in the past: *imperfect.*)

Je **suis tombé** sur une vedette qui **revenait** du Festival de Cannes.
*I chanced upon a film star who was on her (his) way back (or "who was coming back")
from the Cannes Film Festival.*

One action (**Je suis tombé** . . .) is momentary and in the foreground
while the other action (**qui revenait** . . .) extends over a longer period of
time in the background. One is to the other like a point to a line.

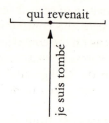

Other example of the same situation:

Quand je **suis entré** dans la salle, les étudiants **lisaient**.
When I entered the classroom the students were reading.

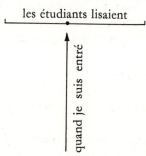

2. In expressing certain mental or physical states that existed in the past,
either the imperfect or the conversational past might be used. But different
meanings will be conveyed:

Je **savais** qu'elle **était** là.	*I knew she was there.*
J'**ai su** par son frère qu'elle **était** là.	*I learned through her brother that she was there.*

> J'**avais** très froid quand nous **avons quitté** la maison.
>
> *I was very cold when we left the house.*
>
> J'**ai eu** très froid quand nous **avons quitté** la maison.
>
> *I became very cold when we left the house.*

To see and understand such nuances will require some practice and experience.

3. The imperfect is used also with **depuis** and **il y avait . . . que** to express an action which began in a more remote past and reaches down to a point in the past also where another action began or took place. In English the pluperfect (often in the progressive form) will be used in such instances.

> Il **lisait** depuis une heure quand je suis arrivé.
>
> Il y avait une heure qu'il **lisait** quand je suis arrivé.
>
> *He had been reading for one hour when I arrived.*

II. The Irregular Verbs **naître, vivre, mourir.**

PRESENT

naître	**vivre**	**mourir**
je nais	je vis	je meurs
tu nais	tu vis	tu meurs
il/elle naît	il/elle vit	il/elle meurt
nous naissons	nous vivons	nous mourons
vous naissez	vous vivez	vous mourez
ils/elles naissent	ils/elles vivent	ils/elles meurent

PASSÉ COMPOSÉ

je suis né(e)	j'ai vécu	je suis mort(e)

Notice that **naître** and **mourir** take être while **vivre** takes avoir in the compound tenses.

Mourir has an irregular future:
je mourrai, *etc.*

III. The Expressions **aller à** and **aller chez.**

Je **vais au** cinéma, à la gare, à l'université, **aux** courses.
Je **vais chez** le coiffeur, la boulangère, l'avocat.

Aller à is used in reference to things.
Aller chez is used in reference to persons.

ORAL DRILLS

A. *Start the following sentences with* **l'an dernier.** *Make the necessary changes. Follow the example.*

> Je joue au tennis.
> **L'an dernier, je jouais au tennis.**

1. Pierre mange peu.   **2.** Nous cherchons un appartement.   **3.** Tu perds du temps.   **4.** Marie sort souvent.   **5.** Les étudiants lisent beaucoup.   **6.** Vous nagez dans le lac.   **7.** Nous rions souvent.   **8.** Il finit un roman.   **9.** Cet enfant commence à parler.   **10.** Vous avez des ennuis.

B. *Repeat the following sentence using the words in parentheses as new subjects. Make the necessary changes.*

Chaque vendredi, Paul allait chez des amis.

(vous / Marie / je / les Dupont / tu / nous)

C. *Repeat the following sentence substituting the correct form of the verbs in parentheses for the underlined verb.*

1. Au moment où le téléphone a sonné, je lisais.

(manger / sortir / rentrer / s'habiller / se lever / se coucher / dormir / rêver)

2. Marie écrivait une lettre pendant que Paul lisait.

(parler / manger / déjeuner / se raser / jouer / travailler / se laver / chanter / dormir / dîner)

3. Nous lisions depuis une heure quand vous êtes arrivé.

(souffrir / avoir froid / être à table / se lamenter / réfléchir / écouter des disques / regarder la télévision / étudier / s'énerver / faire des exercices / dormir / s'inquiéter)

D. *In the following sentences, replace the present by the imperfect. Follow the example.*

> Je suis malade.
> **J'étais malade.**

1. Paul est à Paris.   **2.** Tu es impatient.   **3.** Marie est fâchée.   **4.** Nous sommes amis.   **5.** Ils sont pressés.   **6.** Je suis enrhumé.   **7.** Vous êtes sur le point de partir.   **8.** Les étudiants sont en vacances.   **9.** Louise est seule.

E. *Do the same in the following sentences.*

> Il faut partir.
> **Il fallait partir.**

1. Il faut dormir   **2.** Il faut étudier   **3.** Il faut manger   **4.** Il faut travailler   **5.** Il

faut faire des exercices   **6.** Il faut apprendre le vocabulaire   **7.** Il faut lire la leçon
8. Il faut ouvrir la porte   **9.** Il faut fermer la fenêtre

F.   *Do the same in the following sentences.*

Je pense que Paul lit un journal français.
Je pensais que Paul lisait un journal français.

1. Je pense que les Dupont partent en vacances.   **2.** Je pense que j'entends la
voix de Paul.   **3.** Je pense que vous allez sortir.   **4.** Je pense que nous devons
écouter des disques.   **5.** Je pense que vous avez une belle voiture.   **6.** Je pense
que Marie est intelligente.   **7.** Je pense que ce monsieur veut vous voir.   **8.** Je
pense que votre voisin est avocat.   **9.** Je pense que nous arrivons.   **10.** Je pense
que Marie prend sa leçon de violon.

G.   *Repeat the following sentences substituting each pair of words in parentheses for the
underlined words. Make the necessary changes.*

1. Paul est rentré pendant que je lisais.
(Marie — regarder la télévision / Tu — prendre un bain / Vous — écouter les
nouvelles / Pierre — téléphoner / Les Dupont — manger / Vous — dormir)
2. Quand Paul est parti, je déjeunais.
(tu — se reposer / Marie — écrire une lettre / tu — mettre la table / vous — être
à Paris / maman — jouer du piano / Louise — faire les courses / papa — étudier
le vocabulaire)

H.   *Change the sentences to indicate an habitual action. Follow the example.*

Vendredi, je suis allé au cinéma.
J'allais au cinéma tous les vendredis.

1. Samedi, Paul est allé au concert.   **2.** Mardi, nous avons écouté des disques.
3. Les enfants se sont promenés jeudi.   **4.** Lundi, je suis allé en ville.   **5.** Tu as
fait les courses samedi matin.   **6.** Mercredi, Marie a pris un bain froid.   **7.** Dimanche, j'ai écrit à ma mère.   **8.** Nous avons eu un examen jeudi.   **9.** Dimanche
matin, vous êtes allés jouer au tennis.   **10.** Samedi, nos amis sont allés au club.

I.   *Repeat the following sentences putting the verbs in the correct past tense. Follow the
example.*

J'achète ce livre car je le trouve bien.
J'ai acheté ce livre car je le trouvais bien.

1. Nous sortons car il fait beau.   **2.** Ils appellent le médecin car Paul est malade.
3. Marie se promène car il y a du soleil.   **4.** Je ne vais pas en ville car il pleut.
5. Richard se fâche car il a tort.   **6.** Eugène ne dit rien car il a raison.   **7.** Le

professeur punit l'élève car il parle. **8.** Les étudiants aiment le cours car il est intéressant. **9.** Tu achètes la cravate car elle te plaît. **10.** Vous partez car il est tard.

J. *Replace* **avait l'habitude de** + *the infinitive by the imperfect of the infinitive. Follow the example.*

> Marie avait l'habitude de se ronger les ongles.
> **Marie se rongeait les ongles.**

1. J'avais l'habitude de dîner à 7 heures. **2.** Vous aviez l'habitude de voyager chaque été. **3.** Tu avais l'habitude d'être toujours à l'heure. **4.** Nous avions l'habitude de nous lever tôt. **5.** Les étudiants avaient l'habitude de se lamenter. **6.** Paul et Marie avaient l'habitude d'aller au cinéma le samedi. **7.** Le chien avait l'habitude de mordre le facteur. **8.** Le chat avait l'habitude de toujours se sauver. **9.** Pierre avait l'habitude de boire du lait. **10.** J'avais l'habitude d'être souvent en retard.

K. *Repeat the following sentence using the words in parentheses as new subjects. Make the necessary changes.*

Un animal naît, vit et meurt.

(Les plantes / L'homme / Nous / Les oiseaux / Les souvenirs / La mouche / Oh! rose, tu)

L. *Repeat the following sentences substituting the words in parentheses for the underlined word.*

1. Paul va au marché.

(café / théâtre / restaurant / cinéma / magasin)
2. Paul ira au musée.

(parc / concert / lycée / collège / jardin)
3. Paul est allé aux États-Unis.

(Indes / Antilles / courses / sports d'hiver / halles)
4. Nous allons aux îles Baléares.

(Jeux Olympiques / champs / fiançailles de Pierre / funérailles d'un ami / obsèques d'un voisin)
5. Marie va au hameau.

(Havre / hangar / harem)
6. Vous alliez à la librairie.

(bibliothèque / gare / boulangerie / mer / boucherie)
7. Nous allions à la ferme.

(pharmacie / clinique / mairie / plage / poste)

8. J'allais à l'université.

(hôpital / opéra / église / observatoire / école / asile)

9. Vous irez à l'hippodrome.

(institut / exposition / hôtel / auberge / académie)

10. Vas-tu chez le coiffeur?

(dentiste / médecin / pharmacien / président / garagiste / banquier)

11. Alliez-vous chez le droguiste?

(moniteur / chirurgien / professeur / boulanger / librairie / juge)

12. Je ne suis pas allé chez la bouchère.

(directrice / modiste / boulangère / coiffeuse / reine)

13. Nous irons chez la comtesse.

(fleuriste / voisine / buraliste / cartomancienne / secrétaire)

14. Alliez-vous chez l'avocat?

(horloger / astronaute / horticulteur / étudiant / oncle de Paul)

15. Irons-nous chez l'ami de Pierre?

(ingénieur / urbaniste / architecte / historien / imprimeur)

Vocabulary

Primary

abattu dejected, discouraged
août (*m*) August
à peine hardly
(s')**appuyer (sur)** to lean on
(s')**attendre (à)** to expect; to foresee
au moment où when
avoir l'air to seem
la **baie** opening, window
le **baigneur** bather
le **bain** bath
la **balle** ball
la **bande** band, gang
le **bouchon** jamming
la **boulangerie** bakery
la **brochure** pamphlet
le **café** coffee house
centenaire a hundred years old
le **chauffage** heating system
le **chirurgien** surgeon
le **coin** corner

comme as
compter to expect
conseiller to advise
déconseiller to dissuade
éclater to burst
l'**effet** (*m*) effect
effrayé, épouvanté frightened
l'**emploi** (*m*) use
(s')**énerver** to get nervous
l'**épicerie** (*f*) grocery store
l'**épicier**/l'**épicière** grocer
l'**époque** (*f*) epoch
l'**état** (*m*) condition
éviter to avoid
frapper to strike
gambader to gambol
gêné uneasy
le **grand-père** grandfather
la **grand-route** highway
grave low

le **grenier** attic
la **gueule** mouth (animal)
　heureusement luckily
　l'**horloge** (*f*) clock
　hospitalier (*f*: **-ière**) hospitable
　imprévu unexpected
(s')**inquiéter** to worry
　insouciant careless
la **librairie** bookstore
la **malle** trunk
la **modiste** milliner
　mordre to bite
la **mouche** fly
　neuf (*f*: **neuve**) new
　l'**œil** (*m*) (*pl*: **yeux**) eye
　oser to dare
le **païen** Pagan
　paraître to seem
　passer to put
　perdre to loose
le **pharmacien** pharmacist
la **plage** beach
le **plancher** floor

　plutôt rather
　poser to pose
le **pouce** thumb
　prévoir to foresee
　produire to produce
　raser to skim; (**se**)— to shave
　réjoui jolly
(se) **rendre** to go
　respirer to breathe
　rester to remain
le **retard** delay
le **rire** laughter
le **roman** novel
　ronger to chew
la **salle d'eau** bathroom
(se) **sauver** to run away
　silencieux (*f*: **-euse**) silent
　soudain suddenly
　supporter to stand
　surveiller to watch over
　vécu true, real
la **vedette** star
la **vie** life

Secondary

　aboyer to bark
s'**affaisser** to sink
une **annonce** an ad
　apprendre to teach
　l'**aspirateur-batteur** (*m*) vacuum cleaner
　l'**auberge** (*f*) inn
　l'**aumônier** (*m*) chaplain
la **blague** fib
　branlant shaky
le **chiffon** rag
le **dégât** damage
　dans le temps formerly
　eh bien! well! why!
　emprunter to take
　l'**évêque** (*m*) bishop
　feuilleter to skim through
　figé frozen

le **hangar** shed
le **havre** haven
　l'**huissier** (*m*) usher
　inoccupé free
la **maisonnette** cottage
　marteler to hammer
le **mode d'emploi** directions for use
la **moquette** carpeting
　projeter to throw
　rafraîchir to cool
　revendiquer to claim
　sagement with docility
　serpenter to wind
　songer to think
　tendu stretched
la **vapeur d'eau** steam

Expressions

Primary

à la campagne in the country
éclater de rire to burst into laughter
être à l'aise, à son aise to be at ease
être à table to be sitting at the table
être mal à l'aise to be uneasy
le moins possible the least possible
n'est-ce pas? isn't it so?

poser un problème to present a problem
rendre visite à to call on
respirer à pleins poumons to breathe deeply
tenir debout to be standing
tout juste exactly
tout neuf brand new

Secondary

briller par son absence to be conspicuously absent
en bas âge in infancy
passer une petite annonce to put an ad in the newspaper

pauvre diable poor wretch
suivre des yeux to follow with the eyes
tomber sur quelqu'un to come upon s.o.

Première Lecture

La maison de mes rêves

C'est une histoire vécue. Dimanche dernier, j'ai rendu visite à M. Dupont qui a réalisé le rêve de sa vie: il est devenu le propriétaire d'une petite maison construite dans la banlieue parisienne. Je m'attendais à trouver un homme réjoui. J'ai découvert un pauvre diable abattu. C'était si imprévu que j'ai éclaté de rire. M. Dupont a eu l'air effrayé.
— Je vous en supplie, ne riez pas si fort! Je ne sais pas si cette maison peut *supporter*[1] les vibrations du rire . . .

---

[1] stand

Il a ouvert une petite brochure, il l'a feuilletée.

— C'est le «manuel du propriétaire» m'a-t-il expliqué. En bref, c'est le mode d'emploi du pavillon: les choses que je peux faire, les choses que je ne dois pas faire ... Eh bien! le rire n'est pas *contre-indiqué*,[2] semble-t-il. Mais, par prudence, je crois qu'il vaut mieux se contenter de sourires silencieux.

J'étais plutôt interloqué. M. Dupont a eu l'air gêné.

— Je vous demanderai aussi de respirer le moins possible.

— Pardon?

— Oui, à cause de la vapeur d'eau. La construction n'est pas sèche, et il est écrit dans le manuel qu'il faut éviter d'augmenter l'humidité. Or, c'est écrit aussi, la respiration humaine produit de la vapeur d'eau.

Je lui ai demandé si la salle d'eau ne posait pas un problème, car puisque l'eau était à éviter, n'est-ce pas? ...

— On ne se sert pas de la salle d'eau, m'a-t-il répondu.

Je voyais que M. Dupont s'attendait à des catastrophes.

— Songez que, pour la moquette, on me conseille de bannir l'aspirateur-batteur. Pour les *baies*,[3] il faut des chiffons spéciaux.

---

[2] undesirable
[3] bay windows

Notez que le manuel est parfois rassurant: il m'assure que je
ne dois pas m'inquiéter si les murs craquent et si les poutres
s'affaissent. Pas plus que du bruit que fera le chauffage. Mais, j'ai
un grenier où l'on me déconseille de mettre une malle: le
plancher n'est pas fait pour cela. Bref, j'ai une maison solide
mais très fragile.

— Heureusement, il vous reste le jardin . . .

M. Dupont a levé les bras au ciel.

— Même pas! Le manuel m'apprend que je suis responsable des
dégâts provoqués par les racines des plantes aux canalisations.
Vous connaissez des plantes sans racines, vous?

J'étais aussi abattu que le pauvre M. Dupont.

— Qu'est-ce que vous allez faire?

— Passer une petite annonce: «Désire échanger pavillon neuf
et très solide contre *bicoque*[4] centenaire qui ne tient pas debout.»

D'après un article de Jean-Pierre Monein:
«Dans sa maison toute neuve, M. Dupont n'ose pas respirer.»
Le Hérisson

---

[4] shack

QUESTIONNAIRE

1. Comment M. Dupont a-t-il réalisé le rêve de sa vie?
2. M. Dupont était-il réjoui?
3. Pourquoi le visiteur a-t-il éclaté de rire?
4. Pourquoi M. Dupont demande-t-il à son visiteur de ne pas rire si fort?
5. Qu'a-t-il feuilleté?
6. Qu'est-ce que «le manuel du propriétaire»?
7. Le visiteur était-il à son aise?
8. Et M. Dupont, quel air avait-il?
9. Pourquoi M. Dupont demande-t-il à son visiteur de respirer le moins possible?
10. Pourquoi le visiteur a-t-il demandé si la salle d'eau ne posait pas un problème?
11. Que faut-il bannir pour conserver la moquette en bon état?
12. De quoi M. Dupont ne doit-il pas s'inquiéter?
13. Que lui déconseille-t-on de mettre au grenier?
14. Pourquoi M. Dupont lève-t-il les bras au ciel quand son interlocuteur lui dit:
«Heureusement, il vous reste le jardin»?
15. Que va faire le pauvre M. Dupont?

VOCABULARY EXERCISES

A. *Fill in the blanks with the proper word to be found in the list on the right.*

1. Dimanche dernier, j'ai ____ visite à un ami.
2. Je ____ trouver un homme réjoui.
3. Il a eu l'air ____.
4. C'était si imprévu que j'ai ____.
5. Il a ouvert une brochure qu'il a ____.
6. Je crois que, ____, il vaut mieux se contenter de sourire.
7. Il lui a demandé si la salle d'eau ne ____ pas un problème.
8. Le propriétaire a levé ____.
9. Voilà le mode ____.
10. Il cherche une bicoque centenaire ____.

a. par prudence
b. gêné
c. les bras au ciel
d. feuilletée
e. qui ne tient pas debout
f. rendu
g. d'emploi
h. posait
i. m'attendais à
j. éclaté de rire

B. *Replace the words in italics by a synonym to be found in the list on the right.*

1. C'est une histoire *vécue*.
2. Je *m'attendais à* trouver un homme réjoui.
3. Il *avait l'air* effrayé.
4. Il *vaut mieux* se contenter de sourire.
5. Le propriétaire était *gêné*.
6. M. Dupont *s'attendait à* des catastrophes.
7. Mon ami, songez qu'on me déconseille de *partir*.
8. Vous avez l'air *réjoui*.
9. Ce sont des dégâts *produits* par les racines.
10. *Bref*, cette maison ne tient pas debout.

a. en un mot
b. paraissait
c. prévoyait
d. causés
e. heureux
f. vraie
g. m'en aller
h. est préférable de
i. comptais
j. mal à l'aise

Deuxième Lecture

Anecdotes

Quand nous étions jeunes, nos professeurs nous racontaient souvent des histoires et des légendes qui illustraient la vie, le caractère, les ambitions ou les passions de personnages historiques. C'était une façon à la fois divertissante et facile d'apprendre l'histoire de France.

Je me souviens de Clovis, un roi franc qui régnait sur la partie nord de la Gaule dans les dernières années du ve siècle.

Il avait pour épouse une Burgonde appelée Clothilde. Elle était catholique et *tentait*[1] d'amener son époux à se convertir. Apparemment, le païen ne voulait rien entendre.

Cependant, un jour que ce guerrier *redoutable*[2] se trouvait dans une situation *fâcheuse*,[3] il a imploré, à sa façon, le Dieu des Chrétiens.

---

[1] attempted
[2] formidable

[3] ticklish

D'après[4] la légende, alors qu'il luttait contre les Alamans et qu'il était sur le point de perdre la bataille, il *s'est écrié*:[5] «Dieu de Clothilde, si tu me donnes la victoire, je croirai en toi.»

La bataille *gagnée*,[6] il *a tenu parole*[7] et a reçu le baptême des mains de saint Rémi, évêque[8] de Reims, qui lui a dit: «Baisse la tête, fier *Sicambre*,[9] adore *ce que*[10] tu as brûlé et brûle ce que tu as adoré.» Par ce geste, Clovis unissait pour plusieurs siècles les forces de la Monarchie et les forces de l'Église.

Clovis était un homme féroce, *colérique*[11] et vindicatif.

Après la bataille de *Soissons*,[12] *selon*[13] les mœurs du temps, Clovis et ses soldats *devaient*[14] se partager le *butin*.[15] Or, il y avait parmi les objets de prix un vase en or de grande valeur. Clovis l'a revendiqué. Un des soldats lui a fait remarquer qu'il n'avait droit comme tout le monde qu'à la part du butin qui lui *revenait*[16] et à rien de plus.

Comme Clovis *faisait la sourde oreille*[17] et, *en dépit des*[18] coutumes, voulait s'approprier le précieux trophée, le soldat, d'un coup de hache, *a brisé*[19] le vase en *mille morceaux*.[20]

A quelque temps de là,[21] alors que Clovis passait ses troupes en revue, il a reconnu le soldat sacrilège. Dans un moment de colère, il *s'est emparé*[22] de la hache du soldat et l'a jetée par terre. Au moment où l'homme *se baissait*[23] *pour la ramasser*,[24] Clovis lui *a tranché*[25] la tête de sa propre hache *en disant*:[26] «*Ainsi*[27] as-tu fait du vase de Soissons.»

Cette anecdote, qui n'est peut-être qu'une légende, a du moins le mérite de *faire ressortir*[28] la complexité des diverses facettes du caractère de Clovis, fondateur de la monarchie franque et premier roi barbare christianisé.

---

[4] according to
[5] shouted
[6] won
[7] kept his word
[8] bishop
[9] member of a German tribe
[10] what (that which)
[11] easily angered
[12] a city northeast of Paris
[13] according to
[14] were supposed to
[15] spoils
[16] what he was entitled to

[17] pretended not to hear
[18] in spite of
[19] broke
[20] pieces
[21] some time later
[22] seized
[23] stooped
[24] to pick it up
[25] cut off
[26] saying
[27] thus
[28] to bring out

GRAMMAR EXERCISES

A. *Complete the following sentences with the proper form of the imperfect of the verbs given in parentheses at the beginning of each sentence.*

1. (aimer) Paul ____ la musique. **2.** (faire) Il ____ beau. **3.** (dire) Que ____ -vous? **4.** (finir) Le jour ____ . **5.** (être) Où ____ -tu hier? **6.** (nager) Nous ____ souvent. **7.** (partir) Elle ____ comme nous arrivions. **8.** (vendre) Que ____ la vendeuse? **9.** (vivre) De quoi ____ -il? **10.** (venir) ____ -vous de rentrer quand je suis arrivé? **11.** (commencer) Cet enfant ____ à skier quand il s'est cassé la jambe. **12.** (étudier) Nous ____ le vocabulaire quand Paul a téléphoné. **13.** (offrir) D'habitude, nous lui ____ quelque chose à la Noël. **14.** (naître) Il y a 29 ans, je ____ dans une petite ville de province. **15.** (mourir) Dans le temps, beaucoup de personnes ____ en bas âge.

B. *Complete the following sentences with the proper form of the imperfect or the* passé composé *of the verbs given in parentheses at the beginning of each sentence.*

1. (arriver, faire) Hier, quand je ____ à Sugny, il ____ très beau. **2.** (souffler, rafraîchir) Un petit vent qui ____ du nord-est ____ l'atmosphère. **3.** (serpenter) La grand-route déserte ____ entre les vieilles maisons. **4.** (être) Tout ____ silencieux. **5.** (sembler) Tout ____ dormir. **6.** (se sentir) Pendant quelques minutes, je me ____ seul, presque dépaysé. **7.** (venir, être) Le monde où je ____ d'être projeté ____ -il réel? **8.** (exister, régner) Il ____ donc encore des coins perdus où le calme ____ ! **9.** (frapper) C'est alors que l'horloge du clocher de l'église ____ quatre coups. **10.** (répéter) Une minute plus tard, elle les ____ . **11.** (se réveiller) Et comme sous l'effet d'une baguette magique, le village ____ . **12.** (sortir) Les enfants ____ de chez eux. **13.** (suivre) Je les ____ des yeux. **14.** (rester) Les petits ____ bien sagement devant leurs maisons. **15.** (surveiller) Par la porte ouverte, les mamans les ____ . **16.** (Jouer, former, raconter) Les plus grands ____ à la balle pendant que les étudiants en vacances, appuyés sur leurs bicyclettes, ____ de petits groupes joyeux et se ____ les dernières blagues. **17.** (passer, marteler, donner) Un gros cheval ____ lentement près de cette bande insouciante. Et son pas lourd, qui ____ le macadam, soudain ____ à cette symphonie de rires un rythme grave et mesuré.

C. *Complete the following sentences with the proper form of the verb given in parentheses at the beginning of each sentence.*

1. (naître, mourir) Il y a des insectes qui ____ et ____ en quelques heures. **2.** (vivre) Nous ____ à une époque prodigieusement intéressante. **3.** (naître) Quand ____ -vous? **4.** (mourir) A quelle date son grand-père ____ -il? **5.** (vivre) C'est un Américain qui ____ à Paris pour le moment. **6.** (mourir, vivre) On ____ comme on ____ . **7.** (naître) L'enfant ____ en août prochain. **8.** (vivre) La semaine prochaine, Pierre ____ des heures d'angoisse. **9.** (mourir) Cette plante

_____ bientôt dans ce petit pot.   **10.** (vivre) Il y a quelques années, nous _____ à la campagne.   **11.** (naître) Voilà tout juste 20 ans que tu _____ dans la capitale. **12.** (mourir) Je pense que leurs deux enfants _____ en bas âge.

D.   *Change the following sentences to the past.*

Il fait beau. Le ciel est bleu. Les oiseaux chantent. Dans le jardin, les tulipes commencent à s'ouvrir. L'herbe devient verte. Je sors et je respire à pleins poumons. Mon chien gambade sur la pelouse. Je lui lance une pierre. Il la prend dans sa gueule et se sauve.

Tout à coup, un hélicoptère survole le jardin. Il passe si bas que je crois un moment qu'il va emporter le toit de la maison.

Le chien est épouvanté. Il regarde avec terreur cet oiseau monumental qui rase les toits. Il reste figé par la peur.

Un instant assombri par le passage de cet oiseau gigantesque, le jardin resplendit de nouveau sous les rayons d'un chaud soleil printanier.

Je suis sur le point de rentrer quand soudain j'entends le chien qui aboie de toutes ses forces: les muscles tendus, le regard méchant, il menace enfin l'ennemi qui se perd à l'horizon.

E.   *Do the same with the following sentences.*

On me dit qu'il fait beau en Bretagne; qu'il y a beaucoup de monde sur les routes et qu'il est prudent d'éviter les bouchons; qu'à Royan, il y a plus de 300.000 baigneurs: il ne reste pas un pouce de plage inoccupé.

On m'affirme que les routes empruntées par le Tour de France sont très encombrées, que la caravane est immense et cause des retards considérables.

Mon voisin me dit qu'il revient de la Côte d'Azur où il fait froid, que les bords de la Méditerranée sous la pluie sont loin d'être hospitaliers et qu'il est content d'être rentré chez lui.

COMPOSITION

Décrivez la maison de vos rêves.

Vingtième Leçon

ILLUSTRATION

— Merci, messieurs, d'*avoir accepté* d'*être interviewés* dans nos studios.

— Je vous en prie. C'est pour *nous* un plaisir.

— C'est *vous*, monsieur, qui allez *installer* une usine dans le Nord?

— Non, pas *moi*, mais *lui. Moi*, je suis avocat; *lui* est industriel.

— Oui, c'est à Valenciennes, plus exactement, que je vais *installer* cette usine.

— Pourquoi *avoir choisi* cet endroit?

— Eh! bien, parce que cela nous fait plaisir et parce que le gouvernement nous l'a demandé.

— Pourquoi?

— Pour *revivifier, rajeunir* l'industrie du pays et pour *décentraliser* l'industrie.

— La France a-t-elle l'esprit industriel nécessaire?

— Elle a le désir de *développer* l'industrie, de la *voir fleurir*, mais elle doit *apprendre* à *se poser* en compétiteur avec qui il faut *compter* et à *vouloir damer* le pion aux autres industries.

— Mais pourquoi à Valenciennes?

— Parce que c'est le carrefour de l'Europe. La ville est située entre deux autoroutes qui passeront de part et d'autre de notre usine: l'une, qui viendra de l'Ouest, l'autre qui ira vers Calais, donc vers l'Angleterre.

— Vous voyez loin, *vous*.

— J'ai fait *moi*-même un plan de 5 ans. Et puis, vous le savez, «*Gouverner* c'est *prévoir*».

— Nous vous souhaitons un grand succès, monsieur, à *vous* et à vos collaborateurs. Merci d'*être venus*, messieurs.

EXPLANATIONS

I. The Disjunctive Pronouns.

A. Forms.

The disjunctive pronouns are:

	SINGULAR	PLURAL
1st person	**moi**	**nous**
2nd person	**toi**	**vous**
3rd person	**lui/elle**	**eux/elles**

B. Uses.

1. After prepositions:

Ce soir, je resterai chez **moi**.
Jean est allé au cinéma sans **elle**.
Elle arrivera après **lui**.

2. After the comparative form of an adjective (see *Lesson 25*):

Jeanne est plus gentille que **lui**.
Ils sont plus riches que **nous**.

3. To emphasize a pronoun or contrast it with another:

Je l'ai déjà vue, **elle**.
Tu peux partir; **moi**, je reste.

Notice that the subject or object pronoun must be retained.

Lui, (il) est grand, **elle**, elle est petite.

Eux, (ils) sont grands, **elles**, elles sont petites.

With **lui** or **eux** in the subject position the use of il and ils is optional, but **elles** must be repeated to obtain the desired emphasis.

Moi, je suis petit. **Nous**, nous sommes grands.

Toi, tu es grand. **Vous**, vous êtes petits.

In the first and second persons the subject pronouns je, tu, nous, vous must be retained after their disjunctive forms.

4. In compound subjects:

Paul et **moi**, nous allons à Paris.

OR: Paul et **moi** allons à Paris.

Lui et **moi**, nous partirons demain.

OR: **Lui** et **moi** partirons demain.

The pronoun which sums up the parts may or may not be used. It is usually done when one of the pronouns is in the first or second person.

5. When used alone (often in answer to a question):

Qui m'accompagne? **Toi**?

Qui est là? **Moi**.

Qui voyez-vous souvent? **Lui**.

6. As the predicate of the verb **être** following **ce**:

C'est **moi**	C'est **nous**
C'est **toi**	C'est **vous**
C'est **lui/elle**	C'est *or* Ce sont **eux/elles**

In this case, use **c'est** with all disjunctive pronouns; with **eux** and **elles** the plural **sont** may be used.

NOTE:

If **c'est moi**, etc. is modified by a relative clause, the verb in that clause is in the same person as its antecedent (also see *Lesson 24*):

C'est moi qui vous **ai** téléphoné.

C'est toi qui lui **as** téléphoné. *etc.*

7. The word **même(s)** may be used with a disjunctive pronoun for further emphasis. It then means "myself," "yourself," etc.

Je l'ai fait **moi-même**.	*I did it myself.*
Elles l'ont fait **elles-mêmes**.	*They did it themselves.*

moi-même	**nous**-mêmes
toi-même	**vous**-même(s)
lui-même, **elle**-même	**eux**-mêmes, **elles**-mêmes

II. Uses of the Infinitive.

In French the infinitive is used rather frequently in various positions in the sentence. Its use does not pose great problems of comprehension but should nevertheless be studied in some detail.

A. The (Present) Infinitive.

1. It is used after a preposition in connection with another verb, a noun or an adjective — with the exception of the preposition **en** which calls for the present participle of the verb (*See Lesson 29*):

Il traverse le parc <u>pour</u> **aller** au
château.
Elle parle <u>sans</u> **réfléchir**.   *She talks without thinking.*

(Notice that with many prepositions such as *without*, English uses the present participle instead of the infinitive as is the case in French.)

Vous avez l'art <u>de</u> **gouverner**.   *You possess the art of ruling.*
Je suis heureux <u>de</u> vous **revoir**.   *I am happy to see you again.*
C'est facile <u>à</u> **dire**.   *That's easy to say.*

2. It may follow an adverb or pronoun such as **où** or **que (quoi)**:

Il ne sait <u>où</u> **aller**.   *He doesn't know where to go.*
Je ne sais <u>que (quoi)</u> **faire**.   *I don't know what to do.*

3. A verb which is followed by the infinitive of another may require either the preposition **à** or **de**, or no preposition at all. The use of **de, à** or no preposition in such instances should be learned by observation. No reliable rules can be established.

Il commence <u>à</u> **pleuvoir**.
J'ai accepté <u>de</u> **rencontrer** votre ami.
Le chien <u>veut</u> **sortir**.

4. In French, as in English, the infinitive is often preferred to another possible construction when no ambiguity will result:

Pourquoi **partir** si tôt?
(*instead of*: Pourquoi partez-vous si tôt?)
Il croit **être** à l'heure.
(*instead of*: Il croit qu'il est à l'heure.)

5. The infinitive frequently occurs with a verb denoting a (sensory) perception such as **regarder, entendre** etc.:

Nous regardons **passer** les voitures.
Nous les regardons **passer**.

(Watch the position of the object pronoun, i.e. in front of the verb of perception.)

Nous regardons les oiseaux **construire** leurs nids.
We are watching the birds build their nests.

(In this sentence, **les oiseaux** is the direct object of **regardons** and simultaneously the subject of **construire**, while **leurs nids** is the direct object of **construire**.)

6. The infinitive can also be used as a subject:

Critiquer est facile.
To criticize (Criticizing) is easy.

However, more often than not a construction with **Il est ... de ...** will be preferred:

Il est facile de **critiquer**.

At times, especially in proverbs, an infinitive will be found in front and after the expression **c'est**:

Partir c'est **mourir** un peu.
Leaving is dying a little.

B. The Past or Compound Infinitive.
The past infinitive consists of the infinitive of the auxiliary verb and the past participle of the principal verb.

avoir parlé   être parti

1. It must be used after the preposition **après** to indicate the completion of the action:

Je vous téléphonerai après **avoir fini** et après **être rentré**.

2. Some prepositions such as **avant de** may be followed by either the present or the past infinitive:

Je vous téléphonerai avant de **partir**.
I will phone you before leaving.

Nous vous téléphonerons avant de nous **décider**.
We will phone you before making up our minds.

Vous ne rentrerez pas avant de vous **être** bien **amusés**.
You will not return before having had much fun.

Je vous téléphonerai avant d'**avoir fini**.
I will phone you before having finished.

(... *avant de* **finir** would mean rather "... before starting the task of finishing." These are nuances of meaning which have to do with the built-in "aspect" of the verb and will be covered in more advanced grammar or linguistics courses).

III. The Irregular Verbs **connaître** and **venir**.

A. Connaître

PRESENT INDICATIVE

je connais	nous connaissons
tu connais	vous connaissez
il/elle connaît	ils/elles connaissent

PAST PARTICIPLE: connu

The following verbs are conjugated like **connaître**:

méconnaître	disparaître
paraître	reconnaître
apparaître	reparaître
comparaître	réapparaître

B. Venir

FUTURE

je viendrai	nous viendrons
tu viendras	vous viendrez
il/elle viendra	ils/elles viendront

Verbs whose future is like **viendrai**

advenir	se souvenir	contenir
convenir	subvenir	détenir
devenir	survenir	maintenir
parvenir	tenir	retenir
revenir	appartenir	soutenir

ORAL DRILLS

A. *Repeat the following, substituting the words in parentheses for the underlined word.*
J'ai fait ce travail avec toi.

(sans / pour / avant / après / près de / à cause de / chez / en face de / derrière / malgré / comme / loin de)

B. *Repeat the following sentence, substituting the disjunctive pronouns that correspond to the words in parentheses for the underlined word. Follow the example.*

> Qui me téléphonera? <u>Toi?</u>
> (Paul) **Qui me téléphonera? Lui?**

(Marie / l'avocat / la directrice / les enfants / Paul et Marie / Alice et Marie / Pierre et Paul)

C. *Start each of the following sentences with* **c'est.** *Make the necessary changes. Follow the example.*

> Paul part.
> **C'est lui qui part.**

1. Marie part. **2.** Vous partez. **3.** Je pars. **4.** Nous partons. **5.** Tu pars. **6.** Paul et Marie partent. **7.** Les filles partent. **8.** Les garçons partent.

D. *Replace the noun in italics by a disjunctive pronoun. Follow the example.*

> Cette lettre est pour *Françoise.*
> **Cette lettre est pour elle.**

1. Cette lettre est pour *Pierre.* **2.** Cette lettre est pour *mon père.* **3.** Cette lettre est pour *ma mère.* **4.** Cette lettre est pour *mes parents.* **5.** Cette lettre est pour *mon frère.* **6.** Cette lettre est pour *Marie.* **7.** Cette lettre est pour *le voisin.* **8.** Cette lettre est pour *la concierge.*

E. *Emphasize the subject, using the correct disjunctive pronoun. Follow the example.*

> Françoise aime la musique.
> **Elle, elle aime la musique.**

1. Je marche vite. **2.** Pierre va au cinéma. **3.** Les voisins sont riches. **4.** Nous allons voyager. **5.** Les filles ne pensent qu'à leurs robes. **6.** Tu restes ici. **7.** Vous fermerez les portes.

F. *Emphasize the object, using the correct disjunctive pronoun. Follow the example.*

> J'ai rencontré la voisine.
> **Je l'ai rencontrée, elle.**

1. Je t'ai cherché. **2.** Paul nous a invités. **3.** Ma mère m'a aidée. **4.** La directrice vous a regardés. **5.** Nous avons vu les voisins. **6.** Marie a remercié Paul. **7.** Vous avez reçu cette dame. **8.** J'ai accompagné les jeunes filles.

G. *Underline the contrast, using the correct disjunctive pronouns. Follow the example.*

Paul est grand; Marie est petite.
Lui est grand; elle, elle est petite.

1. Tu es grand; ta femme est petite.   **2.** Je suis jeune; mon voisin est âgé.   **3.** Vous êtes allés au cinéma; je suis allé au théâtre.   **4.** Nous préférons marcher; Pierre et Françoise préfèrent aller en voiture.   **5.** Pierre et Paul ont fait des fautes; Alice et Marie ont fait un bon travail.   **6.** J'aime mieux être professeur; tu aimes mieux être médecin.   **7.** Tu penses que c'est beau; Paul pense que c'est laid. **8.** Pierre aime la musique; Marie préfère lire.

H. *Complete the following sentences, using the correct disjunctive pronouns. Follow the example.*

Nous partons en voiture, Pierre et ____.
Nous partons en voiture, Pierre et moi.

1. Ils partent en voiture, ____.   **2.** Vous partez en voiture, ____.   **3.** Elles partent en voiture, Marie et ____.   **4.** Nous partons en voiture, elle et ____.   **5.** Vous partez en voiture, lui et ____.   **6.** Ils partent en voiture, lui et ____.   **7.** Nous partons en voiture, lui et ____.   **8.** Ils partent en voiture, elle et ____.   **9.** Nous partons en voiture, eux et ____.   **10.** Vous partez en voiture, eux et ____.   **11.** Vous partez en voiture, vous et ____.   **12.** Ils partent en voiture, elles et ____.

I. *Change the following sentences to the future. Follow the example.*

Paul revient de Paris.
Paul reviendra de Paris.

1. Marie vient vous voir.   **2.** Je tiens à partir tôt.   **3.** Nous maintenons nos idées. **4.** Tu parviens à destination.   **5.** Vous devenez vieux.   **6.** Les jeunes gens reviennent ce soir.   **7.** Je me souviens de cette histoire.   **8.** Le pot ne contient pas un litre.   **9.** Cette maison vous appartient-elle?   **10.** Ils soutiennent qu'ils ont raison.   **11.** Nous retenons le nom de la rue.   **12.** Qu'advient-il de ces enfants?

J. *Repeat the following sentences using the words in parentheses as new subjects. Make the necessary changes.*

1. La brume disparaît.

(Paul / Nous / Les livres / Le brouillard / La plage / Vous / Je / Les taches)
2. Les étoiles réapparaissent.

(La lune / Les fautes / Paul et moi / Le soleil / Marie et toi / Les difficultés)

K. *Substitution exercise.*

Je connais ses qualités.
Paul..........................
...............ses défauts.
Paul reconnaît.............
...............son mérite.
Vous ....
....................sa valeur.
Vous méconnaissez ....
Tu ....
.... ses capacités.
Tu reconnais..............
Nous ....
...............ton courage.
Nous connaissons.........
Pierre ....
.............tes intentions.
Pierre méconnaît..........
Tes amis...................
.............le règlement.
Tes amis connaissent.....
Je ....

L. *Change the following sentences to the passé composé. Follow the example.*

Je connais bien ces personnes.
J'ai bien connu ces personnes.

1. Vous paraissez inquiète. **2.** Le soleil disparaît à l'horizon. **3.** Nous méconnaissons ses qualités. **4.** Le voleur comparaît devant le juge. **5.** Tu me parais fatigué. **6.** Un spectre lui apparaît. **7.** Les Dupont connaissent des difficultés. **8.** Les taches disparaissent.

M. *Complete each of the following sentences with a negative clause. Follow the example.*

Moi, j'apprends à jouer du piano, mais lui, **il n'apprend pas à jouer du piano.**

1. Moi, je commence à bien parler, mais vous, ____. **2.** Moi, je réussis à me lever de bonne heure, mais vous, ____. **3.** Moi, je me mets à conduire, mais vous, ____. **4.** Moi, je m'amuse à dessiner, mais vous, ____. **5.** Moi, j'aide cet enfant à faire ses devoirs, mais vous, ____. **6.** Moi, je tiens à partir tôt, mais vous, ____. **7.** Moi, j'ai à travailler, mais vous, ____. **8.** Moi, je continue à faire des fautes, mais vous, ____.

N. *Answer the following questions using the information given in each of them. Follow the example.*

> Paul a essayé de danser. Et Marie?
> **Elle aussi a essayé de danser.**

1. Les enfants ont décidé de sortir. Et les parents? **2.** J'ai eu raison de rentrer tôt. Et vous? **3.** Nous avons convenu d'aller à Paris. Et toi? **4.** Pierre s'est hâté de partir. Et son frère? **5.** M. Dupont vous a remercié de l'avoir invité. Et M. Durand? **6.** Vous vous êtes souvenu d'être passé par Rome. Et votre sœur? **7.** Mon voisin m'a permis de traverser sa prairie. Et votre voisin? **8.** Tu as décidé de faire un voyage. Et ta femme?

O. *Answer the following questions, using the first person plural and the information given in parentheses with each question. Follow the example.*

> Que regardez-vous passer? (les voitures)
> **Nous regardons passer les voitures.**

1. Qui entendez-vous rentrer? (les enfants) **2.** Qui regardez-vous jouer? (Paul) **3.** Que sentez-vous brûler? (le rôti) **4.** Qui écoutez-vous chanter? (la cantatrice) **5.** Que voyez-vous bouger? (les feuilles) **6.** Que sentez-vous battre? (le cœur) **7.** Qu'entendez-vous s'ouvrir? (la porte)

P. *Repeat the following sentence substituting the infinitives in parentheses for the underlined infinitive.*

Il est parti sans <u>manger</u>.

(regarder / rire / pleurer / hésiter / tarder / se hâter / se presser / se retourner)

Q. *Repeat the following sentences substituting the past form of the infinitives given in parentheses for the underlined past infinitive.*

1. Nous sommes rentrés après <u>avoir mangé</u>.

(nager / dîner / sortir / aller au cours / être à Paris / avoir froid / se perdre / s'amuser)

2. Partirez-vous avant d'<u>avoir fini</u> votre travail?

(terminer / compléter / revoir / relire / écrire / corriger / taper / refaire)

R. *Complete the following sentences with the correct form of the verbs given in parentheses at the beginning of each sentence. Follow the example.*

(se brosser les dents) Il ne sortira pas avant de **s'être brossé les dents.**

1. (se laver) Tu ne sortiras pas avant de ____. **2.** (s'habiller) Nous ne sortirons pas avant de ____. **3.** (se coiffer) Marie ne sortira pas avant de ____. **4.** (se réconcilier) Pierre et Paul ne sortiront pas avant de ———. **5.** (se calmer) Vous ne sortirez pas avant de ———. **6.** (se défendre) Je ne sortirai pas avant de ———. **7.** (se maquiller) Ma sœur ne sortira pas avant de ———. **8.** (se mettre d'accord) Mes parents ne sortiront pas avant de ———. **9.** (se raser) Bernard ne sortira pas avant de ———.

Vocabulary

Primary

âgé aged
aimer mieux to prefer
l'**arrêt** (*m*) stop
l'**autoroute** (*f*) highway
avoir raison to be right
bon right
bouger to move
le **brouillard** ⎱ fog
la **brume** ⎰
le **car** bus, coach
convenir to agree
d'après according to
le **débutant** beginner
(se)**demander** to wonder
démarrer to start
de part et d'autre on both sides
de près close by
désolé sorry
devant in front of
dévoiler to unveil, to reveal
dissimuler to conceal
enchanté delighted
l'**endroit** (*m*) place
entre between
l'**étoile** (*f*) star
faire erreur to be mistaken
faire plaisir to please
fleurir to blossom
froidement unpleasantly
le **guide** guide; guide book
heureux (*f*: **-se**) happy

inclus included
installer to install
la **lune** moon
malgré in spite of
manifestement obviously
la **mare** pond
parvenir to reach
le **poing** fist
le **pouvoir** power
(se)**précipiter** ⎱ to hasten
se **presser** ⎰
profondément deeply
(se)**promener** to take a walk
remercier to thank
(se)**remettre** to go back
(se)**reposer** to rest
(se)**retourner** to look back
le **rétroviseur** rear mirror
réussir to succeed
revoir to see again
la **robe** dress
le **rôti** roast
la **santé** health
sentir to feel
se **souvenir** to remember
tandis que while
tant pis too bad
le **tarif** rate
tenir (à) to want
l'**une/l'un** one (*pron.*)
visiblement obviously

Secondary

advenir to happen
balayer to sweep
le barbu bearded man, hippy
la cancatrice/le chanteur singer
le carrefour crossroad
comparaître to appear
confondre to confuse
le confrère colleague
contenir to hold
se cramponner to hold fast
la curiosité the thing to see
dessiner to draw
détenir to detain, hold
la directrice/le directeur director
le fou rire uncontrollable laughter
garer to park
gronder to scold
(se) hâter to hurry
le hurlement yell

inquiet/inquiète uneasy
maigrir to grow thin
manquer to be missing
méconnaître not to recognize
l'original (m) queer character
paresseux (f: -se) lazy
pencher to lean
(se) perdre to get lost
plonger to plunge
prier to pray
repartir to set out again
revivifier to enliven, quicken again
soutenir to sustain
subvenir to provide
survenir to occur
la tache stain
la toux cough
le voleur thief

Expressions

Primary

à l'étranger abroad
allons bon! why!
attention watch out
au passage passing by
c'est pour moi un plaisir it is my
   pleasure
comme un seul homme all together

dormir à poings fermés to sleep like a
   log
en voiture! all aboard!
être à l'heure to be on time
je vous en prie please
se mettre en route to set out
taper à la machine to type

Secondary

damer le pion à quelqu'un to outwit
   s.o.
en dire long to tell a lot about

tout compris all included
voir loin to have made longdated plans

Première Lecture

Le «tout compris»

Avec une précision qui montre bien son expérience, le chauffeur du car se faufile entre deux de ses confrères garés sur le *Champ-de-Mars*.[1] Comme un seul homme, les quarante-cinq touristes se sont levés: ils savent que là, on s'arrête. Alors pour en profiter, ils se précipitent et bousculent au passage l'hôtesse-interprète. Elle, cramponnée à la porte, explique à un petit monsieur anglais que l'on s'est arrêté loin de la tour Eiffel pour pouvoir la photographier. Le monsieur est un peu déçu: il voulait la voir de près. Mais le tarif du combiné «Paris historique-Paris moderne» ne le prévoit pas.

Pendant que le guide rappelle en trois langues: «Attention. Cinq minutes d'arrêt seulement pour prendre les photos.», un Mexicain descend en retard de l'autocar. Il lève le nez d'un guide et d'un programme *Dix Capitales en vingt jours* et manifestement, il a des problèmes. Il attaque l'interprète en anglais:

— On m'avait dit qu'elle penchait, que c'était cela la curiosité.

— . . .

— Je veux voir la tour qui penche, c'est compris dans le «Tour».

— Heu . . . Vous confondez peut-être avec Pise . . .

— Pise? Pise . . . (il regarde son programme).

— Oh oui, pardon, désolé, je me trompe, c'est le prochain arrêt, je n'étais pas sur la bonne ligne.

---

[1] esplanade by the Eiffel Tower

Rassuré, il se tourne vers la tour qui ne penche pas, se remet à la bonne page tandis que l'interprète dissimule mal son *fou rire*.[2]

L'arrêt photo est terminé. En voiture. Allons bon, il manque deux touristes, deux originaux qui sont allés voir la tour de près. Tant pis. Le car démarre. Au coin du Champ-de-Mars, des *hurlements*[3] *éclatent*:[4] les deux Espagnols apparaissent dans le rétroviseur et protestent. On s'arrête et on les gronde. C'est promis, ils ne le feront plus.

«Tour» après «Tour», les touristes se suivent et ne se ressemblent pas, même si le Paris qu'on leur offre est le même, simplifié et déformé par l'accent des hôtesses et par la chaleur.

Quartier Latin; un Anglais dort *à poings fermés*.[5] Un Allemand descend en face de la Sorbonne; il cherche un «*barbu*»[6] pour sa photo. On repart, on revient, on voit les Grands Boulevards. Ça, c'est «Paris moderne». La Bastille; un Anglais veut s'arrêter pour visiter. «Non, dit froidement le chauffeur, tout a été détruit et on est en retard.» Déçu, son interlocuteur contemple son ticket. Ce n'était pas compris, rien à dire.

L'hôtesse, à qui j'ai révélé pourquoi je me promenais dans son car, m'a regardé un peu surprise puis, féroce, elle a dit: «Vous connaissez la différence entre les touristes que je promène et vous quand vous êtes touriste à l'étranger? Eh bien, eux, ne cherchent pas partout un *bifteck frites*!»[7]

D'après l'article de C. M. Vadrot:
«Paris by Tourist»,
L'Aurore

---

[2] uncontrollable laughter
[3] yells
[4] break out
[5] like a log
[6] hippy
[7] steak with French fries

QUESTIONNAIRE

1. Qu'est-ce qui montre que le chauffeur du car n'est pas un débutant?
2. Dans quelle partie de Paris gare-t-il son car?
3. Combien y a-t-il de touristes dans le car?
4. Pourquoi se sont-ils levés comme un seul homme quand ils sont arrivés au Champ-de-Mars?
5. A quoi l'hôtesse-interprète est-elle cramponnée?
6. Pourquoi le car s'est-il arrêté loin de la Tour Eiffel?
7. Pourquoi le monsieur anglais est-il déçu?

8. Quel genre de «tour» ces touristes ont-ils choisi?
9. Pourquoi le Mexicain est-il en retard?
10. Que voulait-il voir?
11. Qu'est-ce qu'il confondait?
12. Comment l'interprète dissimule-t-elle son fou rire?
13. Où sont allés les deux Espagnols?
14. Comment est le Paris qu'on offre aux touristes?
15. Que fait l'Anglais au Quartier Latin?
16. Que cherche l'Allemand?
17. Pourquoi un Anglais veut-il s'arrêter?
18. Quelle est, d'après l'hôtesse, la différence entre les touristes étrangers à Paris et les Français à l'étranger?

VOCABULARY EXERCISES

A. *Fill in the blanks with the proper word to be found in the list on the right.*

1. Les ⎯⎯ sont garés sur le Champ-de-Mars.	a. porte
2. Les touristes se sont levés ⎯⎯.	b. bonne
3. L'hôtesse est cramponnée à la ⎯⎯.	c. prendre
4. Les touristes la ⎯⎯ au passage.	d. froidement
5. On a 5 minutes pour ⎯⎯ des photos.	e. cars
6. Il ⎯⎯ le nez d'un programme.	f. tour
7. Il se remet à la ⎯⎯ page.	g. comme un seul homme
8. L'interprète ⎯⎯ mal son fou rire.	h. dissimule
9. Pise a une ⎯⎯ qui penche.	i. lève
10. Le chauffeur refuse ⎯⎯.	j. bousculent

B. *Replace the words in italics by a synonym to be found in the list on the right.*

1. Le monsieur est *déçu*.	a. visiblement
2. Il a *manifestement* des problèmes.	b. cache
3. C'est *compris* dans le "Tour".	c. profondément
4. Je *me trompe*.	d. considère
5. L'interprète *dissimule* son rire.	e. désappointé
6. La voiture *démarre*.	f. fais erreur
7. Un Anglais dort *à poings fermés*.	g. dévoilé
8. Il est descendu *en face de* la Sorbonne.	h. se met en route
9. Le touriste *contemple* son ticket.	i. devant
10. Il m'a *révélé* un secret.	j. inclus

Deuxième Lecture

La truite

La truite est un poisson qui vit dans les eaux pures et *vives*.[1] Elle se nourrit de proies vivantes. C'est un *carnassier*.[2]

La truite est un petit poisson: la truite de rivière et de *ruisseau*[3] mesure rarement plus de 50 centimètres.

On connaît plusieurs variétés de truites: la petite truite bleue *tachetée*[4] qui préfère les lacs et les torrents; la truite saumonée, à *chair*[5] rougeâtre comme la chair du saumon; la truite arc-en-ciel, très résistante, que l'on a importée d'Amérique, et *bien d'autres*[6] encore.

La truite arc-en-ciel a des reflets *irisés*.[7] Elle a le dos bleuâtre et le *ventre*[8] argenté ou *doré*.[9] Tout le corps est *parsemé*[10] de petits points noirs. Sur les flancs, elle porte une bande orange ou rouge.

---

[1] fresh
[2] carnivore
[3] creek
[4] spotted
[5] flesh, meat

[6] many others
[7] iridescent
[8] stomach
[9] golden
[10] sprinkled

Elle est élégante. Il est bien connu que son défaut est d'être imprudente. Elle s'aventure parfois dans la mer. Malheureusement, elle ne reviendra jamais de cette escapade. Qu'*adviendra-t-il*[11] de cette *étourdie*?[12] Elle mourra, asphyxiée par le *sel*[13] marin.

La chair de la truite est fine et estimée. Il y a deux façons types de préparer la truite: *au bleu*[14] et *à la meunière.*[15] Il appartiendra à chacun de faire son choix. Les deux *apprêts*[16] supposent une condition expresse: la fraîcheur absolue du poisson.

Si on achète la truite vivante, on la maintiendra en vie dans un grand récipient d'eau froide pendant plusieurs heures.

Au moment de *cuire*[17] les truites, *il conviendra*[18] d'abord de les *tuer.*[19] On peut leur plonger la tête dans l'eau *bouillante*[20] ou les *étourdir*[21] d'un coup sur la tête.

Après avoir coupé les *nageoires*[22] et le *bout*[23] de la *queue*[24] avec des ciseaux, après avoir enlevé les *ouïes*[25] et nettoyé l'intérieur, vous roulerez les truites dans de la farine, vous les assaisonnerez de sel et de *poivre*[26] et vous les ferez cuire au beurre dans la *poêle,*[27] pendant une *dizaine*[28] de minutes. Retournez les truites une seule fois pendant la *cuisson.*[29] Après vous être assuré de leur *parfaite*[30] cuisson, *retirez*[31] les truites avec précaution de la poêle et alignez-les sur un plat *chauffé.*[32] Après les avoir garnies de *persil*[33] et de *tranches*[34] de citron, arrosez-les de beurre frais et servez-les immédiatement.

---

[11] will happen
[12] scatterbrain
[13] salt
[14] in vegetable broth and white wine
[15] rolled in flour and cooked in butter
[16] ways of preparation
[17] to cook
[18] it will be fitting
[19] to kill
[20] boiling
[21] to stun
[22] fins

[23] end
[24] tail
[25] gills
[26] pepper
[27] frying pan
[28] about 10
[29] cooking
[30] thorough
[31] remove
[32] warmed
[33] parsley
[34] slices

GRAMMAR EXERCISES

A. *Complete the following sentences with the proper disjunctive pronoun.*

1. Je vous souhaite de bonne vacances, à ___ et à votre famille. **2.** Était-ce pour ___ une surprise de revoir ton ami? **3.** Je suis fatigué: je rentre chez ___. **4.** Qui m'a appelé? ___? **5.** C'est ___ qui vous a appelé. **6.** Je croyais que c'était ___ qui me cherchiez. **7.** ___ est travailleur mais ___ sont paresseux.

8. ____, je suis allée en ville. 9. Paul et ____ devez partir tout de suite. 10. ____ tu es gentil mais ____ ne l'est pas. 11. Attendez-moi. Ne partez pas sans ____. 12. C'est ton livre? Il est à ____? 13. ____ et toi êtes partis tard. 14. Lui et ____ sommes rentrés tôt. 15. Ils vont à Paris, lui et ____. 16. Ce sont ____ qui traversent le parc. 17. Elle est malade. Pourquoi n'allez-vous pas chez ____? 18. Je le connais ____, mais ____, je ne la connais pas. 19. Vous connaissez des plantes sans racines, ____?

B. *Complete the following sentences with either the present infinitive or the past infinitive of the verbs given in parentheses at the beginning of each sentence.*

1. (accepter) Merci, monsieur, de ____ de venir dans nos studios. 2. (partir) N'oubliez pas de fermer les portes avant de ____. 3. (rentrer) Je pense ____ avant 5 heures. 4. (aller) Je me demande où ____. 5. (manger) Ne courez pas après ____. 6. (comprendre) C'est difficile à ____. 7. (choisir) Vous allez en Grèce. Pourquoi ____ ce pays-là? 8. (finir) Il se hâte pour ____ avant vous. 9. (essayer) Elle mange moins pour ____ de maigrir. 10. (faire) Ces exercices ne sont pas faciles à ____. 11. (savoir) Mon frère est heureux de vous ____ en bonne santé. 12. (terminer) Il pense ____ avant 5 heures. 13. (prendre) Nous avons besoin de ____ des vacances. 14. (venir) Merci de ____. 15. (faire) Je suis enchanté de ____ votre connaissance. 16. (travailler) Vous avez à ____.

C. *In the following sentences, fill in the blanks with a preposition if necessary. (All the verbs, nouns and adjectives are used in this lesson).*

1. La France a le désir ____ voir fleurir son industrie. 2. Elle doit apprendre ____ se poser en compétiteur avec qui il faut ____ compter. 3. Elle doit ____ vouloir ____ damer le pion aux autres industries. 4. ____ gouverner c'est prévoir. 5. Merci ____ être venu. 6. On s'est arrêté pour pouvoir ____ photographier la Tour. 7. Il voulait voir ____ la Tour de près. 8. Les deux originaux sont allés ____ voir la Tour de près. 9. Il n'a rien ____ dire. 10. Vous allez ____ faire un voyage à l'étranger. 11. C'est un mot facile ____ prononcer. 12. Il commence ____ neiger. 13. Je suis heureux ____ faire votre connaissance. 14. Il croit ____ avoir fait une faute. 15. Vous avez besoin ____ vous reposer. 16. Il a l'art ____ déléguer ses pouvoirs. 17. Ces étudiants essaient ____ faire mieux. 18. Je ne crois pas ____ avoir choisi une profession lucrative. 19. J'ai trouvé un ouvrier qui a accepté ____ faire le travail. 20. Il est difficile ____ ne rien faire.

COMPOSITION

Vous avez fait une visite guidée en autocar dans une grande ville que vous ne connaissiez pas. Dites quelles ont été vos impressions.

Vingt et unième Leçon

ILLUSTRATION

— Qu'est-ce qu'il *y* a à la une des journaux du dimanche?

— Que voulez-vous qui s'*y* trouve sinon des considérations sur la dévaluation!!!

— Il n'*y* avait déjà pas mal de commentaires dans certains journaux de samedi.

— Oui, dans *L'Aurore*, par exemple. On *y* voyait, en première page et en gros caractères, la décision prise à 19 heures 27 par le gouvernement.

— C'est précis.

— On disait aussi que huit personnes seulement *y* avaient participé.

— Cela vous a surpris?

— Il fallait s'*y* attendre.

— Les étrangers se sont précipités chez les changeurs manuels.

— Ils *y auront gagné*.

— Par contre, les Français qui vont partir à l'étranger . . .

— Ou qui *y* sont déjà . . .

— Ah! ceux-là particulièrement, vont *y* perdre.

— Eh oui! C'est fait. On n'*y* changera rien.

. EXPLANATION

I. The Adverbial Pronoun **y**.

A. Uses.

The pronoun **y** has various but related uses.

1. It occurs most frequently in the idiom **il y a . . .** (*there is, are . . .*)

2. It refers to a place already mentioned in which case it means *there*:

Je suis à Paris et j'y resterai un mois.
J'irai à Rome, je m'y rendrai bientôt.

NOTES:

a) The place referred to by **y** is usually introduced by the preposition **à** (never **de**, which calls for the pronoun **en**, to be discussed in *Lesson 22*) and sometimes by other prepositions such as **dans, en, chez, sur**:

Est-il chez lui (*at home*)? Oui, il **y** est.
Le beurre est-il dans le frigo? Oui, il **y** est.

b) The adverb **là** denotes a place not yet mentioned while **y** refers to a place stated earlier. Compare:

Vous allez à l'université? Oui, j'y vais.
Où est mon livre? Là.

3. With certain verbs or verbal expressions followed by the preposition **à** such as **penser à, faire attention à, s'intéresser à**, **y** replaces the object or phrase introduced by **à**. In this case, the object is not a genuine indirect object but rather the "object of the preposition" itself and usually refers to things or animals:

Est-ce qu'elle s'intéresse aux langues? Oui, elle s'**y** intéresse.
Ne pensez pas au travail. Non, je n'**y** penserai pas.
Attention au chien. J'**y** ferai attention.

NOTES:

a) With these verbs the disjunctive pronoun should be used when the object of the preposition **à** refers to a person.

Pensez-vous souvent à vos anciens amis? Oui, je pense souvent **à eux**.
Cet homme n'est pas honnête, je ne me fie pas **à lui**.

In contemporary, colloquial speech a tendency to use **y** even with reference to a person can be observed.

Vous penserez à moi? Oui, j'**y** penserai.

Vous **y** tenez à ce jeune homme?

Are you fond of this young man?

(The **y** is redundant in this instance but reinforces **ce jeune homme**.) However, in these instances, the disjunctive pronoun is still preferable.

b) After other prepositions[1] such as **avec, après, devant, derrière, près de**, etc. the disjunctive pronoun must be used even in reference to an animal:

Faites attention au cheval. Ne passez pas **près de lui**.

4. With the verb **appartenir à**, the object of **à** is replaced by the indirect object pronoun for persons, animals and things alike:

Cette roue appartient-elle à votre voiture? Non, elle ne **lui** appartient pas.

5. The verb **répondre à** has two constructions: When its object refers to a person, the indirect object pronoun must be used (not the disjunctive, unless emphasized):

Répondrez-vous à votre frère? Oui, je **lui** répondrai.

When the object is a thing, **y** must be used:

Je réponds à sa lettre. J'**y** réponds à l'instant.

6. Before a verb starting with **i–**, **y** is omitted for phonetic reasons:

Vous allez à Paris? Oui, **j'irai** bientôt.

B. Position.

Y follows the other pronouns (except **en**, see *Lesson 22*):

Avez-vous vu Paul à Paris? Je l'**y** ai vu.

Je ne l'**y** ai pas vu.

L'**y** avez-vous vu?

Ne l'**y** avez-vous pas vu?

Rencontrez-l'**y** donc!

Ne l'**y** rencontrez pas!

---

[1] Usually, nouns referring to things and animals preceded by **dans, sous, sur** are replaced by the adverbs corresponding to these prepositions, i.e. **dedans, dessous, dessus**: Voilà un placard. Cachez-vous **dedans**. (= dans ce placard)

NOTES

a) Moi, toi become **m'**, **t'** before **y**:

Conduis-moi en ville! Conduis-m'y!

b) In the imperative positive of **-er** verbs, second person singular, the **-s** is retained before **y** (for reasons of euphony):

Penses-y.
Vas-y.

II. The Future Anterior (*le futur antérieur*).

A. Formation.

Like the *passé composé*, the future anterior is a compound tense. It is composed of the future of the auxiliary verb and the past participle of the principal verb:

J'**aurai** bientôt **fini**.
Je **serai** déjà **parti** quand vous arriverez.

B. Uses.

The future anterior expresses an action which happens prior to another in the future. It occurs especially with **quand, dès que, aussitôt que, lorsque**:

Je lirai ce livre dès que tu l'**auras lu**.
Quand tu **seras rentré**, j'irai en ville.

Notice that in these instances English simply uses the compound past:

I will read this book as soon as you have read it.
(NOT: *. . . as soon as you will have read it.*)

The future anterior is also used to express a probability.

Il **aura reçu** ma lettre.   *He has probably received my letter.*

NOTE:
There are three other ways to express probability.

a) with a simple future:

On sonne, ce **sera** le facteur.

b) with an adverb:

Il a **probablement** reçu ma lettre.
Il a **sans doute** reçu ma lettre.

c) with **devoir** + past infinitive: or **avoir dû** + present infinitive:

Il **doit avoir reçu** ma lettre.
Il **a dû recevoir** ma lettre.

III. The Irregular Verb **craindre**.

PRESENT	FUTURE	IMPERFECT
je crains	je craindrai	je craignais
tu crains	tu craindras	tu craignais
il/elle craint	il/elle craindra	il/elle craignait
nous craignons	nous craindrons	nous craignions
vous craignez	vous craindrez	vous craigniez
ils/elles craignent	ils/elles craindront	ils/elles craignaient

PAST PARTICIPLE: craint

The following verbs are conjugated the same way:

joindre	rejoindre	adjoindre
plaindre	peindre	dépeindre

ORAL DRILLS

A. *Repeat the following sentences using* **y** *instead of the words in italics. Follow the example.*

Je vais *à Paris.*
J'y vais.

1. Il est *à Paris.*   **2.** Marie va *au théâtre.*   **3.** Nous restons *chez nous.*   **4.** Tu habites *Paris.*   **5.** Vous descendez *en ville.*   **6.** Ils résident *au Canada.*   **7.** Je cours *au bureau de poste.*   **8.** Mon amie est *en Grèce.*   **9.** Elle se rendra *en Italie.*   **10.** Paul entre *au musée.*   **11.** Je m'assieds *au premier rang.*   **12.** Tu monteras *dans ta chambre.*

B. *Repeat the following sentences using* **y** *or a disjunctive pronoun instead of the words in italics. Follow the examples.*

Je pense *à Paul.*
Je pense à lui.
Je m'intéresse *à ce livre.*
Je m'y intéresse.

1. Il s'intéresse *à nos amis.*   **2.** Nous nous mettons *au travail.*   **3.** Marie veille sur *son frère.*   **4.** Pierre s'est enfui *dans le bois.*   **5.** Je ne me fie pas à *cet homme.*   **6.** Vous vous êtes habitué *à mes manies.*   **7.** Nous nous sommes tournés vers *Paul.*   **8.** Paul ne s'est pas attaché à *cette jeune fille.*   **9.** Tu passeras devant *la voiture.*   **10.** Il n'y a rien derrière *le fauteuil.*

C. *Answer the following questions in the affirmative, using* **y** *or a disjunctive pronoun.* *Follow the example.*

> Pensez-vous aux vacances?
> **Oui, nous y pensons.**
> Rouliez-vous derrière le camion?
> **Oui, nous roulions derrière lui.**

1. Pierre a-t-il répondu à votre question? **2.** Êtes-vous monté au 2ème étage?
3. T'adresseras-tu au directeur? **4.** Marie s'attendait-elle à une catastrophe?
5. Les étudiants assisteront-ils à la conférence? **6.** Ce chemin conduit-il au village?
7. Songes-tu à ton voyage? **8.** Marie tient-elle à sa mère? **9.** Irez-vous à Paris?

D. *Respond to the following, using* **y** *or a disjunctive pronoun. Follow the example.*

> Dites-moi de répondre à Pierre.
> **Répondez-lui.**

Dites-moi de . . .
1. m'asseoir dans ce fauteuil. **2.** ne pas me fier à cet inconnu. **3.** m'intéresser
à ce roman. **4.** faire attention à la peinture. **5.** m'attendre à une surprise.
6. m'adresser à la concierge. **7.** assister au concert. **8.** me cacher derrière le mur.
9. penser à vos parents.

E. *Respond to the following, using* **y** *or a disjunctive pronoun. Follow the example.*

> Dites-moi de ne pas m'attacher à cette femme.
> **Ne vous attachez pas à elle.**

Dites-moi de ne pas . . .
1. entrer dans la cuisine. **2.** m'intéresser à cette affaire. **3.** m'asseoir sur la
chaise. **4.** tenir à cette personne. **5.** rouler derrière le gros camion. **6.** sortir
sans mon parapluie. **7.** aller à Paris.

F. *Repeat the following sentences using pronouns instead of nouns. Follow the example.*

> Reportez ce livre à la bibliothèque.
> **Reportez-l'y.**

1. Conduisez-moi au village. **2.** Habituez-vous à nos coutumes. **3.** Attendons-
nous à son arrivée. **4.** Envoyez votre lettre à Paris. **5.** Intéressez-vous à cette
question. **6.** Asseyez-vous dans le jardin. **7.** Mets-toi au travail. **8.** Portez la
lettre à la boîte. **9.** Laissez les valises à l'hôtel. **10.** Fiez-vous à l'ordinateur.

G. *Do the preceding exercise in the negative.*

Reportez ce livre à la bibliothèque.
Ne l'y reportez pas.

H. *Repeat the following sentences, using the future anterior in the main clause. Follow the example.*

Quand vous arriverez, je partirai.
Quand vous arriverez, je serai parti.

Quand vous arriverez, . . .
1. je sortirai. **2.** je rentrerai. **3.** je lirai ce livre-là. **4.** je téléphonerai à Paul. **5.** j'irai en ville. **6.** je ferai mes devoirs. **7.** j'ouvrirai les fenêtres. **8.** je mangerai. **9.** j'écrirai à Marie.

I. *Answer the following questions using* **dès que** + *the verb given in parentheses. Follow the example.*

Quand partirez-vous? (déjeuner)
Nous partirons dès que nous aurons déjeuné.

1. Quand Paul partira-t-il? (manger) **2.** Quand me téléphoneras-tu? (arriver) **3.** Quand Marie sortira-t-elle? (finir) **4.** Quand les enfants iront-ils nager? (rentrer de l'école) **5.** Quand rentrerez-vous? (faire les courses) **6.** Quand irons-nous au cinéma? (dîner) **7.** Quand pourrai-je voir vos «diapos»? (les recevoir) **8.** Quand me rendras-tu mon livre? (le lire)

J. *Do the preceding exercise using* **aussitôt que** *instead of* **dès que.**

Nous partirons aussitôt que nous aurons déjeuné.

K. *Do exercise I. using* **lorsque** *instead of* **dès que.**

Nous partirons lorsque nous aurons déjeuné.

L. *Repeat the following sentence substituting the correct form of the verbs in parentheses for the underlined verb.*

Vous ne trouvez pas les lettres? Vous les aurez envoyées.

(perdre / égarer / classer / mettre à la boîte / déchirer / jeter / mettre de côté / ranger)

M. *Repeat the following sentences, using four different ways to express probability. Follow the examples.*

> Il a réussi.
> **Il aura réussi.**
> **Il a probablement réussi.**
> **Il a sans doute réussi.**
> **Il doit avoir réussi.**

1. Je l'ai rencontré il y a deux ans.   **2.** Vous vous êtes blessé.   **3.** Paul s'est fait mal.   **4.** Tu n'as pas lu ce roman.   **5.** Vous avez vu ses diapositives.   **6.** Il m'a écrit.   **7.** Marie vous a téléphoné.   **8.** Les enfants ne sont pas allés au cinéma.   **9.** Il y a eu un accident.   **10.** Tu t'es levé tard.

N. *Change the following sentences to the present tense. Follow the example.*

> Il s'est plaint.
> **Il se plaint.**

1. Elles ne se sont pas plaintes.   **2.** Nous peindrons le mur en blanc.   **3.** Tu a rejoint les autres.   **4.** Vous nous dépeindrez son caractère.   **5.** Il s'est adjoint un conseiller.   **6.** Je plaindrai toujours les déshérités.   **7.** Ils se plaignaient souvent. **8.** Vous n'avez pas plaint le sucre.

Vocabulary

Primary

s'abaisser to stoop
aboutir (à) to come to
acculer (à) to drive into a corner, to compel
s'adonner (à) to apply oneself
s'adosser (à) to lean (one's back) on; to build against
l'aide (*f*) help
l'allure (*f*) pace
l'ambiance (*f*) atmosphere
assister à to attend
(s')**attacher** (à) to get attached to
au-dessus de above
au fur et à mesure in proportion

à point at the right time
le **bout** end
le **caractère** letter
ceux-là those
la **chambre** room, bedroom
charger to load
chez soi at one's place
classer to file
(se) **confier** (à) to confide in
se **consacrer** (à) to devote oneself to
le **conseil** advice
le **conseiller** adviser
le **coureur** racer
la **course** race

le **couturier** fashion designer
la **cuisine** kitchen
 dans from now
 davantage more
 débarrasser to get rid of
 déchirer to tear
 dedans inside, within
 dépasser to pass
 dépeindre to depict
 derrière behind
 désert empty
 dessous underneath
 dessus above
la **diapo** (*fam.*) |
la **diapositive** | slide
le **disque** record
 doubler to pass
 échouer to fail
 égarer to misplace
 en dépit de in spite of
 l'**entrée** (*f*) entrance
 éreintant exhausting
 l'**essence** (*f*) gas
 fatigant tiresome
(se) **fiancer** (à) to get engaged to
se **fier** (à) to trust
le **fil** wire
 s'**habituer** (à) to get used to
 l'**haleine** (*f*) breath
 honnête honest
 hors de out of
 l'**huile** (*f*) oil
 l'**inconnu** (*m*) stranger
 l'**individu** (*m*) guy
 jeter to throw away
 joindre to join
la **kermesse** fair
le **linge** linen, underwear
la **loi** law

 lunaire lunar
la **manie** idiosyncrasy, whim, oddity
la **maraude** marauding
la **mode** fashion
 nuire (à) + *ind. obj.* to harm
 obéir (à) + *ind. obj.* to obey
(s')**opposer** (à) to oppose
 pas mal de many
 peindre to paint
la **peinture** paint
la **pelouse** lawn
le **placard** closet
 précis exact, precise
 probablement probably
la **question** matter
le **rang** row
la **récompense** reward
 regagner to go back to
 rejoindre to overtake
 reporter to take back
 respectif (f: **-ve**) own
la **roue** wheel
 sans doute probably
le **sens interdit** wrong way
 sommeiller to doze
le **souffle** breath
la **station** (**de taxi**) cabstand
 stationner to park
le **sucre** sugar
la **teinte** color
 tenir à to be attached to
le **terrain** ground
 toucher à to touch
 vainement in vain
le **vainqueur** winner
 veiller sur to watch
le **vers** line (of a poem)
(se) **vouer** (à) to devote oneself to
la **zone bleue** limited parking

Secondary

 adjoindre (**à soi**) to take as help
 l'**amende** (*f*) fine

le **cachet** price
le **changeur manuel** money changer

le **contractuel** auxiliary policeman
le **défi** challenge
   déployer to display
le **déshérité** the disinherited
 l'**étape** (*f*) leap
   étatisé owned and controlled by
    the state

la **faillite** bankruptcy
  fêlé cracked
  filer to go fast
  infliger to inflict
  mettre de côté ⎫
  ranger   ⎬ to tidy up

Expressions

Primary

à la mode fashionable
avoir affaire à to have to deal with
de circonstance opportune
demander son chemin to ask for
  directions
eh oui! well yes
s'en remettre à to rely on
être à bout de souffle ⎫ to be out of
être hors d'haleine ⎬ breath

faire des courses to go shopping
faire jour to be daylight
faire son entrée to enter
gagner du terrain to gain ground
il y a there is, are
perdre du terrain to lose ground
pour voir to see
prendre une décision to make a
  decision

Secondary

à la une on the front page
en maraude marauding

vouloir du bien à to wish well to

Première Lecture

Bonjour Paris

C'est aujourd'hui que les coureurs du Tour de France feront
leur entrée à Paris, ou plus exactement, au Vélodrome Municipal
du Bois de Vincennes. C'est dans une ambiance de kermesse qu'un

peloton[1] de battus, de fatigués, de résignés donnera le dernier coup de pédale d'une course *éreintante*[2] qui aura été pour le vainqueur une marche triomphale, pour ses adversaires, un défi, et pour les meilleurs, une promesse de gros *cachets*.[3]

Les coureurs du Tour de France n'aiment pas Paris. Ils ont leurs *classiques*[4] dans leurs jambes et non dans leurs bibliothèques. Il n'y a d'ailleurs aucun Parisien parmi les champions de la bicyclette. Quand ils auront terminé le Tour, ils regagneront leurs pays respectifs, loin d'une capitale où l'on passe toute la journée à « *sprinter* » pour couvrir l'étape de sa vie. On y est pénalisé pour avoir pris un *sens interdit*,[5] on s'y fait dépasser parce qu'on est à bout de souffle; on s'y fait bousculer parce qu'on ne peut suivre l'*allure*[6] générale; on y est infligé d'une amende parce qu'on a stationné en « zone bleue »[7] sans déployer le *disque*[8] obligatoire.

---

[1] group
[2] tiring
[3] remuneration
[4] *here*: resources
[5] a one way street
[6] speed
[7] restricted parking area
[8] round cardboard displayed on the windshield which entitles a car to parking for a certain amount of time

Malgré des efforts vainement répétés, on finit souvent par perdre du terrain *au fur et à mesure*[9] des offensives et à se voir éliminé. Et quand on sera enfin rentré chez soi, on méditera et on essaiera de comprendre les vers de La Fontaine: «Rien ne sert de courir, il faut partir à point».

Cette année, Paris est désert depuis le 14 juillet. Tout y sommeille; tout y dort. Si l'on veut du pain, il faut refaire connaissance avec son quartier pour essayer de découvrir une boulangerie qui n'est pas fermée pour cause de congés payés et demander son chemin au contractuel.

Mais tout n'est pas perdu. Quand la ville est débarrassée de ses odeurs d'essence et d'huile, on se rend compte que Paris est parfumé. Et lorsqu'on voudra prendre un taxi, il y aura bien un chauffeur en maraude qui vous chargera entre deux stations.

Et puis, la vie continue. Au *Faubourg-Saint-Honoré,*[10] on va présenter les collections d'automne et d'hiver. Les grands couturiers vont lancer une teinte de circonstance: le bleu lunaire.

---

[9] in proportion to
[10] fashionable district of Paris

QUESTIONNAIRE

1. Qu'est-ce que les coureurs du Tour de France feront ce jour-là?
2. Dans quelle ambiance le peloton donnera-t-il son dernier coup de pédale?
3. De quoi est fait ce peloton?
4. Qu'est-ce que cette course éreintante promet aux meilleurs coureurs?
5. Qu'est-ce qu'on ne trouve pas parmi les champions de la bicyclette?
6. Que regagneront-ils quand la course sera finie?
7. A quoi passe-t-on toute la journée à Paris?
8. Pourquoi se fait-on dépasser?
9. Pourquoi est-on pénalisé?
10. Pourquoi s'y fait-on bousculer?
11. Que doit-on déployer pour pouvoir stationner dans la «zone bleue»?
12. Que finit-on par perdre au fur et à mesure des offensives?
13. Qui est La Fontaine?
14. Que se passe-t-il à Paris depuis le 14 juillet?
15. Pourquoi doit-on refaire connaissance avec son quartier?
16. Quand se rend-on compte que Paris est parfumé?

VOCABULARY EXERCISES

A. *Fill in the blanks with the proper word to be found in the list on the right.*

1. Il a pris un ___.	a. l'allure
2. Ce coureur n'a pu suivre ___ du peloton.	b. lancé
3. Il n'a pas gagné de terrain; au contraire, il ___.	c. pour cause de
4. Paris est ___.	d. désert
5. Tout y ___ depuis le 14 juillet.	e. demander mon
6. Cette boulangerie est fermée ___ congés payés.	chemin
7. J'étais perdu; j'ai dû ___.	f. de circonstance
8. La ville est ___ de ses odeurs d'essence.	g. débarrassée
9. Les couturiers ont ___ une nouvelle teinte.	h. sommeille
10. C'est une teinte ___.	i. sens interdit
	j. a perdu du
	terrain

B. *Replace the words in italics by a synonym to be found in the list on the right.*

1. Demain, les coureurs *feront leur entrée* à Paris.	a. retournera dans
2. La course était *éreintante*.	b. hors d'haleine
3. Chacun *regagnera* son pays.	c. en dépit d'
4. Ce coureur s'est fait *dépasser*.	d. fatigante
5. Il était *à bout de souffle*.	e. couleur
6. Quelle *ambiance* de kermesse!	f. arriveront
7. Il a échoué *malgré des* efforts répétés.	g. atmosphère
8. On rentre chez soi et on *médite*.	h. s'aperçoit
9. On *se rend compte* que Paris est parfumé.	i. doubler
10. Quelle est la *teinte* à la mode?	j. réfléchit

Deuxième Lecture

Télévision

Les avantages et les désavantages de la télévision privée ont sans doute fait couler beaucoup d'encre dans bien des pays. Les partisans de la télévision privée auront étudié *de près*[1] l'histoire déjà longue de la TV américaine et doivent avoir longuement dépeint son efficacité. Ses détracteurs auront peint la futilité de bien des programmes et la vulgarité de certains autres : malgré les moyens fantastiques dont elle dispose, la TV américaine n'offre que quelques rares *réussites*[2] d'une qualité remarquable à côté d'une quantité de programmes où la médiocrité *l'emporte*.[3]

D'autre part, les télévisions étatisées qui avaient eu un début *prometteur*[4] rejoignent malheureusement les télévisions indépendantes sur le plan de l'ennuyeux et du futile. Les téléspectateurs se plaignent dans les deux cas.

Pourquoi se plaint-on des programmes ?

Les *réalisateurs*[5] ont voulu plaire au public. C'est pourquoi le petit écran s'est fait un moyen d'information et de divertissement à bon marché. On y a vu le reflet du monde. On n'a pas compris que la télévision était un instrument d'analyse et qu'*en regardant*[6] le petit écran, on devait y voir passer des aspects nouveaux du monde et non de simples photographies. La vérité que nous devons y découvrir ne doit pas être la vérité dans laquelle nous vivons, mais la vérité sans *fard*,[7] sans hypocrisie, débarrassée de son masque d'apparences et de préjugés.

C'est une utopie, sans doute. Mais, dans une certaine mesure, c'est faisable et, ainsi comprise, la télévision par son univers et son système de formes et d'images sera *en passe de*[8] supplanter l'écriture et son influence traditionnelle sur la masse.

---

[1] carefully	[4] promising	[7] make up
[2] hits, successes	[5] producers	[8] able to
[3] wins	[6] looking at	

La télévision étatisée peut-elle constituer un danger?

Le public d'aujourd'hui, pour qui la télévision n'en est plus à ses débuts et *ne comporte plus*[9] la fascination passive qu'engendre toute nouveauté, se montre plus critique que soumis devant les programmes télévisés. On ne vend pas des opinions comme on vend un paquet de *lessive*[10] et le téléspectateur ne confond pas propagande et publicité.

Mais il faut souligner que le téléspectateur s'empare de certaines idées diffusées, les répète, *se campe*[11] ainsi en intermédiaire, en une sorte de *poste de relais,*[12] en créateur même de courant d'opinion.

D'autre part, le petit écran est important non pas par ce que l'on voit dessus, mais par les attitudes nouvelles qu'il crée, les habitudes qu'il forme, les manières d'être qu'il dépeint, et une nouvelle philosophie de la vie qu'il implante, philosophie qui s'est *sournoisement*[13] infiltrée dans la masse, encore ignorante de son existence. Voilà les dangers.

---

[9] does not entail	[11] makes himself	[13] surreptitiously
[10] detergent	[12] relay station	

GRAMMAR EXERCISES

A. *In the following sentences, replace the words in italics by a pronoun or an adverb.*

1. Paul a droit *à cette récompense.* **2.** Ne touchez pas *à ce vase.* **3.** Donnez de l'eau *aux plantes.* **4.** Il est *dans sa chambre.* **5.** Montez *sur la table.* **6.** Peut-on compter sur *cet homme?* **7.** Les enfants jouaient *dans la rue.* **8.** J'ai toujours pu compter sur *son aide.* **9.** Je me suis adressé à *cet employé.* **10.** La voiture filait. Il n'y avait rien devant *la voiture.* **11.** Veillez sur *cet enfant.* **12.** Voilà un parapluie. Mettez-vous *sous le parapluie.* **13.** Je me fie *à ses conseils.* **14.** Faites vos valises et mettez ce linge *dans vos valises.* **15.** Allez vous promener avec *le chien.* **16.** Nous nous fions à *cet homme.* **17.** Elle aime ce jeune homme et s'est fiancée à *ce jeune homme.* **18.** Ne vous abaissez pas devant *cet individu.* **19.** Ce bois aboutit *au château.* **20.** La maison est adossée *à la montagne.* **21.** Paul s'adonne *à la danse.* **22.** J'ai eu affaire à *la directrice.* **23.** Voilà une roue qui appartient *à ce réveil.* **24.** Il aspire *aux honneurs.* **25.** Elle veut du bien *à ses enfants.* **26.** Attendez-vous *à cela.* **27.** Elle se plaît *à Paris.* **28.** Je consens *à ce mariage.* **29.** Nous allons *à l'épicerie.* **30.** Ce banquier a été acculé *à la faillite.* **31.** Pensez à *vos amis.* **32.** Avez-vous répondu *à Paul?* **33.** Il faut obéir *à la loi.* **34.** Je ne m'oppose pas *à ce projet.* **35.** Marie s'en remet à *son avocat.* **36.** Ils se sont consacrés à *leur enfant.* **37.** Paul ne s'est pas voué *au travail.* **38.** Confie-toi à *ton père.* **39.** Les pluies n'ont pas nui *à la pelouse.* **40.** Je n'ai pas assisté *à la réunion.*

B. *Change the following sentences to the negative. Replace underlined words with pronouns.*

1. J'ai vu Paul à Paris. **2.** Pierre verra Paul à Londres. **3.** Je t'enverrai les livres à ton hôtel. **4.** Nous nous rencontrerons à Paris. **5.** Les Dupont s'intéressent à la maison. **6.** Paul se rendra au Japon. **7.** Il se trouvera à l'aéroport de bonne heure. **8.** Tu conduiras Marie en ville. **9.** Marie accompagnera les Dupont au théâtre. **10.** Nous vous porterons les disques chez vous.

C. *In the following sentences replace all nouns by pronouns.*

1. Accompagnez ces dames à la gare. **2.** Conduisez ce monsieur au théâtre. **3.** Rencontrez-moi à l'aéroport. **4.** Rends-toi à Paris. **5.** Attendez-nous au musée. **6.** Fiez-vous à ses conseils. **7.** Plaçons-nous au premier rang. **8.** Va à cette réunion et reviens vite. **9.** Pense à ton avenir. **10.** Touche à ce fil, pour voir.

D. *Fill in the blanks with the future anterior of the verbs given in parentheses.*

1. (finir) Paul ne ____ pas demain. **2.** (partir) Quand j'arriverai, Françoise ____ déjà. **3.** (terminer) Aussitôt que je ____ mon travail, j'irai au cinéma. **4.** (oublier) Je n'ai pas vu Paul. Il ____ le réunion. **5.** (manger) Dès qu'il ____, il partira. **6.** (achever) Dans une heure, nous ____ ce travail. **7.** (apprendre) Vous réciterez la poésie que vous ____ par cœur. **8.** (téléphoner) Aussitôt que Pierre vous ____, téléphonez-moi. **9.** (laisser) Je ne trouve pas mes lunettes: je les ____ sur mon bureau. **10.** (se tromper) Marie n'est pas venue à notre rendez-vous: elle ____ de date.

E. *Fill in the blanks with the future or future anterior of the verbs given in parentheses.*

1. (faire) Je me lèverai quand il ____ jour. **2.** (rentrer) Dès qu'il ____, il me téléphonera. **3.** (finir) Quand vous ____, vous me le direz. **4.** (recevoir) Ce vase est fêlé; il ____ un coup. **5.** (aller) Est-ce demain que tu ____ chez Marie? **6.** (avoir) Quand ____-ils des nouvelles de leur fils? **7.** (faire) Lorsque je ____ des fautes, corrigez-moi. **8.** (partir) Dans trois jours, je ____. **9.** (terminer) Ce travail est facile. Nous le ____ en deux heures. **10.** (être) Vous avez été surpris mais votre frère le ____ bien davantage. **11.** (se plaindre) S'il fait chaud, Paul ____ de la chaleur. **12.** (revenir) Quand ____-vous? **13.** (rejoindre) Je vous ____ tout à l'heure. **14.** (faire) Nous ____ un voyage autour du monde. **15.** (partir) Il n'est pas chez lui: il ____ en vacances.

COMPOSITION

Décrivez l'atmosphère d'une grande ville en temps normal ou en période de vacances.

Vingt-deuxième Leçon

ILLUSTRATION

— Je n'ai pas lu ce livre mais j'*en* ai lu des passages.

— A-t-il suivi un cours de philosophie? Il *en* a suivi deux.

— Je mange beaucoup de sucre. J'*en* mange trop.

— Donnez-moi un peu de lait. Donnez-m'*en* un peu plus.

— Il n'y a pas de théâtre ici. Il n'y *en* a pas ici.

— Vous souvenez-vous de ce voyage? Je m'*en* souviens avec plaisir.

— Paul est descendu de l'arbre. Il *en* est descendu.

— Ne faites pas cela, vous vous *en* repentirez.

— Quel langage! J'*en* suis choqué.

— Vous cherchez un dictionnaire? *En* voilà un.

— Ce travail a des fautes d'orthographe. Il *en* est rempli.

— Ils ne sont pas riches mais ils s'*en* tirent.

— Ils avaient trente heures de cours. Ils n'*en* auront plus que vingt-sept.

— Parlez-*en* à Georges. Parlez-lui-*en* demain. Ne lui *en* parlez pas aujourd'hui.

— Ils partaient en vacances; nous *étions* déjà *rentrés*. Quand nous les avons rencontrés nous *avions dîné* mais eux n'*avaient* pas encore *mangé*.

— Après avoir lu le livre, il l'*avait reporté* à la bibliothèque.

— On m'a dit qu'il *était rentré* de vacances.

— J'*enverrai* une lettre à Paul ce soir. Il la *recevra* dans trois jours.

— Nous *verrons* quel temps il *fera* demain.

EXPLANATION

I. The Adverbial Pronoun **en**.

The frequently used adverbial pronoun **en** has no exact equivalent in English. It roughly corresponds to the notions of *some, any, of it, of them, etc* . . . expressed or implied in certain English sentences.

A. Uses.

En will be found in the following constructions:

1. To replace the object of the preposition **de** required by certain verbs or adjectives provided the object is not a person but a thing (for exception, see NOTE on next page under **3**).

— C'est lui-même qui s'occupe de son jardin?

— Oui, c'est lui qui s'**en** occupe.

— Je suis étonné de cela. J'**en** suis étonné.

But in this instance the disjunctive pronoun must be used when the object of **de** refers to a person.

— Vous souvenez-vous de sa grand-mère?

— Oui, je me souviens **d'elle**.

2. To replace the object of a verb indicating a place from where one comes, returns, etc . . .

Il vient des États-Unis.	Il **en** vient.
Elle sort du musée.	Elle **en** sort.
Ils s'éloignent du bois.	Ils s'**en** éloignent.

In a figurative sense the (place of) origin turns into the cause, reason or agent of something else.

La blessure est grave, il risque d'**en** mourir.
This is a serious wound, he is in danger of dying from it.

3. In connection with or to refer to a construction expressing an idea of vague or precise quantity contained in the indefinite article in the plural, the partitive article, a number, an adverb of quantity or a noun indicating quantity.

INDEFINITE ARTICLE PLURAL:

  — Lit-il des romans de temps en temps?

  — Oui, il en lit; il en lit même beaucoup.
  Yes, he reads some, in fact he reads many of them.

PARTITIVE ARTICLE:
  — Vous avez du beurre?
  — Donnez-m'en.

NUMBER AND ADVERB OF QUANTITY:
  — Vous avez un crayon?
  — J'en ai un (deux, trois, etc.).
  — Avez-vous deux crayons?
  — J'en ai beaucoup.

(Notice that the singular of the indefinite article may also have the connotation of the numeral "one.")

NOUN INDICATING QUANTITY:
  — Avez-vous un crayon?
  — J'en ai une boîte (une douzaine, une quantité, etc.)

NOTE:

If an idea of quantity is implied, **en** may be used also in reference to a person.

  — Vous avez des frères et des sœurs?

  — Non, je n'en ai pas.
  No, I have none (of them).

4. To replace the noun object of an adjective followed by **de**.

  Le hall est plein de valises.
  Il en est plein.

5. To replace an aforementioned noun which is further described by a qualifying noun in the new sentence:

  Je connais ce bois. J'en connais même tous les chemins.
  I know these woods. (In fact) I know all its paths (LIT: *. . . I know all the paths of it*).

(**En** replaces *bois* in the new sentence and is further defined by a new qualifier, namely *tous les chemins*.)

6. En is an integral part of certain verbal expressions such as:

Je m'en vais.	*I am going away (leaving).*
Je m'en remets à vous.	*I'll leave this up to you.*
Je m'en tiens là.	*This is as far as I will go.*

B. Non-agreement with the past participle.

Since **en** is essentially a structural element — an adverbial pronoun — it does not reflect the gender and number of the noun it refers to. Therefore, in compound tenses the past participle in a sentence containing **en** will remain invariable.

> — Avez-vous acheté beaucoup de choses en Europe?
> — Ah oui, j'**en** ai acheté beaucoup.

C. Position in the sentence.

En always follows all object pronouns as well as the adverbial pronoun **y**.

> Je lui **en** parlerai.
> Tu ne l'**en** empêcheras pas.
> Nous **en** donneras-tu?
> Il veut leur **en** donner.
> Je lui **en** ai parlé.
> Ne vous **en** a-t-il pas donné?
> Ne lui **en** donnez pas.
> Donnez-moi du pain. Donnez-m'**en** (NOT moi-en)
> Y a-t-il des gens dans la rue à cette heure?
> Ou n'y **en** a-t-il pas?
> Si, il y **en** a.

II. The Pluperfect (*le plus-que-parfait*).

A. Formation.

The pluperfect consists of the imperfect of the auxiliary verb and the past participle of the principal verb.

> FINIR: J'**avais fini**.
> PARTIR: Tu **étais parti**.
> SE LEVER: Il s'**était levé**.

B. Uses.

1. The pluperfect describes an action which took place before another one also in the past (expressed by an *imparfait, passé-composé* or a *passé simple* or certain constructions indicating the past).

> Lui déjeunait; moi, j'**avais** déjà **déjeuné**.
> Vous avez rencontré les Dupont ce matin; je les **avais rencontrés** hier.
> Son frère **était mort** quand il a quitté le pays.
> Nous **étions partis** lorsqu'ils sont arrivés.

Vous vous **étiez couchés** avant mon départ.
Ils **étaient sortis** avant d'avoir fini leur travail.

2. In indirect discourse the pluperfect replaces a statement that was originally in the *passé-composé* or *passé simple*.

INDIRECT DISCOURSE:
On m'a dit qu'il **était allé** à Paris.
DIRECT DISCOURSE:
On m'a dit: «Il est allé à Paris.»

III. Irregular futures.

A. Review:

aller — faire — être — avoir.

B. -er verbs:

envoyer — **enverrai**

C. -ir verbs:

courir — **courrai**   cueillir — **cueillerai**   mourir — **mourrai**

D. -oir verbs:

asseoir — **assiérai**   pouvoir — **pourrai**
        assoirai   recevoir — **recevrai**
        asseyerai   savoir — **saurai**
devoir — **devrai**   valoir — **vaudrai**
falloir — **faudra**   voir — **verrai**
pleuvoir — **pleuvra**   vouloir — **voudrai**

ORAL DRILLS

A. *Answer the following questions in the affirmative, using* **en** *instead of the words in italics. Follow the example.*

Avez-vous *des livres*?
J'en ai.

1. Paul a-t-il *des amis*? **2.** Avons-nous *des frères*? **3.** As-tu *des sœurs*? **4.** Ont-ils *des parents*? **5.** A-t-elle *des enfants*? **6.** Ai-je *des ennemis*? **7.** M. Dupont a-t-il *des ouvriers*? **8.** As-tu *des chiens*? **9.** Pierre a-t-il *des chats*? **10.** Les étudiants ont-ils *des crayons*?

B. *Do the same with the following questions.*

> Prenez-vous *du sucre?*
> **Oui, j'en prends.**

1. Buvez-vous *du lait?* **2.** Préfère-t-il *de l'eau?* **3.** Boirons-nous *du café?* **4.** Achèteras-tu *du vin?* **5.** Mangeons-nous *du fromage?* **6.** Sert-on *de la bière?* **7.** Rapporteras-tu *du pain?* **8.** Prend-elle *de la crème?* **9.** Consommons-nous *du beurre?* **10.** Vendent-ils *de la tarte?*

C. *Repeat the following question and answer, substituting the words in parentheses for the underlined words. Make the necessary changes.*

> — Paul a-t-il deux crayons? — Oui, il en a deux.

(trois frères / deux stylos / quatre ans / deux dictionnaires / trop de cours / plusieurs chiens / trois enfants / deux fils / plusieurs chats / peu de moutons / beaucoup de neveux / une grande quantité de chevaux)

D. *Answer the following questions in the affirmative, using the words given in parentheses and* **en.** *Follow the example.*

> Achèterez-vous des livres? (beaucoup)
> **Oui, j'en achèterai beaucoup.**

1. Achèterez-vous des oranges? (quelques-unes) **2.** Achèterez-vous des crayons? (deux) **3.** Achèterez-vous du sucre? (un peu) **4.** Achèterez-vous des journaux? (trop) **5.** Achèterez-vous des gâteaux? (assez) **6.** Achèterez-vous des robes? (plusieurs) **7.** Achèterez-vous des disques? (une grande quantité) **8.** Achèterez-vous du café? (un kilo) **9.** Achèterez-vous du lait? (une bouteille) **10.** Achèterez-vous de la crème? (un pot)

E. *Repeat the following sentences, using* **en** *instead of the noun object. Follow the example.*

> Il parle de son voyage.
> **Il en parle.**

1. Il parle de ses projets. **2.** Elle se plaint de son travail. **3.** Elle se plaint de sa thèse. **4.** Nous souffrons de nos problèmes. **5.** Nous souffrons de notre pauvreté. **6.** Il se souvient de son pays. **7.** Il se souvient de ses ancêtres. **8.** Elle se soucie de son avenir. **9.** Elle se soucie de sa santé. **10.** Je m'occupe de mon jardin. **11.** Je m'occupe de ma maison.

F. *Do the same with the following sentences.*

> Il vient de Paris.
> **Il en vient.**

1. Marie revient du cinéma. **2.** Paul sort du théâtre. **3.** M. Dupont s'éloigne du bois. **4.** Jean est sorti du cours. **5.** M. Durand s'écartait du chemin. **6.** Françoise reviendra d'Italie. **7.** Le voleur s'est évadé de la prison. **8.** Son complice s'est échappé du pénitencier.

G. *Do the same with the following sentences. Pay attention to the word order. Follow the example.*

> Donnez-lui du sucre.
> **Donnez-lui-en.**

1. Versez-nous du café. **2.** Parlez-nous de votre voyage. **3.** Achetez-leur des oranges. **4.** Rapportez-leur des journaux. **5.** Souvenez-vous de notre rendez-vous. **6.** Éloigne-toi du lac. **7.** Donne-nous des explications. **8.** Fournis-leur du pain.

H. *Do the same with the following sentences. Retain the number. Follow the example.*

> Passez-moi un crayon.
> **Passez-m'en un.**

1. Offre-lui une robe. **2.** Rapportez-moi deux journaux. **3.** Donne-nous trois stylos. **4.** Montrez-leur une cinquantaine de diapos. **5.** Achète-nous une douzaine de pêches. **6.** Envoyez-lui une carte postale. **7.** Donnez-nous un coup de téléphone. **8.** Offrez-leur un verre de bière.

I. *Answer the following questions in the affirmative, using the direct object pronoun,* **en,** *and the words in parentheses. Follow the example.*

> Connaissez-vous ce bois? (tous les chemins)
> **Oui, je le connais; j'en connais même tous les chemins.**

1. Aimez-vous les fromages français? (toutes les variétés) **2.** Connaissez-vous l'œuvre de Claudel? (tous les aspects) **3.** Craignez-vous la pollution? (toutes les manifestations) **4.** Appréciez-vous le vin? (toutes les variétés) **5.** Aimez-vous cette collection? (toutes les peintures) **6.** Connaissez-vous cette anthologie? (tous les poèmes) **7.** Vous rappelez-vous cette histoire? (tous les détails) **8.** Connaissez-vous les voitures européennes? (toutes les marques) **9.** Vous rappelez-vous cet accident? (toute l'horreur)

J. *Repeat the following sentences, replacing the noun object by* **en** *or a disjunctive pronoun. Follow the examples.*

> Il s'occupera du jardin.
> **Il s'en occupera.**
> Il s'occupera de sa sœur.
> **Il s'occupera d'elle.**

1. Elle a besoin de repos. **2.** Elle a besoin de son frère. **3.** Nous parlions de ses projets. **4.** Nous parlions de Paul. **5.** Vous souvenez-vous de Marie? **6.** Vous souvenez-vous de ce film? **7.** Il se souciait de son jardin. **8.** Il se souciait de ses enfants. **9.** Vous ne prenez pas soin de votre mère. **10.** Vous ne prenez pas soin de votre maison. **11.** Je me suis occupé de la voiture. **12.** Je me suis occupé de cet enfant. **13.** Te méfies-tu de ces personnes? **14.** Te méfies-tu de ton jugement?

K. *Change the following sentences to the future. Follow the example.*

> Je vois des oranges.
> **Je verrai des oranges.**

1. Paul envoie des lettres. **2.** Jean est mort d'un cancer. **3.** Cet homme vous doit des excuses. **4.** J'ai reçu deux lettres de David. **5.** Nous ne voulons pas de lait. **6.** Marie n'a pas vu de touristes. **7.** Vous ne savez rien de cette affaire. **8.** Ils ont couru un grand danger. **9.** Je m'en vais. **10.** Tu n'en pouvais plus.

L. *Repeat the following sentences, using a pluperfect, instead of an imperfect in the main clause. Follow the example.*

> Je finissais ma conférence quand Paul est arrivé.
> **J'avais fini ma conférence quand Paul est arrivé.**

1. Vous montriez vos «diapos» quand Paul est arrivé. **2.** Jean partait quand Paul est arrivé. **3.** Les Dupont sortaient quand Paul est arrivé. **4.** Tu écrivais une lettre quand Paul est arrivé. **5.** Marie finissait ses devoirs quand Paul est arrivé. **6.** Nous écoutions les nouvelles quand Paul est arrivé. **7.** Je m'endormais quand Paul est arrivé. **8.** Vous dîniez quand Paul est arrivé. **9.** Tu lisais ce roman quand Paul est arrivé. **10.** Je faisais mes devoirs quand Paul est arrivé. Les Durand ouvraient la porte quand Paul est arrivé.

M. *Repeat the following sentences, substituting the words in parentheses for the underlined words. Make the necessary changes.*

1. Il était inutile de changer les programmes car on les avait déjà changés.

(de faire les exercices / de prendre cette mesure / de modifier les horaires / de couper la semaine en deux)

2. Il était inutile d'acheter du fromage car on en avait déjà acheté.

(de rapporter des journaux / de parler de sa santé / de s'occuper du jardin / de faire des gâteaux / de se réjouir de ses succès)

N. *Repeat the following sentence, substituting the correct form of the verbs in parentheses for the underlined verb.*

Vous vous étiez couchés avant mon arrivée.

(se lever / s'endormir / s'habiller / se laver / se raser / se coiffer / se parfumer / se chausser / se blesser / se brûler)

O. *Change the following to the the future. Follow the example.*

Je suis.
Je serai.

1. Tu envoies. **2.** Il fait. **3.** Elle a eu. **4.** Nous courions. **5.** Vous mourez. **6.** Ils s'asseyent. **7.** Je dois. **8.** Tu peux. **9.** Il avait plu. **10.** Nous voyons. **11.** Vous vouliez. **12.** Ils savaient. **13.** Je cueilles. **14.** Tu veux. **15.** Il a fallu.

Vocabulary

Primary

acquérir to acquire
s'agir de to concern
amoureux (*f:* -se) enamoured
approfondi deepened
la blessure wound
brusque blunt, rough
le camarade comrade, fellow
la carte postale postcard
le changement change
(se) chausser to put on one's shoes
choquer to shock
la cinquantaine about fifty
la connaissance knowledge
le coup de téléphone telephone call

le couvercle lid
croire to believe
cueillir to pick
cultiver to cultivate
démodé outmoded
dès from
Dieu God
digne (de) worthy (of)
le doigté skill, tact
douter to doubt
la douzaine dozen
(s')échapper (de) to escape from
(s')éloigner (de) to go away
s'en aller to go

s'en tirer to pull through
entretenir to cultivate
envahir to invade
envers toward
éprouver to feel
estimer to esteem
l'éveil (m) awakening
exiger to demand
fournir to supply
le gâteau cake
la gomme eraser
les grands parents (m pl) grandparents
le grenier attic
l'instituteur (f: -trice) schoolteacher
l'intimité (f) intimacy
le jeudi Thursday
la jeunesse youth
la livre pound
la maladie illness
le maniement handling
la marchande dealer
la matière matter
se méfier (de) to mistrust
mener to lead; to drive
le mercredi Wednesday
le mioche kid
modifier to change
murmurer to whisper
néanmoins nevertheless
le neveu (f: nièce) nephew, niece
s'obstiner (à) to persist
l'orthographe (f) spelling
(se) parfumer to perfume oneself

la pêche peach
la plage beach
la politesse politeness
le potage soup
la poubelle garbage can
primaire (école) elementary
projeter to plan
quand même nevertheless
quasi almost
récemment lately
régner to reign
reléguer to relegate
remplacer to replace
remplir to fill
la rencontre meeting
se repentir to repent
le repos rest
risquer (de) to risk
le rôle part
sitôt as soon as
soigner to take care of
le soin care
se soucier (de) to care for
souhaitable desirable
la trentaine about thirty
trente thirty
le tutoiement theeing and thouing
tutoyer to thee and thou
utile useful
verser to pour
la vitesse speed
voici here
volontiers willingly

Secondary

l'allant (m) ardor
l'atelier (m) workshop
l'aveu (m) consent
(s')écarter (de) to deviate (from)
s'en remettre (à) to leave it up to
s'en tenir là to go as far as that
s'entêter to be bent on

s'évader (de) to escape from
fruste unpolished
le mouton sheep
le noctambulisme night roving
le pénitencier reform school
le raffinement refinement

Expressions

Primary

à la longue in the long run
à l'égard de
à l'endroit de with regard to
attacher un prix à to value
avec le temps in the long run
avoir congé to have a holiday
avoir envie de to desire
c'est chose faite it is done
d'autre part on the other hand
de moins en moins less and less
devenir amoureux to fall in love
dire tout bas to whisper
engager la conversation to strike a conversation
en principe theoretically
être question de to be about

faire du ski to ski
falloir: il leur faut they must
grâce à thanks to
mettre en garde to warn
ouvrir un poste de radio to turn on the radio
pour de bon for good
pouvoir: n'en pouvoir plus to be exhausted
prendre soin de to take care of
sans réserve
sans retenue without reservation
se faire des amis to make friends
serrer la main à quelqu'un to shake hands with someone

Secondary

tomber en désuétude to become obsolete

Vous en avez des idées! How funny!

Première Lecture

Sélectivité

Presque tous les jours où j'ouvre un poste de radio, j'entends un speaker cordial qui engage une conversation de ce genre: «Comment t'appelles-tu?» «Chantal.» «Quel âge as-tu?» «Dix-sept ans.» «Bon. Alors, Chantal, dis-moi ton problème.»

J'en suis un peu étonné. J'avais toujours considéré le tutoiement comme une marque d'intimité. Or, visiblement, un monsieur qui demande son nom à une jeune fille ne la connaît pas beaucoup. Je dis «étonné» et non pas «choqué», parce qu'en ces matières tout est convention. En voilà un exemple: les Anglais disent «tu» à Dieu et «vous» à leurs plus vieux amis. Parlez-en à un Anglais et vous verrez qu'il trouvera cela tout naturel, alors qu'un Français n'en pourra pas croire ses oreilles. Néanmoins, à la longue, les conventions prennent une valeur de tradition et un brusque changement nous frappe comme *un accident de paysage*.[1]

Dans ce domaine, tous les pays où le «tu» et le «vous» co-existent cultivent leur nuance personnelle. On se tutoie très vite en Allemagne et en Italie; en France, le passage au singulier avait été jusqu'ici plutôt sélectif, comme on dit dans le commerce.

On reconnaît, d'autre part, que certaines coutumes de notre politesse conduisent à l'absurde. Nous nous obstinons à tutoyer un ancien camarade de classe ou de régiment que nous avions à peine reconnu, alors que nous disons «vous» à des amis très sûrs et très estimés que nous nous sommes faits après la trentaine. Mais assez vieux, nous avons tutoyé sans réserve les quasi-inconnus avec qui nous faisions du ski, de la politique militante ou du noctambulisme amateur. Il y a des climats qui veulent ça, et nous nous en accommodons.

Les ouvriers d'une usine se tutoient tous. Sitôt sortis de l'atelier, ils disent «vous» à la boulangère et à la marchande de journaux.

Dans un de ses petits poèmes, Sacha Guitry avait, d'une façon paradoxale et charmante, marqué l'importance du passage. Il s'agissait de deux élèves des *Beaux-Arts*,[2] un garçon et une fille qui, naturellement, s'étaient tutoyés dès leur première rencontre: «Passe-moi ta gomme.» «Prête-moi ton crayon.»

---

[1] a sudden change of scenery   [2] school of fine arts

Et puis, voici qu'ils étaient devenus amoureux l'un de l'autre, et pour de bon. A cet instant, il leur a bien fallu changer de langage, abandonner ces manières qu'ils employaient avec tous les camarades indifférents. Et, au moment des aveux, l'un d'eux a murmuré à l'autre: «Si on se disait vous?...»

Si l'on croit au rôle de la politesse dans la civilisation, il faut préserver cet utile raffinement qu'est le langage à deux vitesses, même si son maniement exige quelque *doigté*.[3] Trois vitesses, c'en est trop, on tombe dans la *chinoiserie*.[4] D'ailleurs, cette troisième vitesse, qui existe encore dans notre pays sous la forme de la troisième personne, *tombe en désuétude*.[5] Il y a de moins en moins de gens pour dire: «La voiture de Madame la Marquise est avancée» ou «J'ai le regret d'informer Votre Majesté que les révolutionnaires envahissent son palais.» Cet univers protocolaire a disparu avec une certaine monarchie qui lui attachait un prix démodé.

Mais l'univers *concentrationnaire*[6] où règne le «tu universel» n'est pas plus souhaitable. Au moment où nous éprouvons un certain patriotisme à l'endroit de notre Terre diversifiée, le «tu» sans discrimination semble aussi fruste que les façons d'une planète sans atmosphère.

Jean Fayard,
Le Figaro

---

[3] skill, tact
[4] useless complication
[5] becomes obsolete
[6] stacked and packed like people in a concentration camp

QUESTIONNAIRE

1. Comment le speaker engage-t-il la conversation?
2. Comment l'auteur de l'article avait-il toujours considéré le tutoiement?
3. Pourquoi est-il étonné et pas choqué?
4. Qu'est-ce que les conventions prennent à la longue?
5. Dans quels pays se tutoie-t-on très vite?
6. Qui s'obstine-t-on à tutoyer en France?
7. A qui dit-on «vous»?
8. Quels sont les climats qui veulent le tutoiement?
9. Les ouvriers d'usine tutoient-ils tout le monde?
10. Qu'est-ce que Sacha Guitry a marqué d'une façon paradoxale?
11. De qui s'agissait-il dans le poème de Sacha Guitry?

12. Quand les deux jeunes gens sont-ils passés du «tu» au «vous»?
13. Pourquoi ont-ils fait cela?
14. Qu'exige le maniement du tutoiement?
15. Qu'est-ce qui tombe en désuétude?
16. Qu'entend-on de moins en moins?
17. A quoi une certaine monarchie attachait-elle un prix démodé?
18. Qu'est-ce qui n'est pas souhaitable?

VOCABULARY EXERCISES

A. *Fill in the blanks with the proper word to be found in the list on the right.*

1. Le speaker a ___ avec Chantal.
2. Le brusque changement nous a ___.
3. Ce sont des amis que nous nous sommes faits après la ___.
4. Il y a des ___ qui veulent ça.
5. Ils se sont tutoyés ___ leur première rencontre.
6. Ils sont devenus amoureux ___.
7. Son maniement exige quelque ___.
8. C'est chose ___.
9. Certaine monarchie attachait ___ démodé au protocole.
10. L'emploi du «tu» sans discrimination ne semble pas ___.

a. dès
b. faite
c. trentaine
d. souhaitable
e. climats
f. doigté
g. engagé la conversation
h. un prix
i. frappés
j. pour de bon

B. *Replace the words in italics by a synonym to be found in the list on the right.*

1. Les conventions prennent *à la longue* une valeur de tradition.
2. Tous les pays *cultivent* leur nuance personnelle.
3. Certaines coutumes *conduisent* à l'absurde.
4. Nous nous *obstinons* à lui dire «tu».
5. Il tutoie *sans réserve* des quasi-inconnus.
6. Dans le poème, il *s'agissait* de deux jeunes gens.
7. *Il leur faut* bien changer de langage.
8. L'un d'eux a *murmuré*: «Si on se disait vous?...»
9. Le maniement du «tu» et du «vous» *exige* quelque doigté.
10. Nous éprouvons un certain patriotisme *à l'endroit de* notre Terre.

a. entêtons
b. nécessite
c. sans retenue
d. dit tout bas
e. avec le temps
f. envers
g. était question
h. ils doivent
i. entretiennent
j. mènent

Deuxième Lecture

Réformes

— Alors, *les écoles maternelles*[1] et les écoles primaires vont avoir
congé le samedi après-midi?

— On en avait déjà parlé l'an dernier; maintenant, c'est chose
faite. C'est une mesure que vient de prendre le ministre de
l'Éducation nationale.

— Combien d'heures de cours les élèves auront-ils par semaine?

— Ils en avaient trente. Les horaires sont *allégés*[2] de trois heures.
Ils n'en auront plus que vingt-sept.

— On parle aussi de remplacer le congé du jeudi par le congé du
mercredi pour couper la semaine en deux.

— *Tiens*![3] Je n'en avais pas entendu parler.

— Il en est question mais ce ne sera pas *pour tout de suite*.[4]

— Mais, avec ce nouvel horaire, il faudra modifier les programmes!

— On va vers le système du *tiers temps*.[5] En principe, les matinées
c'est-à-dire quand les enfants sont très réceptifs, seront consa-
crées aux disciplines fondamentales.

---

[1] kindergartens
[2] reduced
[3] Well!
[4] immediately
[5] schedule divided into three periods devoted to fundamental disciplines, lessons which awaken the intelligence and develop the
sensitivity, and sports.

— Cela fait combien d'heures?
— Cela en fait dix de français et cinq de math. Les après-midi seront réservées aux activités physiques et sportives.
— Ah! les disciplines d'éveil seront reléguées à *l'heure du roupillon!*[6]
— *Vous en avez des idées!*[7]
— *Quand même!*[8] Il va devenir intéressant le métier d'instituteur! J'en connais beaucoup qui signeront volontiers pour une semaine de vingt-sept heures!
— Mais ce sont les parents qui en avaient parlé les premiers du congé du samedi après-midi.
— Bien sûr! Ils en avaient envie pour pouvoir partir en week-end avec leurs *mioches.*[9] Mais, attendez . . . Nous en reparlerons . . .

---

[6] siesta time
[7] How funny!

[8] nevertheless
[9] kids

GRAMMAR EXERCISES

A. *Fill in the blanks with the pluperfect of the verbs given in parentheses at the beginning of each sentence.*

1. (aller, serrer) On m'a dit que votre frère ____ à la plage et qu'il ____ la main à des amis. **2.** (rentrer) Quand la tempête a éclaté, il ____ chez lui. **3.** (avoir) Je me suis demandé s'il ____ froid. **4.** (partir) Vous ____ quand je suis arrivé. **5.** (prendre) Quand Paul s'est levé, nous ____ notre petit déjeuner. **6.** (faire) On disait qu'il ____ très beau cet été-là. **7.** (passer) Je croyais que vous ____ d'excellentes vacances en Bretagne. **8.** (monter) Marie ____ au grenier mais elle en est descendue. **9.** (s'asseoir) Pendant que Françoise était allée en ville, Pierre ____ dans le jardin.

B. *Do the same with the following sentences.*

1. (entrer, réussir) Cet homme est mort jeune. Après avoir fait des études universitaires, il ____ dans les affaires et ____ bien ____. **2.** (sembler) Il me ____ fatigué, sans allant, nerveux. **3.** (téléphoner) Je lui ____ l'été dernier. **4.** (mettre, conseiller, projeter) C'est alors que sa femme le ____ en garde et que son médecin lui ____ de prendre des vacances. Mais il ne voulait rien entendre et tout récemment, il ____ de partir à l'étranger. **5.** (acquérir, obtenir) Dans sa jeunesse, il ____ une connaissance approfondie de l'anglais et grâce à cela, il ____ un poste important aux États-Unis. **6.** (prévoir) Il ne ____ pas ____ la suite. **7.** (croire, demander) Il ne ____ jamais ____ que les forces allaient lui manquer ni qu'il ____ trop ____ à la vie.

C. *Complete the following sentences with the imperfect, the pluperfect or the compound past of the verbs given in parentheses.*

1. Hier soir, pendant que je (écouter) les nouvelles à la Télé, j'(entendre) du bruit dans le garage. **2.** Je (croire) que mon frère (rentrer) sa voiture, mais comme je ne (voir) personne entrer dans le living room, je me (se demander) ce qui (se passer) en bas. **3.** J' (allumer) l'électricité, je (descendre) à pas de loup et j'(ouvrir la porte du garage. **4.** Tout (être) calme. **5.** Je (allumer). **6.** Je (regarder). **7.** La voiture de mon père (être) à sa place. **8.** Celle de ma mère ne (être) pas dans le garage. **9.** Je (faire) le tour du garage. **10.** Comme je ne (voir) rien d'anormal, je (décider) de m'en aller. **11.** Je (refermer) à peine la porte, que le bruit (recommencer). **12.** Je (rouvrir) la porte. Rien. **13.** (rêver)-je? **14.** (entendre)-je réellement du bruit? **15.** Je (être) certaine que quelque chose (bouger) dans le garage. **16.** Personne ne (entrer) **17.** Personne ne (sortir). **18.** Mais j'(avoir) la sensation qu'une paire d'yeux me (regarder). **19.** Je me (se retourner) brusquement et je (voir), sous le couvercle de la poubelle, deux oreilles pointues, deux yeux oblongs et un petit nez rose garni d'une grande moustache blanche.

D. *Replace the words in italics with* **en** *or a disjunctive pronoun.*

1. Cet avion vient *de Rome*.   **2.** Avez-vous assez *de café*?   **3.** Il a peur *de la tempête*.
4. Mes voisins ont beaucoup *d'enfants*.   **5.** Il y a longtemps qu'on rêve *de la lune*.
6. Je me souviens de *ses grands-parents*.   **7.** Nos amis sortent *de l'aéroport*.   **8.** Tout
le monde s'éloigne de *cet homme*.   **9.** Doutes-tu *de ses sentiments*?   **10.** Vous occu-
perez-vous de *votre nièce*?   **11.** Paul mange beaucoup *de fromage*.   **12.** Jean a
plusieurs *livres*.   **13.** Marie parle de *ses amies*.   **14.** Je viens *de chez elle*.   **15.** On
peut faire un roman *de cet incident*.   **16.** Elle a été étonnée *de votre succès*.   **17.** Il
risque de mourir *de cette maladie*.   **18.** Je vous prie *de sortir*.   **19.** Jean reprendra
du potage.   **20.** J'ai perdu un *livre*.   **21.** Tenez, voilà un autre *livre*.   **22.** Il parle,
et parle, et ne finit pas *de parler*.   **23.** Donnez-moi six *pommes*.   **24.** Marie n'est
pas capable *de faire ce travail*.   **25.** Donne-moi un peu plus *de café*.   **26.** Sa bibliothèque est pleine *de livres*.   **27.** Montre-toi digne *de cette récompense*.   **28.** Je suis
contente de *Pierre*.   **29.** Nous avons plaisir à parler de *Françoise*.   **30.** Marie et
Jeanne s'occupent de *leurs parents*.

COMPOSITION

Choisissez quelques circonstances où vous employez le «vous» et
d'autres où vous emploierez de préférence la forme familière et
expliquez les motifs de votre choix.

Vingt-troisième Leçon

ILLUSTRATION

— *Pourriez*-vous me parler de Paris?

— Si vous allez à Paris, vous verrez la tour Eiffel.

— Si vous y restez une semaine, allez à l'Opéra.

— Si vous n'y restez que quelques jours, vous devez visiter le Louvre.

— Si un jour j'habitais Paris, j'*irais* souvent au théâtre.

— Si j'habitais Paris aujourd'hui, je *rencontrerais* souvent les Fayard.

— Si j'avais habité Paris, j'*aurais choisi* les abords du Bois de Boulogne.

— Il *faudrait* aller à Paris en automne.

— *Aimeriez*-vous voir ce livre-ci?

— Non, je *préférerais* voir *celui-là*.

— Voilà *celui* que je *voudrais* lire et *ceux* que je *voudrais* acheter.

— Cette revue-ci est assez intéressante, mais *celle-là* l'est davantage.

— Cette encyclopédie est *celle* de Pierre. *Celle* qui est dans la bibliothèque est à Françoise. Et *ceci*? C'est leur magnétophone.

— *Ce* que vous montrez est très intéressant.

— *Cela* me fait plaisir.

— Qui est ce monsieur?

— *C'est* un médecin. *Il est* médecin à Paris.

— *C'est* un bon médecin?

— On dit qu'*il est* très bon.

— *C'est* bon à savoir.

EXPLANATION

I. The Conditional (*le conditionnel*).

The term "conditional" *I* (*would go, you would go* etc.; *would you call me?* etc.) designates a tense as well as a "mode" of the verb.

A. Formation.

1. The Conditional (Present).

a) The present of the conditional is formed by adding to the infinitive the endings of the imperfect indicative:

parler	**finir**
je parler**ais**	je finir**ais**
tu parler**ais**	tu finir**ais**
il/elle parler**ait**	il/elle finir**ait**
nous parler**ions**	nous finir**ions**
vous parler**iez**	vous finir**iez**
ils/elles parler**aient**	ils/elles finir**aient**

b) **-re** verbs drop the **-e** before adding the endings:

perdre: je **perdrais**, etc.

c) Verbs with an irregular future stem will use that stem instead of the infinitive:

aller: (j'irai) > j'**ir-ais**, etc.

Frequently used verbs with an irregular stem in the future, and therefore in the conditional, are:

INFINITIVE	FUTURE	CONDITIONAL
être	serai	serais
avoir	aurai	aurais
aller	irai	irais

faire	ferai	ferais
savoir	saurai	saurais
venir	viendrai	viendrais
tenir	tiendrai	tiendrais
devenir	deviendrai	deviendrais
revenir	reviendrai	reviendrais
vouloir	voudrai	voudrais
cueillir	cueillerai	cueillerais
envoyer	enverrai	enverrais
courir	courrai	courrais
mourir	mourrai	mourrais
voir	verrai	verrais
pouvoir	pourrai	pourrais

The impersonal verbs:

valoir	vaudra	vaudrait
falloir	faudra	faudrait
pleuvoir	pleuvra	pleuvrait

2. The Past Conditional.

The past of the conditional (*I would have called, you would have objected*, etc.) is a combination of the conditional present of the auxiliary and the past participle of the principal verb:

parler	**partir**
j'aurais parlé	je serais parti(e)
tu aurais parlé	tu serais parti(e)
il/elle aurait parlé	il/elle serait parti(e)
nous aurions parlé	nous serions parti(e)s
vous auriez parlé	vous seriez parti(e)s
ils/elles auraient parlé	ils/elles seraient parti(e)s

B. Uses.

1. Future tense in the past.

As a tense the conditional (present) is used in <u>indirect discourse</u> (including indirect questions introduced by an interrogative **si**, or an interrogative word and sentences containing verbs such as **croire** or **penser**) if the declarative statement is in a tense of the past and what was said, asked or thought would be in the future in the equivalent direct discourse.

DIRECT DISCOURSE (future)	INDIRECT DISCOURSE (conditional present)
—Il **ira** vous voir.	Il a dit qu'il **irait** vous voir.
—**Irez**-vous le voir?	Il a demandé si vous **iriez** le voir?
—Ils **iront** le voir.	Elle a dit qu'ils **iraient** le voir.

2. Polite requests.

As a <u>mode</u> the conditional is used to "soften" a statement that could be in the present but is more polite when expressed in the conditional:

Pourriez-vous m'accompagner?
Could you accompany me?
instead of "*Can you . . .?*" or even "*Will you . . .?*"

C. Conditional sentences introduced by a conditional **si**.

1. In some conditional sentences (where the verb in the "if" clause is in the past) the conditional mode finds its most germane expression. In that case, it expresses a "potential" or "contrary to fact" situation conditioned by an "if" clause.

Potential:

IMPERFECT INDICATIVE	CONDITIONAL PRESENT
S'il faisait beau demain,	nous **irions** au Bois.

(The **demain** puts the act of going to the park into the realm of possibility).

Contrary-to-fact:

IMPERFECT INDICATIVE	CONDITIONAL PRESENT
S'il pleuvait maintenant,	je ne **sortirais** pas.

(**maintenant** suggests that my intention is contrary to fact, i.e. it is not raining now.)

PLUPERFECT INDICATIVE	CONDITIONAL PAST
S'il avait fait beau hier,	je **serais allé** au Bois.

(The simple passage of time tells us that conditions were not right to carry out my intention: *If the weather had been good yesterday, I would have gone to the park.* In other words, my intention has definitely proved to be contrary to fact or outside reality)

NOTE:

The imperfect and pluperfect of the indicative are used in the **si** (or "conditional") clause; the conditional mode is used only in the "conclusion."

2. There are a number of other conditional sentences (where the verb in the "if" clause is in the present tense) which do not call for the conditional mode because they express less a "potential" or "contrary-to-fact" than a "real" situation — "real" in the sense of expressing a kind of logical proposition without regard to the actual conditions prevailing at the time the statement is made.

PRESENT	PRESENT
Si tu veux grossir,	tu **dois** manger davantage.

If you want to gain weight, you must eat more.

PRESENT	FUTURE
Si tu vas à Paris,	tu **verras** le Louvre.

If (or when) you go to Paris, you will see the Louvre.

PRESENT	IMPERATIVE
Si vous voulez maigrir,	**mangez** moins.

If you want to lose weight, eat less.

II. The Demonstrative Pronouns.

A. The Indefinite Demonstrative Pronouns.

1. The indefinite demonstrative pronouns are **ceci, cela, ça** and **ce.**

Voulez-vous **ceci**? Non, je préfère **cela**.
Ne parlons pas de **cela**.
A part **ça**, tout va très bien.
Pour **ce** faire, il faudrait se hâter.

(*Pour faire* **ceci**, *il* . . . is a somewhat awkward form)

2. Ce is often used with **être** and a noun or pronoun as an "introductory ce." In that case, what follows **être** is the subject of the sentence.

Qu'est-**ce** que c'est? **C'**est un chat.
Qui est-**ce**? **C'**est lui. **C'**est nous. **C'**est eux.
Ce sont des détails. **C'**est des détails.
Ce sont mes fleurs préférées.

NOTE:
When a personal pronoun follows, **C'est** is usually used with all (grammatical) persons. In the third person plural, **ce sont** may be used.

C'est moi (toi, lui, elle).
C'est nous (vous, eux, elles).
Ce sont mes amis.

When a plural noun follows, *c'est* must be used in the following cases:

1. In an interrogation with **qu'est-ce que**.

Qu'est-ce que les disciplines d'éveil?

2. When a quantity is expressed.

C'est deux heures qui sonnent.

3. Before a preposition.

C'est d'eux que je l'ai appris.

In most other instances, **c'est** or **ce sont** may be used.

The "introductory **ce**" also refers to a preceding idea.

    C'est drôle.
    C'est vrai.
    Ce que vous dites est intéressant.

B. The Definite Demonstrative Pronouns.

The definite demonstrative pronouns are:

	SINGULAR	PLURAL
MASCULINE	**celui**	**ceux**
FEMININE	**celle**	**celles**

1. They may occur in front of a relative clause or with the preposition **de** (indicating possession).

    a) with relative clause:

        Celui qui parle est mon père.
        Ceux qui parlent sont mes frères.
        Celle que tu vois est ma mère.
        Celles que tu vois sont mes sœurs.

    b) with **de**:

        C'est votre livre? Non, c'est **celui** de Pierre.
        C'est votre voiture? Non, c'est **celle** de Paul.
        Ce sont vos journaux? Non, ce sont **ceux** de Marie.
        Ce sont vos fleurs? Non, ce sont **celles** de Françoise.

2. In comparisons or to express an opposition between two locations **-ci** and **-là** must be added. **-ci** denotes a position nearer to, **-là** farther away from the speaker.

    Quelle couleur préférez-vous? J'aime mieux **celle-ci** que **celle-là**.
    Celui-ci est à Pierre. **Celle-là** est à Paul.
    Ceux-ci sont à Marie. **Celles-là** sont à Françoise.

When no opposition of locations is involved **-là** is preferred.

    Celle-là, elle est bien bonne.
    That's a good one.

III. Ce or Il (elle, ils, elles) with the Verb être.

A. C'est.

C'est is used:

1. If the predicate is a personal pronoun:

C'est lui.

2. If the predicate is a proposition introduced by **que**:

Un bon signe **c'est** qu'il remange.

3. If the sentence starts with **ce** + a relative pronoun:

Ce qui me frappe, **c'est** sa bonne humeur.

4. If the predicate is an infinitive:

Ce qui lui plaît, **c'est** vivre largement.

5. If the predicate is an adjective (modifying an understood noun) presenting a vague idea which will be further modified:

C'est juste.
C'est vrai qu'il est intelligent.

6. If the predicate is a noun used with an article, a possessive adjective or a numeral and there is an identity (more than a simple description) between **ce** and the predicate:

C'est un avocat.
C'est l'avocat de Marie.
C'est mon avocat.
Ce sont (c'est) deux avocats.

7. If for emphasis **ce** repeats the preceding noun as in:

Le problème **c'est** le vague des questions.

8. With **c'est ... qui** and **c'est ... que**:

C'est l'enquête qui éclaircira bien des points.
S'il a réussi, **c'est** que vous l'avez aidé.

B. Il est.

Il est is used:

1. When the predicate is an adjective which modifies **il (elle, etc.)**:

Il est grand.   **Elle est** Française.

2. When the predicate is a noun functioning as an adjective which describes the subject **il** (**elle**, etc.):

Il **est** avocat.

Elle **est** étudiante.

Il **est** médecin à Paris.

Il **est** professeur à la Sorbonne.

NOTE:

Whereas **c'est un professeur** answers the question *who is he?*, **il est professeur à la Sorbonne** answers the question *where is he teaching?*.

C'est un professeur et pour le moment **il est** professeur à la Sorbonne.

Ce sont des étudiants. **Ils sont** étudiants à la Sorbonne.

3. When **il est** is the equivalent of **il y a**:

Il **est** une église au fond d'un hameau.

Ils étaient deux petits enfants.

ORAL DRILLS

A. *Change the following sentences from the future to the conditional. Follow the example.*

Je parlerai.

Je parlerais.

1. Tu finiras. **2.** Nous verrons. **3.** Elle mettra. **4.** Vous irez. **5.** Je courrai. **6.** Ils enverront. **7.** Tu pourras. **8.** Elles obéiront. **9.** Il s'assiéra. **10.** Vous serez. **11.** Elle voudra. **12.** Ils auront. **13.** Nous ferons. **14.** Il faudra. **15.** Elle deviendra. **16.** Nous cueillerons.

B. *Complete each of the following sentences using the words in parentheses in a negative clause. Follow the example.*

Si Marie partait ce soir, (aller au concert).

Si Marie partait ce soir, elle n'irait pas au concert.

1. Si Marie partait ce soir, (rencontrer les Dupont). **2.** Si Marie partait ce soir, (jouer au tennis). **3.** Si Marie partait ce soir, (voyager seule). **4.** Si Marie partait ce soir, (revenir demain). **5.** Si Marie partait ce soir, (emmener son chien). **6.** Si Marie partait ce soir, (voir le film). **7.** Si Marie partait ce soir, (dîner avec nous). **8.** Si Marie partait ce soir, (prendre sa voiture). **9.** Si Marie partait ce soir, (rouler vite). **10.** Si Marie partait ce soir, (avoir tort).

C. *Change the tense of the "if" clauses to the pluperfect. Make the necessary changes. Follow the example.*

> Si tu attends, tu verras Paul.
> **Si tu avais attendu, tu aurais vu Paul.**

1. Si vous sortez, vous aurez froid. **2.** Si tu prends ta voiture, tu arriveras à temps. **3.** Si Paul vient nous voir, nous boirons du champagne. **4.** Si nous achetons ce roman, vous pourrez le lire. **5.** Si Marie écrit sa lettre, je la mettrai à la boîte. **6.** S'il fait chaud, nous irons nager. **7.** Si Marie me téléphone, je l'inviterai à dîner. **8.** Si le dîner est prêt, nous mangerons. **9.** Si la pluie cesse, je sortirai. **10.** Si mon chien est malade, je le conduirai chez le vétérinaire.

D. *Change the tense of the "if" clauses to the imperfect. Make the necessary changes. Follow the example.*

> Si j'ai le temps, j'irai à Paris.
> **Si j'avais le temps, j'irais à Paris.**

1. S'il fait beau, nous sortirons. **2.** Si tu travailles bien, tu réussiras. **3.** Si vous allez en ville, vous achèterez des journaux. **4.** Si Pierre va en Espagne, il ira à Valence. **5.** Si Marie mange trop, elle sera malade. **6.** Si vous le désirez, je vous accompagnerai. **7.** Si le vent change, il pleuvra. **8.** Si Jean vous écrit, vous lui répondrez. **9.** Si les Dupont partent en vacances, ils nous téléphoneront. **10.** Si ce fromage est bon, j'en reprendrai.

E. *Change the following sentences to direct discourse. Follow the example.*

> Vous demandez à Paul s'il aurait fait une promenade s'il avait fait beau.
> **Paul, auriez-vous fait une promenade s'il avait fait beau?**

Vous demandez à Paul . . .
1. s'il aurait mangé s'il y avait eu de la tarte. **2.** s'il serait sorti si vous l'aviez accompagné. **3.** s'il aurait fait un voyage s'il avait eu de l'argent. **4.** s'il se serait fâché s'il avait eu tort. **5.** s'il aurait accepté mon invitation si je l'avais invité. **6.** s'il serait venu si je l'avais appelé. **7.** s'il m'aurait acheté des journaux si je le lui avais demandé. **8.** s'il se serait endormi si le bruit avait continué. **9.** s'il aurait fait un cadeau à sa sœur s'il s'était souvenu de son anniversaire. **10.** s'il aurait acheté cette voiture-là si elle n'avait coûté si cher.

F. *Complete each of the following sentences using the words in parentheses in an interrogative clause. Follow the example.*

> S'il avait plu, (laver la voiture).
> **S'il avait plu, aurions-nous lavé la voiture?**

1. S'il avait plu, (aller en pique-nique). **2.** S'il avait plu, (partir en voyage). **3.** S'il avait plu, (se baigner). **4.** S'il avait plu, (jouer au tennis). **5.** S'il avait plu, (se promener). **6.** S'il avait plu, (faire les courses). **7.** S'il avait plu, (tondre la pelouse). **8.** S'il avait plu, (cueillir des fleurs). **9.** S'il avait plu, (se mettre en route). **10.** S'il avait plu, (monter à la tour Eiffel).

G. *Answer the following questions in the affirmative. Follow the example.*

>   Si vous l'aviez su, ne me l'auriez-vous pas dit?
>   **Si, je vous l'aurais dit.**

1. Si vous n'aviez pas su nager, ne vous seriez-vous pas noyé? **2.** Si Marie n'était pas allée au concert, ne l'aurait-elle pas regretté? **3.** Si nous vous avions donné notre adresse, ne nous auriez-vous pas écrit? **4.** Si vous ne vous étiez pas mis en colère, n'auriez-vous pas mieux fait? **5.** Si Paul n'avait pas travaillé, n'aurait-il pas échoué? **6.** Si tu avais joué au golf, ne m'aurais-tu pas accompagné? **7.** Si les Dupont ne s'étaient pas amusés, ne seraient-ils pas partis? **8.** Si Pierre avait acheté une voiture sport, n'aurait-il pas fait de la vitesse? **9.** Si j'étais parti, ne vous aurais-je pas prévenu? **10.** Si tu ne t'étais pas pressé, ne serais-tu pas arrivé en retard?

H. *Complete the following sentences as shown in the example.*

>   **Si tu veux grossir, tu dois manger davantage.**

1. Si vous voulez grandir, vous ____. **2.** Si tu veux avoir bonne mine, tu ____. **3.** Si Marie veut devenir forte, elle ____. **4.** Si vous voulez être en bonne forme, vous ____. **5.** Si Marie et Julie veulent être bien portantes, elles ____. **6.** Si Paul veut rester champion de tennis, il ____. **7.** Si les enfants veulent faire du sport, ils ____. **8.** Si tu veux devenir athlète, tu ____.

I. *Complete the following sentences with the imperative of the verbs given in parentheses. Follow the example.*

>   (manger moins) Si vous voulez maigrir, ____.
>   **Si vous voulez maigrir, mangez moins.**

1. (manger davantage) Si tu veux grossir, ____. **2.** (payer) Si vous voulez entrer ici, ____. **3.** (prendre des billets) Si nous voulons aller au cinéma, ____. **4.** (retenir ses places) Si vous voulez partir en juin, ____. **5.** (mettre un manteau) Si vous ne voulez pas avoir froid, ____. **6.** (partir) Si vous ne voulez pas être en retard, ____. **7.** (étudier) Si vous ne voulez pas rater l'examen, ____. **8.** (se dépêcher) Si tu ne veux pas rater l'autobus, ____.

J. *Change the following sentences to the past. Follow the example.*

>   Paul pense que vous partirez bientôt.
>   **Paul pensait que vous partiriez bientôt.**

1. Marie croit qu'il fera beau.   **2.** Jean dit qu'il pleuvra.   **3.** Je me demande s'il s'assiéra.   **4.** Tu sais que Paul s'en ira.   **5.** Nous verrons bien si vous aurez peur. **6.** Les Dupont ne savent pas si leur fils reviendra à Noël.   **7.** Si c'est Pierre, tu me le diras.   **8.** Françoise veut voir si Pierre s'en tirera seul.   **9.** Je ne sais pas où j'irai.   **10.** Vous demandez quelles pourront être ses chances d'avenir.   **11.** Te dit-il quand il rentrera?   **12.** Françoise ne t'écrit-elle pas que Pierre fera un voyage?

K.   *Repeat the following sentences using demonstrative pronouns instead of the words in italics. Follow the example.*

> J'ai vécu *ce drame-là.*
> **J'ai vécu celui-là.**

1. On m'a raconté *cette anecdote-ci.*   **2.** J'ai appris *ce poème-là.*   **3.** On m'a relaté *cet épisode-ci.*   **4.** Il a perdu *ce manuscrit-là.*   **5.** Nous avons relu *ce rapport-ci.* **6.** Elle a joué *cette comédie-là.*   **7.** Paul a lu *cette biographie-ci.*   **8.** Nous présenterons *cette pièce-là.*

L.   *Do the same with the following sentences.*

> J'ai lu *ces livres-ci.*
> **J'ai lu ceux-ci.**

1. Paul a acheté *ces journaux-ci.*   **2.** Tu as tapé *ces pages-là.*   **3.** Vous avez prononcé *ces discours-ci.*   **4.** J'ai relu *ces romans-là.*   **5.** Aimez-vous *ces nouvelles-ci?*   **6.** Préférez-vous *ces contes-là?*   **7.** Avez-vous écrit *ces essais-là?*   **8.** Ont-ils écrit *ces descriptions-ci?*   **9.** Relisez *ces paragraphes-là.*   **10.** Envoyez *ces messages-ci.*   **11.** Étudiez *ces poésies-là.*   **12.** Analysez *ces textes-là.*   **13.** Récitez *ces vers-ci.*   **14.** Redites *ces lignes-là.*

M.   *Repeat the following sentences substituting the words in parentheses for the underlined words. Add* **-là** *to the demonstrative pronoun whenever necessary.*

1. J'ai lu ce journal-ci et celui <u>qui est sur la table.</u>

(qui est sur le bureau / de samedi / que vous avez acheté / de Françoise / dont vous parlez / aussi / que voilà / même / en plus.)

2. J'ai lu cette revue-ci et celle <u>de la semaine passée.</u>

(qui vient d'arriver / que vous avez lue / par-dessus le marché / qui paraît le jeudi / en outre / de Paul / que vous lisez / parue cet après-midi / dont Paul m'avait parlé)

N.   *Do the preceding exercise with* **ces journaux-ci** *and* **ces revues-ci.**

O. *Answer the following sentences using demonstrative pronouns. Follow the example.*

Connaissez-vous ce livre-ci?
Je ne connais pas celui-ci, mais je connais celui-là.

1. Connaissez-vous cette histoire-ci? **2.** Avez-vous lu cet article-ci? **3.** Avez-vous appris cette leçon-ci? **4.** Aimez-vous cet auteur-ci? **5.** Étudierez-vous ce vocabulaire-ci? **6.** Avez-vous analysé cette fable-ci? **7.** Avez-vous besoin de ce manuscrit-ci? **8.** Écrirez-vous ce rapport-ci?

P. *Answer the following questions in the negative using a demonstrative pronoun. Follow the example.*

— N'avez-vous pas mis les lettres dans cette boîte-ci?
— Non, je les ai mises dans celle-là.

1. N'avez-vous pas écrit votre nom dans ce registre-ci? **2.** N'êtes-vous pas entré dans ce cinéma-ci? **3.** N'allais-tu pas louer cet appartement-ci? **4.** Ne voulait-elle pas acheter cette voiture-ci? **5.** Ne se baignent-ils pas dans cette piscine-ci? **6.** Ne demeuriez-vous pas sur ce boulevard-ci? **7.** Ne dîne-t-on pas dans cette salle à manger-ci? **8.** Ne cherchiez-vous pas ces crayons-ci? **9.** Ne venez-vous pas d'acheter ces robes-ci? **10.** N'avons-nous pas visité ces musées-ci? **11.** N'as-tu pas lu ces lettres-ci? **12.** Françoise ne préférait-elle pas ces souliers-ci?

Q. *Complete the following sentences with* **il est** *or with* **c'est**. *Follow the example.*

____ un médecin.
C'est un médecin.

1. ____ grand. **2.** ____ un savant. **3.** ____ connu. **4.** ____ un spécialiste. **5.** ____ médecin à Poitiers. **6.** ____ un brave homme. **7.** ____ un ami d'enfance. **8.** ____ le cousin de Paul. **9.** ____ mon meilleur ami. **10.** ____ le docteur Duval. **11.** ____ chef de clinique. **12.** ____ notre cousin. **13.** ____ croyant. **14.** ____ un grand chrétien.

Vocabulary

Primary

à cause de because of
ajouter to add
l'amabilité (*f*) kindness

amener to lead
l'anniversaire (*m*) birthday
août (*m*) August

apparaître to appear
à propos de about
au devant de towards
au plus at most
l'**automobiliste** (*m*) motorist
l'**avortement** (*m*) abortion
bavard talkative
la **centaine** about one hundred
cesser to cease
le **chahut**)
le **chambard**) row
chez among
clamer to cry out
le **client** customer
la **contravention** fine
le **croyant** believer
d'**autre part** on the other hand
dépenser to spend
emmener to go away with
l'**encombrement** (*m*) traffic jam
l'**enfance** (*f*) youth
l'**enquête** (*f*) poll
enregistrer to record
l'**essai** (*m*) attempt
l'**étalement** (*m*) spreading
l'**éventail** (*m*) fan; variety
éviter to avoid
faute de for want of
finalement finally
la **foule** crowd
le **genre** kind
incessant ceaseless
indécis undecided
l'**instantané** (*m*) snapshot
janvier (*m*) January
juillet (*m*) July
loquace talkative
le **magnétophone** tape recorder

malin (f: **maligne**) clever
mouillé wet
le **niveau** level
la **nouvelle** short story
(se) **noyer** to drown
le **parapluie** umbrella
le **pare-brise** windshield
partant therefore
payant paying
le **perdant** loser
la **piscine** swimming pool
le **point** point, subject
porter sur to bear upon
le **poteau** post
le **pour-cent**)
le **pourcentage**) percentage
précisément precisely
près near
la **prévision** forecast
prochain next
rater to miss
regretter to be sorry
le **renouveau** renaissance
la **rentrée** reopening
le **représentant** representative
retirer to remove
le **savant** learned man
la **signalisation** road signs
le **sondage** poll
sonder to sound
le **soulier** shoe
le **stationnement** parking
supprimer to suppress
la **tante** aunt
le **trottoir** sidewalk
le **truc** trick
la **venue** arrival

Secondary

l'**abord** (*m*) approach
aborder to enter upon

affreux horrible
l'**axe** (*m*) axle

chrétien christian
démasquer to unmask
dévaloriser to decrease the value
doter to endow
l'élu (*m*) elected, elect
l'estivant (*m*) summer visitor

mirobolant marvelous
la recette returns
restreint restrained
reticent discreet
tondre to mow

Expressions

Primary

acceptons-en l'augure let us hope it will come true
alimenter la conversation to keep the conversation going
à tout prix at any cost
avoir recours à to appeal to

n'allez pas me dire don't tell me
par-dessus le marché besides
poser des problèmes to pose problems
pur et simple without reservation
se mettre en branle to start

Secondary

allez! why!
battre son plein to be in full swing
être amené à to be led to

être appelé à to be marked, destined for
se mettre en colère to become angry

Première Lecture

Sondage

A l'heure actuelle, on fait des enquêtes à propos de tout.
Récemment, on a fait un sondage d'opinion pour savoir qui serait
candidat aux élections. Un très large *éventail*[1] de pensées, d'opinions politiques, a finalement trouvé quelques représentants réti-
cents, peu loquaces, peut-être parce qu'ils sont prudents ou, simplement, parce qu'ils sont indécis. Bien malin qui pourrait dire ce
qui différencie tel candidat de tel autre, sinon que celui-ci répète
qu'il va tout modifier pendant que celui-là clame que tout va
changer. Un troisième s'étonne encore de figurer parmi les candidats et ne comprend pas pourquoi on voterait pour lui puisque,
il y a un mois, personne ne connaissait son nom.

Qu'à cela ne tienne,[2] les machines qu'on a *mises en branle*[3] son-
dent les esprits, ou mieux encore les cœurs, des électeurs perplexes.
Un dernier *déclic,*[4] et l'*I.F.O.P.*[5] annonce l'élu du premier tour qui
sera le perdant du deuxième tour, et cela *à un dixième de pour-cent
près.*[6] Il sera intéressant, plus tard, de faire des comparaisons.

On a fait d'autres sondages, d'un genre un peu différent, chez
les étudiants, par exemple. Au milieu d'un *chahut*[7] incessant, d'une
kermesse de tous les jours, on a essayé de démasquer des problèmes qui n'apparaissaient pas au devant de la scène. On a eu
recours à *l'informatique.*[8] L'enquête a révélé avec une précision de
chronomètre le pourcentage des *contestataires*[9] et celui des partisans des structures traditionnelles.

On est amené à se demander quel pourrait être exactement le
rapport entre l'enquête et la réalité.

C'est une question difficile! D'abord, le caractère d'une enquête
est limite. Une enquête ne dit pas la vérité. Elle est tout au plus
une photographie, un instantané, dans les limites d'un moment
donné.

---

[1] *here*: variety
[2] anyhow
[3] started
[4] click
[5] Institut Français d'Opinion Publique
[6] with a difference of less than 1/1000
[7] row
[8] theory of information based on computerized data
[9] persons violently opposed to the status quo

Et puis, au niveau du sondage d'opinion, comment pourrait-on savoir ce que signifient exactement les réponses? L'*ordinateur*[10] enregistre et ne commente pas. L'informatique est une sorte d'avortement de la pensée.

D'autre part, le problème de beaucoup d'enquêtes c'est le vague des questions et partant celui des réponses.

Enfin, la motivation de ces enquêtes est importante. En effet, c'est l'enquête qui a posé des problèmes précis. La contestation porte sur un nombre restreint de points que l'enquête elle-même a proposés. Les enquêtes alimentent les conversations; elles influencent aussi tel ou tel candidat; elles provoquent des controverses car la distinction entre photographie et pronostic n'est pas toujours comprise et l'enquête risque parfois d'être interprétée comme une prévision pure et simple. Cependant, ceux qui font les enquêtes disent que les gens sont beaucoup plus naïfs qu'on ne le pense. C'est peut-être vrai. Acceptons-en l'augure! Car une enquête ne pourrait être intéressante que *dans la mesure où*[11] elle serait l'expression authentique d'un groupe. Si elle n'était qu'une sorte de truc pour *racoler*[12] le public des rues et lui imposer des problèmes auxquels il était jusqu'alors complètement indifférent, elle serait dévalorisée: la motivation fausserait le résultat. Et finalement, le sondage d'opinion deviendrait contraire au principe même de la démocratie.

---

[10] computer
[11] in as much as
[12] to attract

QUESTIONNAIRE

1. Pourquoi a-t-on fait récemment un sondage d'opinion?
2. Les opinions politiques étaient-elles nombreuses?
3. Pourquoi les candidats étaient-ils peu loquaces?
4. Est-il facile de dire ce qui différencie tel candidat de tel autre?
5. Que répète le premier candidat?
6. Et le deuxième?
7. Pourquoi un troisième serait-il étonné si on votait pour lui?
8. Qu'est-ce qui sonde les esprits et les cœurs?
9. Qu'est-ce que l'I.F.O.P. a annoncé?
10. Pourquoi a-t-on fait des sondages chez les étudiants?
11. A quoi a-t-on eu recours?

12. Les résultats de l'enquête sont-ils précis?
13. Qu'est-ce qu'une enquête est tout au plus?
14. Qu'est-ce qu'un ordinateur ne fait pas?
15. Pourquoi, lors d'une enquête, les réponses sont-elles vagues?
16. Sur quoi porte la contestation?
17. Qu'est-ce que les enquêtes alimentent?
18. Quelle distinction n'est pas toujours comprise?
19. Dans quelle mesure seulement une enquête pourait-elle être intéressante?
20. Quand serait-elle dévalorisée?

VOCABULARY EXERCISES

A. *Fill in the blanks with the proper word to be found in the list on the right.*

1. On fait des enquêtes ____ de tout.
2. Le candidat ____ qu'il va tout changer.
3. Les machines sont mises ____ .
4. L'ordinateur a prédit le résultat à un dixième de pourcent ____ .
5. Une enquête n'est qu'un ____.
6. L'enquête a ____ des problèmes précis.
7. Les enquêtes ____ les conversations.
8. Elles ____ des controverses.
9. C'est une prévision ____ et simple.
10. Acceptons-en ____ !

a. près
b. l'augure
c. instantané
d. posé
e. à propos
f. pure
g. provoquent
h. clame
i. alimentent
j. en branle

B. *Replace the words in italics with a synonym to be found in the list on the right.*

1. On vient de faire *un sondage d'opinion*.
2. En France, il y a *un très large éventail* d'opinions politiques.
3. Les candidats sont peu *loquaces*.
4. Bien *malin* qui pourrait prédire cela.
5. Il *figure* parmi les candidats.
6. *Qu'à cela ne tienne*, on a mis les machines en branle.
7. Quel *chahut*!
8. On a *eu recours* à l'informatique.
9. On est *amené* à se poser des questions.
10. L'enquête n'est intéressante que *dans la mesure où* elle est l'expression authentique d'un groupe.

a. fin
b. bavards
c. fait appel
d. une enquête
e. une grande diversité
f. pour autant qu'
g. vacarme
h. se trouve
i. conduit
j. peu importe

Deuxième Lecture

La circulation dans Paris

— Quel embouteillage! Il faudrait quand même essayer d'améliorer la circulation dans Paris.

— Il serait temps que le Préfet de police étudie la question car c'est *dans huit jours*[1] la grande rentrée des vacances.

— On dit qu'il aurait déjà pris certaines mesures.

— Vous en connaissez?

— Celle-ci, par exemple: on placerait sur les axes où l'on veut à tout prix maintenir la circulation fluide, une signalisation au sol, *le long des*[2] trottoirs.

— Alors, on pourrait retirer un grand nombre de *panneaux*.[3] Ils sont *affreux*[4] ces disques sur poteaux métalliques.

— Ce serait moins laid, plus discret. On a bien éliminé ceux de Londres.

— Mais si on avait créé des stationnements supplémentaires, on aurait supprimé pas mal de *bouchons*.[5]

— Précisément, il serait question de rendre aux automobilistes plusieurs centaines de places de stationnement et de généraliser le stationnement payant que l'on trouve plus logique.

— Ah! celle-là elle est bien bonne. Si on faisait cela on verrait augmenter le nombre des contractuels et celui des *papillons*.[6]

---

[1] a week from now
[2] along the
[3] signs

[4] very ugly
[5] traffic jams
[6] *here*: traffic tickets

— Pas du tout. Le Préfet de police croit au contraire que les automobilistes respecteraient mieux les interdictions de stationner.

— N'allez pas me dire que le contractuel serait appelé à disparaître . . . Allez, *sur ce*,[8] je vais profiter de cet encombrement pour traverser le boulevard . . .

---

[8] upon that

GRAMMAR EXERCISES

A. *Complete the following sentences with the proper form of the verbs given in parentheses.*

1. (avoir) ____ -vous l'amabilité de me dire où va cet autobus? **2.** (être) Il ____ temps d'améliorer les horaires. **3.** (aller) S'il avait fait beau hier, je ____ à la chasse. **4.** (vouloir) C'est une route où l'on ____ à tout prix maintenir la circulation fluide. **5.** (faire) Je crois que vous ____ bien de rentrer tôt. **6.** (falloir) Il ____ partir plus tôt pour éviter la pluie. **7.** (payer) Si vous voulez stationner ici, ____. **8.** (pouvoir) ____-tu me passer le sel? **9.** (voir) Si on faisait plus de vitesse, on ____ se multiplier les accidents. **10.** (devoir) Si vous allez en ville, vous ____ respecter les panneaux de signalisation. **11.** (pouvoir) Si on s'était occupé du problème plus tôt, on ____ lui apporter une solution. **12.** (être) S'il sort sans parapluie, il ____ mouillé. **13.** (enlever) Si on ____ ces abominables poteaux, ce serait moins laid. **14.** (trouver) Si Pierre ____ un compagnon de voyage, il serait allé en Espagne. **15.** (appeler) Je suis sûr que le médecin va arriver si vous le ____. **16.** (aimer) Paul ne ____-il pas habiter Paris si ses moyens le lui permettaient? **17.** (être) Il ne ____ pas question d'augmenter le nombre des contractuels si on multipliait les stationnements payants. **18.** (devoir) Si vous avez trouvé une contravention sur votre pare-brise, vous ____ la payer. **19.** (éliminer) Le boulevard serait plus beau si on ____ tous ces poteaux.

B. *Complete the following passage with the proper form of the verbs given in parentheses.*

On m'a dit que la saison des vacances (se prolonger) cette année jusqu'en septembre et qu'on pouvait dès à présent, affirmer que le tourisme français (battre) les records de fréquentation des dernières années.

Un ami m'a écrit de Corse que les cérémonies du 15 août prochain (attirer) là-bas une foule considérable et un autre m'a dit, qu'en Bretagne, les estivants (prolonger) leur séjour à cause du beau temps.

Il semblerait que les embouteillages tant critiqués ne (décourager) pas les touristes étrangers comme on l'avait craint.

Mais on m'a affirmé que partout, au bord de la mer, à la campagne, à la montagne, les hôteliers, qui (refuser) du monde, ne (faire) pas des recettes mirobolantes; c'est que les estivants ne (dépenser) qu'avec parcimonie leur budget vacances calculé au plus juste.

Un hôtelier m'a dit que si les clients écartés faute de place (revenir) un peu plus tard, il ne (avoir) plus une chambre ni une table de disponibles d'ici au 1ᵉʳ janvier, mais que ceci ne (être) possible que si on en arrivait à l'étalement des vacances. Il a ajouté que c'était un problème qu'il (falloir) aborder tôt ou tard.

C. *Fill in the blanks with the correct demonstrative pronouns.*

1. La circulation dans Paris devrait être améliorée. ＿＿ de Londres est plus fluide. **2.** Le stationnement payant se généralisera; ＿＿ du centre de la ville coûtera un franc. **3.** On va retirer les panneaux comme on a éliminé ＿＿ de Londres. **4.** Ces panneaux-ci ne vont pas disparaître mais ＿＿ sont superflus. **5.** On va faire un essai. ＿＿ se fera dans le 7ᵉᵐᵉ arrondissement. **6.** 848 places de stationnement seront rendues aux automobilistes mais ＿＿ seront payantes. **7.** Beaucoup de Parisiens sont déjà rentrés mais ＿＿ qui sont encore en vacances rentreront dans huit jours. **8.** Il y a des embouteillages partout mais ＿＿ de Paris sont incomparables. **9.** On a pris des mesures, entre autres ＿＿. **10.** On va doter Paris d'une nouvelle signalisation; ＿＿ serait placée au sol. **11.** Elle serait placée le long des trottoirs; le soir, ＿＿ seraient illuminés. **12.** Le nombre des contractuels pourrait diminuer. Et ＿＿ des papillons? **13.** Encore un encombrement! ＿＿ va me permettre de traverser le boulevard. **14.** Le contractuel est appelé à disparaître! Ah! ＿＿ elle est bien bonne! **15.** L'automobiliste, en général, respecte de moins en moins les interdictions de stationner; ＿＿ de Paris les respecte mieux.

D. *Fill in the blanks with a form of* **ce** *or* **il**.

1. ＿＿ serait un problème à examiner. **2.** Nous sommes allés à Bormes-les-Mimosas; ＿＿ est une de mes plages favorites. **3.** La voiture, ＿＿ est l'accessoire indispensable du vacancier. **4.** La cause de la venue massive des touristes étrangers? ＿＿ est le soleil omniprésent. **5.** ＿＿ n'est pas un hôtel de première catégorie. **6.** ＿＿ n'est pas bien tenu. **7.** Le vrai début des vacances ＿＿ est le 14 juillet. **8.** Est-＿＿ permis de stationner ici? **9.** ＿＿ est la «zone bleue». **10.** Quand la saison bat son plein, ＿＿ est impossible d'éviter les bouchons. **11.** On n'a jamais vu tant de monde sur la Côte d'Azur en juillet: ＿＿ est le renouveau du tourisme. **12.** ＿＿ n'est rien d'aussi encourageant.

COMPOSITION

a) Que pensez-vous des sondages d'opinion?
b) Comment pourrait-on maintenir la circulation fluide dans votre ville.

Vingt-quatrième Leçon

ILLUSTRATION

Paris est une ville *qui* attire beaucoup d'étrangers. Ceux *que* j'y rencontre viennent de partout. C'est une ville *dont* les ponts sont bien connus et *dont* plusieurs monuments sont des chefs-d'œuvre. D'autres, *dont* la Tour Eiffel, sont plutôt laids. Mais la façon *dont* on chante cette tour fait d'elle un monument sacro-saint.

C'est là *que* je voudrais vivre, dans cette ville *où* sont nés mes ancêtres. Mais du train *où* vont les choses et au prix *où* sont les appartements, ce ne sera pas pour maintenant. Il me faudra d'abord travailler, *ce qui* ne me déplaît pas, *ce que* je fais même avec plaisir, sans *quoi* mes revenus ne seraient pas suffisants.

Le jour *où* j'y retournerai, j'y retrouverai des personnes avec *lesquelles* je suis resté en correspondance, *auxquelles* je pense souvent, et plusieurs amis *desquels* j'ai gardé un excellent souvenir.

EXPLANATION

I. The Relative Pronouns.

To determine the form of the relative pronoun, its function in the subordinate clause and, in certain cases, its antecedent (i.e. the object or person it refers back to) must be considered.

A. Qui.

Qui performs the function of *subject* in the subordinate clause (see *Lesson 12*). Its antecedent may be a person or a thing.

Voilà un homme **qui** me plaît beaucoup.
Paris est une ville **qui** attire beaucoup d'étrangers.

NOTES:

a) If **qui** is the *object of a preposition* (therefore *not* the subject in the subordinate clause) it may be used only with reference to a person.

Quelle est la dame à **qui** vous vous êtes adressé?

b) The grammatical person of the verb in the subordinate clause corresponds to that of the antecedent.

C'est vous **qui** êtes arrivés les premiers.
C'est moi **qui** suis arrivé le dernier. (see *Lesson 20*).

B. Que.

Que performs the function of *direct object* in the subordinate clause (see *Lesson 12*). Its antecedent may be a person or a thing.

La personne **que** vous défendez n'en est pas digne.
Le livre **qu'il** écrit occupe tout son temps.

NOTE:

In a somewhat elevated style, **que**, as relative pronoun, produces an inverted word order in the subordinate clause (provided the subject in the subordinate clause is a noun).

Voilà la thèse **que** défend votre père.
BUT: Voilà la thèse **qu'il** défend.

C. Dont.

Dont is the equivalent of a contraction between the relative pronoun and the preposition **de**. Its antecedent may be a person or a thing.

La personne **dont** vous parlez lui est inconnue.
C'est une ville **dont** les ponts sont bien connus.

D. Lequel (laquelle, lesquels, lesquelles).

Lequel is used *after a preposition*. Its antecedent is usually a thing or an animal.

L'idéal est un vaste Marché commun **dans lequel** les hommes et les biens circulent librement.

Le chien **avec lequel** il joue toujours s'appelle Rex.

It may also occur in reference to a person to emphasize acquaintance.

J'y retrouverai des personnes **avec lesquelles** je suis resté en correspondance.

J'y retrouverai des personnes **auxquelles** (*or* **à qui**) je pense souvent et plusieurs amis **desquels** (*or* **de qui, dont**) j'ai gardé un excellent souvenir.

(Notice the contractions between **à** or **de** and the appropriate form of **lequel**).

NOTES:

a) **Lequel** may be used in the subject position, instead of **qui**, to avoid misunderstanding or for emphasis.

J'ai reçu hier une lettre d'un ami, **laquelle** m'a fort diverti.

(**Qui** could also refer to **ami**.)

La France s'est engagée dans la guerre d'Algérie, **laquelle** l'a éloignée de ses anciens partenaires.

b) For the same reason of clarity **dont** may be replaced by **de** + a form of **lequel**.

Paul et Marie, **de laquelle** je vous ai parlé hier soir, sont en Californie.

(**Dont** could refer to both **Paul** and **Marie** while **de laquelle** restricts the reference to **Marie**.)

Notice that in these instances commas surround the subordinate clause.

E. Quoi.

Quoi is used after a preposition with reference to an undefined antecedent such as **ce** or a negative like **rien**, etc., at times (though rarely) with reference to a noun in the plural.

C'est ce **en quoi** il se trompe.

Ce sont des choses **à quoi** vous faites attention.

Je ne vois rien **sur quoi** baser mes soupçons.

C'est un des points **sur quoi** il a fort insisté.

NOTES:

a) After **voilà** and verbs other than **être**, **ce** is omitted.

Voilà **en quoi** il se trompe.

Il sait **sur quoi** je me base.

b) In certain idioms **quoi** is used absolutely, i.e. without an antecedent.

> Elle n'a plus **de quoi** vivre.
> *She no longer has anything to live on.*

c) In an indirect interrogation in the negative introduced by **savoir**, **quoi** + the infinitive may be replaced by **ce que** + a conjugated verb or by **ce que** + the conjugated verb **devoir**, itself followed by an infinitive:

> Je ne sais **quoi faire** de ce livre.
> Je ne sais **ce que je ferai** de ce livre.
> Je ne sais **ce que je dois faire** de ce livre.
> Il ne savait **quoi dire**.
> Il ne savait **ce qu'il dirait**.
> Il ne savait **ce qu'il devait dire**.

F. Où.

Où, as relative pronoun, may refer back to an (actual or figurative) place or time.

> Je voudrais vivre dans cette ville **où** sont nés mes ancêtres. (*or, less elegantly*: ". . . **où** mes ancêtres sont nés.")
> Du train **où** vont les choses, ce ne sera pas pour maintenant.
> Le jour **où** je retournerai à Paris, j'y retrouverai beaucoup d'amis.

NOTES:

a) With a preposition **où** may be used only with reference to a place.

> L'endroit jusqu'**où** l'on peut aller est bien loin d'ici.

b) **D'où** indicates a consequence or a result.

> **D'où** il résulte que . . .
> **D'où** X = 6.

c) In expressing time, **où** may be replaced by **que**:

> Le jour **qu'**il est arrivé.
> L'été **qu'**il a tant plu.

G. Ce qui, ce que, ce dont.

If the antecedent is not defined **ce** must be inserted in front of **qui**, **que** and **dont**.

> Je ne sais pas **ce qui** s'est passé.
> J'ignore **ce qu'**il fait ces jours-ci.
> C'est **ce dont** elle parle sans cesse.

Instead of **ce dont**, **de quoi** is often preferred.

> C'est **de quoi** elle parle sans cesse.

NOTE:

Ce qui, etc. may also summarize an immediately preceding idea.

S'il n'y consent pas, **ce qui** serait déplorable, (**ce que** je déplorerais), nous nous débrouillerons sans lui. (... *we will get along without him.*)

II. The Adverb.

A. Formation.

1. Most adverbs are formed by adding the suffix **-ment** to the masculine form of adjectives ending in a vowel and to the feminine of adjectives whose masculine form ends in a consonant.

vrai	— **vraiment**	seul(e)	— **seulement**
facile	— **facilement**	relatif(ve)	— **relativement**
décidé	— **décidément**	naturel(le)	— **naturellement**

2. Adjectives ending in **-ent** or **-ant** take **-emment** and **-amment** respectively in their adverbial forms. (The **e** in **-emment** is pronounced **a**.)

évident	— **évidemment**	constant	— **constamment**
différent	— **différemment**	suffisant	— **suffisamment**

3. In some adverbs the final **-e** of the adjective is converted to **-é**.

conforme	— **conformément**
énorme	— **énormément**
précis(e)	— **précisément**

4. Some adverbs are irregular.

bon	— **bien**	petit	— **peu**
mauvais	— **mal**	vite	— **vite**

NOTE:

A few adverbs also have irregular forms in the comparative and superlative.

POSITIVE	COMPARATIVE	SUPERLATIVE
bien	mieux	le mieux
mal	⎰plus mal ⎱pis	⎰le plus mal ⎱le pis
peu	moins	le moins
beaucoup	plus	le plus

B. Position.

1. The adverb usually, though not always, follows the verb directly when the latter is in a *simple* (as opposed to a compound) *tense.*

Nous passons **souvent** devant ce magasin.
Il aime **beaucoup** les vins français.

2. In *compound tenses*, frequently used short adverbs are often placed between the auxiliary verb and the past participle.

Ils ont **bien** travaillé.   Nous avons **déjà** vu ce film.
J'ai **beaucoup** regretté son départ.   Ils ne sont pas **encore** arrivés.

BUT: Il a travaillé **ainsi** toute sa vie.

3. *Adverbs of manner* ending in **-ment** are at times placed before, but just as often behind, the past participle. When they follow the past participle they receive more emphasis.

J'avais **complètement** oublié son invitation.
Ils ont parlé **doucement**.

4. *Adverbs of time and place* can never come between auxiliary and participle. They follow the past participle with the exception of **aujourd'hui, hier, demain** and **autrefois** which often stand at the beginning of a sentence.

Il n'a pas téléphoné **ici**.
Ils sont arrivés **tard** (**tôt**).
Hier, nous sommes allés au cinéma.

NOTE:

When **peut-être, aussi** (meaning *thus, therefore* in that position) and **à peine** (*scarcely*) are at the beginning of the sentence, subject and verb are inverted.

Peut-être reviendra-t-il.
Il est fâché avec moi. **Aussi** ne m'a-t-il pas téléphoné.
A peine sera-t-il mort que la révolution éclatera.

In conversational style **peut-être que** + *normal word order* is preferred over the inverted structure.

Peut-être qu'il reviendra.

ORAL DRILLS

A. *Combine each pair of sentences with* **qui**. *Follow the example.*

Le livre est sur la table. Il est à Marie.
Le livre qui est sur la table est à Marie.

1. La voiture passe. Elle est blanche. **2.** Le cahier est sur le bureau. Il est à Paul.

3. Les fleurs sont dans le vase bleu. Elles sont fanées.   **4.** Les journaux t'intéresseront. Ils sont sur la table.   **5.** Le jeune homme marche difficilement. Il est aveugle. **6.** La voisine était malade. Elle est morte.   **7.** Les étudiants travaillent. Ils réussissent.   **8.** Les jeunes filles dansent. Ce sont mes cousines.   **9.** Les fruits sont sur la table. Ils sont mûrs.   **10.** Les rues sont étroites. Elles sont encombrées.   **11.** Les touristes visitent le Louvre. Ils sont nombreux.   **12.** Les enfants ont apporté des fleurs. Ce sont les enfants Dupont.

B.   *Combine each pair of sentences with* **que.** *Follow the example.*

     Je cherche des enveloppes. Elles sont introuvables.
     Les enveloppes que je cherche sont introuvables.

1. Paul a acheté une maison. Elle est trop chère.   **2.** Nous avons visité deux musées. Ils étaient intéressants.   **3.** Marie a invité une dame. Elle est professeur. **4.** J'ai rencontré un étranger. Il cherchait une banque.   **5.** Tu as reçu des amies. Elles parlent anglais.   **6.** Vous avez loué un bateau. Il est grand.   **7.** Les enfants ont vu des touristes. Ils venaient des États-Unis.   **8.** J'ai conduit un ami en ville. Il avait raté son autobus.

C.   *Give an alternate answer to the question, using:* **Non, mais c'est une dame ...** *Follow the example.*

     Connais-tu cette dame?
     Non mais on m'a parlé d'elle.
     Non, mais c'est une dame de qui on m'a parlé.

Connais-tu cette dame? ...
1. Non, mais Paul lui a demandé son chemin.   **2.** Non, mais Marie a travaillé chez elle.   **3.** Non, mais les Dupont ont voyagé avec elle.   **4.** Non, mais j'étais assis à côté d'elle.   **5.** Non, mais le voleur a tiré sur elle.   **6.** Non, mais tu t'étais arrêté derrière elle.   **7.** Non, mais l'autobus s'est arrêté pour elle.   **8.** Non, mais la foudre est tombée sur elle.

D.   *Do the preceding exercise with:* — **Connais-tu ces dames?** — **Non, mais ce sont des dames ...**

E.   *Do exercise* **C.** *with:* — **Connais-tu ce monsieur?** — **Non, mais c'est un monsieur ...**

F.   *Do exercise* **C.** *with:* — **Connais-tu ces messieurs?** — **Non, mais ce sont des messieurs ...**

G. *Repeat the following sentences using*: **C'est le jeune homme . . .** *Follow the example.*

> Je viens de parler à ce jeune homme.
> **C'est le jeune homme auquel je viens de parler.**

1. Vous voyagerez avec ce jeune homme. **2.** Je dois écrire à ce jeune homme. **3.** Paul a appris la nouvelle par ce jeune homme. **4.** Nous comptons sur ce jeune homme. **5.** Vous serez assis à côté de ce jeune homme. **6.** Tu vas téléphoner à ce jeune homme. **7.** J'ai confiance en ce jeune homme. **8.** Nous ne partirons pas sans ce jeune homme. **9.** Vous allez dîner chez ce jeune homme. **10.** Marie a reçu une lettre de ce jeune homme.

H. *Do the preceding exercise using*: **. . . cette jeune fille** *and* **C'est la jeune fille . . .**

I. *Repeat the following sentences using*: **Voilà les . . .** *Follow the example.*

> Marie s'est adressée à ces messieurs.
> **Voilà les messieurs auxquels Marie s'est adressée.**

1. Marie s'est adressée à ces jeunes filles. **2.** Marie s'est adressée à ces jeunes gens. **3.** Marie s'est adressée à ces professeurs. **4.** Marie s'est adressée à ces employés. **5.** Marie s'est adressée à ces dactylos. **6.** Marie s'est adressée à ces étudiants. **7.** Marie s'est adressée à ces vendeuses. **8.** Marie s'est adressée à ces enfants. **9.** Marie s'est adressée à ces personnes. **10.** Marie s'est adressée à ces avocats.

J. *Repeat the following sentences using*: **Voilà le . . .** *or* **Voilà les . . .** *Follow the example.*

> J'écris avec ce crayon.
> **Voilà le crayon avec lequel j'écris.**

1. Les enfants se trouvaient sur le pont. **2.** Nous sommes passés par cette ville-là. **3.** Paul a assisté à la réunion. **4.** J'étais appuyé contre le mur. **5.** Les touristes se sont arrêtés au bout de la rue. **6.** Vous voyagerez dans cette voiture. **7.** Je n'ai pas pensé à ces détails. **8.** Tu ne voyageras jamais sans cette valise. **9.** Nous n'étions pas bien préparés pour cet examen. **10.** J'ai confiance en cette méthode-là.

K. *Combine each pair of sentences with* **dont.** *Follow the example.*

> J'ai lu un livre. Je connais l'auteur.
> **J'ai lu un livre dont je connais l'auteur.**

1. Vous avez un costume. La teinte me plaît. **2.** Nous avons des pommiers. Leurs pommes sont excellentes. **3.** Tu as un soulier. Le talon est cassé. **4.** Vous avez une voiture neuve. Le pneu droit est crevé. **5.** J'ai rencontré un ami. Sa femme est malade. **6.** Paul a une cravate neuve. Le dessin est surréaliste. **7.** J'ai acheté une maison. Le toit est en mauvais état. **8.** Les étudiants ont un nouveau livre. Les leçons sont intéressantes. **9.** Ils ont plusieurs enfants. Leurs prénoms sont extraordinaires. **10.** Marie a une poupée. Ses yeux s'ouvrent et se ferment.

L. *Answer the following questions using:* **Oui, c'est . . .** *or* **Oui, ce sont . . .** *Follow the example.*

Vous parlez de ce roman-ci?
Oui, c'est le roman dont je parle.

1. Il est question de cette maison-là? **2.** Marie a peur de ces chiens-là? **3.** Tu as besoin de ces livres-là? **4.** Elle a envie de cette bague-là? **5.** Vous êtes le père de ces enfants-là? **6.** Il rêvait de cette maison? **7.** Nous discuterons de cette affaire? **8.** M. Dupont est mort de cette maladie-là? **9.** Tu te souviens encore de ce voyage-là? **10.** Le professeur a parlé de ces auteurs?

M. *Answer the following questions in the affirmative, using* **ce dont.** *Follow the example.*

Savez-vous de quoi je parle?
Oui, je sais ce dont vous parlez.

1. Savez-vous de quoi il s'agit? **2.** Savez-vous de quoi il est question? **3.** Savez-vous de quoi il est avide? **4.** Savez-vous de quoi vous manquez? **5.** Savez-vous de quoi nous avons besoin? **6.** Savez-vous de quoi j'ai peur? **7.** Savez-vous de quoi Paul se souvient? **8.** Savez-vous de quoi Marie a envie? **9.** Savez-vous de quoi nous nous chargerons? **10.** Savez-vous de quoi nous n'avons pas eu connaissance?

N. *Repeat the following pair of sentences, substituting the numbered sentences for the underlined one. Make the necessary changes.*

Vous êtes <u>préoccupé</u>. Dites-moi ce qui vous préoccupe.
1. Vous êtes ennuyé. **2.** Paul est énervé. **3.** Marie est peinée. **4.** Les Dupont sont divisés. **5.** Je suis découragé. **6.** Marie est désolée. **7.** Les enfants sont étonnés. **8.** Pierre est fâché.

O. *Repeat the following sentences using* **ce** *instead of* **la chose.** *Follow the example.*

C'est la chose qui m'intéresse.
C'est ce qui m'intéresse.

1. C'est la chose qui plaît à Paul. **2.** C'est la chose qui peine Marie. **3.** C'est la chose qui nous énerve. **4.** C'est la chose qui vous intrigue. **5.** C'est la chose qui te fâche. **6.** C'est la chose qui me manque. **7.** C'est la chose qui amuse les mioches. **8.** C'est la chose qui leur fait plaisir.

P. *Repeat the following sentences using:* **Ce qui ... c'est ...** *Follow the examples.*

Le résultat m'intéresse.
Ce qui m'intéresse, c'est le résultat.

1. La neige plaît à Paul. **2.** La pluie déplaît à Marie. **3.** Le bruit m'énerve. **4.** Le vent effraie le chien. **5.** La musique te calmera.

Les réunions m'ennuient.
Ce qui m'ennuie ce sont les réunions.

6. Les montagnes attirent les touristes. **7.** Les exercices aident les étudiants. **8.** Les voyages forment la jeunesse. **9.** Les difficultés t'ont découragé. **10.** Les petites maisons se vendent bien.

Q. *Repeat the following sentences using* **ce qu'il doit** *instead of* **quoi.** *Follow the example.*

Il ne sait plus quoi dire.
Il ne sait plus ce qu'il doit dire.

1. Il ne sait plus quoi faire. **2.** Il ne sait plus quoi penser. **3.** Il ne sait plus quoi mettre. **4.** Il ne sait plus quoi devenir. **5.** Il ne sait plus quoi choisir. **6.** Il ne sait plus quoi décider. **7.** Il ne sait plus quoi croire. **8.** Il ne sait plus quoi imaginer. **9.** Il ne sait plus quoi répondre. **10.** Il ne sait plus quoi inventer.

R. *Repeat the following sentences using* **ce** *instead of* **la chose.** *Follow the example.*

C'est la chose que je désire.
C'est ce que je désire.

1. C'est la chose que tu diras. **2.** C'est la chose que Paul a faite. **3.** C'est la chose que nous avions choisie. **4.** C'est la chose que vous avez dite. **5.** C'est la chose que tu avais comprise. **6.** C'est la chose que Marie aura écrite. **7.** C'est la chose que les enfants voulaient. **8.** C'est la chose que j'ai inventée.

S. *Repeat the following sentences using:* **Voilà** + *preposition* + **quoi** (*instead of* **cela**). *Follow the example.*

Je me base sur cela.
Voilà sur quoi je me base.

1. Il s'agit de cela. **2.** Vous prenez garde à cela. **3.** Il est question de cela. **4.** Vous vous trompez en cela. **5.** Elle vit de cela. **6.** Nous voyagerons sans cela. **7.** Il songe à cela. **8.** Elle s'est coupée avec cela.

T. *Answer the following questions in the affirmative, using* **où** *instead of* **que.** *Follow the example.*

> Vous souvenez-vous du jour qu'il est arrivé?
> **Oui, je me souviens du jour où il est arrivé.**

1. Vous souvenez-vous de l'hiver qu'il a fait si froid? **2.** Vous souvenez-vous de l'été qu'il a tant plu? **3.** Vous souvenez-vous du temps que j'étais malade? **4.** Vous souvenez-vous de l'automne qu'il a fait si beau? **5.** Vous souvenez-vous du moment que la guerre a commencé? **6.** Vous souvenez-vous de la nuit que Paul est rentré? **7.** Vous souvenez-vous de l'instant qu'il est parti? **8.** Vous souvenez-vous du jour que cela s'est passé?

U. *Repeat the following sentences using:* **C'est ... où ...** *or* **C'est ... + preposition + où ...** *Follow the examples.*

> Il est entré dans la maison.
> **C'est la maison où il est entré.**

1. Il est né dans ce pays. **2.** Il est mort dans ce village. **3.** Elle nageait dans la piscine. **4.** Paul avait passé ses vacances dans cette ville. **5.** Il a enseigné dans cette université.

> Le voleur est entré par la fenêtre.
> **C'est la fenêtre par où le voleur est entré.**

6. Marie est passée par cette ville. **7.** J'entrerai par cette porte. **8.** Pierre descendait du grenier. **9.** Nous lirons jusqu'à cette page. **10.** Vous venez de ce pays.

V. *Repeat the following sentences using the adverb given in parentheses. Be sure the adverb is in the correct position. Follow the example.*

> (directement) Il était allé a Paris.
> **Il était allé directement à Paris.**

1. (aussi) Marie a faim et moi j'ai faim. **2.** (hier) Nous sommes allés au théâtre. **3.** (longtemps) J'ai réfléchi. **4.** (encore) Il a neigé. **5.** (tôt) Marie s'est levée. **6.** (seulement) Elle est partie à 8 heures. **7.** (pas mal) Il reste du fromage. **8.** (beaucoup) Paul a travaillé. **9.** (justement) C'est ce qu'il ne fallait pas dire. **10.** (bien) Vous l'avez conseillé.

c

Vocabulary

Primary

l'**ancêtre** (*m*) ancestor
à **peine** scarcely
(s')**arrêter** to stop
s'**attabler** to sit down at the table
atterrir to land
aussi therefore
avide eager
les **bagages** (*m pl*) baggage
les **biens** (*m pl*) goods
le **bout** piece
brièvement briefly
le **carnet** notebook
(se) **charger (de)** to take upon oneself
le **chef-d'œuvre** masterpiece
la **confiance** confidence
conformément according to
la **connaissance** acquaintance
consciencieusement scrupulously
consentir to consent
constamment constantly
le **contrat** contract
la **correspondance** correspondence
le **cousin**/la **cousine** cousin
la **dactylo** typist
(se) **débrouiller** to shift for oneself
décidément decidedly
défendre to defend
le **détail** detail
différemment differently
divertir to amuse
déplorer to deplore
doucement softly
dûment duly
l'**employeur** (*m*) employer
l'**engagement** (*m*) contract
énormément very much
épuiser to exhaust
étroit narrow
évidemment evidently
la **fleur** flower

galamment gallantly
galant gallant
imaginer to imagine
introuvable indiscoverable
la **joie** pleasure
joliment very
juin (*m*) June
librement freely
mollement softly
le **morceau** piece
mou/molle soft
mûr ripe
noircir to blacken
nouvellement newly
l'**occupation** (*f*) job
le **papier** paper
le **partenaire** partner
peiner to grieve
le **permis** permit
pis worse
le **pneu (crevé)** (flat) tire
la **poche** pocket
préoccupé worried
le **quartier** district
la **quête** search
quotidiennement daily
rater to miss
relativement relatively
le **renseignement** piece of information
le **salaire** salary
le **soupçon** suspicion
suffisamment enough
suffisant sufficient
le **talon** heel
traîner to stroll about
vif/vive alive
violemment violently
violent violent
voisin neighboring

Secondary

l'**amertume** (*f*) bitterness
le **couvreur** roofer
le **daim** suède
(s')**engager** to pledge oneself
la **foudre** thunder

le **foyer** home
la **malice** maliciousness
   regroupé gathered together again
le **revenu** income
la **toile** linen

Expressions

de près close by
de très loin by far
du train où vont les choses the way
  things are going
en sortir to get out of
être en correspondance avec quelqu'un
  to correspond with s.o.

faire connaissance to get acquainted
n'avoir qu'une idée en tête to think
  only of
une fois once

Première Lecture

Les visiteurs sans bagages

Nancy a vingt-trois ans. A New-York, où elle vit, elle est secrétaire d'un médecin. A Paris depuis quarante-huit heures,
Nancy est arrivée par un des douze «*charters*» qui atterrissent
quotidiennement à Orly depuis le début de juin. Je l'ai rencontrée
dans une de ces rues où les «*hippies*», assis sur les trottoirs,
jouent de la guitare.

Malgré ses «*Levies*», ses mocassins et sa veste de daim, sa valise
de toile, Nancy n'est pas une «*hippie*». Elle est venue là, directement, parce que le seul quartier de Paris dont elle avait entendu
parler, c'était Saint-Germain. «Je ne sais pas où je coucherai ce
soir», dit-elle. Ce n'est pas un défi; c'est une simple constatation
sans agressivité, sans malice, sans amertume. «J'ai déjà visité
plusieurs foyers, dont un où la nuit n'est qu'à 10 F. Je veux passer
quinze jours à Paris: c'est trop cher. Je ne connais vraiment
personne; je n'ai que l'adresse d'un médecin dont m'a parlé mon
employeur américain. Heureusement.»

Nancy n'est pas la seule dans ce cas. Chaque année, 20.000 étudiants étrangers environ arrivent à Paris, parmi lesquels la plupart viennent des États-Unis, du Canada ou des pays scandinaves. Trois fois sur quatre, ils débarquent *les mains dans les poches*[1] ou presque. Un morceau de papier sur lequel est inscrit une vague adresse d'une vague connaissance; voilà avec quoi commence à Paris leur quête d'un abri et d'une occupation pour l'été.

Ce qu'ils cherchent à Paris? Ils ne le savent souvent pas eux-mêmes. Certains sont venus ici comme ils auraient feuilleté un album de photographies. Trois jours au Louvre, à Versailles. Ils prennent des notes, noircissent des carnets et reprennent la route vers *le Prado*[2] ou *le musée des Offices*.[3]

D'autres, de très loin les plus nombreux, viennent à Paris pour le simple plaisir d'être à Paris. Ils viennent regarder de près une France de cartes postales. Cette jeune Canadienne qui ne savait où dormir, n'avait qu'une idée en tête: «Où est *le Moulin Rouge*?»[4]

Une fois épuisée les joies du tourisme, les jeunes étrangers trouvent toujours que «Paris, c'est beau» mais ils commencent aussi à penser que «c'est triste».

---

[1] with a minimum of baggage
[2] museum in Madrid, Spain
[3] museum in Florence, Italy
[4] a famous nightclub in Paris

Les jeunes avec lesquels j'ai parlé, étaient tous des Américains. Ils ont fait connaissance à Paris. L'un d'eux m'a dit: «Les Parisiens ont leurs occupations, il est difficile de les rencontrer.»

Travailler à Paris est presque impossible. «Pour trouver un vrai travail avec un vrai salaire, il faut un permis de travail. Et pour avoir un permis, il faut un engagement signé de l'employeur. On n'en sort pas.»

Alors, les jeunes étrangers, regroupés entre eux, traînent dans Paris, rencontrent des amis avec lesquels ils s'attablent au café voisin. Des amis français? Hélas, non. Des étrangers comme eux, rencontrés ici. C'est difficile de rencontrer des Français ...

D'après un article de Michèle Kespi,
Le Nouvel Observateur

QUESTIONNAIRE

1. Où habite Nancy?
2. Quelle est son occupation?
3. Comment est-elle arrivée à Paris?
4. Comment Nancy était-elle habillée?

5. Pourquoi est-elle allée directement à Saint-Germain?
6. Sait-elle où elle va loger?
7. A-t-elle des amis à Paris?
8. Y a-t-il beaucoup d'étudiants étrangers à Paris chaque année?
9. D'où viennent-ils?
10. Avec quoi commence à Paris leur quête d'un abri?
11. Que cherchent-ils?
12. Que font ceux qui restent trois jours à Paris?
13. Où vont-ils ensuite?
14. Qu'est-ce que d'autres viennent regarder de près?
15. Quelle est la seule idée que la jeune Canadienne avait en tête?
16. Une fois épuisées les joies du tourisme, que pensent les jeunes étrangers?
17. Pourquoi ne rencontrent-ils pas beaucoup de Parisiens?
18. Que faut-il avoir pour travailler en France?
19. Pourquoi les étrangers disent-ils qu'ils n'en sortent pas?
20. Que font alors les étrangers?

VOCABULARY EXERCISES

A. *Fill in the blanks with the proper word to be found in the list on the right.*

1. Trois fois sur quatre, ils débarquent les mains ⎯⎯ ou presque.
2. Ils n'ont souvent qu'une vague adresse d'une vague ⎯⎯.
3. C'est avec ces renseignements qu'ils commencent à Paris leur ⎯⎯ d'un abri.
4. Ils sont venus à Paris comme ils ⎯⎯ un album de photographies.
5. Ils prennent des notes, ⎯⎯ des carnets.
6. Cette jeune Canadienne n'avait qu'une ⎯⎯ en tête.
7. Pour travailler à Paris, il faut un ⎯⎯ de travail.
8. Mais pour avoir ce permis, il faut avoir un travail: on n'⎯⎯ pas.
9. Les étrangers ⎯⎯ dans Paris.
10. Ils ⎯⎯ au café avec des compatriotes.

a. noircissent
b. s'attablent
c. connaissance
d. traînent
e. auraient feuilleté
f. permis
g. quête
h. en sort
i. idée
j. dans les poches

B. *Replace the words in italics by a synonym to be found in the list on the right.*

1. Douze «charters» atterrissent *quotidiennement* à Orly.
2. Nancy est venue *directement* dans le quartier de Saint-Germain.

a. dès que sont
b. une provocation
c. réunis

3. Ce n'est pas *un défi*.
4. Nancy veut passer *quinze jours* à Paris.
5. Nancy n'a qu'une vague adresse inscrite sur un *morceau* de papier.
6. Ceux qui viennent à Paris pour le simple plaisir d'être à Paris sont *de très loin* les plus nombreux.
7. *Une fois* épuisées les joies du tourisme, les étrangers trouvent que Paris est triste.
8. Ils *ont fait connaissance* à Paris.
9. Il faut un *engagement* signé de l'employeur.
10. Les jeunes étrangers *regroupés* entre eux s'attablent au café voisin.

d. deux semaines
e. de beaucoup
f. chaque jour
g. contrat
h. bout
i. immédiatement
j. se sont rencontrés

Deuxième Lecture

«Vent du feu»

— Avez-vous entendu les nouvelles qu'on vient de donner à la radio?

— A propos de quoi?

— De l'incendie qui *ravage*[1] actuellement la Côte d'Azur.

— Encore?

— Le feu qui a pris hier à plusieurs endroits à la fois s'étend sur des *hectares*[2] de *pinèdes*.[3]

— C'est sans doute dû à une *imprudence*.[4]

— C'est difficile à dire. On a bien arrêté un pyromane.

— Et il souffle un de ces *mistrals*![5]

— Il aurait fallu *coiffer*[6] l'*incendie*[7] à ses débuts. Maintenant, c'est toute la côte qui est en feu.

— Y a-t-il des victimes?

— Heureusement non. Il y a eu quelques incidents dont le speaker a *brièvement*[8] parlé.

---

[1] lays waste
[2] one "hectare" = about $2\frac{1}{2}$ acres
[3] pine-groves
[4] carelessness
[5] cold north wind of Provence
[6] to check
[7] fire
[8] briefly

— Les personnes avec lesquelles le reporter a parlé avaient-elles déjà quitté la côte?
— Les touristes auxquels il s'adressait étaient précisément des Belges qui occupaient alors une villa au bord de la mer.
— Voilà des vacances auxquelles ils *ne s'attendaient vraiment pas*![9]
— Ils étaient dans leur piscine au moment où les flammes ont envahi leur parc. Ils ont vite plongé sans quoi ils auraient été *brûlés vifs*.[10]
— Ils *s'en tirent à bon compte*.[11]
— Avec quelques *mèches de cheveux*[12] *roussis*,[13] évidemment.
— Les *pompiers*[14] *parviendront-ils*[15] à *maîtriser*[16] l'incendie?
— Le speaker disait que tous les pompiers de France, du moins ceux dont on pouvait se passer sans exposer la population qu'*ils sont censés*[17] protéger, sont sur la Côte d'Azur.
— Si seulement ce «vent du feu», comme disent les gens là-bas, pouvait tomber!
— Il paraît que c'est un spectacle désolant dont on ne peut se faire aucune idée.

---

[9] did not really expect
[10] burnt alive
[11] pull through without too much damage
[12] locks
[13] burnt
[14] firemen
[15] will they succeed
[16] to control
[17] they are supposed

GRAMMAR EXERCISES

A. *Fill in the blanks with the proper relative pronoun.*

1. Je ne connais pas la ville ____ vous parlez. **2.** Il y a beaucoup d'avions ____ atterrissent à Orly quotidiennement. **3.** Elle a trouvé deux chambres, ____ une à 10 F. **4.** Le médecin pour ____ Nancy travaille habite New York. **5.** L'avion par ____ Nancy est arrivée venait de l'aéroport J. F. Kennedy. **6.** Il y a 20.000 étudiants étrangers à Paris, parmi ____ la plupart viennent des États-Unis. **7.** Le médecin a donné à Nancy un bout de papier sur ____ il avait inscrit le nom d'un ami. **8.** Savez-vous ____ ces jeunes gens cherchent? **9.** Je me demande ____ les attire à Paris. **10.** Voilà un jeune homme ____ est venu ici pour visiter le Louvre. **11.** Son compagnon, ____ vous voyez là-bas, revient d'Italie. **12.** Saint-Germain est le seul quartier ____ Nancy avait entendu parler. **13.** Il vous faut un billet, sans ____ vous ne pourrez pas monter dans l'avion. **14.** Elle a obtenu le permis de travail sans ____ elle n'aurait pas pu travailler. **15.** C'est la ville ____ ils se sont rencontrés. **16.** Une vague adresse inscrite sur un morceau de papier: voilà avec ____ ils s'aventurent à Paris. **17.** Ce sont les personnes avec ____ j'ai voyagé. **18.** Je ne comprends pas ____ vous dites. **19.** Voilà le parc dans ____ Pierre a souvent joué. **20.** Savez-vous ____ je parle? **21.** Pierre et Françoise, ____ fait des études de médecine, étaient chez eux. **22.** Ce n'est pas ____ il s'agit. **23.** Voilà le projet ____ je pense. **24.** Je ne sais pas ____ pourrait lui faire plaisir. **25.** C'est précisément ____ Paul pensait. **26.** J'ai acheté le livre de l'auteur ____ Pierre a parlé. **27.** Pierre était absent le jour ____ vous êtes arrivé. **28.** Les ouvriers ____ vous avez fait appel travaillent consciencieusement. **29.** Ce ne sont pas les ouvriers du travail ____ M. Dupont s'est plaint. **30.** C'est le jeune homme ____ la fiancée est malade. **31.** J'ai reporté le dictionnaire ____ il manquait des pages. **32.** C'est la vieille table ____ un pied est cassé. **33.** Voilà la maison ____ le propriétaire vient de mourir. **34.** Regardez l'église sur le toit ____ le couvreur était perché. **35.** Ce sont des souliers dans ____ je ne suis pas à l'aise.

B. *Form the adverb derived from the adjective given in parentheses; then, place it correctly in each of the following sentences.*

1. (quotidien) Plusieurs avions atterrissent à Orly. **2.** (direct) Marie est venue à Paris. **3.** (heureux) Son employeur lui avait donné une adresse. **4.** (vrai) Elle ne connaît personne à Paris. **5.** (nouveau) Ce professeur est arrivé. **6.** (joli) Son arrivée a bien arrangé les affaires. **7.** (violent) J'ai réagi contre ses attaques. **8.** (galant) Dans cette affaire, Paul s'est conduit. **9.** (dû) Les faits ont été constatés. **10.** (mou) Les membres du conseil ont protesté.

C. *Rewrite the following sentences using the adverb given in parentheses in the right place.*

1. (beaucoup) Vous avez travaillé. **2.** (tard) Elle s'est couchée. **3.** (encore) Paul n'a pas fini. **4.** (partout) Cette dame a voyagé. **5.** (bien) Avez-vous mangé?

6. (assez) Marie n'a pas dormi.   **7.** (trop) Je ne peux plus le croire: il nous a menti.
8. (aussi) Elle part et lui s'en va.   **9.** (hier) Nous sommes allés chez Marie.   **10.**
(déjà) J'ai rencontré ce monsieur.

COMPOSITION

Vous êtes arrivé dans une grande ville qui vous était inconnue.
Dites quelles ont été vos impressions.

Vingt-cinquième Leçon

ILLUSTRATION

— Il paraît qu'*on* part demain.

— C'est une très bonne idée mais vraiment *personne ne* m'en a parlé.

— *Tout* est prêt. *Chacun* fait sa valise.

— Je *ris* de votre hâte.

— Je ne suis ni *plus* ni *moins pressé que les autres* mais je suis sans doute *le plus*
— *enthousiaste de tous.*

— A quelle heure part-*on*?

— *La meilleure des* choses serait de partir à l'aube.

— *Tout* le monde n'est pas *aussi matinal que* vous.

— Christine et Louise sont *les plus paresseuses.*

— Et ce n'est pas là leur *moindre* défaut!

— *La pire des* catastrophes serait de ne partir qu'à midi.

— Je *rirai* de bon cœur si on est parti avant le déjeuner.

EXPLANATION

I. The Indefinite Adjectives and Pronouns.

Words such as *some, several, each, the other, the same, etc.*, are called indefinite pronouns since they do not always have specific antecedents. A number of these words may also occur as adjectives. In that case, they give the noun they modify a more or less indefinite meaning of quality or quantity.

A. The Indefinite Adjectives.

1. Forms, meaning, uses.

SINGULAR		PLURAL		MEANING
MASCULINE	FEMININE	MASCULINE	FEMININE	
aucun	aucune	aucuns	aucunes	*no, any*
autre	autre	autres	autres	*other*
certain	certaine	certains	certaines	*certain*
chaque	chaque			*each, every*
——	——	**différents**	différentes	*different, diverse*
		divers	diverses	*diverse, varied*
maint	mainte	maints	maintes	*many a*
même	même	mêmes	mêmes	*same*
nul	nulle	nuls	nulles	*no*
pas un	pas une	——	——	*not one*
plus d'un	plus d'une	——	——	*more than one*
——	——	**plusieurs**	plusieurs	*several*
quelconque	quelconque	quelconques	quelconques	*any, whatever, médiocre*
quelque	quelque	quelques	quelques	*some, any*
tel	telle	tels	telles	*such*
tout	toute	tous	toutes	*any, every, all*

Il n'a **aucun** respect pour ses parents.
Avez-vous d'**autres** suggestions?
Un **certain** Monsieur Delchambre vient de vous téléphoner.
Différentes personnes l'ont vu.
Je l'ai rencontré en **diverses** occasions.
Il a une collection de pièces de **mainte(s)** espèce(s).
Elle vient toujours avec les **mêmes** plaintes.
Elle n'a **nulle** raison de se plaindre.
Tu as des nouvelles de lui? **Pas un** mot.
Tu as des nouvelles de lui? Oui, il m'a écrit **plus d'une** fois.
Je te l'ai dit **plusieurs** fois.
Je lirai un livre **quelconque**.
Elle ne m'a pas écrit pendant **quelque** temps.
Il faudra prendre **telles** mesures qui paraîtront nécessaires.
On se voit **tous** les jours.

2. Agreement.

As any other adjective, the indefinite adjectives agree in gender and number with the noun they modify.

Il n'a **aucun** ami.
Elle n'a **aucune** amie.

3. Position

Normally indefinite adjectives precede the noun they modify.

Il m'a apporté **quelques** livres.

a) However, **quelconque** usually follows the noun.

Ce n'est pas un homme **quelconque.**

b) When placed after the noun, the adjective **certain** no longer denotes vagueness but its opposite, i.e. certainty.

une preuve **certaine**   *a certain,* i.e. *reliable proof*

c) In the singular, the adjectives **différent** and **divers** suggest the notion of "otherness" and take on an idea of definiteness. They follow the noun they modify in this case.

Il est revenu un homme **différent.**

d) Aucun(e), nul(nulle), pas un(e) having a negative notion use **ne** before the verb:

Nul étudiant **ne** parle.
Pas une personne **n'**est sortie.

Aucun(e) is never accompanied by **pas** or **point:**

Il **n'a aucun** ami. (= Il **n'a pas** d'ami.)

e) Tout may be followed by the definite article:

Toute la nuit. (*the whole night*)
Tout l'hiver.

Tout may be followed by the indefinite article:

Toute une nuit. (*an entire night*)
Toute une année.
Tout un mois.
C'est **tout un** roman. (*a real novel*)

Tout may be used without an article:

Repas à **toute** heure. (*meals at any time*)

The **s** in the adjective **tous** is not pronounced
Tous may express periodicity:

Tous les ans. (*every year periodically*)
Tous les cent mètres.
Toutes les semaines.

B. The Indefinite Pronouns.

1. Forms.

SINGULAR		PLURAL		MEANING
MASCULINE NEUTER	FEMININE	MASCULINE	FEMININE	
aucun	aucune	d'aucuns	d'aucunes	*anyone, no one*
autre	autre	autres	autres	*other(s)*
autrui				*others, other people*
		certains	certaines	*some*
chacun	chacune			*everyone*
je ne sais qui				*someone* (un-known)
je ne sais quoi				*something or other*
même	même	mêmes	mêmes	*(the) same*
n'importe qui				*no matter who (m)*
n'importe quoi				*no matter what*
nul	nulle	nuls	nulles	*no one, none*
on				*one, they* (indef.) *(we)*
pas un	pas une			*not one*
personne				*no one*
plus d'un	plus d'une			*more than one*
		plusieurs	plusieurs	*several*
quelqu'un	quelqu'une	quelques-uns	quelques-unes	*someone*
quelque chose				*something, some*
quiconque				*whoever*
rien				*nothing*
tel	telle	tels	telles	*such (a one)*
tout		tous	toutes	*everything, all*
un	une	uns	unes	*the one(s)*

Il travaille plus qu'**aucun**.
D'aucuns pourront critiquer ce travail.
Je l'ai pris pour **un autre**.
Certains étudiants aiment ce livre, **d'autres** le détestent.
Il convoite les biens d'**autrui**.
J'ai de bons étudiants; **certains** sont excellents.
A **chacun** son goût.
La nature humaine est toujours **la même**.
Ce n'est pas **n'importe qui**.
Faites **n'importe quoi**.
Nul n'est prophète en son pays.
On me dit qu'il est mort.
On (nous) s'est bien amusé(s). (colloquial use of **on** for **nous**)
De tous mes enfants, **pas un ne** m'a envoyé une carte de Noël.
Personne ne veut y aller.
Ces étudiants n'ont pas bien appris leurs leçons; **plus d'un** a raté son examen.
Où sont tous les invités? **Plusieurs** sont déjà partis.
Quelqu'un vous demande au téléphone.
J'ai vu **plusieurs** de tes amies hier? Oui, **quelques-unes** sont venues me voir.
Il y a **quelque chose** qui ne va pas.
Partez sans en faire part à **quiconque**.
Rien ne le tracasse.
Monsieur **un tel** vous demande.
Le **tout** vous coûtera environ mille francs.
Tous sont ici.
Je ne veux ni **l'un** ni **l'autre**.

2. Uses.

Indefinite pronouns can be used as subjects or objects. In a sentence they occupy the same place as a noun would:

Paul chante. **Quelqu'un** chante.
Il parle à Paul. Il parle à **n'importe qui**.

a) When functioning as subjects, **aucun(e), nul(nulle), pas un(e), personne, rien,** use **ne** in front of the verb:

Personne ne sort.
Rien n'est arrivé.

b) When functioning as objects used with a compound tense **rien** and **personne** have a fixed place in the sentence:

rien:
Subject + **ne** + auxiliary verb + **rien** + past participle

Paul n'a **rien** vu.

personne:
Subject + **ne** + auxiliary verb + past participle + **personne**

Paul n'a vu **personne**.

3. Agreement.

Many indefinite pronouns correspond in gender and number to the nouns which they replace.

> **Aucune** des étudiantes n'a réussi.

Some, such as **autrui, persònne, quiconque, je ne sais qui,** and **n'importe qui** and **on,** refer to human beings in general and for the sake of agreement are treated as masculine singular:

> **Personne** n'est entré.

Rien, tout, je ne sais quoi, n'importe quoi, quelque chose denote neuters but for the sake of agreement are also considered to be masculine:

> **Rien** ne s'est passé.

Plusieurs is always plural:

> **Plusieurs** des étudiants sont sortis.

4. Position.

Autre is always preceded by a definite or indefinite article or at times by a demonstrative. The indefinite plural is **d'autres**:

> L'un parle; **l'autre** écoute; **un autre** dort.
> Certains sont riches, **d'autres** pauvres.

Même and **un** are preceded by the definite article.

> **L'un** des frères est médecin.
> C'est **le même** qui vous a traité.

II. The Comparative and Superlative of Adjectives.

A. The Comparative.

We can distinguish three types or "degrees" of comparison.

SUPERIORITY:	**plus** + adjective	**plus grand**
INFERIORITY:	**moins** + adjective	**moins grand**
EQUALITY:	**aussi** + adjective	**aussi grand**

The second term of a comparison is introduced by **que**.

> Paul est plus grand **que** Marie.
> Marie est moins grande **que** Pierre.
> Paul est aussi grand **que** Pierre.

Some adjectives have an irregular comparative.

bon: meilleur
mauvais: pire (or **plus mauvais**)
petit: moindre (or **plus petit**)
Ce livre-ci est **meilleur** que celui-là.
Ce livre-ci est **pire** que celui-là.
Ce prix-ci est élevé. Celui-là est **moindre**.

B. The Superlative.

1. Formation.

There are two degrees of the superlative:

SUPERIORITY: **le/la/les** + **plus** + adjective   le plus grand
INFERIORITY: **le/la/les** + **moins** + adjective   le moins grand

The second term is introduced by **de.**

C'est le plus grand **des** deux.
C'est le moins grand **de** la classe.*

The three adjectives **bon, petit, mauvais** also have an irregular superlative:

le meilleur	le moindre	le pire
la meilleure	la moindre	la pire
les meilleurs(es)	les moindres	les pires

C'est **le meilleur** livre.
C'est **la pire** des choses.
C'est **le moindre** de ses défauts.

2. Agreement.

The definite article preceding **plus** or **moins** and the adjective agree in gender and number with the noun they modify.

C'est **le plus grand** garçon de la classe.
C'est **la plus grande** fille de la classe.
Ce sont **les plus grands** étudiants de la classe.

3. Position.

If the adjective in its normal use comes before the noun, two constructions are possible:

> Definite article + **plus/moins** + adjective + noun.

Le plus petit garçon.

---

* Stylistic nuance: "C'est **le moins grand**" suggests that all in the class are relatively tall. "C'est **le plus petit**" suggests that the person in question is simply shorter.

> Definite article + noun + definite article + **plus/moins** + adjective.

Le garçon **le plus petit**.

If the adjective in its normal use follows the noun, the superlative of the adjective also follows the noun.

C'est **la rose la plus rouge**.

III. The Irregular Verb **rire**.

PRESENT INDICATIVE

je ris	nous rions
tu ris	vous riez
il/elle rit	ils/elles rient

PAST PARTICIPLE: ri (*always invariable*)

ORAL DRILLS

A. *Repeat the following sentences substituting the words in parentheses for the underlined words. Make the necessary changes.*

1. Cela a fait le bonheur d'un ami.

   (un autre / autrui / une autre / quelqu'un / tous / plusieurs / l'un / l'autre / certains / les uns / les autres / les mêmes)

2. Cela ferait plaisir à Marie.

   (n'importe qui / d'autres / toutes / les unes / les autres / les mêmes / certaines / quelqu'un / quelques-unes)

B. *Substitution exercise.*

Il écrit quelque chose.
.... n'importe quoi.
Vous regardez.............
.... n'importe qui.
Tu aimes...................
.................quelqu'un.
Je cherche ....
.... quelque chose.
Elle prend ....
.........................tout.

Tu connais.................

.................les autres.

Aide.........................

......................autrui.

C. *In each of the following sentences, replace the indefinite pronoun by its opposite, given in parentheses. Follow the example.*

On l'a vu. (Personne ne)
Personne ne l'a vu.

1. Tout l'intéresse. (Rien ne) **2.** Quelqu'un l'a aidé. (Personne ne) **3.** Quelque chose l'amuse. (Rien ne) **4.** On parle. (Nul ne) **5.** Tout lui plaît. (Rien ne)

D. *Repeat the following sentence substituting the words in parentheses for the underlined words. Make the necessary changes.*

Il a un certain talent.

(un autre / le même / plus d'un / quelque / plusieurs / maints / quelques / d'autres / tous les)

E. *In each of the following sentences replace the indefinite pronoun by* **étudiant** + *the corresponding indefinite adjective. Follow the example.*

Certains sont partis.
Certains étudiants sont partis.

1. D'autres sont partis. **2.** Quelques-uns sont partis. **3.** Plusieurs sont partis. **4.** Nul n'est parti. **5.** Pas un n'est parti. **6.** Chacun est parti. **7.** Un autre est parti.

F. *Add to each of the following sentences, using the comparative form of the adjective used in the sentence. Follow the example.*

C'est un livre intéressant, **mais celui-ci est encore plus intéressant.**

1. C'est une haute montagne. **2.** C'est une jolie femme. **3.** C'est une histoire intéressante. **4.** C'est une pièce amusante. **5.** C'est une belle voiture. **6.** C'est une grande maison. **7.** C'est un long poème. **8.** C'est un problème difficile. **9.** C'est un voyage agréable. **10.** C'est un petit jardin. **11.** C'est un enfant insupportable. **12.** C'est un lourd fardeau.

G. *Do the preceding exercise in the plural.*

Ce sont des livres intéressants, **mais ceux-ci sont encore plus intéressants.**

H. *In the following sentences indicate the superiority of the first element. Follow the example.*

Paul et Olivier sont grands.
Paul est plus grand qu'Olivier.

1. Paul et Olivier sont petits. **2.** Paul et Olivier sont capables. **3.** Paul et Olivier sont intelligents. **4.** Paul et Olivier sont bêtes. **5.** Paul et Olivier sont rapides. **6.** Paul et Olivier sont courageux. **7.** Paul et Olivier sont heureux. **8.** Paul et Olivier sont élégants. **9.** Paul et Olivier sont fatigués. **10.** Paul et Olivier sont énervés.

I. *Do the same in the following sentences.*

Christine et Alice sont jolies.
Christine est plus jolie qu'Alice.

1. Christine et Alice sont aimables. **2.** Christine et Alice sont belles. **3.** Christine et Alice sont jeunes. **4.** Christine et Alice sont fortes. **5.** Christine et Alice sont paresseuses. **6.** Christine et Alice sont économes. **7.** Christine et Alice sont avares. **8.** Christine et Alice sont gentilles. **9.** Christine et Alice sont malades. **10.** Christine et Alice sont égoïstes.

J. *In the following sentences indicate the inferiority of the first element. Follow the example.*

Luc et Charles sont grands.
Luc est moins grand que Charles.

1. Luc et Charles sont petits. **2.** Luc et Charles sont vieux. **3.** Luc et Charles sont gros. **4.** Luc et Charles sont riches. **5.** Luc et Charles sont pauvres. **6.** Luc et Charles sont prudents. **7.** Luc et Charles son sages. **8.** Luc et Charles sont sérieux.

K. *Do the same in the following sentences.*

Le film et le livre sont intéressants.
Le film est moins intéressant que le livre.

1. La maison et le jardin sont grands. **2.** Le père et la mère sont intelligents. **3.** Le frère et la sœur sont gais. **4.** Le beurre et la viande sont chers. **5.** Le conte et le roman sont longs. **6.** L'oncle et la tante sont vieux. **7.** Le bracelet et la bague sont splendides. **8.** Le café et le thé sont chauds.

L. *In the following sentences indicate equality between the two elements. Follow the example.*

Martine et Albertine sont jolies.
Martine est aussi jolie qu'Albertine.

1. Les fruits et les légumes sont chers. **2.** Les passeports et les visas sont inutiles.

3. Paul et Georges sont pressés.   **4.** Le Brie et le Camembert sont bons.   **5.** La pluie et le froid sont désagréables.   **6.** L'horloge et la tour sont anciennes.   **7.** Le tennis et la natation sont fatigants.   **8.** Le train et la voiture sont confortables.

M. *Repeat the following sentences substituting the words in parentheses for the underlined words. Make the necessary changes.*

1. Ce livre-ci est bon, mais celui-là est meilleur.
   (Ce roman / Cette salade / Ces films / Ces nouvelles)
2. Ce travail-ci est mauvais, et celui-là est pire.
   (Cette idée / Ces médicaments / Ces nouvelles)
3. Ce défaut-ci est grand, mais celui-là est moindre.
   (Cette faute / Ces qualités / Ces erreurs)

N. *Change the following sentences to the superlative. Follow the examples.*

Louise et Marie sont jolies.
Louise est la plus jolie des deux.

1. Louise et Marie sont belles.   **2.** Louise et Marie sont gentilles.   **3.** Louise et Marie sont courageuses.   **4.** Louise et Marie sont intelligentes.   **5.** Louise et Marie sont charmantes.

Luc et Paul sont grands.
Luc est le plus grand des deux.

6. Luc et Paul sont forts.   **7.** Luc et Paul sont égoïstes.   **8.** Luc et Paul sont capables.   **9.** Luc et Paul sont méchants.   **10.** Luc et Paul sont ambitieux.

Christine et Marguerite sont gentilles.
Ce sont les plus gentilles de toutes.

11. Christine et Marguerite sont petites.   **12.** Christine et Marguerite sont élégantes.   **13.** Christine et Marguerite sont sages.

Pierre et Jean sont paresseux.
Ce sont les plus paresseux de tous.

14. Pierre et Jean sont difficiles.   **15.** Pierre et Jean sont cruels.

O. *Change the following sentences to the superlative and express it in two different ways. Follow the example.*

Le village est petit.
C'est le village le plus petit.
C'est le plus petit village.

1. La région est jolie.   **2.** Le pays est riche.   **3.** L'arbre est gros.   **4.** La maison est grande. **5.** Le fleuve est long. **6.** L'église est vieille. **7.** Le quartier est laid. **8.** Les montagnes sont hautes. **9.** Les femmes sont belles. **10.** Les jours sont courts. **11.** Les enfants sont jeunes. **12.** Les garçons sont méchants.

P. *Change the following sentences to the superlative. Follow the example.*

> C'est mon ami.
> **C'est mon meilleur ami.**

1. C'est mon amie. **2.** Ce sont mes amis. **3.** Ce sont mes amies.

> C'est son ennemi.
> **C'est son pire ennemi.**

4. C'est son ennemie. **5.** Ce sont ses ennemis.

> C'est son défaut.
> **C'est son moindre défaut.**

6. C'est son ambition. **7.** Ce sont ses désirs. **8.** Ce sont ses volontés.

Q. *Do the same with the following sentences.*

> C'est l'ami de ma sœur.
> **C'est le meilleur ami de ma sœur.**

1. C'est l'amie de ma sœur. **2.** Ce sont les amis de ma sœur. **3.** Ce sont les amies de ma sœur.

> C'est l'ennemi de ma sœur.
> **C'est le pire ennemi de ma sœur.**

4. C'est l'ennemie de ma sœur. **5.** Ce sont les ennemis de ma sœur. **6.** Ce sont les ennemies de ma sœur.

> C'est le défaut de ma sœur.
> **C'est le moindre défaut de ma sœur.**

7. C'est l'ambition de ma sœur. **8.** Ce sont les désirs de ma sœur. **9.** Ce sont les volontés de ma sœur.

R. *Change the following sentences to the negative. Follow the example.*

> Cette maison est plus grande que celle-là.
> **Cette maison n'est pas plus grande que celle-là.**

1. Ce chien-ci est plus beau que celui-là. **2.** Cet élève-ci est plus sage que celui-là.
3. Pierre est moins gai que sa sœur. **4.** Paul est moins grand que son frère.
5. Ce livre-ci est meilleur que celui-là. **6.** Françoise est la meilleure étudiante de la classe. **7.** C'est le moindre défaut de Jean. **8.** Est-ce votre pire ennemi?
9. C'est la région la plus pittoresque du pays. **10.** Ce sont nos plus belles vacances.

S. *Repeat the following sentence substituting the words in parentheses for the underlined words. Make the necessary changes.*

Cet enfant rit de bon cœur.

(Tu / Marie / Je / Les étudiants / Nous / Elle / Vous / Il)

T. *Do the preceding exercise in the* passé composé *and in the future.*

Cet enfant a ri de bon cœur.

Cet enfant rira de bon cœur.

Vocabulary

Primary

ainsi thus
attraper to catch
l'aube (f) dawn
aucun none
au delà beyond
autrui others
avare greedy
l'aventure (f) adventure
le baccalauréat ⎫
le bachot ⎬ baccalaureate (state exam at the end of high school years)
⎭
certainement certainly
certains some
commettre to commit
la composition exam
le conte short story
contrôler to control
la copie copy
le côté side
coupable guilty
courageux courageous
la croisière cruise
débarquer to land
le désir desire

délicieux delicious
(se) déplacer to travel
le descendant offspring
la drogue drug
économe thrifty
égoïste selfish
l'égoïste (m or f) egotist
l'élève (m or f) pupil
empoisonner to poison
en deçà on this side
épouser to marry
l'ère (f) era
l'espion (f: -ne) spy
le fardeau burden
la figure face
la fouille search
fortuné wealthy
fraîchement newly
franchir to cross
le franchissement crossing
la fraude fraud; smuggle
la frontière border
gai merry
(se) garder (de) to keep (from)

la **gorge** throat
le **grand-papa** granddad
le **hasard** chance
l'**hirondelle** (*f*) swallow
honnête honest
l'**horloge** (*f*) clock
humiliant humiliating
(s')**impatienter** to get impatient
inciter to incite
insupportable unbearable
l'**intérêt** (*m*) interest
jaune yellow
la **larme** tear
las! alas!
le **légume** vegetable
le **livret** booklet
méchant wicked
médicament medicine
médiocre mediocre
la **mère** mother
midi noon
(se) **moquer (de)** to laugh (at)
la **naissance** birth
la **natation** swimming
n'importe qui no matter who
n'importe quoi no matter what
obtenir to obtain
odieux hateful
l'**or** (*m*) gold
l'**oubli** (*m*) oversight
la **paperasserie** red tape
parfaitement perfectly

la **permission** permit
perpétuer to perpetuate
la **peste** plague
la **pièce** play
pire worse
plaisanter to joke
plus d'un more than one
prêcher to preach
prétendre to claim
(se) **procurer** to get
protéger to protect
prouver to prove
quelconque any sort of
quelque chose something
quelques-uns a few
quelqu'un somebody
rapide fast
rendre to make
la **renommée** fame
la **reprise** repetition
la **revue** review
ridicule ridiculous
rien que only
rire to laugh
la **sagesse** wisdom
secondaire secondary
la **sœur** sister
solidement strongly
la **somme** sum
la **tour** tower
tout à fait entirely
le **trafic** trade

Secondary

(s')**agrémenter** to get embellished
l'**anonymat** anonimity
le **biais** shift, subterfuge
financier (*f*: **-ière**) financial
le **frisson** shivering
le **garde-chiourme** warder (of convicts)
l'**infraction** (*f*) breach

(se) **livrer (à)** to do, perform
le **passeur** smuggler
périmé overdue
le **préposé** officer in charge
sanitaire sanitary
l'**usager** (*m*) user

Expressions

à **plusieurs reprises** repeatedly
commettre un oubli to forget
en somme/somme toute in short
faire confiance à to trust
faire figure de to look like
il en va de même it's the same thing
lever les bras au ciel to raise one's arms
parler de choses et d'autres to chat

le **préposé ad hoc** official in charge
prendre des précautions to be careful
plus . . . plus the more . . . the more
que serait-ce what would it be
se faire à quelque chose to get used to
sur place on the spot
tant sur tant so much by so much

Première Lecture

Sur un passeport périmé

Décidément, je ne m'y ferai jamais. Plus je voyage, plus je m'impatiente de l'humiliante, de l'odieuse, de l'inutile paperasserie dont s'agrémentent aujourd'hui encore certains franchissements de frontières. Un passeport, à l'ère du cosmos! Les hirondelles ont-elles besoin d'un tel document? Ah! ils riront bien de nous, certains de nos descendants, quand ils liront dans les livres *à quelle gymnastique nous devons nous livrer*[1] pour obtenir la simple permission de nous déplacer à la surface de la planète-mère. Il paraît que tous les hommes sont frères: que serait-ce s'ils ne l'étaient pas!

---

[1] all the tricks we must use

Nous disons . . . Deux photos, de face, format tant sur tant. Bulletin de naissance, livret de famille, carte d'identité . . ., c'est toute une histoire. Et cela pour sortir, rien que pour sortir. Pour entrer. . . Eh bien pour entrer dans tel pays, il faudra en plus un visa; dans tel autre, un certificat sanitaire. Est-ce tout? J'ai certainement commis quelque oubli; j'oublie toujours quelque chose, et toujours une chose dramatiquement indispensable qui fait lever au ciel les bras du préposé ad hoc. Las! Las! Las! A quoi sert tout cela? Mais à rien. Strictement à rien. Chacun sait en tout cas que si je suis gangster ou espion, mon premier soin sera de me procurer des papiers en règle. Si je suis passeur d'or ou de drogue, *je me garderai comme de la peste de*[2] toute infraction qui pourrait attirer l'attention sur moi. On sait bien que les vrais délinquants sont attrapés sur enquête et renseignements et non sur une fouille quelconque et de hasard. Les divers contrôles de frontières servent donc exclusivement à empoisonner l'existence des honnêtes gens, à les rendre vaguement coupables à leurs propres yeux. Et comme nul n'aime à se sentir coupable sans raison, on incite l'homme *par ce biais*[3] à devenir coupable avec raison: on lui donne le goût de la fraude. Je ne plaisante pas tout à fait. Une longue expérience de professeur m'a prouvé que la meilleure manière d'éviter toute fraude en composition, c'est de faire confiance aux élèves, non de *jouer les gardes-chiourmes.*[4] Et j'ai souvent prétendu que les maintes précautions prises *pour assurer l'anonymat des copies du bachot*[5] sont aussi ridicules qu'inutiles. Le seul intérêt du système, c'est de rassurer les gens.

Il en va exactement de même pour les contrôles des frontières. Leur but est moins de contrôler le trafic que de faire vivre aux voyageurs le franchissement d'une certaine ligne matérielle. En deça, ils sont chez eux, solidement protégés; au delà, ils dépendent des autres, des étrangers: frisson délicieux de l'aventure. En somme, le passeport a pour l'un, l'usager, une valeur psychologique. Mais pour l'autre, l'État, il a une valeur financière et ce pourrait bien être la véritable raison pour laquelle on le perpétue. . .

D'après Roger Ikor,
Le Figaro

---

[2] I will carefully avoid
[3] by this subterfuge
[4] to act like a warder of convicts
[5] to maintain the anonymity, each exam bears a number and the name of the student is concealed; besides the student is examined and his exams are corrected by professors who do not know him or her and are attached to another *lycée*.

QUESTIONNAIRE

1. Pourquoi l'auteur de l'article s'impatiente-t-il quand il doit franchir une frontière?
2. De quoi a-t-on besoin pour voyager à l'étranger?
3. Que faut-il pour entrer dans certains pays?
4. Comment doit-on prendre les photos de passeport?
5. Quel est le premier soin d'un espion?
6. De quoi un passeur de drogue se garde-t-il?
7. Comment les vrais délinquants sont-ils attrapés?
8. A quoi servent les contrôles de frontières?
9. Qu'est-ce qui donne le goût de la fraude?
10. Qu'elle est la meilleure façon d'éviter la fraude en composition?
11. Quelle est la profession de l'auteur de l'article?
12. Pourquoi assure-t-on l'anonymat des copies du bachot?
13. Quel est le but du contrôle des frontières?
14. Quelle valeur psychologique le passeport a-t-il pour l'usager?
15. Quelle pourrait être la véritable raison pour laquelle on perpétue le passeport?

VOCABULARY EXERCISES

A. *Fill in the blanks with the proper word to be found in the list on the right.*

1. Les franchissements de frontières s'agrémentent d'une inutile ____.
2. A quelle ____ devons-nous nous livrer pour obtenir cette permission?
3. Il faut deux photos de ____.
4. Les photos doivent avoir un format tant sur ____.
5. J'ai ____ un oubli.
6. Il s'est procuré des papiers ____.
7. Cela ____ l'existence des honnêtes gens.
8. Il faut faire ____ aux élèves.
9. Quelles sont les précautions ____ pour assurer l'anonymat des copies?
10. Chez eux, ils sont ____ protégés.

a. face
b. en règle
c. solidement
d. tant
e. confiance
f. paperasserie
g. prises
h. commis
i. empoisonne
j. gymnastique

B. *Replace the words in italics by a synonym to be found in the list on the right.*

1. Je ne m'y *ferai* jamais.
2. Ils *riront* bien de nous.
3. Cela pour sortir, *rien que* pour sortir.
4. Il faut *en plus* un visa.
5. Je vais *me procurer* des papiers en règle.
6. Je *me garderai de* toute infraction.
7. On *incite* le voyageur à devenir coupable.
8. *Il en va de même* pour les contrôles des frontières.
9. Ils sont *en deçà* de la frontière.
10. *En somme* le passeport a pour l'usager une valeur psychologique.

a. obtenir
b. en outre
c. pousse
d. de ce côté-ci
e. habituerai
f. somme toute
g. éviterai
h. se moqueront
i. c'est la même chose
j. seulement

Deuxième Lecture

Vacances à Paris

— Vous ne quitterez pas Paris cet été!

— Non, car on peut faire sur place ce que d'autres vont faire à plusieurs centaines de kilomètres.

— On peut toujours se promener sous les ponts et parler de choses et d'autres!...

— Il n'y a pas de quoi rire. Avez-vous déjà pris le *bateau-mouche?*[1]

— Quand même! Vous ne me voyez pas faire une croisière sur la Seine avec quelques étrangers fraîchement débarqués à Orly et parmi lesquels je ferais figure de touriste!

— Bon. Vous faites de la natation? Ce ne sont pas les piscines qui manquent.

— J'en connais plusieurs. Il y en a même une où l'on peut nager par tous les temps grâce à son toit *en toile*[2] qu'on enlève chaque fois qu'il fait beau. Mais je préfère la marche: c'est le meilleur des exercices.

— Naturellement, chacun connaît les *beautés*[3] de la forêt viennoise mais personne n'a l'air de savoir qu'*autour de*[4] Paris il y a de très belles forêts où l'on peut faire d'adorables promenades.

---

[1] sight-seeing boat
[2] made of canvas
[3] beauties
[4] around

— Et dans lesquelles certains se sont même *égarés*.[5]

— C'est évidemment la pire des choses mais nul ne vous dit de partir à l'aventure. Il y a des guides qui indiquent toutes les promenades dans les maintes forêts de la région parisienne. Et vous pouvez même faire du cheval si vous trouvez que c'est un sport plus aristocratique que la marche.

— Non, c'est quelque chose de trop cher pour moi. Le tennis est plus *abordable*[6] que l'*équitation*[7] ou le golf.

— Il y a bien d'autres choses à faire. Il suffit d'aller dans un centre de loisirs et vous pourrez choisir: tout y est et chacun y trouve son propre plaisir.

— Dites donc, c'est une très bonne idée. Je vais en parler à ma femme.

— Et si vous ajoutez que *vous lui revaudrez cela*[8] à Noël, je suis sûr que vous resterez ici. Ces vacances-ci pourraient bien être vos plus belles vacances.

— Et peut-être les moins chères de toutes.

---

[5] lost
[6] accessible

[7] horseback riding
[8] you will do as much for her

GRAMMAR EXERCISES

A. *Complete the following sentences with an indefinite pronoun.*

1. ____ dit qu'il va pleuvoir. **2.** ____ n'est prophète en son pays. **3.** ____ aiment le beurre, les autres la confiture. **4.** ____ se sont égarés dans les forêts parisiennes. **5.** ____ ne va plus. **6.** ____ frappe à la porte. **7.** ____ est perdu. **8.** ____ parlera aura une punition. **9.** ____ prêche pour sa chapelle. **10.** ____ pensent que la marche est le sport le plus complet.

B. *Do the same with the following sentences.*

1. L'égoïste ne pense jamais à ____. **2.** Désirez-vous ____, Madame? **3.** Adressez-vous à ____ dans ce bureau. **4.** Je n'accepterai pas ____. **5.** Avez-vous dit cela à ____? **6.** Non, je n'ai dit cela à ____. **7.** Vous cherchez un stylo. En voilà ____. **8.** Il n'a pas lu ce livre-là mais il en a lu ____. **9.** Je suis allé faire une promenade et je n'ai rencontré ____. **10.** Paul a vu ____ dans le bois.

C. *Complete the following sentences with an indefinite adjective.*

1. Vous avez fait ____ erreurs. **2.** Il y a une place pour ____ chose. **3.** Je n'ai reçu ____ nouvelles de Pierre. **4.** Ce vin a une ____ renommée. **5.** Je n'ai ____ envie de travailler. **6.** Il y a encore ____ fleurs dans le jardin. **7.** ____ homme a ses défauts. **8.** C'est un roman ____. **9.** Ne l'avez-vous pas rencontré l'____ jour? **10.** Nous l'avons vu à ____ reprises.

D. *Replace the word in italics by an indefinite adjective or pronoun.*

1. C'est un livre *médiocre*.
2. Il sort à *tout* instant.
3. *On* m'a dit cela.
4. Paul a acheté *quelques* livres.
5. *Nul* n'est parfaitement heureux.
6. Dites *quelque chose*.
7. Je suis allée à Rome *un grand nombre de* fois.
8. Marie n'a plus *un* parent.
9. Ne vous adressez pas à *une personne quelconque*.
10. *Une certaine* folie vaut mieux que la sagesse.

a. quelqu'un
b. n'importe quoi
c. n'importe qui
d. quelconque
e. aucun
f. personne
g. telle
h. chaque
i. maintes
j. plusieurs

E. *In the following sentences use the proper form of* **rire** *or* **sourire**.

1. J'ai ____ aux éclats. **2.** Louise a des yeux qui ____ toujours. **3.** Pourquoi ____-tu à gorge déployée? **4.** Tout ____ dans cette maison. **5.** La fortune lui ____quand il était jeune. **6.** Quand grand-papa nous racontait des histoires, nous ____ aux larmes. **7.** Tu ne ____ pas toujours. **8.** Il riait de bon cœur mais vous ____ jaune. **9.** Rira bien qui ____ le dernier. **10.** Faites cela et on vous ____ au nez. **11.** Souriez et le monde vous ____. **12.** Nous ____ et pourtant il n'y avait pas de quoi rire.

F. *Change the following sentences to the comparative of superiority. Follow the example.*

Ces exercices-ci sont difficiles.
Ces exercices-là sont plus difficiles que ceux-ci.

1. Cette route-ci est longue. **2.** Cet hiver-ci est froid. **3.** Ces arbres-ci sont vieux. **4.** Ces maisons-ci sont grandes. **5.** Cette forêt-ci est vaste. **6.** Cette région-ci est pittoresque. **7.** Ce poème-ci est connu. **8.** Ces chansons-ci sont anciennes. **9.** Ces légumes-ci sont bons. **10.** Cette montagne-ci est haute. **11.** Ces ennuis-ci sont petits. **12.** Ces choses-ci sont mauvaises.

G. *Change the above sentences to the comparative of inferiority. Follow the example.*

Ces exercices-là sont moins difficiles que ceux-ci.

H. *Change the sentences in exercise* **F.** *to the comparative of equality. Follow the example.*

Ces exercices-là sont aussi difficiles que ceux-ci.

I. *Answer each question using a comparative.*

1. Je lisais un bon livre. Et Paul? **2.** Tu as fait un beau voyage. Et ton frère? **3.** Nous avons des meubles anciens. Et vous? **4.** Marie a épousé un jeune homme fortuné. Et Louise? **5.** Paul a un mauvais caractère. Et Jean? **6.** Les grands-routes sont mauvaises. Et les routes secondaires? **7.** La pièce est amusante. Et le film? **8.** Le garçon est sérieux. Et la fille? **9.** Le costume de Luc est beau. Et celui de Pierre? **10.** La revue est intéressante. Et les journaux?

J. *Change the following sentences to the superlative, adding* **du monde.** *Follow the example.*

Ce sont des femmes charmantes.
Ce sont les femmes les plus charmantes du monde.

1. J'ai vu une belle cathédrale. **2.** Nous avons rencontré des personnes intéressantes. **3.** Ce sont de bons amis. **4.** C'est un grand magasin. **5.** J'ai voyagé dans un gros avion. **6.** Il est laid. **7.** Nous avons lu de beaux poèmes. **8.** Voilà des nouvelles importantes. **9.** Ulysse avait fait un long voyage. **10.** Vous avez de beaux enfants. **11.** Un petit bruit réveille les chiens. **12.** C'est une mauvaise femme.

COMPOSITION

L'usage du passeport doit-il être maintenu? Développez vos idées sur la question.

Vingt-sixième Leçon

ILLUSTRATION

Tiercé*

Il fallait que le Parisien *se divertisse* davantage le dimanche? Il fallait qu'il *se distraie*? Que pouvait-on donc lui offrir de nouveau?

Il n'est pas nécessaire que vous *cherchiez* bien loin. A côté de la grasse matinée et de la pâtisserie de midi, il y a aujourd'hui le pari mutuel.

Tout le monde en parle: les journaux, la radio, la télévision. Tout le monde est fasciné. Certains vont même jusqu'à dire qu'il s'agit là d'une sorte de névrose collective. C'est évidemment une exagération. S'il semble qu'il y *ait* peu de joueurs impénitents, il semble aussi que 85% des paris *se fassent* au minimum.

D'autre part, on ne joue pas au tiercé au hasard. Il faut qu'on *réfléchisse*, qu'on *calcule*, qu'on *lise* les pronostics, qu'on *fasse* des comparaisons et des déductions, qu'on *connaisse* un tant soit peu les chevaux. Il faut que vous *sachiez* si l'entraîneur est en forme et le jockey habile.

---

* **parimutuel** (mutual wager) in which one bets on three horses.

Mais pour gagner au tiercé, il faut avant tout que votre bonne étoile vous *ait soufflé* dans le tuyau de l'oreille quels sont les trois chevaux qui arriveront les premiers et dans quel ordre.

Les défenseurs du tiercé ne manquent pas. Il semble qu'il *ait sauvé* les courses et l'élevage et que l'État, qui prélève des taxes, n'*ait* pas à s'en plaindre, pas plus que la ville de Paris, qui loue ses terrains.

On a naguère élevé une statue à «Gladiateur», le premier cheval français à gagner le Derby d'Epsom. Alors certains suggèrent qu'on *mette* un cheval à la place de la tour Eiffel. Cela nous changerait un peu!

EXPLANATION

I. The Subjunctive.

A. Definition.

The subjunctive is a "mode" or "mood" of the verb. It expresses a contemplated or also a realized action or state of affairs affected by an implied or explicit "subjective" feeling or attitude. Most often it occurs in subordinate clauses though it may be found at times in an independent sentence. The subjunctive mood contrasts with the indicative which states ("indicates") facts in an "objective" way, i.e. without reference to subjective feeling or attitude. Compare:

INDICATIVE: Il **est parti** à 6 heures.
SUBJUNCTIVE: Je doute qu'il **soit parti** à 6 heures.
(doubt, the "subjective" element, calls for the subjunctive in the subordinate clause introduced by **que**).

B. Formation.

There are four tenses in the subjunctive:

Present (*Présent*)   Past (*Passé*)
Imperfect (*Imparfait*)   Pluperfect (*Plus-que-parfait*)

While the imperfect and pluperfect are almost exclusively used in a formal literary style, the present and the past are commonly used in the spoken language.

1. The Present Subjunctive.

a) The present subjunctive of a verb has the following endings: **-e, -es, -e, -ions, -iez, -ent.** For most verbs these are added to the base, which is found by dropping **-ent** from the third person plural of the present indicative:

INFINITIVE	INDICATIVE	SUBJUNCTIVE
manger:	ils **mang**ent >	que je mange, que tu manges, *etc.*
finir:	ils **finiss**ent >	que je finisse, que tu finisses, *etc.*
entrendre:	ils **entend**ent >	que j'entende, que tu entendes, *etc.*

b) The irregular forms of the following frequently used verbs, should be memorized:

être	**avoir**	**aller**
que je sois	que j'aie	que j'aille
que tu sois	que tu aies	que tu ailles
qu'il/elle soit	qu'il/elle ait	qu'il/elle aille
que nous soyons	que nous ayons	que nous allions
que vous soyez	que vous ayez	que vous alliez
qu'ils/elles soient	qu'ils/elles aient	qu'ils/elles aillent

faire	**savoir**	**pouvoir**
que je fasse	que je sache	que je puisse
que tu fasses	que tu saches	que tu puisses
qu'il/elle fasse	qu'il/elle sache	qu'il/elle puisse
que nous fassions	que nous sachions	que nous puissions
que vous fassiez	que vous sachiez	que vous puissiez
qu'ils/elles fassent	qu'ils/elles sachent	qu'ils/elles puissent

falloir: qu'il faille

pleuvoir: qu'il pleuve

c) The following verbs have a double base, one for first, second and third person singular and third person plural; the other for first and second person plural:

	devoir	**prendre**	**recevoir**
que je	doive	prenne	reçoive
que tu	doives	prennes	reçoives
qu'il/elle	doive	prenne	reçoive
que nous	**devions**	**prenions**	**recevions**
que vous	**deviez**	**preniez**	**receviez**
qu'ils/elles	doivent	prennent	reçoivent

	tenir	**venir**	**vouloir**
que je	tienne	vienne	veuille
que tu	tiennes	viennes	veuilles
qu'il/elle	tienne	vienne	veuille
que nous	**tenions**	**venions**	**voulions**
que vous	**teniez**	**veniez**	**vouliez**
qu'ils/elles	tiennent	viennent	veuillent

d) Notice the spelling change from **-i-** to **-y-** and back, in verbs such as **croire** and **voir**:

	croire	**voir**
que je	croie	voie
que tu	croies	voies
qu'il/elle	croie	voie
que nous	croyions	voyions
que vous	croyiez	voyiez
qu'ils/elles	croient	voient

2. The Past Subjunctive.

The past subjunctive is formed with the present subjunctive of the auxiliary and the past participle of the principal verb.

. . . qu'il **ait fini**   . . . que vous **soyez rentré**
. . . qu'elle **soit partie**   . . . que j'**aie eu**
. . . que nous **ayons compris**   . . . que tu **aies été**

C. Use in Subordinate Clauses.

In subordinate clauses, the subjunctive is used when the verb in the main clause expresses *necessity, wish, command, regret, consent, doubt* and *emotion*; or when the main clause contains a so-called *"impersonal"* expression which implies uncertainty such as **il semble que. . .**, or a *subjective assessment* of a situation such as **il est dommage que. . .**, or a negative qualifying statement such as **"Ce n'est pas que. . ."** or **"Cela ne signifie pas que. . ."**:

necessity:	Il est nécessaire que vous **partiez.**
wish:	Je désire que tu **sortes.**
command:	Ils veulent que vous **mangiez.**
regret:	Je regrette que vous **soyez** malade.
consent:	J'admets que vous **ayez** raison.
doubt:	Je doute qu'il **soit** heureux.
emotion:	Il est content que vous **veniez** le voir.
impersonal verb:	Il semble que le train **soit** en retard.
impersonal expression: (implying a subjective assessment of a situation)	

C'est dommage que vous ne **soyez** pas libres.
Ce n'est pas que je **veuille** dire qu'elle a tort.
Cela ne signifie pas qu'elle **ait** tort.

(Further uses of the subjunctive will be studied in Lessons 27 and 28.)

II. The Irregular Verbs **acquérir, feindre, distraire**.

A. **Acquérir**.

PRESENT INDICATIVE	FUTURE
j'acquiers	j'acquerrai
tu acquiers	tu acquerras
il/elle acquiert	il/elle acquerra
nous acquérons	nous acquerrons
vous acquérez	vous acquerrez
ils/elles acquièrent	ils/elles acquerront

PAST PARTICIPLE: acquis

B. **Feindre**.

PRESENT INDICATIVE

je feins	nous feignons
tu feins	vous feignez
il/elle feint	ils/elles feignent

PAST PARTICIPLE: feint

C. **Distraire**.

PRESENT INDICATIVE

je distrais	nous distrayons
tu distrais	vous distrayez
il/elle distrait	ils/elles distraient

PAST PARTICIPLE: distrait

ORAL DRILLS

A. *Repeat the following sentences using the words in parentheses as new subjects. Make the necessary changes.*

1. Il est dommage que Paul soit en retard.

   (les trains / nous / Marie / vous / l'avion / je / le président / tu)

2. Il doute que Marie soit partie.

   (tu / je / vous / Pierre / l'avion / le train / les enfants / nous)

3. Il faut que vous ayez du courage.

   (tu / nous / Paul / les parents / je / Marie / vous / votre frère)

4. Elle est contente que Paul ait fini avant 5 heures.

   (tu / nous / Marie / vous / je / les étudiants / l'ouvrier / les employés)

B. *Substitution exercise.*

Il est possible que tu reçoives une lettre.
........................tu écrives................
....un roman.
........................nous achetions ....
.... une maison.
........................vous louiez.............
.... un bateau.
........................ils prennent............
..................................l'avion.
........................tu rates...............
.... l'occasion.
........................on saisisse.............
.................................les meubles.
........................il vende...............
..................................ses livres.
........................nous prenions.........
..................................le train.

C. *Substitution exercise.*

Je regrette que vous deviez partir.
..................................sortir.
.................vous vouliez........
..................................courir.
.................tu doives...........
..................................rentrer.
.................Paul tienne à........
.... conduire.
.................Il ne sache pas.......
..........................jouer au tennis.
.... tu veuilles..........
..................................rester ici.
.................il faille...............
.... travailler.
.................Paul doive..........
.... partir aujourd'hui.
.... vous croyiez........
..................................avoir réussi.

D. *Complete the following sentences with the proper form of the verb used in the main clause. Follow the example.*

Il ne pleut pas mais il faudrait que ——.
Il ne pleut pas mais il faudrait qu'il pleuve.

1. Les enfants ne sortent pas mais il faudrait que ____. **2.** Vous n'allez pas en ville mais il faudrait que ____. **3.** Tu n'y crois pas mais il faudrait que ____. **4.** Paul n'a pas de patience mais il faudrait que ____. **5.** Marie ne fait pas ses exercices mais il faudrait que ____. **6.** Il ne doit plus travailler mais il faudrait que ____. **7.** Nous ne prenons plus ces revues mais il faudrait que ____. **8.** Je ne peux plus manger mais il faudrait que ____. **9.** Tu ne veux pas guérir mais il faudrait que ____. **10.** Vous ne venez plus nous voir mais il faudrait que ____. **11.** L'élève ne sait pas lire mais il faudrait que ____. **12.** Je ne vois plus ces cousins mais il faudrait que ____.

E. *Substitution exercise.*

Il est impossible que je doive rentrer.
...........................nous...................
.... tu prennes des vacances.
...........................vous ....
.......................Paul revoie cet ami.
...........................nous...................
......................j'aille en ville, moi.
...........................vous ....
.......................tu croies cela.........
...........................vous ....
.......................Marie veuille sortir.
...........................vous ....
.......................je revienne ce soir.
...........................nous...................
.......................elle puisse grossir.
...........................nous...................
.......................tu y tiennes tant...
...........................vous ....

F. *Change the following sentences to direct discourse. Follow the example.*

Vous demandez à Marie si vous devez finir ce travail.
Marie, faut-il que je finisse ce travail?

Vous demandez à Marie. . .
1. si je dois choisir un cadeau. **2.** si vous devez prendre les billets. **3.** si Paul doit aller faire des courses. **4.** si l'enfant doit dormir. **5.** si les étudiants doivent voir le film. **6.** si vous devez croire Paul. **7.** si nous devons mettre la lettre à la boîte. **8.** si je dois boire du café. **9.** si vous devez apprendre le vocabulaire. **10.** si Louise doit faire une tarte. **11.** si vous et moi devons manger du pain. **12.** si Paul doit être à l'heure. **13.** si Louis doit avoir un chien.

G. *Complete the following sentences with the proper form of the verb used in the main clause. Follow the example.*

> Tu ne prends pas l'avion et il n'est pas nécessaire que ____ .
> **Tu ne prends pas l'avion et il n'est pas nécessaire que tu le prennes.**

1. Tu ne lis pas ce roman et il n'est pas nécessaire que ____ . **2.** Je n'appelle pas Marie et il n'est pas nécessaire que ____ . **3.** Nous n'essuyons pas la table et il n'est pas nécessaire que ____ . **4.** Paul ne se plaint pas et il n'est pas nécessaire que ____ . **5.** Nous ne voyageons pas et il n'est pas nécessaire que ____ . **6.** Il ne pleut pas et il n'est pas nécessaire que ____ . **7.** Vous n'envoyez pas cette lettre et il n'est pas nécessaire que ____ . **8.** Marie ne s'assied pas et il n'est pas nécessaire que ____ . **9.** Je ne cours pas et il n'est pas nécessaire que ____ . **10.** Tu ne bois pas et il n'est pas nécessaire que ____ .

H. *Substitution exercise.*

Il exige que j'aie fini à 5 heures.
....................................ce soir.
................tu sois rentré............
....................................avant midi.
................Paul ait fini..............
....................................à 8 heures.
................nous ayons terminé......
....................................avant la nuit.
................vous soyez partis........
....................................à minuit.
................ils soient rentrés........
....................................avant moi.
................tu sois revenu...........
....................................avant le dîner.
................on se soit promenés.....

I. *Repeat the following sentence substituting the proper form of the verbs in parentheses for the underlined verb.*

Je souhaite que Pierre revienne ce soir.

(préférer / douter / être content / s'étonner / exiger / ordonner / désirer / permettre / suggérer / aimer mieux / se réjouir / déplorer / admettre / interdire)

J. *Substitution exercise.*

Il est rare que je ne prenne pas de vacances.
........................j'aille avec eux au cinéma.
Il est possible que................................

..........................tu deviennes professeur.
Il est naturel que.....................................
.........................Paul fasse les courses.
Il est nécessaire que...............................
..................nous parlions plusieurs langues.
Il faut que...
...............vous vous occupiez des enfants.
Il ne semble pas que...............................
..................les étudiants sachent leur leçon.
Il est heureux que.................................
...........................le pays sorte de la crise.
Il est peu probable que............................
...........nous achetions une nouvelle maison.

K. *Substitution exercise.*

Je suis content que vous soyez bien arrivés.
........................vous ayez réussi ce projet.
Paul est heureux que...............................
...........................sa sœur se soit mariée.
Marie est furieuse que............................
..................l'avion soit parti avec du retard.
Tu es fâché que....................................
.....................ton ami ne t'ait pas attendu.
Nous sommes tristes que..........................
.............................votre tante soit morte.
Vous êtes désolés que.............................
.....................les voisins aient fait faillite.
Elle est étonnée que..............................
....................................Pierre ait réussi.
Il est ravi que....................................
.....................vous ayez fait des économies.

L. *Repeat the following sentence using the words in parentheses as new subjects. Make the necessary changes.*

Paul acquiert une bonne prononciation.
(Je / Nous / Tu / Marie / Les étudiants / Vous / Ils / Le musicien / Les chanteuses)

M. *Do the preceding exercise in the future and in the* passé composé.

Paul acquerra une bonne prononciation.
Paul a acquis une bonne prononciation.

N. *Repeat the following sentence using the words in parentheses as new subjects. Make the necessary changes.*

Le voisin feint de ne pas comprendre.

(Nous / Tu / Vous / Les étudiants / Le professeur / Je / Paul / Les enfants)

O. *Do the preceding exercise in the imperfect.*

Le voisin feignait de ne pas comprendre.

P. *Repeat the following sentence using the words in parentheses as new subjects. Make the necessary changes.*

Paul se distrait pendant les vacances.

(Tu / Julie / Je / Nous / Les étudiantes / Vous / Les parents / La vendeuse)

Vocabulary

Primary

(s')**accorder** to agree
  accuser to charge
  à cet égard in this respect
  acquérir (*pp*: **acquis**) to acquire
  alimenter to feed
  au travers through
le **biais** detour
le **cadeau** gift
  capital essential
la **clarté** clearness
la **confiance** faith
  corrompre to corrupt
  conscient conscious
  continu continuous
le **courant** current
le **défenseur** defender
(se) **distraire**⎫
(se) **divertir** ⎬ to amuse oneself
les **économies** (*f pl*) savings

l'**écrivain** (*m*) writer
  embrouiller to jumble up
  esquisser to sketch
  essuyer to wipe
l'**étoile** (*f*) star
  faux/fausse false
  feindre (*pp*: **feint**) to pretend
le **front** forehead
la **gloire** glory
  grossir to put on weight
  guérir to get better
  habile skillful
  illimité boundless
  immédiatement immediately
le **joueur** gambler
  lors de at the time of
la **lucidité** lucidness
  manqué missed
  manquer to be lacking

la **névrose** neurosis
l'**œuvre** (*f*) literary work
passionnant thrilling
la **pâtisserie** pastry
la **peine** sorrow
la **préoccupation** care, worry
(se) **priver (de)** to abstain from
plier to yield
rapporter to quote
réfléchir to reflect
relater to quote

rompre to break
saisir to seize
sauver to save
souligner to stress
le **sujet** subject
témoigner to show
tenir to hold
le **trait** characteristic
le **tuyau** pipe
unique unique

Secondary

cerner to hem in
l'**élevage** (*m*) breeding
l'**entraîneur** (*m*) trainer
parachever to complete
le **pari** bet

plat flat, dull
prélever to take beforehand
la **rançon** ransom
la **sentinelle** sentry

Expressions

en bonne forme in good shape
faire la grasse matinée to lie in bed late in the morning

il ne tient qu'à vous it is up to you
un tant soit peu somewhat

André Gide
vu par Marie Laurencin

Première Lecture

Exalter l'effort humain

On a toujours beaucoup à dire sur *Gide*[1] et lui-même ne s'en est pas privé. Il semble qu'on le connaisse mieux que personne et pourtant presque toujours on ne connaît que son personnage, celui qu'il a dessiné à notre intention, et en même temps à son intention. Il est possible que ce soit ce dernier trait qui embrouille tout.

Un homme dont on esquisse le portrait doit être présent devant vous, bien sûr; mais il faut aussi qu'il soit dans une certaine mesure absent, il faut qu'il témoigne d'un abandon qui vous permette de le cerner. Ce qui n'était presque jamais le cas. Telle est la rançon de la lucidité.

Aussi vaut-il mieux le prendre par un biais et relater par exemple ce qu'il vous a dit sur tel ou tel sujet qui ne vous concerne pas directement et immédiatement, ni lui non plus.

Par exemple sur le sujet capital de la création littéraire.

Certains hommes qui voudraient écrire parce qu'ils ont des idées, des sentiments à communiquer, ne le peuvent pas. Que faut-il leur dire? Je laisse parler Gide à l'un deux:

---

[1] André Gide, 1869–1951: French writer, Nobel Prize winner 1947. His poems, plays, novels, journals, letters and critiques represent a continuous self-examination.

«Laissez-vous aller. Vous êtes trop conscient. N'êtes-vous pas capable de commencer par n'importe quoi sur un sujet donné? Moi, je me souviens que la plupart de mes livres ont eu un faux départ. Il y a toujours eu cinquante pages à jeter. Quand je les relisais, je me disais: «Pourquoi ne pas commencer par le chapitre V?» «En tout cas, il faudrait écrire et ne pas s'arrêter d'écrire. Ce qui m'a sauvé pendant une période de ma vie, c'est mon *Journal*.»

Donc, il faut à tout prix que l'écrivain alimente ce courant continu qui traverse l'esprit et au travers duquel se mettent toutes sortes d'obstacles.

Ce qui ne signifie pas qu'on doive se laisser aller dans une seconde période à ratifier ce que la première vous a apporté. A cet égard, si l'on consulte les carnets de Baudelaire, disait Gide, il est passionnant de voir les retouches qu'il a faites et dans quel sens il les a faites. Tel vers, d'abord très plat, est devenu admirable. Ce cas n'est pas unique. Chez beaucoup d'écrivains une œuvre très belle a commencé par être une œuvre manquée.

Gide, que l'on accusait de corrompre la jeunesse, tel Socrate, était un moraliste-né, comme ce dernier. Il célébrait la gloire de l'homme, cet homme qui avait su triompher de tous les obstacles opposés par la nature. Il faut que l'homme sache qu'il ne tient qu'à lui, oui, à lui seul, proclamait Gide, de parachever son œuvre et pour cela de ne considérer rien pour acquis. «Il ne tient qu'à l'homme. Le monde sera ce que nous le ferons.»

C'était un acte de confiance illimitée dans l'avenir et il reflétait un sentiment qui n'était pas feint. Lors d'une conférence, pour que l'auditoire comprenne mieux sa pensée, il avait pris pour épigraphe et leitmotiv des vers tirés d'une pièce des *Contemplations* de Victor Hugo:

> . . .«L'astre est-il le point fixe en ce mouvant problème?
> Le ciel que nous voyons *fut*-il[2] toujours le même?
> Le sera-t-il toujours?
> L'homme a-t-il sur son front des clartés éternelles?
> Et verra-t-il toujours les mêmes sentinelles
> Monter aux mêmes tours?. . .»

Ces vers, qu'il avait fort bien dits, d'une voix de bronze dont la gravité s'accordait avec le sujet, soulignaient la grande préoccupation de Gide: le souci de rompre avec le passé et d'exalter l'effort humain.

D'après un article de Jean Grenier,
Le Figaro Littéraire

----

[2] was

QUESTIONNAIRE

1. Gide a-t-il beaucoup parlé de lui-même?
2. Connaît-on bien Gide?
3. Pour qui Gide a-t-il d'abord dessiné un personnage?
4. Pourquoi faut-il que l'homme dont on esquisse le portrait témoigne d'un certain abandon?
5. Pourquoi l'auteur de l'article relate-t-il ce que Gide a dit de la création littéraire?
6. Quel est le premier conseil que donne Gide à quelqu'un qui voudrait écrire et ne peut pas?
7. Que dit Gide du début de la plupart de ses livres?
8. Pourquoi Gide dit-il que son *Journal* l'a sauvé pendant une partie de sa vie?
9. Qu'est-ce qu'un écrivain doit alimenter?
10. Quand on se relit qu'est-ce qu'on ne ratifie pas toujours?
11. Qu'est-il passionnant de voir dans les carnets de Baudelaire?
12. Par quoi, chez beaucoup d'écrivains, une très belle œuvre a-t-elle souvent commencé?
13. De quoi accusait-on Gide et Socrate?
14. En quoi Gide avait-il une confiance illimitée?
15. Que célébrait Gide?
16. Quel est le leitmotiv qu'il avait pris lors d'une conférence?
17. Comment Gide avait-il récité ces vers?
18. Quelle était la grande préoccupation de Gide?

VOCABULARY EXERCISES

A. *Fill in the blanks with the proper word to be found in the list on the right.*

1. Gide ne s'est pas ___ de parler de lui-même.
2. Il a ___ son personnage à notre intention.
3. C'est cela qui ___ tout.
4. Il vaut mieux le prendre par un ___.
5. La plupart de ses livres ont eu un ___ départ.
6. Ce vers très ___ est devenu admirable.
7. Gide était un ___.
8. Ce sentiment n'était pas ___.
9. Il avait pris comme ___ des vers tirés des *Contemplations*.
10. Il avait dit ces vers d'une voix de ___.

a. biais
b. bronze
c. dessiné
d. plat
e. leitmotiv
f. privé
g. moraliste-né
h. feint
i. faux
j. embrouille

B. *Replace the words in italics by a synonym to be found in the list on the right.*

1. Le *souci* de Gide: exalter l'effort humain.
2. On a *esquissé* son portrait.
3. Il faut qu'il *témoigne d'*un certain abandon.
4. On a *relaté* ce que Gide a dit sur le sujet.
5. Ce sujet ne vous *concerne* pas directement.
6. C'est un sujet *capital*.
7. N'êtes vous pas capable de commencer par *n'importe quoi*?
8. Il faudrait écrire et ne pas *s'arrêter* d'écrire.
9. Il faut *à tout prix* que l'écrivain écrive.
10. Ces vers, il les avait fort bien *dits*.

a. touche
b. récités
c. coûte que coûte
d. essentiel
e. rapporté
f. dessiné
g. cesser
h. une chose quelconque
i. la préoccupation
j. manifeste

Deuxième Lecture

Pénible retour

— Vous rentrez à Paris?
— Il faut bien qu'on rentre: les vacances sont finies.
— Cela ne signifie pas qu'on doive tous se trouver sur les routes aujourd'hui.

— Je ne me souviens pas que les rentrées se soient jamais *effectuées*[1] sans catastrophe.

— Ne serait-il pas *souhaitable*[2] que les automobilistes préparent mieux leur itinéraire?

— Et qu'ils prennent des petites routes.

— Il est possible qu'elles soient même plus rapides.

— Il semble que pas mal d'automobilistes ne sachent pas conduire sur autoroute.

— Je souhaite que certains apprennent à *dégager*[3] la *chaussée.*[4]

— Et que d'autres ne croient pas qu'ils ont acheté la route.

— Il est absolument nécessaire qu'*on prenne le taureau par les cornes*[5] et qu'on éduque les conducteurs.

— J'ai peur que ce ne soit un peu tard cette année mais il est probable que des conducteurs mieux organisés et plus experts soient plus aptes à éviter les accidents.

— Je ne doute pas que l'incompétence des conducteurs ne soit responsable de bien des catastrophes.

— Je ne voudrais pas que l'on m'accuse d'intransigeance, mais il semble que quantité de conducteurs soient de mauvais conducteurs.

— Bon, me voilà reposé. En route. J'espère que nous nous reverrons à Paris...

---

[1] done
[2] desirable
[3] to free
[4] highway
[5] to take the bull by the horns

GRAMMAR EXERCISES

A. *Fill in the blanks with the proper form of the verb given in parentheses at the beginning of each sentence.*

1. (avoir) Je regrette que vous ____ de la peine. **2.** (être) Il faut que Paul ____ prudent. **3.** (finir) Je veux que vous ____ ce travail immédiatement. **4.** (partir) C'est dommage que Marie ____ ce soir. **5.** (vendre) Il est nécessaire que les Dupont ____ leur maison. **6.** (savoir) Faut-il que je ____ ce poème par cœur? **7.** (faire) Il est préférable qu'on ____ une promenade l'après-midi. **8.** (pouvoir) Il faut que vous ____ faire des économies. **9.** (pleuvoir) C'est dommage qu'il ____ aujourd'hui. **10.** (devoir) Paul regrette que vous ____ partir demain. **11.** (prendre) Il n'est pas nécessaire que nous ____ la voiture. **12.** (tenir) Il faut que vous ____ vos promesses. **13.** (revenir) C'est dommage que vous ne ____ pas après-demain. **14.** (croire) Il est naturel que nous ____ son histoire. **15.** (recevoir) Je doute que vous ____ une lettre demain. **16.** (aller) Voulez-vous que je ____ au concert avec vous? **17.** (vouloir) Je regrette que vous ne ____ pas m'accompagner. **18.** (voir) Il est nécessaire que vous ____ ce film. **19.** (boire) Il ne faut pas que vous ____ trop d'eau. **20.** (manger) Il est préférable que vous ne ____ pas maintenant. **21.** (devoir) Il n'est pas juste que je ____ toujours plier. **22.** (prendre) Il faudrait que Paul ____ les billets. **23.** (tenir) Je doute que Marie ____ à quitter la ville. **24.** (venir) C'est dommage que Julie ne ____ pas nous voir. **25.** (croire) Faut-il que je vous ____? **26.** (recevoir) Je voudrais que tu ____ un beau cadeau. **27.** (aller) C'est dommage que Pierre ne ____ pas en Angleterre. **28.** (vouloir) Je doute que Françoise ____ apprendre l'allemand. **29.** (revoir) Il faudrait que tu ____ ce passage. **30.** (boire) Je ne veux pas que tu ____ du lait.

B. *Do the same with the following sentences.*

1. (aller) C'est dommage que vous ne ____ pas à Paris en septembre dernier. **2.** (voir) Je regrette que vous ne ____ pas le film qui a passé au Ritz. **3.** (vouloir) C'est naturel que Pierre ne ____ pas voyager seul l'été passé. **4.** (rentrer) Il faut que vous ____ avant minuit. **5.** (manger) Je doute que vous ____ bien hier soir. **6.** (pleuvoir) Quel dommage qu'il ____ la semaine passée. **7.** (partir) Je doute que Françoise ____ seule le mois passé. **8.** (devoir) Je doute qu'il ____ rentrer la veille. **9.** (revenir) Il est probable que Marie ____ hier soir. **10.** (être) C'est dommage que votre frère ____ malade pendant qu'il était à la mer.

C. *Do the same with the following sentences.*

1. (falloir) Il faut un passeport et il ____ en plus un visa. **2.** (pleuvoir) J'espère qu'il ne ____ pas demain. **3.** (rire) Quand elle était enfant, Marie ____ toujours.

4. (se plaindre) Pourquoi vous ____-vous?   **5.** (cueillir) Nous ___ des roses cet après-midi.   **6.** (craindre) Cet enfant ne ___ rien.   **7.** (envoyer) J'___ cette lettre demain.   **8.** (feindre) Ils ___ la fatigue.   **9.** (distraire) Vous ne vous ___ pas assez.   **10.** (connaître) Nous ne ___ pas les forêts de la région parisienne. **11.** (paraître) Il ___ qu'il va faire beau.   **12.** (apercevoir) Je ___ Pierre hier soir au concert.   **13.** (s'asseoir) La fois prochaine, je ___ au premier rang.   **14.** (savoir) Quand vos parents ___-ils que vous êtes bien arrivé?   **15.** (mourir) Cet écrivain ___ l'an passé.   **16.** (recevoir) Je ne ___ plus de ses nouvelles.   **17.** (voir) ___ -nous Paul demain?   **18.** (peindre) Je croyais que vous ___.   **19.** (valoir) Dans quelques années, ces bois ___ plusieurs millions.   **20.** (pouvoir) ___-vous me dire l'heure qu'il est?   **21.** (être) Il semble que Paul ___ malade. **22.** (partir) Je ne crois pas que Marie ___ à 5 heures.   **23.** (vieillir) Il semble que votre oncle ___.   **24.** (faire) Je crois qu'il ___ bon dehors.   **25.** (finir) J'espère que les peintres ___ la semaine prochaine.

COMPOSITION

Partagez-vous les idées de Gide sur le sujet de la création littéraire?

Vingt-septième Leçon

ILLUSTRATION

Les vacances nous sont données *afin que* nous *retrouvions* un peu de silence et du temps libre.

Les vacances sont faites *pour que* nous *lisions* tous ces livres que nous avons remis tout au long de l'année.

*A moins qu'*il *ne fasse* trop chaud, *à moins* aussi *que* notre santé *ne soit* pas bonne, nous profiterons de ce temps de loisir pour lire.

*Où qu'*on *aille*, *quoi qu'*on *fasse*, *quel que soit* le pays où l'on voyage, on emportera quelques livres dans ses bagages.

Bien que la mer *soit* agréable, *quoique* la montagne *soit* captivante nous nous en irons souvent seuls, loin du monde avec un livre.

Nous lirons *jusqu'a ce que* nous *ayons* comblé ce vide qui nous a torturés pendant l'année.

Et *avant que* la rentrée *n'ait* lieu, nous aurons dévoré pas mal de livres de sorte que nous rentrerons contents, prêts à reprendre le collier.

Supposez un instant qu'il n'y *ait* plus de livres, que nous *ne puissions* plus lire. . .

EXPLANATION

I. The Subjunctive. (*cont.*)

Use in adverbial clauses

The subjunctive is used in certain adverbial clauses introduced by a conjunction other than **que**, expressing *purpose, time, concession, condition* such as **afin que, pour que, de façon que, de manière que, de sorte que, avant que, bien que, quoique, à moins que, pourvu que, jusqu'à ce que, de peur que**, etc.

purpose: Il vous téléphone pour que vous **sachiez** comment il va.

Elle vous a donné son adresse de sorte que vous **puissiez** lui écrire.

Je l'aide afin qu' il ne se fatigue pas.

time: Je suis parti avant qu'il n'**arrive**.

concession: Bien qu'il **fasse** beau, nous ne sortirons pas.

Quoiqu'il **soit** jeune, il est vite fatigué.

condition: Nous ne vous verrons pas avant l'été prochain à moins que vous ne **veniez** nous voir à la Noël.

Je vous attendrai jusqu'à ce qu'il **fasse** noir.

NOTE:

With the expressions **avant que, de peur que** and **à moins que**, the so called **ne** *explétif* must be used in the subordinate clause. Notice that in this case the **ne** does not have a negative meaning.

Je partirai **avant que** Jean **ne** rentre chez lui.
Je cours **de peur que** Marie **ne** parte sans moi.
Restons chez nous, **à moins que** tu **ne** veuilles aller au cinéma.
BUT: Partons, **à moins que** tu **ne** veuilles **pas** aller au cinéma. (*negative*)

II. The Irregular Verb s'en aller.

INDICATIVE

PRESENT	PASSÉ COMPOSÉ
je m'en vais	je m'en suis allé(e)
tu t'en vas	tu t'en es allé(e)
il/elle s'en va	il s'en est allé
nous nous en allons	elle s'en est allée
vous vous en allez	nous nous en sommes allé(e)s
ils/elles s'en vont	vous vous en êtes allé(e)(s)
	ils s'en sont allés
	elles s'en sont allées

FUTURE	CONDITIONAL
je m'en irai, *etc.*	je m'en irais, *etc.*

PRESENT SUBJUNCTIVE
que je m'en aille
que tu t'en ailles
qu'il/elle s'en aille
que nous nous en allions
que vous vous en alliez
qu'ils/elles s'en aillent

ORAL DRILLS

A. *Repeat the following sentence substituting the words in parentheses for the underlined word. Make the necessary changes.*

Je vous ai donné un livre pour que Marie le lise.

(vous / Paul / votre mère / vos parents / les enfants)

B. *Do the preceding exercise with the following sentence.*

Je vous ai donné un livre afin que Marie le lise.

C. *Repeat the following sentence, substituting the proper form of the verbs or expressions in parentheses for the underlined expression.*

Paul se promènera bien qu'il fasse froid.

(pleuvoir / neiger / geler / avoir du vent / faire mauvais / faire noir / faire trop chaud / être tard)

D. *Repeat the following sentence substituting the words in parentheses for the underlined word. Make the necessary changes.*

Je partirai avant que Paul ne rentre.

(Marie / tu / vous / maman / les enfants / papa / Pierre et Françoise / elles)

E. *Combine each pair of sentences, using* **quoique.** *Follow the example.*

Il réussit bien. Il sort beaucoup.
Il réussit bien quoiqu'il sorte beaucoup.

1. Paul travaille beaucoup. Ses parents sont riches.   **2.** Françoise parle bien. Elle fait encore des fautes.   **3.** Il fait froid. Il y a du soleil.   **4.** Cet étudiant parle mal.

Il écrit bien.   **5.** J'irai au théâtre demain. Je pars le soir même.   **6.** Paul n'achètera pas cette maison. Il peut le faire.   **7.** Je ne suis pas fatigué. Il est minuit.   **8.** Vous avez peu de connaissances. Vous lisez beaucoup.   **9.** Nous nous amusons. Nous travaillons bien.   **10.** Tu connais bien la France. Tu ne connais pas les Ardennes.

F.   *Do the preceding exercise using* **bien que.**

G.   *Repeat the following sentence using the words in parentheses for the underlined word. Make the necessary changes.*

Vous ne réussirez pas à moins que vous n'étudiiez.

(Paul / Tu / Nous / Je / Les étudiants / Marie et toi / Françoise et moi)

H.   *Repeat the following sentences using* **pourvu que** *instead of* **si.** *Follow the example.*

Il réussira s'il a de la chance.
Il réussira pourvu qu'il ait de la chance.

1. Vous partirez si le train est à l'heure.   **2.** Pierre reviendra si nous lui téléphonons.   **3.** Françoise ira aux sports d'hiver si elle a assez d'argent.   **4.** J'irai au théâtre si la pièce est bonne.   **5.** Nous ferons un voyage si nous pouvons prendre des vacances.   **6.** Pierre réussira si vous l'aidez.   **7.** Votre lettre arrivera demain si vous l'envoyez par avion.   **8.** Nous vous téléphonerons si nous savons où vous êtes.   **9.** Je leur écrirai si je connais leur adresse.   **10.** Tu seras heureux si tu choisis bien.

I.   *Repeat the following sentence substituting the proper form of the verbs or expressions in parentheses for the underlined verb.*

Resterez-vous ici jusqu'à ce que je rentre?

(revenir / partir / sortir / se mettre au travail / faire ses devoirs / s'endormir / aller en ville / devoir partir / finir cette lettre / se lever)

J.   *Combine each pair of sentences, using* **de peur que . . . ne.** *Follow the example.*

Je ne lui dirai pas cela. Il sera mécontent.
Je ne lui dirai pas cela de peur qu'il ne soit mécontent.

1. Il se cache. Vous le voyez.   **2.** Je cours. Paul part sans moi.   **3.** Marie ne sonne pas. Nous dormons.   **4.** Je vous préviens. Vous riez.   **5.** Paul ne dit rien. Je ne le crois pas.   **6.** Nous faisons du feu. Tu prends froid.   **7.** Tu rentreras tôt. Marie sort seule.   **8.** Elle vous invite. Vous n'allez pas la voir.   **9.** Il me téléphone. Je ne reçois pas sa lettre.   **10.** Ses parents ne lui donnent pas d'argent. Il boit.

K. *Repeat the following sentences substituting the words in parentheses for the underlined word.*

    1. Je vous aiderai pour que vous ayez vite fini ce travail.

       (terminé / achevé / complété)

    2. Nous t'aiderons pour que tu aies bientôt fini cette tâche.

       (accompli / rempli / mis un point final à)

L. *Repeat the following sentence using the words in parentheses as new subjects. Make the necessary changes.*

Paul s'en va.

(Je / Nous / Le directeur / Tu / Les étudiants / Vous / Paul et moi)

M. *Do the preceding exercise in the imperfect, in the future, and in the present subjunctive.*

Paul s'en allait.

Paul s'en ira.

Je doute que Paul s'en aille.

Vocabulary

Primary

accomplir to accomplish
l'au-delà (*m*) hereafter
agoniser to be dying
(s')affoler to lose one's head
l'assemblée (*f*) meeting
la brioche bun
boucher to block
le beau-frère brother-in-law
la belle-sœur sister-in-law
le chichi manner, ceremony
le désespoir despair
la dette debt
le dégoût disgust
la déchéance fall
la démarche request
(se) dépêcher to hurry up

(se) douter (de) to suspect
s'écrier to exclaim
(se) fâcher to get angry
la formalité form
froisser to offend
gâter to spoil
gentiment gently
intensément intensely
jaillir to spring
(se) marier to get married
la médisance slander
outré incensed
le papier à lettres stationery
paisible peaceful
le pardessus overcoat
plaindre to be sorry for

presser to urge
prévenir to inform
priver to deprive
le **réveil** awakening
soigner to nurse
souligner to underline

subitement suddenly
surgir to spring
la **tâche** task
le **tourne-disque** record-player
le **vide** emptiness

Secondary

les **affres** (*f pl*) agony
le **délié** nimbleness
(se) **dérouler** to unfold
doublé de which is also

la **mollesse** softness
la **recette** recipe
tapoter to tap

Expressions

Primary

à **plusieurs reprises** repeatedly
il **y a belle lurette** a long time ago
la **date limite** dead line

le **dernier soupir** dying breath
mettre un point final to end
perdre la tête to get crazy

Secondary

reprendre le collier to go back to work

Première Lecture

J'aime la vie...

«Pour moi, j'aime la vie et la cultive...», a dit Arthur Rubinstein lors d'une récente interview à la R.T.L.[1]

Bien qu'il parodie Montaigne dont il semble partager la douce mollesse, le grand pianiste a souligné à plusieurs reprises que l'art de bien prendre les choses, doublé d'un certain «*nihil mirari*»[2] n'était pas fortuit mais le résultat d'une volonté de chaque instant.

Avant que la vie ne le comble, Rubinstein avait connu les affres du désespoir, l'horizon bouché, l'amour sans réponse, la faim, les dettes et un profond dégoût de tout et de lui-même.

Un suicide manqué l'avait rendu ridicule, particulièrement à lui-même.

Le fait même d'ouvrir les yeux sur un monde qu'il avait cru avoir quitté pour de bon avait été pour lui une sorte de renaissance. C'est peut-être de ce geste raté qu'a jailli sa philosophie de vie.

Il s'est marié. Pour que sa femme ne soit pas honteuse de porter son nom, il s'est mis à travailler.

Cet artiste-né adore la musique, vit avec une symphonie perpétuelle qui commence à son réveil et se déroule en lui tout au long du jour. A l'heure du déjeuner, il s'aperçoit qu'il en est au troisième mouvement d'une symphonie de Mozart.

---

[1] Radio-Télévision Luxembourg: a broadcasting station in Paris
[2] to be astonished or moved by nothing

Mais ce même artiste n'aime pas les exercices. Aussi, afin que ses doigts gardent tout leur délié, préfère-t-il tapoter sur ses genoux, sous son pardessus; quand il s'assied au piano, c'est pour en tirer de la musique. Et pas n'importe quelle musique. Pas de violon — il en a cassé un quand il était tout jeune et que son protecteur berlinois le pressait d'en jouer — mais le piano; pas des notes, mais une symphonie.

Cet homme qui vit intensément tous les aspects de la vie, entend être heureux jusqu'à son dernier soupir. A moins qu'il ne meure subitement, ce qui le priverait de cet ultime plaisir, on lui jouera — au tourne-disque au besoin — l'andante du Quintette en ut de Schubert. C'est une page que le compositeur avait écrite l'année qui a précédé sa mort et qui, pour Rubinstein, est le symbole de l'entrée paisible dans l'au-delà «Je l'ai fait promettre à ma femme, dit-il, et cela me rassure. A condition, ajoute-t-il sans la moindre malice, que je n'aie pas perdu la tête, que j'agonise gentiment, sans faire de chichis, sans difficultés. »

A la question de savoir s'il avait une recette de bonheur, Rubinstein s'est écrié: «Si j'en avais une, il y a belle lurette que je l'aurais vendue bien cher en Amérique ... »

«La politique, ne vous tente pas, lui a-t-on demandé, comme elle avait tenté votre compatriote le grand Paderewski?»

La réponse s'est faite sous forme d'anecdote.

«Clemenceau reçoit un jour à Paris le président du conseil de la République polonaise.
— M. Paderewski?
— Lui-même.
— Le pianiste?
— Oui.
— Le grand pianiste Paderewski?
— ...
— Et vous êtes ministre !
— Oui.
— Quelle déchéance!»

QUESTIONNAIRE

1. Qu'a dit Arthur Rubinstein lors d'une récente interview à la radio?
2. De qui semble-t-il partager la douce mollesse?
3. De quoi l'art de bien prendre les choses est-il le résultat?
4. Qu'est-ce que Rubinstein avait connu avant que la vie ne le comble?

5. Qu'est-ce qui l'avait rendu ridicule?
6. Pourquoi s'est-il mis à travailler?
7. De quoi s'aperçoit-il à l'heure du déjeuner?
8. Pourquoi tapote-t-il sur ses genoux?
9. Pourquoi préfère-t-il le piano au violon?
10. Quand a-t-il cassé un violon?
11. Jusqu'à quand entend-il être heureux?
12. De quoi une mort subite le priverait-elle?
13. Pourquoi a-t-il choisi cette page de Schubert?
14. A quelle condition lui jouera-t-on cette musique?
15. Qu'aurait-il fait s'il avait une recette de bonheur?
16. Quelle était la fonction du pianiste Paderewski?
17. Que pensait Clemenceau d'un grand pianiste qui devient ministre?

VOCABULARY EXERCISES

A. *Fill in the blanks with the proper word to be found in the list on the right.*

1. J'aime la vie et la ____ .
2. Il a connu les affres du ____ .
3. Il avait un profond ____ de tout.
4. Il avait cru avoir quitté le monde ____ .
5. Sa femme ____ son nom.
6. Afin que ses ____ gardent tout leur délié, il fait des exercices.
7. Il tapote sur ses ____ .
8. On lui jouera de la musique ____ .
9. Avez-vous une recette de ____ ?
10. La réponse s'est faite ____ d'anecdote.

a. dégoût
b. pour de bon
c. doigts
d. au tourne-disque
e. cultive
f. sous forme
g. porte
h. genoux
i. désespoir
j. bonheur

B. *Replace the words in italics by a synonym to be found in the list on the right.*

1. Il *parodie* Montaigne.
2. L'art de bien prendre les choses n'est pas *fortuit*.
3. La vie l'a *comblée*.
4. Il a connu les affres *du désespoir*.
5. Sa philosophie a *jailli* de ce geste raté.
6. Il le *pressait de* jouer du violon
7. Il a été heureux jusqu'à *son dernier soupir*.
8. Elle a perdu *la tête*.
9. Il fait des *chichis*.
10. Il y a *belle lurette* qu'il aurait vendu sa recette.

a. accidentel
b. manières
c. imite
d. gâtée
e. poussait à
f. longtemps
g. surgi
h. sa mort
i. de la détresse
j. la raison

Deuxième Lecture

Démêlé avec la douane

Je viens de rencontrer mon cousin, celui qui pilote un bateau et va régulièrement à Jersey. Il lui en est arrivé une bien bonne.

Il m'a raconté qu'en descendant de son bateau, avant qu'il n'ait eu le temps de monter dans sa voiture, il s'était vu arrêter par quatre *douaniers en civil*[1] qui l'avaient fait monter dans leur voiture.

— Ils étaient armés?

— Oui. Il m'a dit que tout s'était passé dans le plus pur style Chicago. Il avait avec lui un appareil photographique et bien qu'il leur ait affirmé qu'il avait été *dédouané*,[2] il s'est vu confisquer son appareil. Et puis, les employés de douane l'ont conduit dans l'immeuble où ils ont leurs bureaux.

— Oui, je sais, c'est dans un *H.L.M.*[3] en haut de la ville!

— Ils l'ont questionné, puis l'ont ramené chez lui afin qu'il leur montre ce qu'il avait rapporté de Jersey. Et pendant que trois hommes perquisitionnaient, le quatrième est resté au *portail*,[4] de peur qu'il ne s'en aille sans doute.

---

[1] plain clothes customs officers
[2] passed through customs
[3] Habitation à Loyer Modéré: low cost housing
[4] gate

— Ont-ils trouvé quelque chose?

— Deux bouteilles de whisky.

— D'où *amende*?[5]

— Ils lui ont donné le choix; à moins qu'il ne paie, l'affaire allait *passer devant les tribunaux*.[6]

— Et il a payé?

— Ce n'est pas qu'il l'ait fait *de gaîté de cœur*[7] mais, pour qu'ils s'en aillent sans réveiller toute la *maisonnée*,[8] il leur a donné un chèque.

— Les façons de faire de ces douaniers m'étonnent; à moins que ce ne soient pas des *gabelous*.[9]

— Précisément, ce n'étaient pas des douaniers, c'étaient des civils.

---

[5] fine
[6] to be brought to court
[7] gladly
[8] household
[9] customs officers

GRAMMAR EXERCISES

A. *Complete the following sentences with the proper form of the verb given in parentheses at the beginning of each sentence.*

1. (jouer) J'ai acheté un piano pour que vous en ___ . **2.** (se divertir) Pour que le Parisien ___, on a inventé le Tiercé. **3.** (entendre) Paul crie afin que nous l'___.
4. (se distraire) Que pouvait-on offrir au Parisien pour qu'il ___ le dimanche?
5. (rentrer) Je travaillerai jusqu'à ce que vous ___. **6.** (être) Paul m'a écrit de peur que je ne ___ froissé. **7.** (avoir) Pierre n'est pas aimable quoiqu'il ___ de grandes qualités. **8.** (étudier) Vous ne réussirez pas à moins que vous n'___ davantage. **9.** (s'apercevoir) Marie est partie sans que je ___ de son départ.
10. (s'en aller) Paul est sorti avant que tu ne ___. **11.** (s'asseoir) Je m'assierai dans ce fauteuil à moins que vous ne ___ y ___. **12.** (boire, avoir) Pour que je ___ de l'eau il faut que ___ grand soif. **13.** (reconnaître) Cet homme a trop changé pour que je le ___. **14.** (croire) Ne faites pas cette démarche à moins que vous ne ___ devoir la faire. **15.** (devoir) Il se passera des années avant que Paul ne ___ abandonner cette situation. **16.** (dire) Je te dis cela pour que tu le ___ à ta sœur. **17.** (dormir) C'est un nerveux qui ne se sent pas bien à moins qu'il ne ___ au moins 8 heures. **18.** (écrire) Pourriez-vous me donner du papier à lettres pour que j'___ à ma mère. **19.** (envoyer) Voilà du papier spécial pour que Marie ___ sa lettre par avion. **20.** (faire) Avant que nous ne ___ les exercices, relisez

les explications grammaticales. **21.** (falloir) On peut écouter ses histoires sans qu'il ____ les croire. **22.** (lire) J'ai acheté ce livre pour que vous le ____. **23.** (mettre) Marie m'a donné une lettre pour que je la ____ à la boîte. **24.** (mourir) Il faudra qu'on fabrique des voitures électriques pour que nous ne ____ pas tous asphyxiés. **25.** (naître) On avait choisi le nom de Françoise avant qu'elle ne ____. **26.** (ouvrir) Donnez-moi la clé pour que j'____ la porte. **27.** (plaindre) Il est trop paresseux pour qu'on le ____. **28.** (pouvoir) Dépêchez-vous pour que nous ____ partir à l'heure. **29.** (rire) Il se fâchera de vos remarques à moins qu'il n'en ____. **30.** (savoir) Paul est parti sans que je le ____. **31.** (revenir) Je resterai ici jusqu'à ce que vous ____. **32.** (vivre) Ses parents se sont privés pour qu'il ____ en grand seigneur. **33.** (voir) Le chien est sorti sans que vous le ____. **34.** (vouloir) Nous n'irons pas au concert à moins que vous ne ____ y aller. **35.** (souffrir) On l'a bien soigné afin qu'il ne ____ pas trop.

B. *Complete the following sentences with the past subjunctive of the verb given in parentheses at the beginning of each sentence.*

1. (finir) J'ai aidé Paul pour qu'il ____ plus tôt. **2.** (se décider) Paul restera ici jusqu'à ce que vous ____. **3.** (travailler) Il n'a pas réussi bien qu'il ____ sérieusement. **4.** (arriver) Nous vous attendrons pourvu que vous ____ avant 5 heures. **5.** (dire) Il connaissait la nouvelle avant que je ne la lui ____. **6.** (rentrer) Quoiqu'il ____ depuis une semaine, je ne l'ai pas encore vu. **7.** (aller) J'y suis allé avant que Paul n'y ____. **8.** (changer) Il viendra demain à moins qu'il n'____ d'avis. **9.** (rentrer) Pourvu qu'elle ____ avant minuit! **10.** (remplir) Il ne sera pas accepté à moins qu'il n' ____ toutes les formalités avant la date limite.

C. *Complete the following sentences with the proper form of the verb given in parentheses at the beginning of each sentence.*

1. (avoir) J'espère que vous ____ du beau temps. **2.** (grossir) Il semble que tu ____. **3.** (avoir) Il semble que Pierre ____ raison. **4.** (passer) Je ne crois pas que le facteur ____ déjà ____. **5.** (passer) Je crois qu'il ____ bientôt. **6.** (réussir) Je me doutais que Françoise ____. **7.** (réussir) N'espériez-vous pas qu'elle ____? **8.** (travailler) Comme elle ____ bien ____, elle devrait réussir. **9.** (vouloir) J'irai chez Paul parce que vous le ____. **10.** (recevoir) Vous lui parlerez après qu'il ____ votre lettre. **11.** (s'affoler) On a crié de sorte que Marie ____. **12.** (savoir) J'ai écrit à mon beau-frère de façon qu'il ____ que vous êtes à Paris. **13.** (quitter) Paul était outré de sorte qu'il ____ l'assemblée. **14.** (pouvoir) Amenez donc votre belle-sœur à ce cocktail de sorte que je ____ faire sa connaissance. **15.** (dire) C'est de la médisance et je ne crois pas que Marie ____ cela. **16.** (partir) Paul consent à ce que nous ____. **17.** (voyager) Ma mère s'oppose à ce que nous ____ seules. **18.** (manquer) Elle s'arrange de manière que nous lui ____. **19.** (prévenir) Pierre s'attend à ce que vous le ____ tout de suite. **20.** (venir) Je croyais que vous ____ ici à 5 heures. **21.** (être) Croyez-vous qu'il ____ à l'heure? **22.**

(se taire) Je n'espère pas que Paul ____. **23.** (réussir) Espérez-vous qu'il ____? **24.** (rentrer) N'espériez-vous pas qu'il ____ tôt? **25.** (faire) Il part parce qu'il ____ beau. **26.** (pouvoir) Paul ne doute pas que vous ____ faire mieux. **27.** (prendre) Je ne doute pas qu'il ____ des précautions. **28.** (être) Supposons que cette histoire ____ vraie. **29.** (lire) Je suppose que vous ____ ce livre-ci. **30.** (dîner) Il dînera après que les autres ____.

COMPOSITION

Faites le portrait d'une personne en vue.

Vingt-huitième Leçon

ILLUSTRATION

Alunissage

Où que nous *allions*, quelles que *soient* les personnes auxquelles nous parlions, il arrive toujours que la conversation roule sur les exploits d'Apollo.

En effet, il n'y a pas une portion de la population du monde occidental qui n'*ait vécu* au même moment cette expérience spatiale.

Mais si étrange que cela *puisse* paraître, tout le monde n'est pas d'accord sur l'importance et la portée des premiers pas de l'homme sur la lune.

Les uns se contentent de dire que c'est l'expérience la plus audacieuse que l'homme *ait* jamais *tentée*. D'autres sont déjà blasés. Rien qui ne *soit* plus absurde que ce blasement sous prétexte qu'il ne s'agit que d'un astre mort.

D'autres encore éprouvent une certaine exaltation magistrale et spectaculaire devant la seule entreprise qui, en notre siècle, *ait ouvert* des horizons nouveaux et permis l'affirmation des pouvoirs de l'homme.

Certains enfin déplorent cette préoccupation de l'homme pour l'espace. *Puisse* l'homme ne pas négliger la terre et ses exigences immédiates!

Plaise au ciel qu'il consacre son intelligence et son énergie à rendre la terre habitable pour tous, qu'il *vainque* la misère, qu'il *supprime* les guerres.

Quoi que les conservateurs *puissent* dire, l'homme poursuivra toujours le rêve grec qui voulait que l'homme soit la mesure de toutes choses. Et précisément les missions Apollo viennent de montrer que rien n'est impossible à l'homme.

Qui que vous *soyez*, souhaitez donc qu'en dépit des différences d'idéologies et des petits orgueils nationaux l'expérience d'Apollo *soit* un commencement et non une fin.

EXPLANATION

I. The Subjunctive (*cont*).

A. Use in Adjectival Clauses.

The subjunctive is used in adjectival clauses (i.e. subordinate clauses that take the place of an adjective) when the clause 1) expresses an aim or purpose not yet accomplished, 2) modifies a superlative understood as subjective opinion, 3) follows a negative antecedent or 4) modifies an indefinite pronoun or adverb (**qui que, où que, quoi que, si . . . que, quel . . . que,** *etc.*).

aim:	Je cherche une maison qui **ait** un magnifique jardin.
following a superlative:	C'est le meilleur livre que j'**aie** jamais lu.
following a negative antecedent:	Paul n'a pas de sœur qui **soit** à l'université.
following an indefinite pronoun:	Qui qu'il **soit**, je l'admire.
adverb:	Où qu'il **soit** je ne le vois pas.

B. Use in Main Clauses.

The subjunctive may occur in an (apparent) main clause which expresses an *order* given in the third person, an *exhortation, prohibition, wish* or *supposition.*

order:	Qu'ils **sortent**!
exhortation:	Que chacun **réfléchisse**!
prohibition:	Que personne ne **bouge**!
wish:	Que Dieu vous **entende**! **Vive** le Roi!
supposition:	**Soit** $X = 4$

C. Use of the Present and Past Subjunctive.

1. The Present Subjunctive.

The present subjunctive is used when the subordinate clause is simultaneous with or posterior to the verb of the introductory or main clause.

>Je suis heureux que vous **partiez** aujourd'hui.
>Je suis heureux que vous **partiez** demain.

2. The Past Subjunctive.

The past subjunctive is used when the action expressed in the subordinate clause is anterior to that of the main verb.

>Je suis triste que vous ne **soyez** pas **venu** hier.

D. Infinitive or Subjunctive with Verbs of Volition.

1. With verbs of volition the subjunctive must be used when the subjects of the main and the subordinate clauses are different (contrary to English where an infinitive construction is possible in such a case).

>FRENCH: Je veux **que vous partiez.**
>ENGLISH: I want *you to leave.*

2. But if the subjects of the verb of volition and the second verb are the same, the infinitive construction must be used.

>Je veux **partir.**

E. The ne *explétif.*

After verbs or expressions of *doubt* (negative or interrogative), *denial, fear*, and after **avant que, ne** is used in front of the subjunctive verb of the subordinate clause. In that case, the **ne** is not a negative. (If a negation has to be expressed, only one **ne** is necessary, but **pas** must be used in addition to **ne.** See *Lesson 27.*)

>Je ne doute pas qu'il **ne** vienne.
>Doutez-vous qu'il **ne** vienne aujourd'hui?
>J'ai peur qu'il **ne** vienne demain.
>Il est parti avant que je **n'**arrive.
>BUT: J'ai peur qu'il **ne** vienne **pas** demain.

II. The Irregular Verbs **convaincre** and **plaire**.

A. Convaincre.

PRESENT INDICATIVE

je convaincs	nous convainquons
tu convaincs	vous convainquez
il/elle convainc	ils/elles convainquent

PAST PARTICIPLE: convaincu

B. Plaire.

PRESENT INDICATIVE

je plais	nous plaisons
tu plais	vous plaisez
il/elle plaît	ils/elles plaisent

PAST PARTICIPLE: plu (*invariable*)

ORAL DRILLS

A. *Repeat the following sentences using the verb* **chercher** *instead of* **avoir**. *Make the necessary changes. Follow the example.*

Paul a un appartement qui est près de l'Université.
Paul cherche un appartement qui soit près de l'Université.

1. J'ai un livre qui est intéressant. **2.** Marie a une maison qui est moderne. **3.** Vous avez un dictionnaire qui est complet. **4.** Nous avons un voisin qui peut nous aider. **5.** Ils ont un magasin qui est très chic. **6.** J'ai une maison qui a un beau jardin. **7.** Tu as un copain qui veut voyager avec toi. **8.** Paul a un jardin qui a beaucoup d'arbres. **9.** J'ai une secrétaire qui sait plusieurs langues. **10.** Vous avez une servante qui sort peu. **11.** Tu as un voisin qui vend sa maison. **12.** Ils ont des amis qui ont un gros capital.

B. *Change the main clause of the following sentences to the negative. Make the necessary changes. Follow the example.*

Il y a des choses qui peuvent intéresser Paul.
Il n'y a rien qui puisse intéresser Paul.

1. J'ai vu quelqu'un qui connaît l'heure du départ. **2.** Il y a des gens qui savent quand on partira. **3.** Il y a un avion qui est à l'heure. **4.** Il y a une chose qui lui est agréable. **5.** Marie a une jupe qu'elle peut emporter. **6.** Julie a trouvé une robe qui lui plaît. **7.** Nous avons rencontré des gens qui sont plus sympathiques. **8.** Il y a un train qui part à 20 heures.

C. *Change the following sentences to the superlative using:* **C'est . . . que.** *Make the necessary changes. Follow the example.*

> J'ai lu ce poème.
> **C'est le meilleur poème que j'aie lu.**

1. J'ai vu ce film. **2.** J'ai fait ce travail. **3.** J'ai pris ce train. **4.** J'ai trouvé cet article. **5.** J'ai bu ce vin. **6.** J'ai vu cette pièce. **7.** Tu as acheté cette viande. **8.** Tu as écrit cette nouvelle. **9.** Tu as récité cette poésie. **10.** Tu as raconté cette histoire.

D. *Change the following sentences to the superlative, using* **C'est . . . que** *and the proper form of the verb given in parentheses at the beginning of each sentence. Follow the example.*

> (connaître) Cet étudiant est intelligent.
> **C'est l'étudiant le plus intelligent que je connaisse.**

1. (voir) Ces fleurs sont belles. **2.** (lire) Ce livre est intéressant. **3.** (fréquenter) Cette personne est charmante. **4.** (acheter) Ces robes sont chères. **5.** (connaître) Cet homme est instruit. **6.** (visiter) Cette bibliothèque est riche. **7.** (habiter) Cette maison est moderne. **8.** (rencontrer) Ces enfants sont adorables.

E. *Answer the questions using* **Qui que** *and the adjective given in the example.*

> Qui est votre voisin?
> **Qui qu'il soit, il est charmant.**

1. Qui est ce monsieur? **2.** Qui est cette dame? **3.** Qui sont ces personnes? **4.** Qui sont ces enfants? **5.** Qui sont ces étrangers? **6.** Qui est cette vendeuse? **7.** Qui sont ces ouvriers? **8.** Qui est ce professeur? **9.** Qui sont ces étudiants?

F. *Answer the questions using* **Où que** *and the adjective given in the example.*

> Où est mon livre?
> **Où qu'il soit, il est introuvable.**

1. Où est ma clé? **2.** Où est mon crayon? **3.** Où est ma valise? **4.** Où est mon dictionnaire? **5.** Où est mon écharpe? **6.** Où est mon stylo? **7.** Où sont les fruits? **8.** Où sont les enfants? **9.** Où sont les films? **10.** Où sont les fleurs? **11.** Où sont vos souliers? **12.** Où sont nos chèques?

G. *Repeat the following sentences using* **Quoi que** + *subjunctive instead of the first clause. Follow the example.*

> Il veut cela et il l'obtiendra.
> **Quoi qu'il veuille, il l'obtiendra.**

1. Vous pensez cela et vous le dites. **2.** Tu désires cela et tu l'achètes. **3.** Paul dit cela et il a tort. **4.** Marie achète cela et elle achète du beau. **5.** Nous faisons cela et on nous critique. **6.** Je mange cela et j'ai mal à l'estomac. **7.** Les enfants imitent cela et ils l'imitent bien. **8.** On écrit cela et on le relit. **9.** Je choisis cela et je suis contente de mon choix. **10.** Le chien boit cela et il est malade. **11.** Vous chantez et vous chantez faux. **12.** Tu commences cela et tu le finiras.

H. *Repeat the following sentences using a form of* **Quel que** + *subjunctive and a possessive adjective. Follow the example.*

> Il a une profession et il gagne peu d'argent.
> **Quelle que soit sa profession, il gagne peu d'argent.**

1. Elle porte une robe et elle est très élégante. **2.** Vous avez de la fortune et vous devez établir un budget. **3.** Tu as des talents et tu les caches. **4.** Paul a une voiture et il fait de la vitesse. **5.** Elle a des disques et elle s'en fatigue. **6.** Nous prendrons une décision et nous vous en ferons part. **7.** J'ai fait un rêve et je ne m'en souviens pas. **8.** Il aura un rôle et il s'en contentera.

I. *Repeat the following sentences using* **Si . . . que** + *subjunctive. Follow the example.*

> Il est courageux mais il finira par abandonner.
> **Si courageux qu'il soit, il finira par abandonner.**

1. Il est aimable mais il ne paraît pas sincère. **2.** Elle est fatiguée mais elle veut continuer. **3.** Nous sommes riches mais nous devons compter. **4.** Vous êtes tristes mais vous souriez encore. **5.** Les étudiants sont intelligents mais ils doivent travailler. **6.** La maison est vieille mais elle est confortable. **7.** Les parents sont modernes mais ils comprennent mal les jeunes. **8.** Le temps est beau mais il n'est pas propice à la promenade. **9.** Tu es têtu mais tu devras fatalement plier. **10.** Je suis rapide mais je n'aurai pas fini à temps.

J. *Express the following wishes in another way, using the proper form of* **pouvoir**. *Follow the example.*

> Je souhaite que vous réussissiez.
> **Puissiez-vous réussir!**

1. Je souhaite que vous vous amusiez bien. **2.** Je souhaite que tu fasses des progrès. **3.** Je souhaite que Pierre aille en Italie. **4.** Je souhaite que nous arrivions à temps. **5.** Je souhaite que les étudiants viennent à la réunion. **6.** Je souhaite que Françoise ait de belles vacances.   **7.** Je souhaite que nous ayons un bel automne.   **8.** Je souhaite que l'hiver ne soit pas rigoureux.   **9.** Je souhaite que vous n'ayez pas d'accident.   **10.** Je souhaite qu'il ne pleuve pas.

K. *Repeat the following sentence substituting the words in parentheses for the underlined word.*

Vive la France!

(la liberté / les vacances / l'Amérique / les États-Unis / la joie / le Roi / la République / les congés / la mariée / l'amour / le vin)

L. *Repeat the following sentence using the words in parentheses as new subjects. Make the necessary changes.*

Plaise à Dieu qu'il soit sain et sauf.

(vous / Pierre / les enfants / nous / les parents / Françoise / les passagers / le conducteur)

M. *Repeat the following sentence substituting the words in parentheses for the underlined word.*

A Dieu ne plaise que Marie soit malade.

(estropiée / malheureuse / ruinée / recalée / renvoyée / punie / défigurée / calomniée / déçue / éclipsée)

N. *Give the exclamations that correspond to the following sentences. Follow the example.*

Ils veulent entrer.
Eh bien qu'ils entrent!

1. Il veut venir ici.   **2.** Marie voudrait sortir.   **3.** Les étudiants veulent s'amuser. **4.** Paul veut attendre.   **5.** Le facteur va sonner.   **6.** Les voisins vont rire.   **7.** Le taxi va partir.   **8.** Les enfants veulent boire.   **9.** Le bébé va dormir.   **10.** Les chiens voudraient s'enfuir.

O. *Repeat the following sentences using the words in parentheses as new subjects. Make the necessary changes.*

1. Tu ne convaincs pas Paul mais il faut que tu le convainques.
(Je / Nous / Vous / Marie / Le professeur / Les étudiants / La vendeuse / L'avocat)
2. Il faut que je convainque Pierre et je le convaincrai.
(tu / nous / vous / Marie / le professeur / les étudiants / la vendeuse / l'avocat)
3. On ne plaît pas à tout le monde.

(Je / Nous / Le professeur / Vous / Tu / Paul / Les films / La confiture)

4. Il ne faut pas que tu déplaises à cet homme.

(nous / l'on / quelqu'un / les étudiants / Paul / vous / je / les enfants)

P.   *Repeat the following sentences using a subordinate clause with the subject given in parentheses after each sentence. Follow the example.*

Il veut partir. (Tu)
Il veut que tu partes.

1. Il préfère rester. (Vous)   **2.** Elle désire s'en aller. (Nous)   **3.** Je ne veux pas faire souffrir cette bête. (On)   **4.** Paul souhaite aller en France. (Son frère)   **5.** Les enfants aiment mieux sortir seuls. (Les parents)   **6.** Je déteste me plaindre. (On) **7.** Le directeur ne prétend pas se rendre à l'étranger. (Vous)   **8.** Marie doute d'avoir raison (Pierre)   **9.** Tu ne juges pas devoir écrire cette lettre. (Je)   **10.** Monique conteste avoir gagné. (Les autres)

Q.   *Give the same subject to both parts of each sentence. Follow the example.*

Pierre veut que Marie achète des livres.
Pierre veut acheter des livres.

1. Vous consentez à ce que nous allions au cinéma.   **2.** Je doute que vous puissiez partir ce soir.   **3.** Marie prétend que vous sortiez.   **4.** Nous aimons mieux que Pierre reste à Paris.   **5.** Je déteste qu'on fasse des chichis.   **6.** Le président préfère que vous soyez présent.   **7.** Tu doutes que j'aie bien fait.   **8.** Je ne juge pas que tu aies tort.   **9.** Maman désire que nous soyons ici à Noël.   **10.** Je ne veux pas que vous vous en alliez.

Vocabulary

Primary

(s')**accumuler** to pile
 affronter to brave, face
 alléguer to pretend
 l'**alunissage** (*m*) landing on the moon
 l'**âme** (*f*) soul
 amer bitter

l'**amour** (*m*) love
 appréhender to arrest
 l'**ascenseur** (*m*) elevator
 l'**assiette** (*f*) plate
 l'**avis** (*m*) information
 la **bataille** battle

le **bébé** baby
bénir to bless
bouleversé upset
calomnier to slander
le **champ** field
la **chance** chance
le **complet** suit
comporter to imply
le **conducteur** driver
consentir to consent
convaincre to convince
le **copain** friend, chum
croire to believe
déçu disappointed
défiguré disfigured
le **départ** departure
discuter (de) to discuss
l'**écharpe** (*f*) scarf
l'**éclair** (*m*) lightning
éclaircir to brighten
écrivain writer
l'**éditeur** (*m*) publisher
l'**édition** (*f*) publishing
emporter to carry along
épargner to spare
l'**estomac** (*m*) stomach
estropié crippled
expliquer to explain
le **fait** fact
fatalement inevitably
se **fatiguer** to get tired
la **fête** party
la **fin** end
la **flèche** arrow
grand grown up
* **haïr** to hate
le **haut-parleur** loud-speaker

instruit learned
(s')**interroger** to ask oneself
jaunir to turn yellow
le **lecteur** reader
librement freely
le **malheur** unhappiness
la **mémoire** memory
l'**obscurité** (*f*) darkness
or now
Pâques (*m*) Easter
la **Pentecôte** White Sunday
peser to weigh
la **phrase** sentence
plaire to please
plier to yield, give in
la **précipitation** rush
propice propitious
punir to punish
recaler to stop
redouter to fear
se **rendre compte** to be aware of
(se) **réserver** to reserve
responsable responsible
restituer to repay
le **rêve** dream
le **rideau** curtain
ruiner to ruin
sacrifier to sacrifice
sain healthy
saisir to catch, seize
sauf safe
tâcher to try
tendrement tenderly
trouer to pierce
vaincre to conquer
la **veste** coat
le **vol** flight

Secondary

(s')**accrocher (à)** to hang on to
le compte á rebours count down
entraîner to train

la **fortune** wealth
l'**orgueil** (*m*) pride
sombrer to founder

Expressions

A Dieu, ne plaise! God forbid!

Advienne que pourra! happen what may!

Ainsi soit-il! so be it!

avec la rapidité de l'éclair like an arrow

avoir le temps to have time

ça y est it's done, it is it

ces jours-ci a few days ago

comme une flèche like an arrow

coûte que coûte at any cost

dans ces conditions under such circumstances

faire part de to announce

la Nationale state highway

on finit par one finally

ouf! (sigh of relief) finally!

pas que je sache not that I know

plaise au ciel (à Dieu)! would to God

porter un numéro to bear a number

prendre conscience (de) to be aware of

sauve qui peut each man for himself

soit! be it so!

un jour some day

vogue la galère! happen what may!

Première Lecture

La tête la première

La Nationale 14–18, ne la cherchez pas sur la carte. Vous ne la trouverez pas. Et cependant, toutes les routes de France pourraient porter ce numéro. Toutes, à Pâques, à la Pentecôte, *le 14 juillet*,[1] *le 15 août*,[2] elles évoquent pour ceux qui, comme moi, étaient alors des enfants, ces deux dates entre lesquelles se sont accumulés tant de malheurs: *14–18*.[3] Cette hécatombe d'il y a cinquante ans sur les champs de bataille, n'a peut-être pas été pour grand-chose. On en discute encore. Mais celle d'aujourd'hui, sur les routes, on en est sûr: pour rien.

Pas un village qui ne soit épargné. Pas une famille qui ne compte une victime ou qui n'appréhende son tour. «Les enfants n'ont pas encore téléphoné? Puisse-t-il ne leur être rien arrivé!» On guette le bruit du moteur. L'œil ouvert, l'oreille aux aguets dans l'obscurité de la chambre triste. «Ça y est. Ce sont eux. Ouf!» Ah! Si l'on comptait les «ouf!» au soir de ces jours dits de fête.

---

[1] National day   [2] Assumption day   [3] the First World War

Ce merveilleux instrument de promenade, de communication, de culture qu'était l'automobile, on finit par le détester. Comme si elle était responsable, l'auto. Les sages expliquent: «Le seul qui soit responsable, c'est le conducteur.» Or, ce n'est pas le conducteur qui est en question, c'est l'homme. J'en ai eu la révélation, l'autre après-midi; non pas en auto, mais dans le train. Nous venions de nous arrêter en gare de *Rennes*[4] et du haut-parleur est tombé cet avis: «Rennes, huit minutes d'arrêt: buffet gastronomique». Toute l'incohérence de notre monde actuel se trouve résumée dans cette juxtaposition absurde. Voilà! Nous sommes des hommes pressés. Nous n'avons pas le temps. Nous n'avons plus jamais le temps. Nous sommes entraînés, vingt-quatre heures sur vingt-quatre, dans un hallucinant compte à rebours.

Nous ne nous en rendons pas compte parce que nous sommes pris dans le système. Mais si jamais le hasard offre à l'homme une chance de prendre conscience de ce grand drame moderne, qu'il la saisisse cette chance, et qu'il tâche ensuite de s'accrocher à la leçon qu'elle comporte.

Ma femme est revenue ces jours-ci bouleversée par une conversation qu'elle venait d'avoir avec un jeune employé, père d'une petite fille. Voici la fin de cette conversation:

---

[4] former capital of the duchy of Brittany and chief-town of the department of Ille-et-Vilaine, located at 230 miles southwest of Paris.

— Mais, dans ces conditions, l'intérêt de votre petite fille, c'est d'attendre. Un jour, elle sera grande. Qu'elle s'interroge alors, qu'elle réfléchisse, qu'elle choisisse librement.

— Réfléchir? Mais, madame, quand elle sera grande, ELLE N'AURA PAS LE TEMPS.

Phrase terrible... «Elle n'aura pas le temps.» Déjà, cette enfant est lancée dans le tourbillon. Contempler, méditer, réfléchir, tout ce qui fait que l'homme est l'homme, se trouve sacrifié, non pas seulement dans l'instant même, mais pour l'avenir. On invoquera la nécessité de l'action. Pourtant, qu'est-ce qu'agir, sinon penser d'abord? Existe-t-il un seul grand homme qui n'ait pas su se réserver de longues heures pour méditer?

Et puis, et surtout, avez-vous le droit d'oublier cette image encore si récente de l'arrivée des deux astronautes sur la Lune et leur exclamation: «Que c'est beau!» Ces hommes qui venaient de trouer avec la rapidité de l'éclair le silence éternel des espaces infinis, nous restituaient soudain le secret de la contemplation pure. Aucun orgueil. Eux qui venaient d'ouvrir pour nous le rideau de la création aux dimensions du monde, ils ne songeaient qu'à admirer avec humilité et amour.

Ces hommes étaient allés beaucoup plus vite qu'aucun de nous n'ira jamais. Seulement, eux, ils n'étaient pas pressés.

Sur terre, nous croyons être au siècle de la vitesse. Erreur. Nous sommes au siècle de la précipitation. Au sens strict de ce mot, nous nous jetons la tête la première. Dans quoi?

D'après un article d'Yves Grosrichard,
Le Figaro

QUESTIONNAIRE

1. Quel est le numéro que toutes les routes de France pourraient porter? Et pourquoi?
2. Quels sont les jours de fête où la circulation est particulièrement intense?
3. Qu'est-ce que chaque famille appréhende?
4. Que guette-t-on?
5. Qu'est-ce qu'on pousse au soir des jours de fête?
6. Qu'était l'automobile?
7. Qui est responsable de cette situation?

8. Où le train venait-il de s'arrêter?
9. Qu'est-ce qu'il y a d'absurde dans l'avis diffusé par le haut-parleur?
10. Dans quoi sommes-nous entraînés?
11. Pourquoi la petite fille ne pourra-t-elle pas réfléchir quand elle sera grande?
12. Qu'est-ce qu'agir?
13. Qu'est-ce que tout grand homme s'est réservé?
14. Qu'est-ce que les astronautes ont troué avec la rapidité de l'éclair?
15. Sommes-nous vraiment au siècle de la vitesse?

VOCABULARY EXERCISES

A. *Fill in the blanks with the proper word to be found in the list on the right.*

1. Toutes les routes de France pourraient ＿＿ ce numéro.
2. On ＿＿ le bruit du moteur.
3. Il était dans sa chambre l'oreille ＿＿.
4. A Rennes, il y a 8 minutes ＿＿.
5. L'avis suivant est ＿＿ du haut-parleur.
6. Nous sommes ＿＿ dans le système.
7. Qu'il ＿＿ cette chance.
8. Qu'il ＿＿ de s'accrocher à la leçon que cela comporte.
9. Cette enfant est lancée dans le ＿＿.
10. On ＿＿ la nécessité de l'action.

  a. tâche
  b. invoquera
  c. d'arrêt
  d. porter
  e. pris
  f. aux aguets
  g. tourbillon
  h. guette
  i. tombé
  j. saisisse

B. *Replace the words in italics by a synonym to be found in the list on the right.*

1. Ces deux dates *rappellent à la mémoire* la guerre 14–18.
2. Chacun *redoute* son tour.
3. On finit par *haïr* l'automobile.
4. Il s'en *aperçoit*.
5. Qu'il *tâche* d'apprendre sa leçon.
6. Elle était *troublée*.
7. On *allègue* la nécessité de l'action.
8. Il va *avec la rapidité de l'éclair*.
9. Ils ne *songeaient* qu'à admirer.
10. Ce mot est pris au sens *strict*.

  a. pensaient
  b. détester
  c. propre
  d. bouleversée
  e. rend compte
  f. évoquent
  g. comme une flèche
  h. s'efforce
  i. appréhende
  j. invoque

Deuxième Lecture

Potins[1] parisiens

Si l'on en croit *les ragots*[1] qui circulent *en marge de*[2] l'*édition*,[3] il n'est *pour ainsi dire*[4] pas de grand auteur qui n'ait une autre personne qui écrit les *ouvrages*[5] qu'il signe.

Ce n'est pas que le fait soit nouveau: on se souvient, par exemple, du cas d'*Alexandre Dumas*.[6] Mais, ce qui est *curieux*,[7] c'est que deux livres, qui viennent de paraître à quelques semaines d'intervalle, soient à la fois l'œuvre de *scribes*[8] de talent et deux des plus grands *succès*[9] qu'on ait vus ces derniers temps à Paris.

Il y a quelque temps,[10] l'auteur de l'un des deux avait envoyé à un *éditeur*[11] parisien une *liasse*[12] de notes avec ces mots: «Trouvez-moi quelqu'un qui puisse mettre ça en bonne forme.» C'est ainsi que son livre est devenu un best-seller.

A notre époque où le roman est moribond, puissent les éditeurs trouver l'oiseau rare qui *fasse la part belle*[13] aux états d'âme.

---

[1] gossips
[2] on the fringe of
[3] the publishing industry
[4] so to speak
[5] works
[6] XIXth century French writer
[7] unusual
[8] ghost writer
[9] best-sellers
[10] a while ago
[11] publisher
[12] bundle
[13] favors

Les lecteurs *accueilleraient*[14] *avidement*[15] un ouvrage où l'auteur aurait confié à un *magnétophone*,[16] parfois tendrement, parfois *crûment*,[17] toute la vérité sur une vie surtout s'il est le seul qui ait *partagé*[18] la vie de tous les instants, les bons et les mauvais jours de son personnage, même si un *scribe* avait dû faire le reste.

---

[14] would welcome	[17] coarsely
[15] eagerly	[18] shared
[16] tape recorder	

GRAMMAR EXERCISES

A. *Fill in the blanks with the proper form of the verb given in parentheses at the beginning of each sentence.*

1. (abandonner) Vous êtes le seul qui ne ___ pas. **2.** (oser) Je ne connais personne qui ___ l'affronter. **3.** (être) Y a-t-il un ascenseur qui ne ___ pas occupé? **4.** (avoir) Est-ce que ce sont les plus belles assiettes que vous ___? **5.** (consentir) On a besoin de quelqu'un qui ___ à s'occuper de ces étrangers. **6.** (avoir) C'est le meilleur étudiant que j'___ jamais. **7.** (connaître) Y a-t-il un compositeur que vous ne ___ pas? **8.** (être) Je viens d'acheter ces citrons. Il n'y en a pas un seul qui ___ mûr. **9.** (savoir) Ce chef est le seul qui ___ bien cuisiner. **10.** (vouloir) Y a-t-il un livre que tu ___ acheter. **11.** (éclaircir) Existe-t-il un dictionnaire ou une encyclopédie qui ___ le problème? **12.** (vendre) Connaissez-vous un magasin qui ___ des vestes de daim? **13.** (pouvoir) Il n'y a pas de voiture que je ___ louer. **14.** (faire) C'est l'unique voyage qu'il ___. **15.** (écrire) C'est le dernier roman que cet écrivain ___. **16.** (recevoir) Est-ce le seul cadeau que vous ___? **17.** (aller) Où que nous ___, nous prenons notre chien. **18.** (être) Quelle que ___ la saison, il pleut. **19.** (pouvoir) Il n'y a rien qui ___ lui faire plaisir. **20.** (être) Si amer qu'il ___, il ne quittera pas l'assemblée. **21.** (pouvoir) Quoi qu'on ___ dire, tu n'écoutes pas. **22.** (être) Qui qu'elle ___, cette dame est charmante. **23.** (voir) C'est la plus jolie femme que je ___ jamais. **24.** (vouloir) Il n'y a pas de documents qu'il ___ consulter. **25.** (être) Je ne connais personne qui ___ plus têtu que Paul. **26.** (faire) Quoi que vous ___, vous aurez tort. **27.** (peser) Je n'ai pas un livre qui ___ plus que ce dictionnaire. **28.** (avoir) Il cherche une maison en ville qui ___ un grand jardin. **29.** (faire) Paul n'a pas de sœur qui ___ des études de droit. **30.** (voir) Est-ce le meilleur film que vous ___? **31.** (paraître) Si vrai que cela ___, je n'en crois rien. **32.** (appréhender) Il n'y a pas une famille qui n'___ son tour. **33.** (faire) C'est le meilleur travail que Paul ___. **34.** (être) Qui que vous ___, entrez. **35.** (aller) Où que vous ___, je vous téléphonerai.

B. *Complete the following sentences with the proper form of the verb given in parentheses at the beginning of each sentence.*

1. (pouvoir) ____-vous réussir? **2.** (sortir) Qu'il ____! **3.** (choisir) Que votre petite fille ____ ce qu'elle aime! **4.** (faire) Qu'elle ____ donc attention! **5.** (réfléchir) Que Paul ____ donc avant d'agir! **6.** (advenir) ____ que pourra! **7.** (voguer) ____ la galère! **8.** (plaire) ____ au ciel qu'il rentre sain et sauf! **9.** (saisir) Qu'il ____ cette chance! **10.** (vivre) ____ les congés supplémentaires! **11.** (coûter) Je le ferai plier coûte que ____. **12.** (avoir) ____ du courage! **13.** (savoir) Il n'est pas rentré que je ____. **14.** (être) Tu veux que je joue du piano? ____! Mais c'est pour te faire plaisir. **15.** (vendre) Qu'il ____ sa voiture s'il a besoin d'argent!

COMPOSITION

Sommes-nous vraiment au siècle de la vitesse? Développez vos idées sur le sujet.

Vingt-neuvième Leçon

ILLUSTRATION

La marée noire

A l'heure où les derniers estivants prenaient leur bain dans les baies de la côte bretonne, on a observé quelque chose de suspect au large de Saint-Malo. Une nappe de boue noir et blanc, qui paraissait avoir plus d'une dizaine de kilomètres de long et plus de trois kilomètres de large semblait s'approcher de la côte.

Quand on a vu à quelle cadence cette marée noire *était* inexorablement *repoussée* vers la côte, des mesures *ont été prises* pour identifier sa nature. Le résultat n'a pas tardé: c'était une nappe de mazout. Il allait falloir la vaincre.

Tous les moyens possibles *ont été mis* en œuvre et, pendant plus de deux jours, sous une pluie incessante, la nappe menaçante, épaisse de plusieurs centimètres, *a été saupoudrée* de craie et de sciure.

On avait espéré éviter que le mazout qui s'était approché à moins d'un kilomètre des falaises n'atteigne la côte. Mais houle et vents ont déjoué ces espoirs et la marée noire a fait ses ravages.

Les stocks de craie et de sciure *ont été* vite *épuisés*. Malgré le week-end, ils *ont été* aussitôt *rénouvelés* et la lutte a continué.

Après trois jours de travail incessant, la nappe de pétrole a enfin quitté les bords de la Bretagne, mais elle laisse derrière elle des sables noircis et des plages souillées dont les beautés naturelles ne *seront rendues* accessibles aux touristes que l'année suívante.

EXPLANATION

I. The Passive Voice.

A. Definition.

A sentence in the passive voice is one in which the subject is acted upon (while in the active voice the subject is acting).

ACTIVE: He introduced me to his friends.
PASSIVE: I was introduced by him to his friends.

Notice the shifts of the syntactical elements in changing an active into a passive sentence.

ACTIVE		PASSIVE
He (subject)	>	*by him* (agent)
me (direct object)	>	*I* (subject)

B. Formation.

Exactly as in English, the verb is made passive by using a form of the verb **être** + the past participle. The mood and tense of the verb **être** must correspond to the mood and tense of the principal verb in the active voice and the past participle must agree in gender and number with the subject.

PRESENT:
         ACTIVE: On fabrique ces bijoux au Japon.
         PASSIVE: Ces bijoux **sont fabriqués** au Japon.
COMPOUND TENSE:
         ACTIVE: On a envoyé cette lettre il y a une semaine.
         PASSIVE: Cette lettre **a été envoyée** il y a une semaine.

The agent is introduced by **par** (sometimes **de**). **Par** stresses the action, **de** stresses the state of being:

Paul **a été félicité par** ses amis.
Il **est respecté de** tous.

C. Uses.

1. The passive voice is usually preferred over the active voice when the subject acted upon seems more important than the agent.

Un autre grand record du monde de la marche **a** récemment **été établi** par un Suédois.

In many such cases the agent is not even expressed (in the active voice the subject would be the indefinite pronoun **on**).

PASSIVE: Les criminels **ont été arrêtés.**
ACTIVE: On a arrêté les criminels.

(It must be pointed out, however, that in French the **on** structure is used more frequently than its equivalent in English, i.e. the indefinite *one* or *they*.)

2. In contrast to English, in French the passive voice may be used only with transitive direct verbs, i.e. verbs with a direct object.

ACTIVE: On vendra cette maison. (*direct object*)
PASSIVE: Cette maison **sera vendue.** (*subject*)

There are some exceptions such as the verbs **obéir** and **désobéir** which can be followed only by an indirect object but may nevertheless be used in the passive voice.

ACTIVE: On doit obéir à la loi. (*indirect object*)
PASSIVE: La loi doit **être obéie.** (*subject*)

In English a passive construction based on the indirect object of the active voice is relatively frequent:

ACTIVE: They gave him an award. (*indirect object*)
PASSIVE: He was given an award. (*subject*)

3. Instead of the passive construction, French often uses the reflexive form of the verb.

Cela ne **se dit** pas.

This is done especially when the action is general rather than specific:

Ce livre **se vend** dans toutes les librairies.
This book is sold in all bookstores.
BUT: La maison **a été vendue** hier.
The house was sold yesterday.

Often the reflexive construction is used to express an action when the corresponding passive construction would express a state of being (in this case, the past participle is an adjective, and the sentence is not in the passive voice at all).

> La porte **se ferme** difficilement.
> *The door closes (can be closed) with difficulty.*
> La porte est fermée.
> *The door is closed.*

II. The Present Participle.

In English, the verbal form ending in *-ing* is called a present participle. Its French equivalent ends in **-ant** and, as in English, may be used as a gerund or as a verbal adjective.

A. Formation.

For all verbs, both regular and irregular, the present participle is formed by adding **-ant** to the stem of the first person plural, present indicative:

PRESENT INDICATIVE		PRESENT PARTICIPLE
nous **donn**ons	>	donn**ant**
nous **finiss**ons	>	finiss**ant**
nous **dorm**ons	>	dorm**ant**
nous **perd**ons	>	perd**ant**
nous **commenç**ons	>	commenç**ant**
nous **mange**ons	>	mange**ant**
nous **pren**ons	>	pren**ant**

There are only three exceptions to this rule:

> **avoir:** ayant
> **être:** étant
> **savoir:** sachant

B. Uses.

1. The present participle indicates an action which takes place *at the same time* as the main action of the sentence and refers to the subject (sometimes to the object) of the sentence.

> **Ayant** très chaud, il a enlevé son veston.
> Je l'ai vu ce matin **traversant** la grand-rue.

It may also indicate a reason and then refers to the subject of the main clause.

> **Sachant** (comme je savais) qu'il était malade, je ne lui ai pas téléphoné.

2. As a <u>gerund</u> the present participle occurs with the preposition **en** to indicate most often *simultaneity* or a *means* by which something else happens. In that case, it refers to the subject of the main clause, remains invariable and qualifies the main verb. It is the adverbial form of the verb.

Simultaneity: **En sortant** de chez moi, j'ai trébuché.

Means: { C'est **en étudiant** qu'on apprend.
{ **En mangeant** trop, on grossit.

3. As a <u>verbal adjective</u>, the present participle modifies a noun and must agree in gender and number with it.

Elle est rentrée à la nuit **tombante.**
C'est un film **captivant.**

When followed by an object, the present participle modifying a noun remains invariable. Compare:

Le français et l'italien sont des langues **vivantes.**
Une de mes cousines **vivant** à <u>Paris</u> est morte hier.

III. The Irregular Verbs **faillir, suivre, battre.**

A. Faillir.

PAST PARTICIPLE: failli   FUTURE: je faillirai, etc.

Faillir is seldom used except for the infinitive, the compound tenses, the future and the conditional.

J'ai **failli** tomber.	*I nearly fell.*
J'ai **failli** à mon devoir.	*I failed to perform my duty.*
Je ne **faillirais** pas à mes obligations.	*I would not fail to perform my duty.*

B. Suivre.

PRESENT INDICATIVE

je suis	nous suivons
tu suis	vous suivez
il/elle suit	ils/elles suivent

PAST PARTICIPLE: suivi

C. Battre.

PRESENT INDICATIVE

je bats	nous battons
tu bats	vous battez
il/elle bat	ils/elles battent

PAST PARTICIPLE: battu

ORAL DRILLS

A. *Change the following sentences to the passive voice. Follow the example.*

On fabrique ces bijoux au Japon.
Ces bijoux sont fabriqués au Japon.

1. On écrira cette lettre à la machine. **2.** On pendait les voleurs. **3.** On paie régulièrement les employés. **4.** On vendra cette maison. **5.** On faisait tout à la main. **6.** On punira les délinquants. **7.** On diffuse les concerts en direct. **8.** On mettra les sardines en boîte. **9.** On télévise le journal parlé.

B. *Do the same with the following sentences.*

On a envoyé cette lettre samedi.
Cette lettre a été envoyée samedi.

1. On avait arrosé la pelouse. **2.** On aurait vendu les bois. **3.** On aura transformé le garage. **4.** On a arrêté les criminels. **5.** On avait donné les nouvelles. **6.** On aurait voté de nouveaux crédits. **7.** On aura bien reçu les étrangers. **8.** On a fait les exercices. **9.** On avait nettoyé la maison.

C. *Do the same with the following sentences.*

Paul m'a offert cette montre.
Cette montre m'a été offerte par Paul.

1. Marie m'a donné ces livres. **2.** Le peintre avait peint la cuisine. **3.** Les maçons ont réparé le mur. **4.** Le jardinier aura tondu la pelouse. **5.** L'auto de Marie a écrasé le chien de Jean. **6.** Ses parents l'auront trop gâté. **7.** Le directeur aurait averti les parents. **8.** Les étudiants ont monté la pièce. **9.** La servante a mis la table. **10.** Tu as fait ces remarques. **11.** Il a récité ces poésies. **12.** Ils auront acheté la maison voisine.

D. *Do the same with the following sentences.*

C'est dommage qu'on ait cueilli les roses.
C'est dommage que les roses aient été cueillies.

1. C'est heureux qu'on ait bien soigné mon frère. **2.** C'est triste qu'on ait perdu le chien. **3.** C'est malheureux qu'on ait bâclé ce travail. **4.** C'est regrettable qu'on n'ait pas écrit cette lettre. **5.** C'est étrange qu'on n'ait pas traduit ce livre. **6.** C'est naturel qu'on ait interdit ce film. **7.** C'est merveilleux qu'on ait prolongé les vacances. **8.** C'est juste qu'on ait récompensé cet étudiant. **9.** C'est injuste qu'on ait renvoyé cet ouvrier.

E. *Change the following sentences to the passive, using the verbs reflexively. Follow the example.*

> On ne dit pas cela.
> **Cela ne se dit pas.**

1. On voyait la maison de loin. **2.** On parle français partout. **3.** On ne fait pas cela. **4.** On enlève le bouchon facilement. **5.** On saura cela. **6.** On ouvre cette fenêtre. **7.** On ne met plus cela. **8.** On chante ce passage. **9.** On récite le passage suivant. **10.** On chantait ce chant en chœur. **11.** On disait cela dans le temps.

F. *Do the same with the following sentences.*

> On aurait porté cela.
> **Cela se serait porté.**

1. On a vendu cette maison pour rien. **2.** On aura fermé la porte. **3.** On avait cassé la clef. **4.** On a perdu cette habitude. **5.** On aurait perdu ces coutumes. **6.** On n'avait pas su cela. **7.** On n'aura pas arrêté la voiture. **8.** On n'a jamais vu cela. **9.** On n'aurait pas fait ce voyage. **10.** On n'avait plus joué ce menuet. **11.** On n'aura pas dit cela.

G. *Repeat the following sentence substituting the words in parentheses for the underlined word, and change the sentence to the passive, using the verbs given reflexively. Follow the example.*

> C'est dommage qu'on ne dise plus cela.
> **C'est dommage que cela ne se dise plus.**

(fasse / mette / chante / joue / porte / voie / récite / entende / vende)

H. *Answer the following questions in the affirmative, using the active voice.*

1. Ce livre a-t-il été écrit par un Français? **2.** Cette maison a-t-elle été achetée par votre voisin? **3.** Ce discours a-t-il été prononcé par le président? **4.** Ces fleurs ont-elles été offertes par Françoise? **5.** Ces compositions ont-elles été écrites par les étudiants? **6.** Ce roman s'est-il bien vendu? **7.** Ce tableau a-t-il été bien admiré? **8.** Ces nouvelles ont-elles été diffusées hier? **9.** Ce mur a-t-il été réparé? **10.** Les mini-jupes se portaient-elles du temps d'Auguste? **11.** La réunion se tiendra-t-elle demain soir? **12.** Le chapeau se porte-t-il au théâtre?

I. *Repeat the following sentences, using a verbal adjective instead of a relative clause. Follow the example.*

> C'est une personne qui a du charme.
> **C'est une personne charmante.**

1. L'homme est un être qui pense. **2.** Voilà une eau qui dort. **3.** C'est un film qui captive. **4.** J'aime cette musique qui entraîne. **5.** Il a fait un voyage qui fatigue. **6.** C'est un roman qui amuse. **7.** La clématite est une plante qui grimpe. **8.** Regardez cette étoile qui file. **9.** C'est un bruit qui énerve. **10.** Voilà du papier qui colle.

J.   *Do the preceding exercise in the plural.*

Ce sont des personnes qui ont du charme.
Ce sont des personnes charmantes.

K.   *Substitution exercise.*

Il est tombé en courant.
..........en marchant.
Il pense......................
..........en travaillant.
Il s'amuse...................
..........en jouant.
Il chante....................
..........en se promenant.
Il réfléchit..................
..........en mangeant.
Il parle......................
..........en conduisant.
Il fume......................
..........en lisant.
Il apprend..................
..........en écoutant.

L.   *Combine each pair of sentences, using* **en** + *a gerund. Follow the example.*

Nous apprenons. Nous lisons.
Nous apprenons en lisant.

1. Vous vous distrayez. Vous voyagez. **2.** Tu te délasses. Tu fais du ski. **3.** Il se perfectionne. Il se corrige. **4.** Vous grossissez. Vous mangez du pain. **5.** Marie est arrivée à l'heure. Elle s'est pressée. **6.** Les Dupont sont devenus riches. Ils ont travaillé. **7.** On est aimé. On est aimable. **8.** Paul a capoté. Il conduisait trop vite. **9.** Jeanne a étonné les autres étudiants. Elle savait sa leçon. **10.** J'ai réussi. J'ai étudié. **11.** Elle a tout perdu. Elle voulait trop gagner. **12.** Il a froissé son ami. Il a ri de lui.

M. *Repeat the following sentences using a present participle instead of a relative clause. Follow the example.*

> Le chien qui courait dans la rue a été écrasé.
> **Le chien courant dans la rue a été écrasé.**

1. L'étudiant qui marchait dans le jardin récitait sa leçon. **2.** Le jeune homme qui dort dans le fauteuil est mon cousin. **3.** Un homme qui boite a monté l'escalier. **4.** Le peintre qui tapissait ma chambre est tombé de l'échelle. **5.** Le pianiste qui jouait hier a été bissé. **6.** Le chien qui mord le chat n'est pas à moi. **7.** Le monsieur qui téléphone à Paris est anglais. **8.** La concierge qui écoutait la radio ne vous a pas entendus. **9.** Un voisin qui rentrait chez lui a rencontré Marie. **10.** La dame qui se promène dans la rue est ma voisine.

N. *Do the preceding exercise in the plural.*

> Les chiens qui couraient dans la rue ont été écrasés.
> **Les chiens courant dans la rue ont été écrasés.**

O. *Combine each pair of sentences, using* **en** + *a gerund. Follow the example.*

> Faites l'exercice. Remplacez les tirets.
> **Faites l'exercice en remplaçant les tirets.**

1. Mettez la table. Placez le président de ce côté-ci. **2.** Arrangez les livres. Mettez le dictionnaire à droite. **3.** Marchez sur la route. Gardez la gauche. **4.** Arrangez les fleurs. Ajoutez-y des œillets. **5.** Relisez les phrases. Soulignez les participes. **6.** Conduisez lentement. Évitez les grands-routes. **7.** Traversez la rue. Faites bien attention. **8.** Refaites l'exercice. Employez des synonymes.

P. *Repeat the following sentences using a present participle instead of* **comme** + *first verb. Follow the example.*

> Comme je croyais être en retard, j'ai couru.
> **Croyant être en retard, j'ai couru.**

1. Comme il voulait manger, Paul s'est mis à table. **2.** Comme je savais qu'il était tard, je suis partie. **3.** Comme vous aviez froid, vous avez mis un pardessus. **4.** Comme nous étions en voyage, nous n'avons pas assisté à leur mariage. **5.** Comme tu allais en ville, tu as mis la lettre à la boîte. **6.** Comme ils ont bien travaillé, les étudiants réussissent. **7.** Comme le médecin voulait voir Marie, il lui a téléphoné. **8.** Comme elle préférait voyager de nuit, Marie a pris le train. **9.** Comme je devais sortir, je suis allée chez Pierre. **10.** Comme tu étais fatiguée, tu t'es reposée.

Q. *Substitution exercise.*

J'ai failli m'en aller.

...................partir.

Paul a failli.............

......avoir un accident.

Tu as failli.............

..........être en retard.

Nous avons failli.......

...arriver les premiers.

Vous avez failli........

.......faire une erreur.

Marie a failli............

...................se tuer.

Ils ont failli.............

...................mourir.

Le bébé a failli.........

...................tomber.

Elles ont failli..........

R. *Repeat the following sentence using the words in parentheses as new subjects. Make the necessary changes.*

Il n'a pas failli à son devoir.

(Tu / Paul / Les citoyens / Nous / Vous / L'avocat / Je / Marie / Les infirmières)

S. *Substitution exercise.*

Paul suit son frère.

Marie.....................

...............un camion.

Je ....

...................Pierre.

Le chien................

..............le chasseur.

Nous.....................

..................le guide.

Vous ....

..................la route.

Les étudiants...........

..........les indications.

Le voyageur............

T. *Substitution exercise.*

Paul bat les cartes.
Vous ....
..................le tapis.
Marie ....
...............la mesure.
Je ....
...........la campagne.
Les étudiants...........
..............des records.
Nous.....................
..................le pavé.
Tu ....
.............le tambour.
Le garde-champêtre...
..................la forêt.

Vocabulary

Primary

l'**aérogare** (*f*) air terminal
agréer to receive
aîné elder
l'**aisance** (*f*) ease
l'**appétit** (*m*) appetite
arranger to arrange
arrêter to arrest
arroser to water
atteindre to reach
au cours de during
autoriser to authorize
avertir to warn
bâcler to bungle
la **baie** bay
le **bijou** jewel
le **bijoutier** jeweller
bisser to encore
boiter to limp
le **bouchon** cork

la **boue** mud
la **bourse** scholarship
la **Bretagne** Brittany
breton (*f*: **-ne**) Breton
briser to break
capoter to capsize
charmant charming
la **chute** fall
la **clientèle** customers, practice
concevoir (*pp*: **conçu**) to conceive
le **constructeur** builder
les **contributions** (*f pl*) taxes
(se) **couper** to cut
la **cuisine** cooking
le **curieux** observer
démolir to pull down
dépasser to pass
le **détour** shift, dodge
le **devoir** duty

disperser to disperse
disséminer to scatter
la **douane** customs
écraser to crush
l'**efficacité** (*f*) efficacy
employer to use
(s')**émerveiller** to marvel
émettre to emit, express
enterrer to bury
épais/épaisse thick
l'**espèce** (*f*) kind
l'**espérance** (*f*) hope
l'**espoir** (*m*) hope
étouffer to choke
étrange strange
extraordinaire extraordinary
faillir (à) to fail
faillir + *infinitive* to almost do something
le **fond** bottom
la **fraîcheur** coolness
franchir to pass over
fumer to smoke
le **haricot** bean
* **hors** outside
l'**infirmière** (*f*) nurse
injuste unjust
installer to install
interdire to forbid
irréel unreal
le **journal parlé** the news (on TV and radio)
la **jupe** skirt
la **légèreté** lightness
la **lutte** struggle
le **luxe** luxury

le **maçon** bricklayer
la **masse** mass, people
le **mazout** crude oil
le **menton** chin
nettoyer to clean
l'**œillet** (*m*) carnation
le **paradis** paradise
le **parfumeur** perfumer
le **peintre** painter
pendre to hang
percer to pierce
(se) **perfectionner** to perfect oneself
le **petit déjeuner** breakfast
le **pétrole** oil
populaire of the people
prolonger to lengthen
punissable punishable
récompenser to reward
regrettable deplorable
relier to connect
repousser to push back
le **rez-de-chaussée** ground floor
la **richesse** wealth
le **sable** sand
le **spectacle** show
le **spectateur** spectator
suivre to follow
tapisser to paper
tarder to delay
le **tiret** blank, dash
tondre (*p.p.*) **tondu** to mow
tranquilliser to quiet down
la **vedette** star
la **vitrine** shop-window
la **vente** sale
le **voleur** thief

Secondary

l'**antiquaire** (*m*) antiquarian
au large de off
la **boutique** shop

le **couloir** corridor
la **craie** chalk
déjouer to baffle

dépayser to take out of one's element
l'échelle (*f*) ladder
    enchanteur (*f*: -eresse) delightful
l'escalier roulant (*m*) escalator
    éthéré ethereal
l'évasion (*f*) escape
la falaise cliff
    grimper to climb
la houle swell, surge
    inexorablement unrelentingly

la **marée** tide
les **matériaux** (*m pl*) materials
la **nappe** sheet
    parcourir to run along
le **parcours** course
le **périple** trip
    renouveler to renew
    saupoudrer to sprinkle
la **sciure** sawdust
    souillé soiled

Expressions

Primary

à droite on the right
à fond completely
à la main by hand
à la rigueur if necessary
c'est dommage it's a pity
dans le temps formerly
de plain-pied directly, without a hitch
écrire à la machine to type

en chœur all together, in unison
en direct live
être en passe de to be about to
* hors taxe, sans douane duty-free
mettre la table to set the table
se mettre à table to sit at the table
se trouver to happen
une fois que once

Secondary

du temps de at the time of
faire de bonnes affaires to do well
faire de la figuration to represent
faire le succès de to contribute to the
  success of

mettre en construction to start building
mettre en œuvre to work up
monter une pièce to stage a play
prendre des mesures to take steps

Première Lecture

Orly «hors taxes»

A notre époque de voyages et de migrations touristiques, les aérogares sont devenues les points stratégiques de nos villes. Ce sont les seules «places publiques» nouvelles qui aient été créées et où quotidiennement se joue la vie moderne.

Orly a été mis en construction en 1958 et inauguré en 1961. Il avait été voulu par ses constructeurs comme un monument à la gloire de l'aviation, du voyage et du goût français. Le succès a dépassé les espérances. En 1968, quatre millions de voyageurs sont passés par Orly, et quatre millions de visiteurs y sont venus en spectateurs.

Entrer à Orly, c'est entrer de plain-pied dans ce que nous supposons que sera le futur: une espèce de temple de l'efficacité, de l'électronique et du confort. La richesse et la quiétude de la vie de demain sont là.

Les portes automatiques franchies, vous êtes saisi par un sentiment de légèreté et d'aisance. Tout contribue à vous dépayser: le choix des matériaux, l'élégance des lignes, la fraîcheur de la température, la suppression des bruits. Pendant que vous vous promenez, une musique douce vous accompagne: elle est émise par un des trois mille haut-parleurs disséminés au long des différents parcours.

Dans ce décor qui évoque l'évasion, on a installé les plus belles vitrines de Paris, les plus beaux restaurants, et l'on a demandé aux gens les plus extraordinaires de venir régulièrement faire de la figuration.

Orly n'est évidemment pas seulement un spectacle. C'est une gare d'avions qui propose aux voyageurs des facilités et des services de la plus haute qualité : deux hôtels, un centre commercial avec supermarché, pharmacie, coiffeur, une chapelle, un cinéma, des services médicaux et des banques. On peut à la rigueur naître à Orly ; ce que l'on ne peut pas, pour l'instant, c'est y être enterré.

Les voyageurs, qu'ils soient ou non touristes, qu'ils soient jeunes ou vieux, aiment au cours de leurs voyages faire de bonnes affaires. C'est pourquoi les boutiques «hors taxe» sont en passe de devenir les endroits les plus importants des aérogares. Orly ne pouvait pas faillir à cette nécessité et c'est dans l'euphorie de l'inauguration en 1961, qu'a été autorisé un essai de vente «hors taxes» de tabac et d'alcool.

Une fois que vous avez franchi le contrôle des passeports, vous êtes dans la partie sous douane de l'aérogare. Suivez les flèches, prenez un petit escalier roulant : il vous amènera dans la partie enchanteresse d'Orly. C'est là le paradis du «hors taxes». Les magasins les plus élégants de Paris y ont une boutique : bijoutiers, parfumeurs, antiquaires, tous sont là, et leur production vous est offerte dans l'atmosphère éthérée, irréelle d'Orly.

Bien sûr, il faut l'avouer, ce périple a été dessiné dans le but de bien montrer les vitrines et si les visiteurs sont émerveillés par le luxe du spectacle, les voyageurs sont parfois énervés par les détours qu'ils sont obligés de faire et les longs couloirs qu'ils doivent parcourir.

Orly avait été conçu riche, vu riche parce que l'on croyait que seule la clientèle des grosses affaires, des vedettes et des riches allait remplir les avions ; il s'est trouvé que c'est le tourisme populaire, étudiant, les grandes masses qui ont fait le succès des avions et des aérogares et qu'à Orly, le confort tranquillisant qui avait été préparé pour quelques-uns est devenu un grand spectacle pour tous.

D'après un article de Pierre Fisson,
Le Figaro Littéraire

QUESTIONNAIRE

1. Que sont devenues les aérogares ?
2. Quand Orly a-t-il été mis en construction et quand a-t-il été inauguré ?
3. Qu'est-ce que les constructeurs ont voulu que soit Orly ?
4. Combien de personnes sont passées par Orly en 1968 ?

5. De quoi Orly est-il le temple?
6. Qu'est-ce qui contribue à vous dépayser quand vous avez franchi les portes automatiques?
7. Par quoi une douce musique est-elle émise?
8. Qu'a-t-on installé à Orly?
9. Que ne peut-on pas encore faire à Orly?
10. Que propose la gare d'avions d'Orly?
11. Quels sont les endroits qui sont en passe de devenir les plus importants des aérogares?
12. Que trouve-t-on dans la partie sous douane de l'aérogare?
13. Par quoi les visiteurs sont-ils émerveillés?
14. Par quoi les voyageurs sont-ils énervés?
15. Qu'avait-on cru qui allait remplir les avions?
16. Qu'est-ce qui a réellement fait le succès des avions et des aérogares?
17. Pour qui le confort tranquillisant d'Orly avait-il été préparé?
18. Qu'est-il devenu?

VOCABULARY EXERCISES

A. *Fill in the blanks with the proper word to be found in the list on the right.*

1. C'est là que quotidiennement ____ la vie moderne.
2. C'est un monument ____ l'aviation.
3. Le succès ____ toutes les espérances.
4. Ils sont venus à Orly ____.
5. Entrer à Orly c'est entrer ____ dans le futur.
6. Les haut-parleurs ____ le long du parcours.
7. Ce décor ____ l'évasion.
8. On peut ____ naître à Orly.
9. Suivez les ____ .
10. On croyait n'avoir que la ____ des grosses affaires.

a. flèches
b. a dépassé
c. sont disséminés
d. se joue
e. clientèle
f. de plain-pied
g. à la rigueur
h. à la gloire de
i. évoque
j. en spectateurs

B. *Replace the words in italics by a synonym to be found in the list on the right.*

1. Ils y sont venus en *spectateurs*.
2. C'est *une espèce* de temple de l'efficacité.
3. Vous devez *franchir* les portes automatiques.
4. On est *saisi* par un sentiment d'aisance.
5. La musique est *émise* par des haut-parleurs.
6. Ils sont *disséminés* au long des différents parcours.

a. une sorte
b. sur le point
c. admettre
d. curieux
e. est arrivé
f. diffusée

7. Les boutiques sont *en passe* de devenir les endroits les
   plus importants des aérogares.
8. Orly ne pouvait pas *faillir* à cctte nécessité.
9. Il faut *avouer* que ce périple a été dessiné pour bien
   montrer les vitrines.
10. Il *s'est trouvé* que la grande masse a fait le succès d'Orly.

g. dispersés
h. passer
i. manquer
j. frappé

Les Galéries Lafayette

Deuxième Lecture

Lafayette 2

En plein cœur de Paris vient de s'ouvrir le plus grand, le plus
moderne des grands magasins d'Europe: Lafayette 2.

Situé Boulevard Haussmann, à l'angle de la rue Mogador, il est
relié aux *Galeries*[1] par une *passerelle*[2] couverte *enjambant*[3] la rue.

Pour que ce dernier-né soit l'heureux *héritier*[4] d'un magasin
de réputation mondiale, on *a fait appel*[5] aux meilleurs *cerveaux*[6]
américains et français excellant dans le domaine du commerce
intégré.

---

[1] Galeries Lafayette: famous
   department store in Paris
[2] footbridge
[3] running over

[4] heir
[5] called
[6] brains

Avant que ce magasin ne soit ouvert au public, on avait inauguré un vaste parking souterrain comprenant 1100 places réparties sur 9 niveaux. Les *trémies*[7] d'accès sont situées sous l'*auvent*[8] du nouveau bâtiment.

Pour que les habitants du Grand Paris puissent arriver directement à l'intérieur de Lafayette 2, on a réservé une partie du rez-de-chaussée à l'aménagement d'une sortie de station du métro express, et cela en attendant qu'un tunnel soit percé et leur permette d'arriver de *l'Étoile*[9] en un temps record.

Tout en indiquant que Lafayette 2 est l'enfant des Galeries Lafayette, le nom de baptême de ce nouveau magasin ne signifie nullement qu'il soit la répétition de son ainé ni qu'il en soit une simple extension.

En réalité, Lafayette 2 n'est pas un magasin mais deux, s'étendant sur une *superficie*[10] de plus de 10.000 mètres carrés: un magasin hommes, et un nouveau magasin pour les jeunes, d'une part; d'autre part, un Monoprix, avec un supermarché alimentaire de luxe s'ouvrant sur le boulevard bien que communiquant avec la première partie.

---

[7] hoppers
[8] eaves
[9] Famous "*rond-point*" (traffic circle) at one end of the
    Champs Elysées
[10] area

L'abondance, la variété, l'exotisme du Monoprix sont indescriptibles. Un seul exemple en passant: au rayon des fromages, il y a plus de trois cents variétés dont quatre-vingt-dix spécialités. Le reste est *à l'avenant*.[11] Il faut ajouter que dans cette atmosphère *climatisée*,[12] des maîtres de la gastronomie enseigneront les meilleures recettes propres à *accommoder*[13] tel ou tel *mets*,[14] contribuant ainsi à la réussite de dîners *prestigieux*.[15]

Enfin, pour qu'on n'éprouve pas la sensation désagréable de se trouver dans un étroit *potager*[16] aux *plates-bandes*[17] soigneusement *quadrillées*,[18] on a aménagé au rez-de-chaussée et au *premier étage*[19] de larges «halls» où sont groupés des services aussi divers que banque, location de voiture, fleuriste. . .

---

[11] in keeping with the rest   [14] dish   [17] beds
[12] air-conditioned   [15] marvellous   [18] squared
[13] to dress up   [16] vegetable garden   [19] second floor

GRAMMAR EXERCISES

A. *Change the following sentences to the passive voice.*

1. On a baptisé l'enfant hier. **2.** Ce sont les seules places publiques qu'on ait créées. **3.** On a inauguré Orly en 1961. **4.** Les constructeurs l'avaient voulu tel. **5.** Un sentiment de légèreté vous saisit. **6.** Trois mille haut-parleurs émettent cette musique. **7.** On a installé les plus belles boutiques de Paris à Orly. **8.** On l'a enterré en province. **9.** On a autorisé un essai de vente. **10.** On a dessiné ce périple dans un but précis. **11.** Les détours à faire énervent les voyageurs. **12.** Le luxe émerveille les voyageurs. **13.** On a conçu Orly riche. **14.** On avait préparé ce confort pour quelques-uns. **15.** Une passerelle relie le magasin au boulevard. **16.** Avant qu'on ouvre le magasin au public, on a inauguré un vaste parking. **17.** On a réparti les 1100 places sur 9 niveaux. **18.** On a réservé une partie du rez-de-chaussée en attendant qu'on perce un tunnel. **19.** On a climatisé le magasin. **20.** On a pris des mesures pour identifier la nappe noire. **21.** On a mis en œuvre tous les moyens possibles. **22.** On a saupoudré la nappe de craie. **23.** On a renouvelé les stocks de craie. **24.** Le mazout a souillé les plages. **25.** Les étudiants avaient étudié cet auteur à fond. **26.** Le gouvernement français offrira plusieurs bourses. **27.** On prendra le petit déjeuner dans la salle à manger. **28.** On a volé de nombreux bijoux. **29.** On a arrosé la pelouse. **30.** Une chute l'avait handicapé. **31.** Son frère l'aura averti. **32.** On l'aurait envoyé au Chili. **33.** Ses collègues l'avait choisi comme président. **34.** Une pierre a fendu le menton du chat. **35.** On chantait cette partie en chœur.

B. *Rewrite the following sentences using a different voice.*

1. Cela ne se porte plus. **2.** Le français est parlé dans beaucoup de pays. **3.** On jouera ce match de football demain. **4.** Cela est donné. **5.** Paris n'a pas été fait en un jour. **6.** Cela se vend 5 francs. **7.** La cuisine se prépare ici. **8.** On plante les haricots en mai. **9.** Cette pièce est donnée à la Comédie-Française. **10.** On faisait cela au moyen-âge.

C. *Fill in the blanks with the present participle, the verbal adjective or the gerund (with or without* **en***) that corresponds to the verb given in parentheses at the beginning of each sentence.*

1. (courir) Il s'est cassé une jambe ____. **2.** (savoir) Ne ____ où aller, il est resté chez lui. **3.** (être) ____ malade, elle n'est pas allée au bureau. **4.** (étouffer) Quelle atmosphère ____! **5.** (avoir) ____ chaud, il a ouvert la fenêtre. **6.** (revenir) Je les ai rencontrés ____ de la chasse. **7.** (obéir) Ce sont des enfants ____. **8.** (charmer) C'est une femme ____. **9.** (obéir) Rares sont les enfants ____ à leurs parents. **10.** (penser) Ce sont des gens bien ____. **11.** (travailler) L'ouvrier ____ mal a été renvoyé. **12.** (conduire) Je ne fume pas ____. **13.** (souffrir) Sa sœur est ____. **14.** (se battre) ____, ces gamins se sont blessés. **15.** (espérer) ____ que vous pourrez donner à ma demande une réponse favorable, je vous prie d'agréer, Monsieur le Directeur, l'expression de mes sentiments respectueux. **16.** (s'en aller) Il nous a fait signe ____. **17.** (manger) On ne chante pas ____. **18.** (tenir) Cette maison ne ____ plus debout, elle a dû être démolie. **19.** (payer) Les personnes ne ____ pas leurs contributions sont punissables par la loi. **20.** (manger) L'appétit vient ____. **21.** (s'habiller) Elle chantait tout ____. **22.** (nager) Elle s'est coupé le pied ____. **23.** (se promener) ____ ils ont vu de belles maisons. **24.** (savoir) Voilà un chasseur ____ chasser. **25.** (attendre) J'ai lu ____ l'avion.

COMPOSITION

Décrivez une grande aérogare moderne.

Trentième Leçon

ILLUSTRATION

Entre chasseurs

Au coin d'un feu de bois, dans le soir finissant d'une pluvieuse journée d'automne, le chasseur fourbu *s'assit* au milieu *des siens*.

Il était de fort méchante humeur et regardait d'un air dégoûté les bottes boueuses de ses fils docilement alignées à côté *des siennes*.

On avait espéré une belle journée d'octobre. Une averse matinale en *décida* autrement; puis une petite pluie fine *se mit* à tomber inlassablement. . .

Bientôt dans la douce chaleur des bûches qui pétillaient dans la cheminée ouverte, père et fils *se détendirent* et dès qu'ils *eurent décrit*, sourire aux lèvres, le tableau de chasse de leurs amis et *le leur* ils *oublièrent* la pluie, le terrain lourd et la marche pénible.

Si vous aimez la chasse, accompagnez-nous le week-end prochain. Françoise de Beauregard et Cita de Breffeny seront *des nôtres*. Votre mari, *les leurs* et le *mien* iront ensemble à la battue. Habillez-vous chaudement. Mes vêtements sont moins élégants que *les vôtres* mais ils sont plus pratiques. Vous devriez acheter des bottes pareilles *aux miennes*: elles sont en caoutchouc spécial.

Après la chasse, nous nous retrouverons tous chez mes parents. Je raffole de goûters de chasse et particulièrement *des leurs*: ils sont toujours très amusants et l'atmosphère y est très détendue.

EXPLANATION

I. The Possessive Pronouns.

A possessive pronoun replaces a noun while indicating possession by any one (grammatical) person. It should be distinguished from the possessive adjective which modifies a noun.

POSSESSIVE ADJECTIVE: Voici **ma** voiture.   *Here is my car.*
POSSESSIVE PRONOUN: **La vôtre** est là-bas. *Yours is over there.*

A. Formation.

The possessive pronouns consist of the definite article and the pronoun itself.

POSSESSOR   THING POSSESSED

	SINGULAR		PLURAL	
	MASCULINE	FEMININE	MASCULINE	FEMININE
je	le mien	la mienne	les miens	les miennes
tu	le tien	la tienne	les tiens	les tiennes
il/elle	le sien	la sienne	les siens	les siennes
nous	le nôtre	la nôtre	les nôtres	
vous	le vôtre	la vôtre	les vôtres	
ils/elles	le leur	la leur	les leurs	

Notice the ^ on **nôtre(s)** and **vôtre(s)** to distinguish them from the corresponding possessive adjectives **notre** and **votre**.

Voici **notre** chambre; voilà **la vôtre**.

As in the case of a noun, the definite article of the possessive pronoun will contract with the prepositions **de** and **à** in the usual way.

On ne peut pas comparer ce travail **au sien**.
Je n'ai pas pris de notes, j'aurai besoin **des tiennes**.

B. Uses.

The possessive pronoun indicates possession in a manner of opposition and sometimes in a somewhat emphatic manner.

Voilà ton livre. Je n'ai pas **le mien.**

Compare with the other ways of expressing possession (see *Lesson 8*).

Ce livre est **le mien.**
Ce livre est **à moi.**   *This book is mine (not yours).*
Ce livre **m'appartient.**

II. The *Passé Simple.*

The *passé simple* is a "literary tense" extensively used in formal writing but hardly any more in conversation.

A. Formation.

1. For regular verbs, the stem of the *passé simple* is found by dropping the **-er, -ir** and **-re** endings from the infinitive.
For **-er** verbs, the endings are **-ai, -as, -a, -âmes, -âtes, -èrent.**
For **-ir** and **-re** verbs, the endings are **-is, -is, -it, -îmes, -îtes, -irent.**

parler	**finir**	**rendre**
je parlai	je finis	je rendis
tu parlas	tu finis	tu rendis
il/elle parla	il/elle finit	il/elle rendit
nous parlâmes	nous finîmes	nous rendîmes
vous parlâtes	vous finîtes	vous rendîtes
ils/elles parlèrent	ils/elles finirent	ils/elles rendirent

2. A number of very common verbs, among them the **-oir** verbs, have irregular stems in the *passé simple.* In the following cases, the *passé simple* resembles the form of the past participle.

	PAST PARTICIPLE	PASSÉ SIMPLE
avoir:	eu	J'**eus**
boire:	bu	je **bus**
connaître:	connu	je **connus**
courir:	couru	je **courus**
croire:	cru	je **crus**
devoir:	dû	je **dus**
dire:	dit	je **dis**
falloir:	fallu	il **fallut**
lire:	lu	je **lus**
mettre:	mis	je **mis**
plaire:	plu	je **plus**

pleuvoir:	plu	il **plut**
pouvoir:	pu	je **pus**
prendre:	pris	je **pris**
rire:	ri	je **ris**
savoir:	su	je **sus**
suivre:	suivi	je **suivis**
valoir:	valu	je **valus**
vivre:	vécu	je **vécus**
vouloir:	voulu	je **voulus**

3. The *passé simple* of certain verbs is entirely irregular. The most common are:

conduire: je **conduisis**   naître: je **naquis**
craindre: je **craignis**   ouvrir: j'**ouvris**
écrire: j'**écrivis**   tenir: je **tins**
être: je **fus**   venir: je **vins**
faire: je **fis**   voir: je **vis**
mourir: je **mourus**

B. Uses.

1. In formal writing the *passé simple* is used to express an action which took place at a definite point in the past and to stress its completion at that point (rather than its "progression," as does the *imparfait*).

Voltaire **mourut** en 1778.

By its inherent nature, the *passé simple* abounds in literary narration. It advances the narrative from event to event, or point to point (while the *imparfait* describes more prolonged scenes or background actions).

Nous avancions avec prudence. Tout à coup, Paul **poussa** un cri et **tomba**.

In the above two examples, *avancions* shows a background scene or action and **poussa** as well as **tomba** indicate narrative events in the foreground. In instances such as these, conversational style substitutes for the *passé simple*, the *passé composé*.

2. The *passé simple* cannot be indiscriminately substituted for the *passé composé* in formal writing. The parallelism between the two tenses is not that mechanical.

a) If the *passé composé* expresses an action or situation that extends from the past into the present and possibly into the future (i.e., if it does not simply express a point in the past), then the *passé composé* must be used in both conversational and literary style.

Les critiques n'ont pas encore établi avec certitude la date à laquelle **mourut** Villon. (*a French poet of the 15th century*)

```
        PAST   PRESENT   FUTURE
         |        |
    n'ont pas encore établi
```

b) When the point of time in the past and the location are rather vague, the *passé composé* is preferred over the *passé simple* even in literary style.

Rabelais (*French humanist of the 16th century*), dont le père était avocat, a sans doute assisté à des réunions d'hommes de loi. Il **s'inspira** de ces conversations quand il **écrivit** son *Tiers Livre*.

III. The *Passé Antérieur* and *Passé Surcomposé*.

A. Formation.

The *passé antérieur* consists of the *passé simple* of the auxiliary and the past participle of the main verb.

Il **eut fini.**
Il **fut sorti.**

B. Uses.

1. It is used in formal writing to express a past action which took place immediately before another action in the past. It usually occurs in a subordinate clause and with conjunctions such as **dès que, aussitôt que, sitôt que** (all three meaning *as soon as*), **quand, lorsque.**

Dès qu'il eut terminé son examen, il sortit.
Il quitta la salle **aussitôt qu'il eut fini** d'écrire son essai.

2. In conversation, in these instances the so-called *passé surcomposé* would be used, which consists of the *passé composé* of the auxiliary and the past participle of the main verb:

Dès qu'il a eu terminé son examen, il est sorti.

3. In the place of a conjunction such as **dès que** + the *passé antérieur* of the verb, quite often an infinitive construction with the preposition **après** is preferred:

Après avoir fini son examen, il est sorti.

IV. The Irregular Verb **conclure**.

PRESENT INDICATIVE

je conclus	nous concluons
tu conclus	vous concluez
il/elle conclut	ils/elles concluent

PAST PARTICIPLE: conclu

ORAL DRILLS

A. *Repeat the following sentences, substituting the words in parentheses for the underlined words, and replace the given words by the proper possessive pronouns. Follow the example.*

Voilà des bottes. Voilà celles de Paul.

Voilà des bottes. **Voilà les siennes.**

(celles de Marie / tes bottes / mes bottes / nos bottes / vos bottes / celles de Pierre et de Françoise / celles de papa / celles de maman / celles des enfants)

B. *Do the same with the following sentences.*

Voilà une chambre. C'est ta chambre.

Voilà une chambre. **C'est la tienne.**

(ma chambre / votre chambre / celle de Paul / celle des enfants / celle de Françoise / celle des parents / celle de la servante / notre chambre / celle des filles / celle des garçons)

C. *Do the same with the following sentences.*

Voilà un crayon. C'est mon crayon.

Voilà un crayon. **C'est le mien.**

(le crayon de Pierre / ton crayon / votre crayon / celui de Marie / notre crayon / celui de papa / le crayon des employés / celui de grand-maman / le crayon des secrétaires)

D. *Repeat the following sentences substituting the words in parentheses for the underlined word. Make the necessary changes.*

Ces livres m'appartiennent. Ce sont les miens.

(leur / vous / t' / nous / lui / aux étudiants / au professeur / à l'étudiante)

E. *Do the preceding exercise in the negative and in the interrogative.*

Ces livres ne m'appartiennent pas. Ce ne sont pas les miens.

Ces livres m'appartiennent-ils? Est-ce que ce sont les miens?

F. *Repeat the following sentence substituting the words in parentheses for the underlined words and replace the given words by the proper possessive pronouns. Follow the example.*

Ce sont des bottes pareilles à mes bottes.

Ce sont des bottes pareilles aux miennes.

(tes bottes / vos bottes / ses bottes / nos bottes / leurs bottes / celles de Pierre / celles de papa / celles de Françoise)

G. *Do the same with the following sentence.*

Mon livre est à côté de ton livre

Mon livre est à côté du tien.

(son livre / leur livre / votre livre / du livre de Pierre / du livre de maman / du livre des étudiants / du livre de Françoise / du livre des actrices)

H. *Do the same with the following sentence.*

Ce travail n'est pas à comparer à ton travail.

Ce travail n'est pas à comparer au tien.

(à son travail / à votre travail / à leur travail / à notre travail / à mon travail / au travail de Paul / au travail des peintres / au travail du maçon / au travail de Françoise / au travail des étudiantes / au travail de la servante)

I. *Repeat the following sentences, using a possessive pronoun instead of repeating the same word twice. Follow the example.*

Paul n'a pas de notes et il a besoin de mes notes.

Paul n'a pas de notes et il a besoin des miennes.

1. Je n'ai pas de crayon et j'ai besoin de ton crayon. **2.** Françoise n'a pas de voiture et elle a besoin de notre voiture. **3.** Vous n'avez pas de dictionnaire et vous avez besoin de notre dictionnaire. **4.** Pierre n'a pas de fusil et il a besoin de mon fusil. **5.** Tu n'as pas de gomme et tu as besoin de ma gomme. **6.** Nous n'avons pas de livre et nous avons besoin de ton livre. **7.** Les étudiants n'ont pas de stylos et ils ont besoin de nos stylos. **8.** La dame n'a pas de servante et elle a besoin de ma servante. **9.** Les joueuses n'ont pas de balle et elles ont besoin de vos balles.

J. *Repeat the following sentences, using the* passé simple *instead of the* passé composé *(the verbs are regular). Follow the example.*

Louis XIV a régné seul 54 ans.

Louis XIV régna seul 54 ans.

1. Il a encouragé l'industrie. **2.** Il a réorganisé l'armée. **3.** Il a révoqué l'édit

de Nantes. **4.** Il a protégé les Lettres et les Arts. **5.** Il s'est considéré comme le
représentant de Dieu. **6.** Il n'a pas toléré l'hérésie. **7.** Il n'a pas gagné toutes les
guerres. **8.** Il a épousé Madame de Maintenon. **9.** Il a poussé le peuple dans la
misère. **10.** Il a péché par ambition. **11.** Il a fini par être détesté. **12.** Les
favorites n'ont pas régné. **13.** Les guerres ont rapporté de la gloire à la France.
14. Elles ont fini par épuiser le pays.

K. *Do the same with the following sentences* (*the verbs are irregular*).

Louis XIV est né en 1638.
Louis XIV naquit en 1638.

1. Il est mort en 1715. **2.** Son règne a été brillant. **3.** Il a réduit le pouvoir de
la noblesse. **4.** Boileau a écrit un art poétique. **5.** Le roi a pris d'excellentes
mesures. **6.** Il a voulu être absolu en tout. **7.** Son fanatisme l'a conduit à
l'intolérance. **8.** Il a permis certaines atrocités. **9.** Il a cru incarner le peuple.
10. Il a soutenu un grand effort. **11.** Il a fait de Versailles une ville royale. **12.**
Louis XV et Louis XVI sont nés à Versailles. **13.** Un traité a mis fin à la guerre.

L. *Repeat the following sentence, substituting the proper form of the verbs given in parentheses for the underlined verb.*

Elle s'arrêta dès qu'elle eut réussi.

(parler / se tromper / arriver / trouver / tomber / se blesser / gagner / perdre /
entrer / sortir)

M. *Substitution exercise.*

Dès qu'il a eu fini, il est parti.
......................., il s'en est allé.
Dès qu'elle a eu mangé,.............
......................., elle est sortie.
Dès que j'ai eu téléphoné,...........
..............., tu as écrit une lettre.
Dès que tu as eu mangé,............
...................., Pierre est arrivé.
Dès que nous avons eu chanté,....
..., nous avons étudié nos leçons.
Dès que le professeur a eu terminé,
......, vous avez fait des exercices.
Dès que vous avez été rentrés, ...
..............., le téléphone a sonné.

N. *Repeat the following sentences, substituting the words in parentheses for the underlined words.*

1. Paul est sorti après avoir travaillé.
(mangé / téléphoné / étudié / lu)
2. Marie est sortie après s'être habillée.
(coiffée / fardée / lavée / maquillée)
3. Ils n'ont pas mangé après être rentrés.
(sortis / arrivés / descendus / montés)

O. *Repeat the following sentence, using the words in parentheses as new subjects. Make the necessary changes.*

Paul conclut qu'il manque mille francs.
(Je / Vous / Marie / Mes parents / Tu)

P. *Do the preceding exercise in the past.*

Paul a conclu qu'il manquait mille francs.

Vocabulary

Primary

l'**acteur**/l'**actrice** actor
aligner to align
l'**argent** (*m*) money
auparavant before
autrement otherwise
l'**averse** (*f*) shower
basé sur based upon
le **badaud** gaper
le **beau-fils** step-son
le **beau-père** step-father
bouleverser to upset
la **botte** boot
boueux (*f*: **-euse**) muddy
la **bûche** log
(se)**cacher** to hide
caoutchouc rubber
(se)**charger (de)** to take upon oneself

chaudement warmly
la **chaussure** shoe
la **cheminée** chimney
la **cheminée ouverte** fire place
le **chevalier** knight
commode convenient
conclure to conclude
le **conflit** conflict
corporel bodily
le **costume** suit
le **défendu** forbidden
dégoûté disgusted
le **dépit** spite
(se)**dérouler** to unfold
(se)**détendre** to relax
docilement with docility
douloureux (*f*: **-euse**) painful

(s')**émouvoir** to be moved

l'**empire** (*m*) influence

   entraîner to draw along

l'**épopée** (*f*) epic poem

l'**espèce** (*f*) species

   exercer to produce

l'**exploit** (*m*) deed

la **faiblesse** weakness

se **farder** to put on some make up

la **faute** mistake

   ferme firm

le **fouet** whip

le **fusil** gun

la **gloire** glory

le **goûter** tea

se **greffer** to be grafted

le **héros** hero

* **heurter** to offend

   honnête honest

l'**humeur** (*f*) humor, mood

(s')**identifier** to identify

   imperméable waterproof

   inlassablement indefatigably

la **jalousie** jealousy

   jurer to swear

la **lèvre** lip

   louable praiseworthy

la **manie** mania

(se)**maquiller** to put on some make up

(se)**mêler** to mingle

   momentané momentary

le **motif** reason

   mûrir to ripen

la **noblesse** nobility

la **note** notes

l'**objet** (*m*) belonging

   orgueilleux (*f*: -**euse**) proud

pécher to sin

pénible painful

la **planche** board

posséder to possess

se **présenter** to present oneself

preux valiant

priver to deprive

les **proches** (*m pl*) near relations

proférer to utter

la **proie** prey

la **querelle** quarrel

le **règne** reign

le **rejeton** offspring

renoncer to give up

se **repentir** to repent

le **représentant** representative

ressentir to feel

(se)**rétrécir** to shrink

(se)**retrouver** to get together

le **rêve** dream

le **réveil** waking up

le **revers** setback

se **révolter** to rebel

révolu past

le **salut** salvation

la **société** society

soutenir to sustain

totalement completely

trahir to betray

la **trahison** treason

le **traité** treatise

le **traître** traitor

la **tristesse** sadness

usagé worn

se **vanter** to boast

la **vengeance** revenge

se **venger** to have one's revenge

Secondary

attiser to stir up

la **carence** deficiency

chancelant tottering

la **fougue** passion

fourbu exhausted
inéluctable unavoidable
les **pairs** (*m pl*) peers
pallier to palliate

pétiller to crackle
raffoler (de) to dote
le **remodelage** remodelling
voire even

Expressions

à la suite de after
à moins de without
boire à la santé de to drink to the health of
changer de visage to change appearance
essuyer des revers to have setbacks
être à la fleur de l'âge to be in the prime of life

être sur les dents to be very busy
faire son effet to be effective
flambant neuf brand-new
« la neige » (*arg.*) cocaine
la planche de salut the ultimate help
tant s'en faut far from it
tenir chaud to keep warm
un coup de fouet a shot, stimulant

Première Lecture

Paradis artificiels

« Je me suis inquiété. J'ai trouvé par hasard dans la chambre de ma fille de 16 ans des cigarettes au haschisch. Et j'ai découvert que ma femme fumait aussi. J'en conclus qu'à ma fille, il manque un père et à ma femme, un mari. »

Ces derniers temps, à quelques jours d'intervalle, un jeune homme et une jeune fille sont morts, victimes de la drogue. L'opinion publique a été bouleversée. La drogue, la drogue. L'énorme machine de la presse vomit ce mot quotidiennement. Le ministre de l'Intérieur s'émeut. La police est sur les dents. Mais les jeunes qui fument réclament la légalisation de la drogue, particulièrement du haschisch.

Le phénomène de la drogue a changé de visage. Il a toujours correspondu à des crises psychologiques : dans les années 30, aux États-Unis, après que les Américains ont eu essuyé les revers de la crise de 1929 ; avant la guerre, en France, où la « neige » fleurissait.

Alors, les drogués se cachaient; ils éprouvaient une certaine honte. Aujourd'hui, bien que le temps des toxicomanes honteux ne soit pas révolu, tant s'en faut, le trafic de la drogue se fait d'une manière moins clandestine.

Ce sont les jeunes qui sont les proies, ou les proies possibles, de la drogue. Les jeunes, c'est-à-dire toute une espèce. Et ce sont les jeunes qui se servent de ce moyen-là comme d'un autre pour attaquer la société. Ils se révoltent contre une société basée sur des valeurs chancelantes, sur le goût du profit, l'adoration du matérialisme. Ils veulent voir Dieu en face, partager tout avec tous. C'est un idéalisme louable. Le moyen de tendre vers cet idéal l'est moins.

Il est bien vrai que par le passé la recherche d'un système de pensée, voire métaphysique, avait entraîné des états de révélation spirituelle atteints par l'extase, fruit de l'ascétisme, de privations ou de punitions corporelles. Aujourd'hui, dans une civilisation moderne qui n'offre pas de perspectives qui permettent d'atteindre à un état de satisfaction spirituelle, certains essaient de pallier cette carence en se plaçant sous l'empire de certaines substances chimiques.

Il en est qui se sont intoxiqués à la suite d'un événement physique douloureux. Dès qu'ils ont eu fait l'essai de la drogue, ils se sont trouvés dans un état d'euphorie. Ils se sentaient bien. Le coup de fouet avait fait son effet. Mais, dès qu'ils ont eu cessé d'en prendre, ils se sont sentis plus mal qu'auparavant; leur humeur, leur état nerveux s'en sont ressentis.

Trop souvent, la drogue commence à faire ses ravages par la fascination qu'elle exerce. On veut tenter une expérience. On a bien une certaine appréhension, une certaine peur du réveil. On parle d'expérience sous contrôle médical. Puis un jour qu'on se sent plus attiré vers l'inconnu, le défendu, qu'on a envie de se détendre, de se relaxer. . . État artificiel, momentané. . . On recommence. Ce n'est pas un paradis mais une tristesse. On devient prisonnier de la drogue. Le champ de la conscience se rétrécit totalement. La drogue passe avant tout. Elle coûte cher. Au début, on se dit qu'on pourrait s'acheter bien des choses avec l'argent qu'on dépense pour elle. Dans certains cas, on ne pense plus qu'aux moyens de s'en procurer. Moyens honnêtes d'abord: on travaille. Puis, on commence à vendre un par un les objets que l'on possède et d'autres moyens suivent. . .

A moins d'une désintoxication prolongée et d'un remodelage complet de la personnalité, remodelage qui n'est possible qu'avec la volonté ferme et entière du drogué, on assistera à une dégradation de plus en plus rapide. Il n'est plus question de refuser une société où les rêves vous échappent. Le drogué est tombé parmi les vagabonds de la société, dans le monde des pervertis qui, par faiblesse, auront refusé la planche de salut.

Deux morts? Non, depuis les nouvelles de vingt heures, il y en a trois.

QUESTIONNAIRE

1. Pourquoi le père de cette jeune fille s'est-il inquiété?
2. Qu'a-t-il conclu à la suite de sa découverte?
3. Qui s'émeut?
4. Que réclament les jeunes qui fument?
5. A quoi le phénomène de la drogue a-t-il toujours correspondu?
6. Les drogués se cachent-ils encore aujourd'hui?
7. A quelles fins les jeunes se servent-ils de la drogue?
8. Contre quoi se révoltent-ils?
9. Par quoi des états de révélation spirituelle étaient-ils atteints?
10. Qu'est-ce que la civilisation moderne n'offre pas?
11. Comment certains essaient-ils de pallier cette carence?
12. A la suite de quoi certains se sont-ils intoxiqués?
13. Leur état d'euphorie a-t-il duré?
14. Par quoi la drogue commence-t-elle souvent à faire ces ravages?
15. Éprouve-t-on une certaine appréhension en tentant cette expérience?
16. Quand fait-on cette expérience?
17. Dans quelles conditions le remodelage de la personnalité est-il possible?
18. A moins d'une désintoxication prolongée, où le drogué tombera-t-il?

VOCABULARY EXERCISES

A. *Fill in the blanks with the proper word to be found in the list on the right.*

1. Je me suis ____.
2. Il a trouvé cela ____.
3. C'est arrivé à qulques jours ____.
4. Il a ____ des revers.
5. La société est basée sur des valeurs ____.
6. Il ____ vers l'idéal.
7. Cela lui a fait l'effet d'un ____.
8. Il a ____ se détendre.
9. C'est une société où les rêves vous ____.
10. Il a refusé la planche ____.

a. chancelantes
b. coup de fouet
c. par hasard
d. tend
e. envie de
f. inquiété
g. échappent
h. essuyé
i. de salut
j. d'intervalle

B. *Replace the words in italics by a synonym to be found in the list on the right.*

1. L'opinion publique a été *bouleversée*.
2. La presse *vomit* ce mot quotidiennement.
3. La police est *sur les dents*.
4. Le phénomène de la drogue a changé *de visage*.
5. Ils *éprouvent* une certaine honte.
6. Ce temps-là est *révolu*.
7. Il n'est pas bête, *tant s'en faut*.
8. Cela a existé *par le passé*.
9. Il est sous *l'empire* de drogues.
10. Cela *fait des ravages*.

a. d'aspect
b. cause des dégâts
c. profère
d. passé
e. au contraire
f. émue
g. l'influence
h. ressentent
i. autrefois
j. très occupée

Deuxième Lecture

Fanfare[1]

L'autre soir à la nuit tombante, une fanfare défila dans la rue au son des tambours.

Malgré une pluie diluvienne qui avaient chassé les promeneurs, quelques badauds s'arrêtèrent sur les trottoirs. Et de chaque côté de la rue, tout le monde se mit aux fenêtres pour regarder passer cet *orphéon*[2] ambulant.

---

[1] brass band

[2] brass band

Deux majorettes courtement vêtues d'un uniforme de fantaisie *maniaient*[3] avec dextérité les cannes de tambour-major, entraînant la *clique*[4] derrière elles.

Soudain les lampes électriques s'allumèrent pour saluer le *cortège*.[5] Les *enseignes*[6] lumineuses aux *ampoules*[7] multicolores *se mirèrent*[8] dans les *cuivres*[9] qu'elles firent *rutiler*[10] de mille feux. Et les gouttelettes de pluie se mirent à danser sur les trompettes au rythme de la musique.

Venue d'on ne sait où, la fanfare passa à une allure de *retraite aux flambeaux*[11] et lentement se perdit dans la nuit.

Dès qu'elle eut disparu, les enfants du quartier, encore tout émerveillés de leur découverte, refermèrent les fenêtres qu'ils avaient ouvertes quelques instants sur un monde anachronique. Car nous ne sommes plus au temps des fanfares et c'était peut-être la première fois que ces petits entendaient de la musique qui ne sortait pas d'une boîte et ne roulait pas en voiture.

---

[3] handled
[4] military band
[5] procession
[6] signs
[7] electric bulbs
[8] were reflected
[9] instruments of a brass band
[10] to glow
[11] march with torches and brass band at solemn occasions

GRAMMAR EXERCISES

A. *Replace the words in italics by a possessive pronoun.*

1. Les vêtements de Julie sont confortables. *Vos vêtements* sont élégants. **2.** *Mes vêtements* sont très commodes. **3.** Les bottes de Françoise sont jolies. *Mes bottes* ne tiennent pas chaud. **4.** Les chaussures de Paul sont imperméables. *Les chaussures de Marie et de Louise* ne le sont pas. **5.** Paul a rangé mes livres avec *ses livres*. **6.** Sa veste est neuve, *ta veste* est usagée. **7.** Votre maison est vieille; *notre maison* est neuve. **8.** Sa robe est belle mais je préfère *ma robe*. **9.** Mon chien est noir; *ton chien* est blanc. **10.** Notre voiture est démodée; *la voiture des Dupont* est flambant neuve. **11.** J'ai vu mes cousines mais je n'ai pas vu *tes cousines*. **12.** Ton lit est large; *mon lit* est encore plus large. **13.** La valise de Pierre est noire: *ma valise* est bleue. **14.** Tu connais mes parents mais je ne connais pas *tes parents*. **15.** J'ai mon dictionnaire mais Paul a perdu *son dictionnaire*. **16.** Pierre prendra sa voiture si vous ne prenez pas *votre voiture*. **17.** Vos parents sont en Suisse; *mes parents* sont en Italie. **18.** J'aime tes chaussures. Je n'aime pas *les chaussures de Paul*.

B. *Do the same in the following sentences. Watch the contractions.*

1. Vous buvez à ma santé et je bois à *votre santé*. **2.** N'achetez pas un costume pareil à *mon costume*. **3.** Si tu as ton stylo, tu n'as pas besoin de *mon stylo*. **4.** Je voudrais un jardin pareil à *votre jardin*. **5.** Mes fleurs sont laides à côté de *vos fleurs*. **6.** Mon jardin est laid à côté de *votre jardin*. **7.** Ils s'habitueront à nos manies comme nous nous habituons à *leurs manies*. **8.** Il renoncera à ses projets comme nous avons renoncé à *nos projets*. **9.** Préparez-vous à vos examens pendant que je me prépare à *mes examens*. **10.** Je tiens à mon chien comme tu tiens à *ton chien*. **11.** Contentez-vous de vos revenus comme les Dupont se contentent de *leurs revenus*. **12.** Ne te mêle pas de mes affaires pas plus que je ne me mêle de *tes affaires*. **13.** Je pense à mes parents et tu penses à *tes parents*. **14.** Tu te vantes de tes relations comme Paul se vante de *ses relations*. **15.** Je me charge de mon billet et Françoise se charge de *son billet*. **16.** Il s'est excusé de son retard. Excusez-vous de *votre retard*. **17.** Tu te réjouis de mon bonheur. Je me réjouis de *ton bonheur*. **18.** Je me repens de mes fautes, repentez-vous de *vos fautes*. **19.** Il se souvient de ses ennuis; se souvient-il de *mes ennuis*. **20.** Je songeais à mes obligations et à *leurs obligations*.

C. *Complete the following sentences with the proper form of the verbs given in parentheses. Use the literary style.*

(*Dans la* Chanson de Roland, *le grand poème épique français, Ganelon désigné par Roland pour remplir une mission dangereuse auprès d'un roi païen, accepte, mais, furieux, décide de se venger. Il trahira l'arrière-garde pour perdre Roland qui mourra sur le champ de bataille avec toute l'élite de l'armée française.*)

Charlemagne

Quel est le motif qui (pousser) Ganelon à devenir l'ennemi juré de Roland? Pourquoi (trahir)-t-il son empereur et son pays dans le seul dessein de se débarrasser de Roland?

Il est visible que Ganelon n'(agir) pas en vulgaire traître. Pas plus qu'il ne se (laisser) aller à la trahison dans un moment de colère aveugle. Ganelon (mûrir) son projet, (annoncer) ses intentions et, quand l'occasion de se venger se (présenter), il la (saisir).

N'y aurait-il pas un problème psychologique à la base de cette querelle?

Ganelon avait épousé la mère de Roland. Par ce mariage, il (devenir) le beau-père de Roland et le beau-frère de Charlemagne. En bref, il (occuper) dans la famille de l'Empereur la place de l'étranger.

D'autre part Ganelon (vieillir) alors que Roland (être) à la fleur de l'âge. Il (voir) sans plaisir les exploits de son beau-fils. Il (supporter) mal l'admiration qu'avaient pour Roland les autres chevaliers et l'affection qu'avait Charlemagne pour le fils de sa sœur. Le preux chevalier qu'il (être) dans sa jeunesse (éprouver)-il le double dépit de se voir relégué et par ses pairs et par ses proches? Et en (concevoir)-il une double vengeance: priver la famille d'un rejeton plein de promesses et ses pairs d'un ami? Il y (avoir) semble-t-il un conflit de génération qui (venir) se greffer sur une rivalité entre parents et entre pairs.

Roland, dans la fougue de la jeunesse, ne (être)-il pas trop orgueilleux? Ne (commettre)-il pas des erreurs de jugement qui (attiser) la jalousie de son beau-père? L'auteur de la chanson n'(écrire)-il pas «Roland est preux» qu'il (opposer) aussitôt à «Olivier est sage» pour souligner le manque de réflexion chez le jeune héros?

La première partie de l'épopée (concevoir) comme un poème tragique. Quand Ganelon (annoncer) publiquement ses intentions de vengeance chacun (comprendre) quel serait le destin de Roland. Et ce destin (s'accomplir) en effet, malgré Charlemagne prisonnier du système qui comme une divinité (regarder) se dérouler le spectacle.

Mais s'il est tragique par le côté inéluctable de sa destinée, Roland (rester) un héros épique en ce sens qu'il (appartenir) à un système cohérent qu'il incarne et avec lequel il (s'identifier).

D. *Do the preceding exercise in the style of conversation.*

COMPOSITION

Développez vos sentiments sur le problème de la drogue.

Tableaux de Récapitulation

VERBS

I. *AUXILIARY VERBS*

A. *Simple Tenses*

Infinitive

être   avoir

Past Participle

été   eu

Present Participle

étant   ayant

Indicative

PRESENT

je suis	j'ai
tu es	tu as
il/elle est	il/elle a
nous sommes	nous avons
vous êtes	vous avez
ils/elles sont	ils/elles ont

IMPERFECT

j'étais	j'avais
tu étais	tu avais
il/elle était	il/elle avait
nous étions	nous avions
vous étiez	vous aviez
ils/elles étaient	ils/elles avaient

PASSÉ SIMPLE

je fus	j'eus
tu fus	tu eus
il/elle fut	il/elle eut
nous fûmes	nous eûmes
vous fûtes	vous eûtes
ils/elles furent	ils/elles eurent

FUTURE

je serai	j'aurai
tu seras	tu auras
il/elle sera	il/elle aura
nous serons	nous aurons
vous serez	vous aurez
ils/elles seront	ils/elles auront

Conditional (PRESENT)

je serais	j'aurais
tu serais	tu aurais
il/elle serait	il/elle aurait
nous serions	nous aurions
vous seriez	vous auriez
ils/elles seraient	ils/elles auraient

Imperative (PRESENT)

sois	aie
soyons	ayons
soyez	ayez

Subjunctive
PRESENT

que je sois	que j'aie
que tu sois	que tu aies
qu'il/elle soit	qu'il/elle ait
que nous soyons	que nous ayons
que vous soyez	que vous ayez
qu'ils/elles soient	qu'ils/elles aient

IMPERFECT

que je fusse	que j'eusse
que tu fusses	que tu eusses
qu'il/elle fût	qu'il/elle eût
que nous fussions	que nous eussions
que vous fussiez	que vous eussiez
qu'ils/elles fussent	qu'ils/elles eussent

B. *Compound Tenses*

Infinitive: PAST

avoir été   avoir eu

Present Participle: PAST

ayant été   ayant eu

Indicative

PASSÉ COMPOSÉ

j'ai été   j'ai eu

PLUPERFECT

j'avais été   j'avais eu

PAST ANTERIOR

j'eus été   j'eus eu

FUTURE ANTERIOR

j'aurai été   j'aurai eu

Conditional: PAST

j'aurais été   j'aurais eu

Imperative: PAST

aie été   aie eu

Subjunctive

PAST

que j'aie été   que j'aie eu

PLUPERFECT

que j'eusse été   que j'eusse eu

II. *REGULAR VERBS*

-er verbs	-ir verbs	-re verbs

A. *Simple Tenses*

Infinitive

aimer	finir	entendre

Past Participle

aimé	fini	entendu

Present Participle

aimant	finissant	entendant

Indicative

PRESENT

j'aime	je finis	j'entends
tu aimes	tu finis	tu entends
il/elle aime	il/elle finit	il/elle entend
nous aimons	nous finissons	nous entendons
vous aimez	vous finissez	vous entendez
ils/elles aiment	ils/elles finissent	ils/elles entendent

IMPERFECT

j'aimais	je finissais	j'entendais
tu aimais	tu finissais	tu entendais
il/elle aimait	il/elle finissait	il/elle entendait
nous aimions	nous finissions	nous entendions
vous aimiez	vous finissiez	vous entendiez
ils/elles aimaient	ils/elles finissaient	ils/elles entendaient

PASSÉ SIMPLE

j'aimai	je finis	j'entendis
tu aimas	tu finis	tu entendis
il/elle aima	il/elle finit	il/elle entendit
nous aimâmes	nous finîmes	nous entendîmes
vous aimâtes	vous finîtes	vous entendîtes
ils/elles aimèrent	ils/elles finirent	ils/elles entendirent

FUTURE

j'aimerai	je finirai	j'entendrai
tu aimeras	tu finiras	tu entendras
il/elle aimera	il/elle finira	il/elle entendra
nous aimerons	nous finirons	nous entendrons
vous aimerez	vous finirez	vous entendrez
ils/elles aimeront	ils/elles finiront	ils/elles entendront

Conditional (PRESENT)

j'aimerais	je finirais	j'entendrais
tu aimerais	tu finirais	tu entendrais
il/elle aimerait	il/elle finirait	il/elle entendrait
nous aimerions	nous finirions	nous entendrions
vous aimeriez	vous finiriez	vous entendriez
ils/elles aimeraient	ils/elles finiraient	ils/elles entendraient

Imperative (PRESENT)

aime	finis	entends
aimons	finissons	entendons
aimez	finissez	entendez

Subjunctive

PRESENT

j'aime	je finisse	j'entende
tu aimes	tu finisses	tu entendes
il/elle aime	il/elle finisse	il/elle entende
nous aimions	nous finissions	nous entendions
vous aimiez	vous finissiez	vous entendiez
ils/elles aiment	ils/elles finissent	ils/elles entendent

IMPERFECT

j'aimasse	je finisse	j'entendisse
tu aimasses	tu finisses	tu entendisses
il/elle aimât	il/elle finît	il/elle entendît
nous aimassions	nous finissions	nous entendissions
vous aimassiez	vous finissiez	vous entendissiez
ils/elles aimassent	ils/elles finissent	ils/elles entendissent

B. *Compound Tenses*

Infinitive: PAST

| avoir aimé | avoir fini | avoir entendu |

Present Participle: PAST

ayant aimé	ayant fini	ayant entendu

Indicative

PASSÉ COMPOSÉ

j'ai aimé	j'ai fini	j'ai entendu

PLUPERFECT

j'avais aimé	j'avais fini	j'avais entendu

PAST ANTERIOR

j'eus aimé	j'eus fini	j'eus entendu

FUTURE ANTERIOR

j'aurai aimé	j'aurai fini	j'aurai entendu

Conditional: PAST

j'aurais aimé	j'aurais fini	j'aurais entendu

Imperative: PAST

aie aimé	aie fini	aie entendu

Subjunctive

PAST

j'aie aimé	j'aie fini	j'aie entendu

PLUPERFECT

j'eusse aimé	j'eusse fini	j'eusse entendu

C. *Derivation of tenses of a regular verb*

finir

PRESENT INDICATIVE
tu **finis**   Present Imperative (*2nd pers. sing.*) ....**finis**

nous **finissons** ——→
- Present Imperative (*1st pers. pl.*) ....**finissons**
- Present Imperative (*2nd pers. pl.*) ....**finissez**
- Imperfect ....**finissais**
- Present Participle ....**finissant**

ils **finissent** ——→ Present Subjunctive ....**finisse**

INFINITIVE

finir ──────────────→ { Future ....finirai
{ Present Conditional ....finirais

SIMPLE PAST

tu **finis** ──────────→ Imperfect Subjunctive ....**finisse**

PAST PARTICIPLE

fini ──────────→ all compound tenses ....**ai fini,** etc ...

III. *IRREGULAR VERBS*

In the following list of irregular verbs the four principal parts, i.e. infinitive, present indicative, *passé simple* and past participle are enumerated. Other tense forms that cannot be derived from the principal parts in the usual way have also been indicated and, for the sake of emphasis, italicized.

aller   PRESENT INDICATIVE   vais vas va allons allez vont
                   PASSÉ SIMPLE   allai
                   PAST PARTICIPLE   allé
                   FUTURE   *irai*
                   PRESENT SUBJUNCTIVE   *aille*

apercevoir see **recevoir**

appartenir see **tenir**

asseoir   PRESENT INDICATIVE   { assieds assieds assied asseyons asseyez
                                               asseyent
                                             { assois assois assoit assoyons assoyez
                                               assoient
                   PASSÉ SIMPLE   assis
                   PAST PARTICIPLE   assis
                   FUTURE   *assiérai* or *assoirai*

battre   PRESENT INDICATIVE   bats bats bat battons battez battent
                   PASSÉ SIMPLE   battis
                   PAST PARTICIPLE   battu

boire   PRESENT INDICATIVE   bois bois boit buvons buvez boivent
                   PASSÉ SIMPLE   bus
                   PAST PARTICIPLE   bu
                   PRESENT SUBJUNCTIVE   boive boives boive *buvions buviez* boivent

conclure	PRESENT INDICATIVE	conclus conclus conclut concluons concluez concluent
	PASSÉ SIMPLE	conclus
	PAST PARTICIPLE	conclu
conduire	PRESENT INDICATIVE	conduis conduis conduit conduisons conduisez conduisent
	PASSÉ SIMPLE	conduisis
	PAST PARTICIPLE	conduit
connaître	PRESENT INDICATIVE	connais connais connaît connaissons connaissez connaissent
	PASSÉ SIMPLE	connus
	PAST PARTICIPLE	connu
courir	PRESENT INDICATIVE	cours cours court courons courez courent
	PASSÉ SIMPLE	courus
	PAST PARTICIPLE	couru
	FUTURE	*courrai*
craindre	PRESENT INDICATIVE	crains crains craint craignons craignez craignent
	PASSÉ SIMPLE	craignis
	PAST PARTICIPLE	craint
croire	PRESENT INDICATIVE	crois crois croit croyons croyez croient
	PASSÉ SIMPLE	crus
	PAST PARTICIPLE	cru
cueillir	PRESENT INDICATIVE	cueille cueilles cueille cueillons cueillez cueillent
	PASSÉ SIMPLE	cueillis
	PAST PARTICIPLE	cueilli
	FUTURE	*cueillerai*
devoir	PRESENT INDICATIVE	dois dois doit devons devez doivent
	PASSÉ SIMPLE	dus
	PAST PARTICIPLE	dû
	PRESENT SUBJUNCTIVE	doive doives doive *devions deviez* doivent
	FUTURE	*devrai*
dire	PRESENT INDICATIVE	dis dis dit disons dites disent
	PASSÉ SIMPLE	dis
	PAST PARTICIPLE	dit

distraire   PRESENT INDICATIVE   distrais distrais distrait distrayons dis-
                                          trayez distraient
                  PASSÉ SIMPLE   *none*
                  PAST PARTICIPLE   distrait
                  PRESENT SUBJUNCTIVE   distraie distraies distraie *distrayions dis-
                                          trayiez* distraient

dormir   PRESENT INDICATIVE   dors dors dort dormons dormez dor-
                                          ment
                  PASSÉ SIMPLE   dormis
                  PAST PARTICIPLE   dormi

écrire   PRESENT INDICATIVE   écris écris écrit écrivons écrivez écrivent
                  PASSÉ SIMPLE   écrivis
                  PAST PARTICIPLE   écrit

envoyer   PRESENT INDICATIVE   envoie envoies envoie envoyons envoyez
                                          envoient
                  PASSÉ SIMPLE   envoyai
                  PAST PARTICIPLE   envoyé
                  FUTURE   *enverrai*
                  PRESENT SUBJUNCTIVE   envoie envoies envoie *envoyions envoyiez*
                                          envoient

faillir   PRESENT INDICATIVE   faux faux faut faillons faillez faillent
                  PASSÉ SIMPLE   faillis
                  PAST PARTICIPLE   failli
                  FUTURE   faillirai or *faudrai* (old)

faire   PRESENT INDICATIVE   fais fais fait faisons faites font
                  PASSÉ SIMPLE   fis
                  PAST PARTICIPLE   fait
                  FUTURE   *ferai*
                  PRESENT SUBJUNCTIVE   *fasse*

falloir   PRESENT INDICATIVE   il faut
                  PASSÉ SIMPLE   il fallut
                  PAST PARTICIPLE   fallu
                  FUTURE   il *faudra*
                  IMPERFECT   il *fallait*
                  PRESENT SUBJUNCTIVE   il *faille*

fuir   PRESENT INDICATIVE   fuis fuis fuit fuyons fuyez fuient
                  PASSÉ SIMPLE   fuis
                  PAST PARTICIPLE   fui
                  PRESENT SUBJUNCTIVE   fuie fuies fuie *fuyions fuyiez* fuient

instruire	see **conduire**	
joindre	see **craindre**	
lire	PRESENT INDICATIVE	lis lis lit lisons lisez lisent
	PASSÉ SIMPLE	lus
	PAST PARTICIPLE	lu
mentir	see **dormir**	
mettre	PRESENT INDICATIVE	mets mets met mettons mettez mettent
	PASSÉ SIMPLE	mis
	PAST PARTICIPLE	mis
mourir	PRESENT INDICATIVE	meurs meurs meurt mourons mourez meurent
	PASSÉ SIMPLE	mourus
	PAST PARTICIPLE	mort
	FUTURE	*mourrai*
	PRESENT SUBJUNCTIVE	meure meures meure *mourions mouriez* meurent
naître	PRESENT INDICATIVE	nais nais naît naissons naissez naissent
	PASSÉ SIMPLE	naquis
	PAST PARTICIPLE	né
offrir	see **ouvrir**	
ouvrir	PRESENT INDICATIVE	ouvre ouvres ouvre ouvrons ouvrez ouvrent
	PASSÉ SIMPLE	ouvris
	PAST PARTICIPLE	ouvert
paraître	see **connaître**	
partir	see **dormir**	
peindre	see **craindre**	
plaindre	see **craindre**	
plaire	PRESENT INDICATIVE	plais plais plaît plaisons plaisez plaisent
	PASSÉ SIMPLE	plus
	PAST PARTICIPLE	plu

pleuvoir

PRESENT INDICATIVE	il pleut
PASSÉ SIMPLE	il plut
PAST PARTICIPLE	plu
IMPERFECT	il *pleuvait*
FUTURE	il *pleuvra*
PRESENT SUBJUNCTIVE	il *pleuve*

pouvoir

PRESENT INDICATIVE	peux (puis) peux peut pouvons pouvez peuvent
PASSÉ SIMPLE	pus
PAST PARTICIPLE	pu
FUTURE	*pourrai*
PRESENT SUBJUNCTIVE	*puisse*

prendre

PRESENT INDICATIVE	prends prends prend prenons prenez prennent
PASSÉ SIMPLE	pris
PAST PARTICIPLE	pris
PRESENT SUBJUNCTIVE	prenne prennes prenne *prenions preniez* prennent

recevoir

PRESENT INDICATIVE	reçois reçois reçoit recevons recevez reçoivent
PASSÉ SIMPLE	reçus
PAST PARTICIPLE	reçu
FUTURE	*recevrai*
PRESENT SUBJUNCTIVE	reçoive reçoives reçoive *recevions receviez* reçoivent

rire

PRESENT INDICATIVE	ris ris rit rions riez rient
PASSÉ SIMPLE	ris
PAST PARTICIPLE	ri

savoir

PRESENT INDICATIVE	sais sais sait savons savez savent
PASSÉ SIMPLE	sus
PAST PARTICIPLE	su
FUTURE	*saurai*
PRESENT SUBJUNCTIVE	*sache*
IMPERATIVE (present)	*sache sachons sachez*

sentir   see **dormir**

servir   see **dormir**

souffrir	see **ouvrir**	
suffire	PRESENT INDICATIVE	suffis suffis suffit suffisons suffisez suffisent
	PASSÉ SIMPLE	suffis
	PAST PARTICIPLE	suffi
suivre	PRESENT INDICATIVE	suis suis suit suivons suivez suivent
	PASSÉ SIMPLE	suivis
	PAST PARTICIPLE	suivi
taire	PRESENT INDICATIVE	tais tais tait taisons taisez taisent
	PASSÉ SIMPLE	tus
	PAST PARTICIPLE	tu
tenir	PRESENT INDICATIVE	tiens tiens tient tenons tenez tiennent
	PASSÉ SIMPLE	tins
	PAST PARTICIPLE	tenu
	FUTURE	*tiendrai*
	PRESENT SUBJUNCTIVE	tienne tiennes tienne *tenions teniez* tiennent
vaincre	PRESENT INDICATIVE	vaincs vaincs vainc vainquons vainquez vainquent
	PASSÉ SIMPLE	vainquis
	PAST PARTICIPLE	vaincu
valoir	PRESENT INDICATIVE	vaux vaux vaut valons valez valent
	PASSÉ SIMPLE	valus
	PAST PARTICIPLE	valu
	FUTURE	*vaudrai*
	PRESENT SUBJUNCTIVE	*vaille vailles vaille* valions valiez *vaillent*
venir	see **tenir**	
vêtir	PRESENT INDICATIVE	vêts vêts vêt vêtons vêtez vêtent
	PASSÉ SIMPLE	vêtis
	PAST PARTICIPLE	vêtu
vivre	PRESENT INDICATIVE	vis vis vit vivons vivez vivent
	PASSÉ SIMPLE	vécus
	PAST PARTICIPLE	vécu

voir	PRESENT INDICATIVE	vois vois voit voyons voyez voient
	PASSÉ SIMPLE	vis
	PAST PARTICIPLE	vu
	FUTURE	*verrai*
	PRESENT SUBJUNCTIVE	voie voies voie *voyions voyiez* voient

vouloir	PRESENT INDICATIVE	veux veux veut voulons voulez veulent
	PASSÉ SIMPLE	voulus
	PAST PARTICIPLE	voulu
	FUTURE	*voudrai*
	PRESENT SUBJUNCTIVE	*veuille veuilles veuille* voulions vouliez *veuillent*
	IMPERATIVE (PRESENT)	{ veux voulons voulez { *veuille veuillons veuillez*

NOUNS
GENDER OF NOUNS

Masculine:
  a) nouns ending in

-age	i.e.	garage	**-ier**	grenier
-ament		testament	**-in**	sapin
-ard		montagnard	**-is**	fouillis
-as		matelas	**-illon**	goupillon
-eau		tableau	**-oir**	manoir
-ement		garnement	**-on**	savon
-eur		instituteur		

  b) seasons: printemps, été, automne, hiver
  c) months: avril, juillet, août, octobre, etc.
  d) days of the week: lundi, dimanche, etc.
  e) figures: deux, zéro, etc.
  f) letters of the alphabet: un *a*, un *h* muet, un *s*, etc.
  g) trees: prunier, poirier, chêne, hêtre, etc.
  h) languages: français, russe, chinois, etc.
  i) metals: or, argent, cuivre, zinc, etc.
  j) midi, minuit

Feminine:

a) nouns ending in

-ade	i.e.	façade	**-eur**	(*abstractions*)
-aie		chênaie		valeur
-aille		bataille	**-euse**	vendeuse
-aine		semaine	**-ie**	manie
-aison		salaison	**-ille**	famille
-ande		offrande	**-ise**	friandise
-ée		journée	**-ison**	trahison
		(*except*: musée, lycée)	**-té**	clarté
-ence		essence	**-trice**	institutrice
-esse		paresse, comtesse	**-ure**	usure

b) continents: Asie, Océanie, etc.

c) countries ending in **e** (except **le Mexique**): la France

d) fruits: prune, pomme, poire, etc.

e) sciences (except **le droit**): philologie, chimie, etc.

NUMERALS (chiffres)

1	un	21	vingt et un	100	cent
2	deux	22	vingt-deux	1000	mille
3	trois	30	trente	10.000	dix mille
4	quatre	31	trente et un	100.000	cent mille
5	cinq	32	trente-deux	1.000.000	un million
6	six	40	quarante	1.000.000.000	un millard
7	sept	41	quarante et un	200	deux cents
8	huit	42	quarante-deux	210	deux cent dix
9	neuf	50	cinquante	2.000.000	deux millions
10	dix	60	soixante	10^{12}	un billion
11	onze	70	soixante-dix		
12	douze	71	soixante et onze		
13	treize	72	soixante-douze		
14	quatorze	80	quatre-vingts		
15	quinze	81	quatre-vingt-un		
16	seize	82	quatre-vingt-deux		
17	dix-sept	90	quatre-vingt-dix		
18	dix-huit	91	quatre-vingt-onze		
19	dix-neuf				
20	vingt				

NOTE: *vingt* and *cent* are invariable when used alone or followed by another number.

THE TIME (l'heure)

Quelle heure est-il?

1 AM
Il est une heure du matin.

12 AM/*noon*
Il est midi.
Il est douze heures. (*Official time uses 24 hour system.*)

1 PM
Il est une heure de l'après-midi.
Il est treize heures.

1:15 PM
Il est une heure et quart.
Il est une heure quinze.
Il est treize heures quinze.

1:30 PM
Il est une heure et demie.
Il est une heure trente.
Il est treize heures trente.

2:10 PM
Il est deux heures dix.
Il est quatorze heures dix.

2:45 PM
Il est trois heures moins le quart.
Il est deux heures quarante-cinq.
Il est quatorze heures quarante-cinq.

2:50 PM
Il est trois heures moins dix.
Il est deux heures cinquante.
Il est quatorze heures cinquante.

12 PM midnight
Il est minuit.
Il est vingt-quatre heures.

Vocabulary

This French-English vocabulary contains all words and expressions used in the text. Cognates are included, except for names of persons. The number in parentheses at the end of each entry refers to the lesson in which the given word or expression first appears. The following abbreviations have been used:

adj	adjective	*n*	noun
adv	adverb	*pl*	plural
art	article	*pp*	past participle
conj	conjunction	*prep*	preposition
excl	exclamation	*pr p*	present participle
f	feminine noun	*pron*	pronoun
int	interjection	*v*	verb
m	masculine noun		

A

à *prep* at, to (*1*)

à la after the manner of (*18*)

abaisser to stoop (*21*)

abandon *m* surrender (*26*)

abandonner to give up (*22*)

abattre to kill (*15*)

abattu *pp* dejected, discouraged (*19*)

abîmer to engulf; to damage (*18*)

abondant *adj* abundant (*9*)

abord *m* approach, access (*23*)

abordable *adj* accessible, easily approachable (*25*)

aborder to arrive; to enter upon (*23*)

aboutir à to come to (*21*)

aboyer to bark (*19*)

abri *m* shelter (*24*)

absence *f* absence (*19*)

absent –e *adj* absent (*16*)

(s')absenter to absent oneself, leave (*13*)

absolu –e *adj* absolute (*20*)

absolument *adv* absolutely (*26*)

absurde *adj* absurd (*28*)

abusif –ve *adj* excessive (*17*)

accélérateur *m* gas pedal (*14*)

accélérer to accelerate (*17*)

accent *m* accent (*2*)

accepter to accept (*20*)

accessible accessible (*29*)

accident *m* accident; **un accident de paysage** a sudden change of scenery (*22*)

accommoder to accommodate; to dress up (*29*)

accompagner to accompany (*14*)

accomplir to accomplish (*27*)

accord *m* agreement; **être d'accord** to agree (*18*)

accorder to give, grant, agree; **s'accorder** to agree (*11*)

(s')accrocher à to hang on to (*28*)

accroître to increase (*18*)

accru *pp* increased

accueillir to greet, welcome (*10*)

acculer à to drive into a corner, compel (*21*)

accumuler to accumulate; to pile (*28*)

accuser to charge (*26*)

acheminer to lead, bring (*18*)

acheter to buy (*6*)

achever to end, finish, complete; **s'achever** to end (*11*)

acquérir to acquire (*22*)

acquis *pp* acquired (*26*)

acte *m* act (*26*)

acteur *m* actor (*30*)

actif –ve *adj* active (*3*).

activité *f* activity (*22*)

actrice *f* actress (*30*)

actuel –le *adj* present (*11*)

actuellement *adv* presently

adjoindre to take, join; **s'adjoindre à soi** to take as help (*21*)

admettre to admit (*14*)

admirable *adj* admirable (*26*)

admirablement *adv* admirably (*9*)

admirer to admire (*13*)

(s')adonner à to apply oneself (*21*)

adopter to adopt (*17*)

adorablement *adv* very nicely (*5*)

adorer to adore (*19*)

(s')adosser à to lean on, to build against (*21*)

1

adresse *f* address *(24)*

adresser to address *(13)*;
   s'adresser à to address oneself
   to *(15)*

adulte *m f* and *adj* adult *(13)*

advenir to happen;
   qu'adviendra-t-il? what will
   happen? *(20)*; **advienne que**
   pourra happen what may *(28)*

adversaire *m* adversary *(21)*

aérogare *f* air terminal *(29)*

aéronautique *adj* aeronautic; *f*
   aeronautics *(7)*

(s')affaiblir to become weak

affaire *f* matter, business *(10)*;
   avoir affaire à to deal with
   (21); **faire de bonnes affaires**
   to do well *(29)*

affairé –e *adj* busy

(s')affaisser to sink *(19)*

affectif –ve *adj* affective *(15)*

affectionner to like *(15)*

affirmer to affirm *(27)*

affluence *f* abundance, multitude
   (18)

(s')affoler to lose one's head *(27)*

affres *f pl* agony *(27)*

affreux –se *adj* very ugly, horrible

affronter to brave, face *(28)*

affubler (de) to dress with, label
   with *(17)*

affut *m* gun carriage; **être à l'affut**
   to be watching *(17)*

afin *conj* in order, so *(27)*

âge *m* age; **d'un certain âge**
   middle-aged; **en bas âge** at an
   early age *(16)*; **être à la fleur**
   de l'âge to be in the prime of life

agé –e *adj* aged, old

agent *m* agent; **agent immobi-**
   lier real-estate agent *(11)*

agir to act, to concern; **s'agir de**
   to be a question of *(22)*

agoniser to be dying *(27)*

agréable *adj* agreeable *(1)*

agréer to accept, receive *(29)*

(s')agrémenter to get
   embellished *(25)*

agressivité *f* aggressiveness *(24)*

aguets *m pl* watch; **aux aguets**
   on the look-out *(28)*

ah! *int* ah! *(11)*

ahurissement *m* bewilderment
   (11)

aide *f* help *(21)*

aider to help *(15)*

aile *f* wing (13)

ailleurs *adv* elsewhere *(7)*

aimable *adj* kind *(8)*

aimer to like, love *(2)*; **aimer**
   mieux to prefer *(20)*

aîné –e *adj* elder *(29)*

ainsi *adv* thus, so *(11)*

air *m* air *(18)*

aisance *f* ease *(29)*

aise *f* ease; **être mal à l'aise** to
   be uneasy *(19)*; **être à l'aise,**
   à son aise to be at ease *(18)*

ajouter to add *(23)*

Albigeois *mp* Albigenses,
   religious sect of 11th century
   in Albi, S. France *(7)*

album *m* album *(24)*

alerte *f* alarm *(6)*; *adj* lively

aligné –e *adj* aligned *(8)*

aligner to align *(30)*

aliment *m* food *(26)*

alimentaire *adj* alimental *(29)*

alimenter to feed *(26)*

allant *m* ardor *(22)*

allée *f* path, walk *(24)*

allégé *adj* reduced *(22)*

alléguer to pretend *(28)*

Allemagne *f* Germany *(22)*

allemand –e *adj* German *(2)*

aller (à) to go (to) *(10)*; **allez!**
   why! come on! *(23)*; **allons**
   bon! why! *(20)*; **aller bien** to
   fit well *(13)*; **aller comme un**
   gant to fit like a glove *(13)*;
   comment allez-vous? how
   are you? *(17)*; **s'en aller** to go
   away

alliés *m pl* allies *(10)*

allure *f* pace, gait; **à vive allure**
   at a fast pace *(18)*

alors *adv* then; **alors que** *conj.*
   while, when, whereas *(4)*

alouette *f* lark *(13)*

allumer to turn on the light;
   s'allumer to be lit up

Alpes *f pl* Alps *(3)*

altérer alter, change *(13)*

alunissage *m* landing on the
   moon *(28)*

amabilité *f* kindness *(23)*

amadouer to flatter, coax *(14)*

amateur *m* lover *(22)*

ambiance *f* atmosphere *(21)*

ambition *f* ambition *(19)*

ambulant –e *adj* traveling *(30)*

âme *f* soul *(28)*

aménager to arrange *(5)*

aménagement *m* arrangement
   (18)

amende *f* fine, penalty *(21)*

amener to lead, bring; **être**
   amené à to be led to *(15)*

amer –ère *adj* bitter *(28)*

americain –e *adj* American *(1)*

Amérique *f* America *(1)*

amertume *f* bitterness *(24)*

ami (–e) friend *(1)*

amour *m* love *(28)*

amoureux –se *adj* enamoured
   (22)

amplificateur *m* amplifier *(14)*

ampoule *f* electric bulb *(30)*

amusant –e *adj* amusing *(4)*

amuser to amuse *(18)*

an *m* year *(5)*

anachronique *adj* anachronistic
   (30)

analytique *adj* analytic *(13)*

ancêtre *m* ancestor *(24)*

ancien –ne *adj* former *(5)*

anciens *m pl* the ancients *(5)*

anecdote *f* anecdote *(19)*

Anglais –e *adj* English *(1)*

angle *m* angle; **sous un angle**
   from a point of view *(15)*

Angleterre *f* England *(10)*

anglo-saxon –onne *adj* anglo-
   saxon *(17)*

animal *m* animal *(5)*

année *f* year *(1)*

anniversaire *m* birthday *(23)*

annonce *f* advertisement; **passer une petite annonce** to put an ad in the newspaper (*17*)

annoncer to announce (*19*)

anonymat *m* anonymity (*25*)

anonyme *adj* anonymous

anthropologique *adj* anthropologic (*13*)

antiquaire *m* antiquarian (*29*)

antique *adj* old, ancient (*7*)

antiquité *f* antiquity (*5*)

août *m* August

apanage *m* attribute, special feature (*13*)

(s')apercevoir to perceive, be aware of, notice (*17*)

aperçu *pp* noticed (*18*)

apéritif *m* before dinner drink (*9*)

apparaître to appear (*17*)

appareil *m* apparatus (*27*)

apparemment *adv* apparently (*19*)

appartement *m* apartment (*1*)

appartenir to belong to (*11*)

appel *m* call; **lancer un appel, faire appel à** to call, exhort (17)

appeler to call; **s'appeler** to be called; **Comment vous appelez-vous?** What is your name? **Comment s'appellent les candidats?** How are the candidates called? **être appelé à** to be marked or destined for (*10*)

appétissant –e *adj* appetizing, tempting (*16*)

appétit *m* appetite; **bon appétit!** good appetite! (*9*)

application *f* attention (*16*)

(s')appliquer to be attentive (*28*)

apporter to bring (*30*)

appréhender to arrest (*28*)

appréhension *f* arrest, apprehension (*30*)

apprendre to learn (*11*), to teach (*19*)

apprêt *m* preparation (*20*)

appris *pp* learned (*25*)

(s')approcher to bring near (*14*)

approfondir to deepen (*22*)

approfondissement *m* deepening (*16*)

approprier to suit, adapt, clean; **s'approprier** to appropriate to oneself; to conform

appui *m* support; **appui de fenêtre** windowsill (*8*)

(s')appuyer sur to lean on (*19*)

après *prep* after; **d'après** according to (*19*)

après-midi *m* afternoon (*10*)

apte *adj* fit (*26*)

aqueduc *m* aqueduct (*7*)

arborer to display (*18*)

arbre *m* tree (*4*)

architecte *m* architect (*18*)

architectural *adj* architectural (*5*)

arc-en-ciel *m* rainbow (*20*)

Ardenne *f* Ardenne, a region in Belgium and France

Ardennes *f pl* Ardennes, province of France

arène *f* arena (*7*); sand

argent *m* money (*9*); silver

argenté *adj* silver plated (*20*)

aride *adj* arid (*7*)

aristocratique *adj* aristocratic (*13*)

arme *f* weapon (*27*)

armée *f* army (*13*)

arôme *m* aroma (*15*)

arrangement *m* arrangement (*10*)

arranger to arrange (*29*)

arrêt *m* stop (*20*)

(s')arrêter to stop (*13*); **arrêter** to arrest (*29*)

arrivée *f* arrival (*18*)

arriver to arrive (*6*)

arrondissement *m* district

arrosé *pp* wet (*10*)

arroser to water (*29*)

artificiel –le *adj* artificial (*30*)

artisan *m* craftsman (*18*)

artiste *m* artist (*27*)

as *m* ace (*19*)

ascenseur *m* elevator (*28*)

Asie *f* Asia (*31*)

aspect *m* aspect, view (*3*)

asphyxier to asphyxiate (*20*)

aspirateur *m* vacuum cleaner (*14*); *also* **aspirateur-batteur** *n*

assaisonner to season (*20*)

assemblée *f* meeting (*27*)

(s')asseoir to sit (*13*)

assez *adv* enough (*5*)

assiette *f* plate (*28*)

assimiler to assimilate (*17*)

assister to assist; **assister à** to attend (*16*)

assurer to ensure (*11*)

astre *m* star (*28*)

astronaute *m* astronaut (*28*)

atelier *m* studio, workshop (*22*)

athlète *m* athlete (*14*)

Atlantique *m* Atlantic (*3*)

atmosphère *f* atmosphere (*22*)

atmospherique *adj* atmospheric (*15*)

(s')attabler to sit down at the table (*24*)

attacher to fasten (*6*); **attacher à** to get attached to (*21*)

attaque *f* attack (*20*)

attaquer to assail (*30*)

atteindre to reach (*29*)

attelé (à) *adj* settled down (to) (*18*)

attendre to wait (*10*); (s')attendre à to expect, to foresee (*19*)

attention *f* attention; **l'attention se porte sur** all eyes are on (something) (*10*)

atterrir to land (*24*)

attirer to attract (*9*)

attiser to stir up (*30*)

attitude *f* attitude (*21*)

attraper to catch (*25*)

au –à le

aube *f* dawn (*25*)

auberge *f* inn (*19*)

aucun –e *adj* none (*25*)

audace *f* audacity, daring (*9*)

audacieux -se *adj* daring (*28*)

auditeur *m* listener (*14*)

auditrice *f* listener (*14*)

augmenter to increase (*18*)

augure *m* omen (*23*); **Acceptons-en l'augure** let us hope it will come true

aujourd'hui *adv* today (*2*)

aumônier *m* chaplain (*19*)

auparavant *adv* before (*30*)

auquel *see* **lequel**

aussi *adv* also, therefore (*1*)

aussitôt (que) *adv* as soon as

autant as much as; **d'autant plus que** so much more so as

auteur *m* author (*28*)

authentique *adj* authentic (*23*)

auto *f* car (*8*)

autobus *m* bus (*8*)

automatique *adj* automatic (*29*)

automatiquement *adv* automatically (*8*)

automne *m* or *f* fall (*23*)

automobile *f* car (*8*)

automobiliste *m* motorist (*6*)

autoriser to authorize (*29*)

autoroute *f* highway (*20*)

autour (de) *adv* around (*14*)

autre *adj* other (*5*); **bien d'autres** many others (*20*); **d'autre part** on the other hand (*23*)

autrement *adv* otherwise (*30*)

autrui *pron* others (*25*)

auvent *m* eaves (*29*)

aux -à les

avalanche *f* avalanche (*17*)

avance *f* advance (*11*)

(s')avancer to go forward (*9*)

avant (de) *prep* before (*13*)

avantage *m* advantage

avantageux *adj* advantageous (*16*)

avant-hier *m* the day before yesterday (*17*)

avare *adj* greedy (*25*)

avec *prep* with; **avec cela que** besides (*18*)

avenant *adj* comely; **à l'avenant** in keeping with the rest (*29*)

avenir *m* future; **à l'avenir** from now on, in the future (*11*)

aventure *f* adventure (*25*)

(s')aventurer to venture (*9*)

averse *f* shower (*30*)

avertir to warn (*29*)

avertisseur *m* horn (*6*)

aveu *m* consent; avowal (*22*)

aveugle *m* blind man (*2*)

avide *adj* eager (*24*)

avidement *adv* eagerly (*28*)

avidité *f* greediness (*2*)

avis *m* information (*28*)

avocat *m* lawyer (*2*)

avoir to have (*2*); **avoir à** to have to (*18*); **avoir besoin de** to need (*5*); **avoir chaud** to be hot (*7*); **avoir envie (de)** to desire (something) (*7*); **avoir faim** to be hungry (*7*); **avoir froid** to be cold (*7*); **avoir honte (de)** to be ashamed (of) (*7*); **avoir le sourire** to be smiling (*6*); **avoir lieu** to take place (*15*); **avoir l'air** to seem (*19*); **avoir mal (à)** to have a pain, to hurt (*7*); **avoir peur (de)** to be afraid (of) (*7*); **avoir raison** to be right (*7*); **avoir soif** to be thirsty (*7*); **avoir sommeil** to be sleepy (*7*); **avoir tort** to be wrong (*7*); **avoir une vue sur** to look out on (*6*);

avortement *m* abortion (*23*)

avouer to admit, avow (*14*)

avril *m* April (*7*)

axe *m* axle (*23*)

B

bac *m* (à fleurs) (flower) pot (*17*)

baccalauréat *m* baccalaureate (exam) (*25*)

baccarat *f* long stemmed roses (*18*)

bachot *m* baccalaureate (exam) (*25*)

bâcler to bungle (*29*)

badaud *m* gaper (*30*)

bagage *m* baggage (*24*)

bague *f* ring (*17*)

baguette *f* stick (*18*)

baie *f* opening, window, bay, bay window (*19*)

baigneur *m* bather (*19*)

bain *m* bath (*19*)

baisser to decrease (*18*); **se baisser** to stoop, bend down (*13*)

balayer to sweep (*20*)

baleine *f* whale; rib (*18*)

balle *f* bullet (*10*); ball (*19*)

ballet *m* ballet (*16*)

banal -e *adj* commonplace (*17*)

banane *f* banana (*9*)

bande *f* band, gang (*19*)

banlieue *f* suburbs (*5*)

bannir to banish (*19*)

banque *f* bank (*16*)

banquier *m* banker (*16*)

baptême *m* baptism (*9*)

baptiser to baptize (*11*)

barbare *m* barbarian, *adj* barbarous (*19*)

barbu *m* bearded man, hippy (*20*)

barrière *f* fence, barrier (*16*)

bas, basse *adj* low (*5*); **dire tout bas,** to whisper (*22*)

base *f* basis (*24*)

basé sur based upon (*30*)

baser to base (*14*)

bastille *f* bastille (*20*)

bataille *f* battle (*28*)

bateau *m* boat

bateau-mouche *m* sight-seeing boat (*25*)

bâtiment *m* building (*29*)

bâtir to build (*7*)

battre to beat (*15*); **battre son plein** to be in full swing; **se battre** to fight (*18*)

battue -e, *adj* beaten (*18*)

bavard -e *adj* talkative (*23*)

bavarder to chat (*8*)

beau, belle *adj* beautiful (*4*);

il fait beau (temps) it is good weather (7)

beaucoup *adv* much, many (5)

beauté *f* beauty (25)

beaux-arts *m pl* school of fine arts (5)

beau-fils *m* step-son (22)

beau-frère *m* brother-in-law (27)

beau-père *m* step-father (30)

bébé *m* baby (28)

bec *m* beak (13)

bel *adj* beautiful (masc. form before a vowel) (4)

belge *adj* Belgian (9)

Belgique *f* Belgium (9)

belle-soeur *f* sister-in-law (27)

belliqueux –se *adj* warlike (9)

bénir to bless (28)

berceau *m* cradle (4)

béret *m* cap (7)

berlinois –e *adj* from Berlin (27)

besoin *m* need (16)

best-seller *m* best-seller (28)

bête *f* animal (17)

beurre *m* butter (9)

biais *m* shift, subterfuge, detour (25); **par ce biais** by this subterfuge (25)

bibliothèque *f* library (1)

bicoque *f* shack (19)

bicyclette *f* bicycle (6)

bien *adv* well, good; **aussi bien que** as well as (17); **bien des** many; **bien fait** well done; **bien sûr** of course, to be sure; **vouloir du bien** to wish well to (21)

bienfait *m* good turn, good effect

bien *m* goods (24)

bientôt *adv* soon

bière *f* beer (9)

bifteck *m* steak (20)

bijou *m* jewel (29)

bijoutier *m* jeweller (29)

billet *m* ticket (11)

billion *m* 10 to the 12th power (31)

biscuit *m* biscuit, cookie (9)

bisser to encore (29)

bistrot *m* small cafe (10)

blague *f* joke, fib (19)

blanc –che *adj* white (4)

blancheur *f* whiteness (10)

blasement *m* indifference

blasé –e *adj* used up, indifferent (28)

blé *m* wheat (9)

(se) blesser to hurt (oneself) (18)

blessure *f* wound (22)

bleu *adj* blue (4)

bleuâtre *adj* bluish; **au bleu** in vegetable broth and white wine (20)

blond –e *adj* fair (8)

bloquer to block, stop (6)

blouson noir *m* black leather jacket (6)

boeuf *m* ox (15)

boire to drink (9); **boire à la santé de** to drink to the health of (30)

boîte *f* box (17)

boiter to limp (29)

bombe *f* bomb (17)

bon –ne *adj* good (4); **pour de bon** for good

bon *adv* right (20)

bonbon *m* candy (15)

bond *m* jump, leap (9)

bondé *adj* full (18)

bondir to jump (18)

bonheur *m* happiness (11)

Bonjour *m* Good morning (13)

bonté *f* goodness (13)

bord *m* edge (24)

bordant *adj* bordering, encircling (5)

bordeaux *m* wine from Bordeaux (9)

border to border (5)

borne *f* limit, boundary (3)

botte *f* boot (30)

bouche *f* mouth (14)

boucher to block (27)

boucherie *f* butcher shop, slaughter (15)

bouchon *m* jamming, traffic jam (19)

bouchon *m* cork (29)

boue *f* mud (29)

boueux –se *adj* muddy (30)

bouger to move (20)

bouillant –e *adj* boiling (20)

bouillon *m* bouillon, broth (9)

boulangère *f* baker (19)

boulangerie *f* bakery (19)

boule *f* ball (7)

boulevard *m* boulevard

bouleverser to upset (30)

bourgeois –e *adj* bourgeois, middle class (2)

bourgogne *m* Burgundy (wine) (9)

bourreau *m* executioner (15)

bourse *f* scholarship, purse (29)

bousculer to hustle, to push and shove (21)

bout *m* piece, end (9)

bouteille *f* bottle (10)

boutique *f* shop (29)

boutonner to button (13)

branche *f* branch

branlant –e *adj* shaky (19)

branle *m* shaking; **se mettre en branle** to start (23)

bras *m* arm (7); **lever les bras au ciel** to raise one's arms (25)

brave *adj* good (11)

bref –ève *adj* short (30); **en bref** in short (11)

Bretagne *f* Brittany (29)

breton –ne *adj* Breton (29)

brie *m* cheese from La Brie (9)

brièvement *adv* briefly (24)

briller to shine (8); **briller par son absence** to be conspicuously absent (19)

brioche *f* bun (27)

brique *f* brick (8)

briser to break (18)

britannique *adj* British (11)

brochure *f* pamphlet (19)

bronze *m* bronze (5)

brosser to brush (18)

brouhaha *m* hubbub (14)

brouillard *m* fog (20)

bruit *m* noise (6)

brûler to burn (*18*); brulés vifs
  burnt alive (*24*)
brume *m* fog (*18*)
brumeux –se *adj* misty (*9*); il fait
  brumeux it is misty (*9*)
brun –e *adj* brown (*8*)
brusque *adj* blunt, rough (*22*)
brusquement *adv* brusquely (*18*)
Bruxelles *f* Brussels (*1*)
bûche *f* log (*30*)
buffet *m* cupboard (*28*)
buisson *m* bush (*16*)
bulletin *m* bulletin (*25*)
bureau *m* office (*18*)
Burgonde *m* Burgundian (*19*)
but *m* goal (*11*)
butin *m* spoils (*19*)

C

ça *pron* that (*20*)
cacher to hide (*14*)
cachet *m* price, remuneration (*21*)
cadeau *m* gift (*26*)
cadence *f* cadence, rhythm (*15*)
café *m* coffee (*9*); coffee house
  (*19*); le pot à café coffee pot
  (*8*)
cafetière *f* cafeteria
cage *f* cage (*16*)
cahier *m* notebook (*11*)
caille *f* quail (*9*)
calamité *f* calamity (*11*)
calculer to calculate (*13*)
Californie *f* California (*24*)
calmé *adj* pacified
calmement *adv* quietly (*18*)
calomnier to slander (*18*)
camarade *m* comrade, fellow (*22*)
camembert *m* cheese from
  Camembert (*9*)
camion *m* truck (*11*)
campagnard –e *adj* peasant (*6*)
campagne *f* country (*5*),
  campaign (*14*); à la campagne
  in the country
camper to camp; to plant, fix,
  pitch; se campe makes himself
  (*21*)

Canada *m* Canada
canadien –ne *adj* Canadian (*24*)
canalisation *f* canalization (*19*)
canard *m* duck (*9*)
candidat *m* candidate (*23*)
canne *f* cane (*19*)
cantatrice *f* singer (*20*)
caoutchouc *m* rubber (*30*)
capable *adj* capable (*1*)
capacité *f* capacity (*16*)
capétien –ne *adj* of the 3rd
  French dynasty (*14*)
capital –e *adj* essential (*11*)
capitale *f* capital (*3*)
capoter to capsize (*29*)
captivant –e *adj* captivating (*29*)
capturer to capture (*13*)
car *conj* since, because (*7*)
car *m* bus, coach (*20*)
caractère *m* temper, nature (*7*);
  also, letter, character (*21*)
caractériser to characterize (*7*)
caractéristique *adj* typical (*13*)
cardinal –e *adj* chief
carence *f* absence, insolvence (*30*)
caressant –e *adj* caressing (*2*)
caresse *f* caress (*8*)
carnassier *m* carnivore (*20*)
carnet *m* notebook (*24*)
carnivore *adj* carnivorous (*2*)
carolingien –ne *adj* of the 2nd
  French dynasty (*14*)
carré *adj* square (*29*)
carreau *m* floor, square (*18*)
carrefour *m* crossroad (*20*)
carrément *adv* flatly (*16*)
carte *f* card, list (*9*); carte
  postale *f* postcard (*22*)
cas *m* case (*11*); en tout cas in
  any case
casser to break (*18*)
catastrophe *f* disaster (*26*)
catégorie *f* category (*4*)
cathédrale *f* cathedral (*9*)
catholique *adj* catholic (*4*)
cause *f* cause; à cause de because
  of, thanks to (*7*)
causer to cause, to speak or chat
  (*7*)

cavalier *m* horseman (*18*)
cave *f* cellar (*9*)
ce *pron* or *adj* this; ce sont these
  are; sur ce upon that (*23*)
ceci *pron* this; ceci dit this
  having been said (*15*)
céder to yield, to give up or give
  in (*3*)
cela *pron* that (*11*)
célèbre famous (*9*)
célébrer to celebrate (*13*)
celle *see* celui
celle-ci this one (*23*)
celle-là that one (*13*)
celtique *adj* Celtic (*23*)
celui, celle, ceux, celles *pr.*
  dem. he, she, they, those (*23*)
celui-ci this one (*23*)
celui-là that one (*24*)
censé *pp* supposed
cent *m* and *adj* hundred (*17*)
cent mille 100,000 (*31*)
centaine *f* about one hundred (*23*)
centenaire *adj* a hundred years
  old (*19*)
centimètre *m* centimeter (*17*)
central –e *adj* central (*5*)
centralisateur –trice *adj*
  centraliser (*7*)
centre *m* center (*5*)
cependant *adv* yet (*4*)
céréale *f* cereal (*6*)
cerner to hem in (*26*)
certain –e *adj* some (*2*); certain
certainement *adv* certainly (*25*)
certes *adv* indeed (*17*)
certificat *m* certificate (*25*)
certitude *f* certainty (*30*)
cerveau *m* brain (*29*)
ces *pron* and *adj dem* these (*9*)
cesser to cease (*23*)
cet –te *adj dem* this (*10*)
ceux *adj* those (*13*)
chacun –e *pron* each (*3*)
chahut *m* hubbub, row (*23*)
chaîne *f* chain (*4*)
chair *f* flesh, meat (*20*)
chaise *f* chair (*14*)
chaleur *f* heat (*4*)

chambard *m* row (*23*)

chambre *f* room, bedroom (*21*)

chambre à coucher *f* bedroom (*5*)

chameau *m* camel (*8*)

champ *m* field (*28*)

Champagne *f* Champagne (province) (*9*)

champagne *m* champagne (wine) (*15*)

champagnisation *f* preparation similar to champagne (*9*)

champion *m* champion (*21*)

champ *m* country (*6*)

champ-de-mars *m* esplanade in Paris (*20*)

chance *f* chance, luck (*28*)

chancelant -e *adj* tottering (*30*)

change *m* exchange (*14*)

changement *m* change (*22*); changer de place to change place

changer to change

changeur manuel *m* money-changer (*21*)

chanson *f* song (*4*)

chanson de geste *f* epic poem (*9*)

chanter to sing (*10*)

chanteur *m* singer (*14*)

chanteur-compositeur singer-composer (*8*)

chanteuse *f* singer (*14*)

chapeau *m* hat (*11*)

chapelle *f* chapel (*6*)

chapitre *m* chapter (*26*)

chaque *adj* each (*3*)

charge *f* load

charger to load (*21*); charger de to charge with; (se)charger de to take upon oneself (*24*)

charitable *adj* charitable (*14*)

charmant -e *adj* charming (*29*)

charme *m* charm (*3*)

chasse *f* hunt, chase (*2*)

chasseur *m* hunter (*13*)

chat *m* -te *f* cat (*2*)

château *m* castle (*4*)

châtiment *m* punishment (*15*)

chaud -e *adj* warm (*7*); il fait chaud it's hot (*7*); tenir chaud to keep warm (*30*)

chaudement *adv* warmly (*30*)

chauffage *m* heating system (*5*)

chauffé *adj* warmed (*20*)

chauffer to warm (*17*)

chauffeur *m* driver (*18*)

chaussée *f* highway (*26*)

(se)chausser to put on one's shoes (*22*)

chaussure *f* shoe (*30*)

chef *m* chief (*18*)

chef d'oeuvre *m* masterpiece (*9*)

chef d'état-major *m* chief of staff (*9*)

chemin *m* way, road; demander son chemin to ask for direction (*21*)

cheminée *f* chimney (*30*)

cheminée ouverte *f* fireplace (*30*)

chemise *f* shirt (*18*)

chemisette *f* sport shirt (*7*)

chênaie *f* grove of oaks (*31*)

chêne *m* oak (*4*)

chêne-liège *m* cork-tree (*4*)

chèque *m* check (*27*)

cher, chère *adj* dear (*4*)

chercher to look for (*2*)

cheval *m* horse (*5*)

chevalerie *f* chivalry (*9*)

chevalier *m* knight (*30*)

chevauchée *f* ride (*7*)

cheveu *m* hair; mèches de cheveux locks (*24*)

chez at the house of, among (*1*)

chez soi at one's place (*21*)

chichi *m* manner, ceremony (*27*)

chien *m* dog (*2*)

chiffon *m* rag (*19*)

chiffre *m* figure

chimie *f* chemistry (*31*)

chimique *adj* chemical (*7*)

chinois -e *adj* Chinese (*31*)

chinoiserie *f* useless complication (*22*)

chirurgien *m* surgeon (*19*)

chocolat *m* chocolate (*9*)

choeur *m* chorus; en choeur all together, in unison (*29*)

choisir to choose (*7*)

choix *m* choice (*9*)

choquer to shock (*22*)

chose *f* thing (*8*)

chrétien -ne *adb* or *n* Christian (*23*)

chrétienté *f* Christendom (*2*)

christianiser to christianize (*19*)

chronomètre *m* chronometer (*17*)

chrysanthème *m* chrysanthemum (*8*)

chuchotement *m* whisper (*15*)

chute *f* fall (*29*)

ciel *m* sky, heaven; plaise au ciel (à dieu) would to God (*28*)

cigarette *f* cigarette (*30*)

ciment *m* cement (*16*)

cinéma *m* movies (*19*)

cinq five (*10*)

cinquantaine *f* about fifty (*22*)

cinquante *adj* fifty (*26*)

circonstance *f* circumstance; de circonstance opportune (*21*)

circulation *f* traffic (*23*)

circuler to move around

cire *f* wax (*8*)

cirque *m* amphitheatre (*4*)

ciseaux *m pl* scissors (*20*)

cité *f* city (*3*)

citron *m* lemon (*20*)

civil *adj* and *m* civil, civilian; en civil in plain clothes (*3*)

civilisation *f* civilization (*3*)

clamer to cry out (*23*)

clandestin -e *adj* secret (*15*)

clarté *f* clearness (*26*)

classe *f* class (*16*)

classer to file (*21*)

classique *adj* classic (*13*) *n m* Latin or Greek author (*21*)

clavicule *f* collar bone (*18*)

clé *f* key

client *m* customer (*23*)

clientèle *f* customers, practice (*29*)

climat *m* climate (*4*)

climatisé –e *adj* air-conditioned (*29*)

clique *f* military band (*30*)

clocher *m* steeple (*8*)

clouer to nail (*17*)

coeur *m* heart (*7*); à contre coeur reluctantly (*13*); de gaîté de coeur gladly (*27*)

coexister to coexist (*22*)

coiffer to dress; to check (*24*); (se)coiffer to comb one's hair (*13*)

coiffeur *m* barber (*17*)

coin *m* corner (*5*)

col *m* neck, collar (*18*); cols blancs white-collar workers (*18*)

colère *f* anger (*8*); se mettre en colère to become angry (*23*)

colérique *adj* easily angered (*19*)

collaborateur, –trice *n* collaborator (*20*)

collectif –ve *adj* collective

collection *f* collection (*25*)

coller to fit, stick; tout colle everything fits (*15*)

collier *m* necklace, collar; reprendre le collier to go back to work (*27*)

combat *m* combat (*4*)

combien *adv* how much, how many (*6*)

combiner to combine (*20*)

comblé *adj* loaded with (*11*); être comblé to have everything

comédie *f* comedy (*8*)

commande *f* order (*16*)

commandement *m* commandment

commander to order

comme *conj* since, as; *prep* like (*15*)

commémorer to commemorate (*13*)

commencement *m* beginning (*2*)

commencer to begin (*9*)

comment *adv* how (*6*)

commentaire *m* commentary (*9*)

commentateur *m* radio-reporter (*6*)

commenter to comment upon (*23*)

commerce *m* trade (*22*)

commercial –e *adj* commercial (*29*)

commettre to commit (*25*)

commode *adj* convenient (*30*)

commun –e *adj* common (*2*)

communauté *f* community; France and her former colonies (*2*)

commune *f* unincorporated city (*10*)

communication *f* communication (*28*)

communiquant *adj* connected (*29*)

communiquer to communicate (*26*)

compagnon *m* companion (*2*)

comparaison *f* comparison (*23*)

comparaître to appear (*20*)

comparer to compare (*30*)

compatible *adj* compatible (*17*)

compatriote *m* or *f* compatriot (*27*)

competiteur –trice *n* competitor (*20*)

complet –ète *adj* complete, full (*18*)

complet *m* suit (*28*)

complètement *adv* fully (*23*)

complexité *f* complexity (*19*)

compliqué complicated (*9*)

comporter to imply; ne comporte plus does not entail (*21*)

composer to compose (*16*)

compositeur *m* composer (*27*)

composition *f* exam (*25*)

compote *f* stew (*9*)

compréhension *f* understanding (*16*)

comprendre to understand, to include or comprise; tout compris all included (*20*)

compte *m* count; en fin de

compte in the end (*17*)

compter to count (*13*); to expect (*19*)

comte *m* count (*7*)

comtesse *f* countess (*31*)

concentration *f* concentration (*16*)

concentrationnaire *adj* packed in concentration camp (*22*)

concerner to concern (*26*)

concert *m* concert (*6*)

concevoir to conceive (*17*)

conclure to conclude (*30*)

conçu *pp* conceived (*29*)

condamner to condemn (*13*)

condition *f* condition (*11*); dans ces conditions under such circumstances (*28*)

conducteur *m* driver (*6*)

conduire to drive (*14*)

conférence *f* lecture (*14*)

confiance *f* confidence (*24*); faire confiance à to trust

confier to entrust (*28*); (se)confier à to confide in (*21*)

confisquer to confiscate (*27*)

confiture *f* jam (*9*)

conflit *m* conflict (*30*)

confondre to confuse (*20*)

(se)conformer à to conform to

conformément *adj* according to (*24*)

confort *m* comfort (*11*)

confrère *m* colleague (*20*)

confusion *f* confusion

congé *m* leave; avoir congé to have a holiday (*22*)

connaissance *f* knowledge, acquaintance; faire connaissance to get acquainted (*24*)

connaisseur *m* connoisseur (*15*)

connaître to know

connivence *f* connivance, complicity (*18*)

consacrer to consecrate (*28*)

(se)consacrer à to devote oneself to (*21*)

conscience *f* conscience, percep-

tion(*28*); **prendre conscience
de** to be aware of

consciencieusement *adv*
scrupulously (*24*)

conscient –e *adj* conscious (*6*)

conseil *m* advice (*21*)

conseiller to advise (*19*)

conseiller *m* adviser (*21*)

consentir to consent (*24*)

conservateur –trice *m* con-
servative (*17*)

conserver to maintain, keep (*15*)

considérable *adj* considerable
(*15*)

considération *f* consideration
(11)

considérer to consider, look at
(*15*)

consommation *f* consumption
(*16*)

consommer to consume (*16*)

constamment *adv* constantly
(*24*)

constant –e *adj* constant (*24*)

constatation *f* ascertaining (*29*)

constituer to constitute (*21*)

constructeur *m* builder (*29*)

construction *f* building (*7*);
mettre en construction to
start building

construire to build (*18*)

consulter to consult (*26*)

conte *m* short story (*25*)

contemplation *f* contemplation
(*28*)

contempler to contemplate (*28*)

contenir to hold (*20*)

content –e *adj* satisfied

contenter to satisfy (*19*)

conter to tell (*9*)

conte *m* short story (*8*)

contestataire *m* person opposed
to status quo (*23*)

contestation *f* opposition (*23*)

continent *m* continent (*11*)

continental –e *adj* continental
(*4*)

continu –e *adj* uninterrupted,
continuous (*5*)

continuer to continue (*11*)

contractuel *m* (kind of) policeman (*21*)

contraindre to compel (*18*)

contraire *m* opposite; **au
contraire** on the contrary (*8*)

contrariété *f* vexation (*9*)

contraste *m* contrast (*3*)

contrat *m* contract (*24*)

contravention *f* fine (*23*)

contre *prep* against (*14*)

contrée *f* region (*8*)

contre-indiqué –e *adj* contra-
indicated (*19*)

contribuer to contribute (*29*)

contributions *f pl* taxes (*29*)

contrôle *m* control (*25*)

contrôler to control (*25*)

controverse *f* controversy (*23*)

convaincre to convince (*28*)

convenir to agree (*20*)

convention *f* agreement (*22*)

conversation *f* conversation;
engager la conversation to
strike a conversation (*23*);
alimenter la conversation
keep the conversation going (*23*)

convertir to convert (*19*)

convoiter to covet (*25*)

copain *m* friend, chum (*28*)

copie *f* copy (*25*)

cordial –e *adj* hearty (*22*)

corne *f* horn (*26*)

corporel –le *adj* bodily (*30*)

corps *m* body

correspondance *f* correspondence; **être en correspondance
avec** to correspond with s. o.
(*24*)

correspondre to correspond (*30*)

corridor *m* corridor (*5*)

corriger to correct (*25*)

corrompre to corrupt (*26*)

cortège *m* procession (*30*)

cosmos *m* cosmos (*3*)

costume *m* dress, costume, suit (*8*)

côte *f* shore, coast, rib (*18*)

côté *m* side; **à côté de** near, next
to (*6*)

(se)coucher to go to bed, lie
down (*13*)

coude *m* elbow (*13*)

couler to flow (*16*)

couleur *f* color (*3*)

couloir *m* corridor (*29*)

coup *m* stroke (*14*)

coup de téléphone telephone
call (*22*)

coupable *adj* guilty (*25*)

couper to cut (*29*)

coupeur *m* cutter (*13*)

cour *f* court yard (*5*); **au cours
(de)** in the course of, during
(*13*); **cour d'amour** *f* court of
love (*7*)

courage *m* courage (*9*)

courageux –euse *adj* courageous
(*25*)

courant *m* current (*26*)

(se)courber to stoop (*13*)

coureur *m* racer (*21*)

courir to run (*14*)

cours *m* course (*16*)

course *f* race; **faire des courses**
to go shopping (*21*); **courses
de taureaux** *f pl* bull-fights

courtement shortly (*30*)

cousin –e *n* cousin (*24*)

coûter to cost; **coûte que coûte**
at any cost (*28*)

coutume *f* custom, habit (*3*)

coutumier –ière *adj* customary,
usual (*16*)

couturier *m* fashion designer (*21*)

couvée *f* brood (*17*)

couver to brood (*17*)

couvercle *m* lid (*22*)

couvreur *m* roofer (*24*)

couvrir to cover (*7*)

craie *f* chalk (*29*)

craindre to fear (*17*)

crainte *f* fear (*17*)

(se)cramponner to hold fast
(*20*)

cramponné *adj* held on (*18*)

craquer to crack (*8*)

cravate *f* necktie (*6*)

crayon *m* pencil (*13*)

créateur *m* creator (*13*)
création *f* creation (*17*)
créature *f* creature (*13*)
créer to create (*16*)
crème *f* cream (*15*)
cri *m* shout (*9*)
crier to shout (*14*)
criminel –le *adj* criminal (*29*); *n* criminal
crise *f* crisis (*30*)
cristal *m* crystal (*15*)
critiquer to criticize (*7*)
croire to believe (*17*)
croisade *f* crusade (*7*)
croisière *f* cruise (*25*)
croyant *m* believer (*23*)
cru *m* vineyard (*9*)
crûment coarsely (*28*)
cueillir to pick (*22*)
cuire to cook (*20*)
cuisine *f* kitchen, cooking (*29*)
cuisinière *f* stove (*8*)
cuisson *f* cooking (*20*)
cuivre *m* copper (*31*)
cuivres *m pl* instruments of a brass band (*30*)
cultiver to cultivate (*22*)
culture *f* culture (*15*)
culturel –le *adj* cultural
cure *f* cure; **faire une cure** to follow a medical treatment
curieux –se *adj* unusual (*28*); *n* observer (*29*)
curiosité *f* curiosity (*20*)
cycliste *n* cyclist (*6*)
cyclomoteur *m* motorcycle (*6*)
cyprès *m* cypress (*4*)

D

dactylo *f* typist (*24*)
dahlia *m* dahlia (*8*)
daim *m* suede (*24*)
dame *f* lady (*15*)
damer to crown (*20*)
danger *m* danger (*21*)
dans *prep* in, into (*3*)
danser to dance (*16*)
date *f* date; **la date limite** deadline (*27*)

dater (de) to date (back)
davantage *adv* more (*21*)
de *prep* of, from (*1*)
débarquement *m* landing (*10*)
débarquer to land (*25*)
(se)débarrasser to get rid of (*21*)
déboîter to dislocate (*18*)
déboucher to come out, to emerge (*11*)
debout *adv* standing (*15*)
(se)débrouiller to shift for oneself (*24*)
début *m* beginning (*9*)
débutant *m* beginner (*20*)
deçà *adv* on this side (*25*)
décembre *m* December (*5*)
décentralisation *f* decentralization
décentraliser to decentralize (*20*)
décevant –e *adj* disappointing, deceptive (*18*)
décevoir to deceive, disappoint (*17*)
déchéance *f* fall (*27*)
déchirant –e *adj* heart-rending (*9*)
déchirer to tear (*21*)
décidément decidedly (*24*)
décider to decide (*15*)
décision *f* decision; **prendre une décision** to make a decision (*21*)
déclic *m* click (*23*)
déconseiller to dissuade (*19*)
décor *m* scenery (*29*)
découverte *f* discovery (*17*)
découvrir to discover, learn (*15*)
décrire to describe (*30*)
déçu –e *adj* disappointed (*28*)
dedans *adv* inside, within (*21*)
dédouaner to pass through customs (*27*)
déduction *f* deduction (*26*)
défaite *f* defeat (*17*)
défaut *m* defect, flaw (*16*)
défendu –e *adj* forbidden (*30*)
défendre to defend (*24*)

défenseur *m* defender (*26*)
défi *m* challenge (*21*)
défiguré *adj* disfigured (*28*)
défiler to march past (*30*)
définir to define (*17*)
déformer to put out of shape (*20*)
dégager to free (*15*)
dégât *m* damage (*19*)
dégoût *m* disgust (*27*)
dégoûter to disgust (*30*)
dégradation *f* degradation (*30*)
dehors *adv* outside; **en dehors de** outside of (*18*)
déjà *adv* already (*2*)
déjeuner to have lunch (*10*)
déjeuner *m* lunch (*10*)
déjouer to baffle (*29*)
delà beyond; **au delà** beyond, hereafter (*25*)
délai *m* allowed time, delay (*18*)
délaisser to desert, leave out (*18*)
délicat –e *adj* delicate (*15*)
délicieux –se *adj* delicious (*25*)
délié –e *adj* nimbleness (*27*)
délinquant *m* offender (*25*)
demain *adv* tomorrow
demande *f* question, request (*15*)
demander to demand, require; **se demander** to wonder
démarche *f* gait, step (*27*)
démarrer to start, cast off (*20*)
démasquer to unmask (*15*)
démettre to put out of joint, dislocate (*18*)
demeure *f* residence (*5*)
demeurer to live (*5*)
demi –e *adj* half
démis *pp* **demettre** put out of joint, dislocated (*18*)
demi-heure *f* half-hour
démocratie *f* democracy (*23*)
démocratisation *f* act or process of becoming democratic (*13*)
démoder to go out of fashion (*18*)
demoiselle *f* young lady (*6*)
démolir to pull down, demolish (*29*)

dénominateur *m* denominator (7)

dent *f* tooth (7); être sur les dents to be very busy

départ *m* departure (28)

département *m* department (9)

dépasser to pass (21)

dépayser to take out of one's element (29)

(se)dépêcher to hurry up (27)

dépeindre to depict (21)

dépendre to depend

dépense *f* expense

dépenser to spend; se dépenser to spare no trouble (23)

dépit *m* spite en dépit de in spite of (19)

(se)déplacer to travel (25)

déplaire to displease (24)

déplorable deplorable (24)

déplorer to deplore (24)

déployer to display (21)

déposer to put down (16)

déprimé –e *adj* depressed (18)

depuis *prep* since (2); depuis lors *adv* since then

déranger to disturb (13)

derby *m* derby (14)

dériver to derive (13)

dernier –ière *adj* last, past (3)

dernier-né *n* last-born (29)

dérober to steal; se dérober to steal off (18)

déroulement *m* passing, unrolling (17)

dérouler to unfold, unroll

derrière *adv* to the rear (5); *prep* behind (6)

des → de + les

dès *prep* from (22); dès que *conj* as soon as

désagréable *adj* disagreeable (29)

désastre *m* disaster (18)

désavantage *m* disadvantage (9)

descendant *m* offspring (25)

descendre to go down, descend (13)

désert –e *adj* empty (21)

désespoir *m* despair (27)

déshérité –e *adj* disinherited (21)

désigner to designate (11)

désintoxication *f* deintoxication (30)

désir *m* desire (25)

désirer to desire

désobligeant –e *adj* disobliging, unkind, uncivil (17)

désolant –e *adj* grievous, distressing (24)

désolé –e *adj* sorry, grieved (20)

desormais *adv* from now on

desquels = de + lesquels

dessert *m* dessert (15)

dessiner to draw (20)

dessin *m* drawing (18)

dessous *adj* underneath (21); au-dessous de under (7)

dessus *adv* above; au-dessus de above, on top of (21)

destin *m* destiny (18)

destination *f* destination

désuétude *f* disuse; tomber en désuétude to become obsolete

détail *m* detail (24)

détendre to relax, slacken (30)

détenir to detain, hold (20)

détester to detest (9)

détour *m* shift, dodge (29)

détracteur *m* slanderer (21)

détrempé *adj* soppy, dissolved (8)

détruire to destroy (17)

dette *f* debt (27)

deux *adj* two; tous les deux both (15)

deux cent dix 210 (31)

deux cents 200 (31)

deux millions 2,000,000 (31)

deuxième *adj* second (1)

dévaloriser to decrease the value (23)

dévaluation *f* devaluation (21)

devant *prep* before, in front of; au devant de towards; sur le devant in the front part (6)

dévastation *f* devastation, ravage (7)

développer to develop (11)

devenir to become; devenir amoureux to fall in love (16)

deviser to chat (8)

dévoiler to unveil, to reveal (20)

devoir *m* assignment, duty (13)

devoir to have to (17)

dévorer to devour (2)

dextérité *f* skill (30)

diable *m* devil; pauvre diable poor wretch (19)

dialecte *m* dialect (13)

diapo *f* slide (21)

diapositive *f* slide (21)

dicter to dictate (17)

dictionnaire *m* dictionary

Dieu *m* God; mon Dieu! good heavens! à Dieu ne plaise! God forbid! (28)

différemment *adv* differently (24)

différence *f* difference (20)

différencier to differentiate (23)

différent –e *adj* different (23)

différer to defer (3)

difficile *adj* difficult (4)

difficilement *adv* with difficulty (29)

difficulté *f* difficulty (27)

diffuser to broadcast (21)

digne *adj* worthy (of); être digne de to be worthy of (13)

diluvien –ne *adj* diluvian; of or relating to a flood (30)

dimanche *m* Sunday (16)

dimension *f* size (28)

dîner *m* and *v* dinner, to dine (9)

dire to speak, tell, say; en dire long to tell a lot about (20); n'allez pas me dire don't tell me; pour ainsi dire so to speak (28)

direct –e *adj* direct; en direct live

directement *adv* directly (24)

directeur *m* director (20)

direction *f* direction (7)

directrice *f* directress (20)

(se)diriger vers to go to; se

diriger en coup de vent to go rapidly to (*18*)

discipline *f* discipline (*16*)

discret –ète *adj* discrete (*23*)

discrimination *f* discrimination (*22*)

discussion *f* discussion (*7*)

discuter to discuss (*28*)

disparaître to disappear

disperser to disperse (*29*)

disposer (de) to have at one's disposal, to dispose (*14*)

disposition *f* arrangement (*17*)

disque *m* record, parking permit (*5*)

dissemblance *f* dissimilarity (*3*)

disseminer to scatter (*29*)

dissimuler to conceal (*20*)

distinctif –ve *adj* distinctive

distinction *f* distinction (*23*)

distinguer to distinguish; se distinguer to gain distinction (*18*)

distraction *f* amusement (*11*)

(se)distraire to amuse oneself (*26*)

divers –e *adj* various (*4*)

diversifier to diversify (*22*)

diversité *f* diversity (*3*)

divertir to amuse; se divertir to amuse oneself (*24*)

divertissant –e *adj* amusing (*19*)

divertissement *m* amusement (*21*)

divin –e *adj* divine (*13*)

diviser to divide (*5*)

division *f* division (*11*)

divorce *m* divorce, separation (*18*)

dix *adj* 10

dix mille *adj* 10,000 (*31*)

dixième *adj* tenth (*23*)

dix-huit *adj* eighteen

dix-neuf *adj* 19 (*6*)

dix-sept *adj* 17 (*22*)

dix-septième *adj* seventeenth (*5*)

dizaine *f* about 10 (*20*)

do do, musical note c (*24*)

docilement *adv* with docility, submissively (*30*)

docilité *f* docility (*16*)

document *m* document (*25*)

doigt *m* finger (*7*)

doigté *m* skill, tact (*22*)

dollar *m* dollar (*9*)

domaine *m* domain (*14*)

domanial –e domanial, of a realm or domain (*14*)

domestique *m* or *f* servant; *adj* domestic (*2*)

dominer to prevail, dominate

dommage *m* damage, harm; il est dommage que, c'est dommage it's a pity (*29*)

donc *conj* then

donner to give (*8*)

dont *pron* whose, of which (*21*)

doré –e *adj* golden (*9*)

dormir to sleep; dormir à poings fermés to sleep like a log (*20*)

dos *m* back (*9*)

doter to endow (*23*)

douane *f* customs (*29*)

douanier *m* customs officer; douanier en civil plain clothes customs officer (*27*)

double *m* double (*5*)

doubler to fold, double; to pass; to double as (*21*)

doucement *adv* softly

douloureux –se *adj* painful

doute *m* doubt (*30*); sans doute without a doubt, probably (*21*)

douter to doubt; se douter de to suspect

doux, douce *adj* soft; il fait doux the weather is mild (*7*)

douzaine *f* dozen (*22*)

douze *adj* twelve (*4*)

drame *m* drama (*15*)

dramatiquement *adv* dramatically (*25*)

drap *m* cloth (*9*)

(se)dresser (contre) to rise up (against) (*13*)

drogue *f* drug (*25*)

droit *m* law, right

droite *f* right; à droite to or on the right (*5*)

drôle *adj* funny, queer (*17*)

duc *m* duke (*9*)

ducal –e *adj* ducal (*9*)

dûment *adv* duly (*24*)

dune *f* dune (*8*)

duquel *pron* de + lequel whose (*4*)

dure *adj* hard (*30*)

d'abord *adv* first, at first (*3*)

d'ailleurs *adv* besides (*29*)

d'après according to (*7*)

d'habitude usually (*7*)

d'où hence (*14*)

E

eau *f* water (*4*)

eau gazeuse *f* seltzer (*9*)

éborgner to poke an eye out (*18*)

écarter to deviate (*22*)

échanger to exchange

(s')échapper to escape from (*22*)

écharpe *f* scarf (*28*)

échelle *f* ladder (*29*)

écho *m* echo (*8*)

échouer to fail; to strand or be stranded (*21*)

éclair *m* lightning (*28*)

éclaircir to brighten, elucidate (*28*)

éclairé lighted (*5*)

éclairer to light (*6*)

éclatant –é *adj* striking, brilliant (*10*)

éclater to burst (*19*)

école *f* school; école maternelle kindergarten (*22*)

écono me *adj* thrifty (*25*)

économies *f pl* savings (*26*)

économique *adj* economical, cheap (*14*)

écouter to listen to (*2*)

écran *m* screen (*6*)

écrasant –e *adj* crushing (*16*)

écraser to crush (*29*)

écrevisse *f* crayfish (*9*)

(s')écrier to exclaim, shout (27)

écrire to write; écrire à la machine to type (29)

écrit –e adj written (7)

écrivain m writer (26)

édam m cheese from Edam (9)

édifice m building (16)

éditeur m publisher (28)

édition f edition, publishing (28)

éduquer to bring up (26)

effacer to erase

effectuer to do, accomplish (26)

effet m effect; en effet in fact (11); faire son effet to be effective (30)

efficace adj efficient (11)

efficacité f efficiency (21)

(s')effondrer to collapse (18)

effort m effort (14)

effrayé adj frightened (19)

effrayer to frighten (17)

égal –e adj equal (5)

égard m regard; à l'égard de with regard to; à cet égard in this respect (22)

égarer to misplace; s'égarer to wander (21)

égaré lost (25)

église f church (7)

égoïste adj selfish; n egotist (25)

égratigner to scratch (18)

égyptien –ne Egyptian (12)

eh! ah! well! (20)

eh bien! well! well yes! (19)

élaborer to work out, elaborate (18)

élargissement m widening (16)

électeur m elector, voter (23)

élection f election (10)

électrique adj electric (10)

élégamment adv elegantly (14)

élégant –e adj elegant (30)

élevage m stock-farming, breeding (9)

élevé –e adj high, elevated (18)

élève m or f pupil

élever to erect, raise; s'élever (contre) to protest (against), rise, rise up (13)

éliminer to eliminate (21)

elle pron she

elle-même pron herself (20)

(s')éloigner to go away (22)

élu –e elected, elect (23)

émail m enamel (8)

embourgeoisement m becoming middle class (18)

(s')embourgeoiser to become middle class (23)

embouteillage m traffic-jam, bottleneck (26)

embrouiller to jumble up, confuse (26)

(s')émerveiller to marvel (29)

émettre to emit, express (29)

emmener to go away with, take away (23)

émotif –ve adj pertaining to the emotions, emotive (13)

émotion f emotion (10)

(s')émouvoir to be moved (30)

(s')emparer (de) to seize (18)

empêcher to prevent, hinder (14)

empire m empire, dominion, influence (30)

emploi m use (19)

employé –e m used (9)

employer to use

employeur m employer (24)

empoisonner to poison (25)

emporter to carry off, win, carry along (21)

empressé hurried; (s')empresser to hurry (17)

emprunter to take, borrow (19)

en prep in, to, like (1)

enchanté –e adj delighted, charmed (29)

enchanteur, enchanteresse adj delightful (29)

encombrement m obstruction, traffic jam (23)

encombrer to obstruct, to throng (16)

encore adv again, still (7)

encouragement m encouragement (4)

encre f ink; fait couler

beaucoup d'encre causes much to be written (makes the ink flow) (16)

encyclopédie f encyclopedia (23)

endimancher to dress in Sunday clothes (18)

(s')endormir to fall asleep (18)

endroit m place; à l'endroit de with regard to (22)

énergie f energy (28)

énervement m nervous irritation (6)

(s')énerver to get nervous (19)

enfance f youth, childhood (23)

enfant m f child (4)

enfin adv finally (4)

enfler to swell, inflate, amplify (14)

(s')enfuir to run away, flee (18)

engagement m contract, engagement (24)

(s')engager to pledge oneself (24)

enjamber to run over (29)

enlever to carry off (20)

ennemi –e m enemy (2)

ennui m boredom, trouble (9)

ennuyer to bore; to annoy, bother; s'ennuyer to become bored or annoyed (14)

ennuyeux –euse adj boring, troublesome (4)

énorme adj huge (16)

énormément adv enormously, very much (24)

enquête f inquiry, poll (23)

enregistrer to record (23)

enrhumé –e adj having a cold; s'enrhumer to catch a cold

(s')enrichir to become rich (13)

enseignant m teacher (16)

enseignement m teaching, instruction (16)

enseigne f sign (30)

ensemble m whole; adj together (5)

ensuite adv then (4)

entendre to hear; s'entendre to agree, get along (18)

enterrer to bury (*29*)

(s')entêter to be bent on, to be stubborn (*22*)

enthousiasme *m* enthusiasm (*16*)

enthousiaste *m* enthusiast; *adj* enthusiastic (*25*)

entier –ière *adj* entire (*8*)

entièrement *adv* completely (*18*)

entourage *m* environment, circle of followers (*6*)

entourer (de) to surround (by) (*8*)

entraîner to draw along, to train (*30*)

entraîneur *m* trainer (*26*)

entre *prep* between (*1*)

entrée *f* entrance, first course (*5*); **faire son entrée** to enter (*21*)

entreprenant –e *adj* enterprising (*8*)

entreprendre to undertake (*11*)

entreprise *f* enterprise (*18*)

entrer (dans) to enter (*5*)

entretenir to cultivate (*22*)

envahir to invade (*18*)

envahissant –e *adj* invading (*7*)

envahissement *m* invasion (*17*)

envahisseur *m* invader (*8*)

enveloppe *f* envelope (*11*)

envers *prep* toward (*22*)

envie *f* desire, envy; **avoir envie de** to desire, have a fancy for (*22*)

envieux –se *adj* envious (*6*)

environ *adv* about, nearly (*24*)

environnant –e *adj* surrounding (*6*)

environs *m* surroundings; **aux environs de** in the neighborhood of (*9*)

(s')envoler to fly away (*18*)

envoyer to send (*13*)

épais –se thick (*4*)

épargner to spare (*28*)

épater to amaze; **s'épater** to be amazed (*13*)

épaule *f* shoulder (*18*)

épée *f* sword (*4*)

épicerie *f* grocery store (*19*)

épicier *m* **–ière** *f* grocer (*19*)

épier to watch, spy upon (*17*)

épigraphe *f* epigraph

épilogue *m* epilogue (*15*)

épique *adj* epic (*7*)

épopée *f* epic poem (*30*)

époque *f* epoch (*5*)

épouse *f* wife (*19*)

épouser to marry (*25*)

épouvantable *adj* appalling (*14*)

épouvanté *adj* frightened (*19*)

épouvanter to scare (*14*)

époux *m* husband (*19*)

éprouver to try; to feel, experience (*6*)

épuisé –e *adj* exhausted, used up (*24*)

épuiser to exhaust (*24*)

équitation *f* horseback riding (*25*)

équivalent –e *adj* equivalent (*18*)

érable *m* maple (*5*)

ère *f* era (*25*)

éreintant –e *adj* exhausting, tiring (*21*)

ériger to erect (*10*)

erreur *f* error; **faire erreur** to err (*13*)

escalier *m* stairs; **escalier roulant** escalator (*18*)

escapade *f* prank (*20*)

escargot *m* snail (*9*)

espace *m* space (*28*)

Espagne *f* Spain (*13*)

espagnol –e *adj* Spanish (*4*)

espèce *f* kind, species (*29*)

espérance *f* hope (*29*)

espérer to hope (*3*)

espion -ne *n* spy (*25*)

espoir *m* hope (*29*)

esprit *m* mind, spirit, wit (*3*)

esquisse *f* sketch (*26*)

esquisser to sketch, outline (*26*)

essai *m* attempt (*23*)

essayer to try (*13*)

essence *f* gas (*21*)

essentiel -le *adj* essential (*11*)

essuyer to wipe (*26*)

est *m* east (*4*)

estimer to esteem (*22*)

estivant *m* summer visitor (*23*)

estomac *m* stomach (*7*)

estropié –e *adj* crippled (*28*)

et and (*1*)

étable *f* stable (*14*)

établi -e *adj* established (*5*)

établir to settle, establish (*18*)

étage *m* floor, story, stage; **premier étage** second floor (*29*)

étalement *m* display, spreading out (*23*)

étape *f* stopping place, stage; step (*21*)

état *m* state, condition (*2*)

étatisé –e *adj* owned and controlled by the state (*21*)

États-Unis *m pl* United States

été *m* summer (*4*)

(s')étendre to spread, extend, stretch (*13*)

éternel –le *adj* everlasting (*28*)

éthéré –e *adj* ethereal (*29*)

étoile *f* star (*20*)

étonner to surprise; **s'étonner** to be surprised (*10*)

étouffer to choke (*29*)

étourdi –e *n* scatterbrain (*20*)

étourdir to stun (*20*)

étrange *adj* strange (*9*)

étranger –ère *n* foreigner; **à l'étranger** abroad (*20*)

être to be (*1*); **ainsi soit-il** so be it; **ça y est** it's done; **c'est** it is, **c'est eux, ce sont eux** it's them; **est-ce?** is it? **n'est-ce pas?** isn't it? **que serait-ce?** what would it be? **soit!** so be it! **un tant soit peu** somewhat (*26*)

étroit –e *adj* narrow (*24*)

étrusque *adj* Etruscan (*13*)

étudiant –e *n* student (*1*)

étudier to study (*2*)

eurodollar *m* ''eurodollar'' (*11*)

Europe *f* Europe (*11*)

européen –ne *adj* European (*4*)

eurotunnel *m* ''eurotunnel'' (*11*)

eurovision *f* "eurovision" (*11*)

eux *m pl* they, them (*20*)

eux-mêmes *m pl* themselves (*24*)

évacuer to evacuate (*10*)

(s')évader de to escape from (*22*)

évangélisme *m* evangelism (*13*)

évasion *f* escape (*29*)

éveil *m* awakening (*22*)

événement *m* event (*17*)

éventail *m* fan; variety (*23*)

évêque *m* bishop (*19*)

évidemment *adv* evidently, obviously (*24*)

évident –e *adj* obvious

éviter to avoid (*19*)

évoluer to evolve (*13*)

évoquer to evoke (*9*)

exact –e *adj* exact (*11*)

exactement *adv* exactly (*20*)

exagération *f* exaggeration (*26*)

exaltation *f* exaltation (*28*)

exalter to exalt (*26*)

examen *m* examination (*25*)

examiner to examine (*6*)

excellant *p pr* excelling (*29*)

excellent –e *adj* excellent (*10*)

exclamation *f* exclamation (*28*)

exclusivement *adv* exclusively (*25*)

exemple *m* example (*2*); **par exemple** for instance (*2*)

exercer to carry on, to produce (*11*)

exercice *m* exercise (*8*)

exigence *f* demand (*14*)

exiger to demand

(s')exiler to go into exile (*18*)

exister to exist, be (*2*)

existence *f* life, existence (*8*)

exotique *adj* exotic (*18*)

expérience *f* test, experience (*20*)

expérimenté –e *adj* experienced (*21*)

expert *m* expert (*26*)

explication *f* explanation (*15*)

expliquer to explain (*14*)

exploit *m* deed (*30*)

exploiter to cultivate, to take advantage of (*3*)

exposer to exhibit (*18*)

exposition *f* exhibition (*18*)

express *m* express train (*29*)

(s')exprimer to express oneself (*10*)

exquis –e *adj* exquisite (*6*)

extension *f* extension, increase (*29*)

extraordinaire *adj* extraordinary (*29*)

exubérant –e *adj* exuberant (*3*)

F

fabrication *f* manufacture (*9*)

fabrique *f* factory (*14*)

fabriqué –e *adj* manufactured, invented (*15*)

fabriquer to manufacture, invent (*17*)

façade *f* front (*31*)

face *f* face (*16*); **d'en face** across, on the opposite side (*19*)

facette *f* facet

fâché –e *adj* angry (*8*)

(se)fâcher to get angry (*27*)

fâcheux –se *adj* troublesome, cross; ticklish (*19*)

facile *adj* easy (*4*)

facilement *adv* easily (*7*)

facilité *f* ease (*29*)

façon *f* manner, way; **de façon à** so as to (*3*)

facteur *m* mailman (*6*)

facultatif –ve *adj* optional (*16*)

faculté *f* faculty (*1*); **faculté de droit** *f* law school (*16*)

faible *adj* weak (*16*)

faiblesse *f* weakness (*30*)

faillir to err; **faillir à** to fail; **faillir + inf** to almost do something (*29*)

faillité *f* bankruptcy (*21*)

faim *f* hunger (*7*)

faire to do, make, cause (*7*); **faire du bruit** to make noise (*6*); **faire erreur** to be mistaken (*20*); **faire le guet** to watch (*17*); **faire part de** to announce,

let someone know (*15*); **faire plaisir** to please (*20*); **se faire à** to get used to (*18*)

faisable *adj* feasible (*21*)

fait –e *adj* done (*10*)

fait *m* fact (*28*)

falaise *f* cliff (*29*)

falloir to be necessary (*10*); **il faut** it is necessary; **il leur faut** they must (*22*); **tant s'en faut** far from it (*30*)

familial –e *adj* of the family (*6*)

familier –ière *adj* familiar (*17*)

famille *f* family (*14*)

fané *adj* withered (*14*)

fanfare *f* brass band, fanfare (*30*)

fantaisie *f* fancy (*30*)

fantastique *adj* fantastic (*16*)

fard *m* make-up (*21*)

fardeau *m* burden (*25*)

(se)farder to put on make-up (*30*)

farine *f* flour (*9*)

fascination *f* fascination (*21*)

fasciner to fascinate

fatalement *adv* inevitably (*28*)

fatigant –e *adj* tiresome (*21*)

fatigue *f* tiredness (*6*)

fatigué –e *adj* tired (*10*); **être fatigué de quelque chose** to be tired of something (*10*)

fatiguer to tire; **se fatiguer** to get tired (*18*)

(se)faufiler to slip in, insinuate, zigzag (*20*)

fausser to falsify (*23*)

faute *f* error, mistake (*30*); **faute de** for want of (*23*)

fauteuil *m* arm chair (*13*)

faux, fausse *adj* false (*26*)

favorable *adj* favorable (*4*)

favori, favorite *adj* favorite (*4*)

feindre to pretend (*26*)

feint *pp* pretended, feigned (*26*)

fêlé *adj* cracked (*21*)

fêler to crack (*18*)

félicité *f* bliss (*29*)

femelle *f* female (*17*)

femme *f* woman (*11*)

fendre to split *(18)*
fendu *pp* split, broken *(18)*
fenêtre *f* window *(6)*
féodal -e *adj* feudal *(9)*
ferme *f* farm *(17)*
ferme *adj* firm *(30)*
fermer to close *(14)*
fermier -ière farmer *(8)*
féroce *adj* ferocious *(19)*
fertile *adj* fertile *(3)*
fervent *n* enthusiast; **fervent -e**
  adj fervent *(6)*
festival *m* festival *(19)*
fête *f* party *(28)*
fétu *m* straw *(16)*
feu *m* fire *(24)*
feuille *f* leaf *(4)*
feuilleter to skim through *(19)*
fiançailles *f pl* betrothal *(15)*
fiancé -e *n* betrothed
(se)fiancer à to get engaged to
  (21)
fictif -ve *adj* fictitious *(7)*
fidèle faithful *(21)*
fier, fière *adj* proud *(6)*
(se)fier à to trust *(21)*
fièrement *adv* proudly *(6)*
figaro *m* barber *(7)*
figé *adj* cold, frozen *(19)*
figuration *f* figuration, represen-
  tation in figures and shapes *(29)*;
  faire de la figuration to
  represent *(29)*
figure *f* face, figure, role *(25)*;
  faire figure de to look like *(25)*
(se)figurer to imagine *(23)*
fil *m* wire *(21)*
filer to trail, march, run *(6)*
filet *m* net, snare, string *(13)*
fille *f* girl *(4)*
film *m* film *(14)*
fils *m* son *(9)*
fin *f* end *(28)*
finalement *adv* finally *(23)*
financier -ière *adj* financial *(25)*
financier *m* financier *(25)*
fin -e *adj* fine *(20)*
fini -e *adj* finished *(20)*

finir to end *(7)*; **on finit par** one
  finally *(28)*
fixe *adj* fixed *(18)*
fixer to fasten *(18)*
flambeau *m* torch *(30)*
flamme *f* flame *(24)*
flan *m* custard *(9)*
flanc *m* side *(20)*
Flandre *f* Flanders *(8)*
flèche *f* arrow *(8)*; **comme une**
  flèche like an arrow *(28)*
fleur *f* flower
fleurant *pr p* smelling
fleurer to smell; **fleurant bon**
  sweet smelling *(16)*
fleuri -e *adj* blossoming
fleurir to blossom *(7)*
fleuriste *m* florist *(18)*
fleur *f* flower *(3)*
fleuve *m* river *(3)*
fluide *adj* fluid *(23)*
flûte *f* flute, flautist, tall slender
  champagne glass *(15)*
foie *m* liver *(7)*
fois *f* time *(13)*; **une fois (que)**
  once; **à la fois** together, at the
  same time *(3)*
fol *see* **fou**
folie *f* folly *(15)*; **folie des**
  grandeurs *f* delusions of
  grandeur *(15)*
folle *adj see* **fou**
foncé -e *adj* dark (of color) *(3)*
fonction *f* function *(10)*
fonctionnaire *m* civil servant *(7)*
fond *m* bottom; **à fond**
  completely *(29)*
fondamental -e *adj* fundamental
  (22)
fondateur *m* founder *(19)*
fontaine *f* fountain *(21)*
force *f* strength *(9)*
forcément *adv* necessarily *(11)*
forêt *f* forest *(25)*
formalité *f* form *(27)*
format *m* format *(25)*
formation *f* formation *(16)*
forme *f* form *(17)*; **en bonne**
  forme in good shape *(26)*

former to form *(13)*
formule *f* formula, slogan *(17)*
fort *adv* strongly *(13)*; **plus fort**
  louder, stronger *(14)*
fort -e *adj* strong
fortuit -e *adj* accidental *(27)*
fortuné *adj* rich, wealthy *(11)*
fortune *f* wealth *(28)*
fou, folle, fol *adj* mad; **fou rire**
  uncontrollable laughter *(4)*
foudre *f* thunder *(24)*
fouet *m* whip; **un coup de fouet**
  a shot, stimulant *(30)*
fougue *f* passion *(30)*
fouille *f* search *(25)*
fouillis *m* mess *(31)*
foule *f* crowd *(23)*
fouler to tread, sprain *(18)*
fourbu -e *adj* exhausted *(30)*,
  tired out *(18)*
fourneau *m* stove *(8)*
fournir to supply *(22)*
fourrure *f* fur *(2)*
foyer *m* hearth, home *(24)*
fragile *adj* frail *(19)*
fraîchement *adv* newly *(25)*
fraîcheur *f* coolness *(29)*
frais, fraîche *adj* fresh; **il fait**
  frais the weather is cool *(7)*
franc, franche *adj* frank, candid
  (19)
franc, franque *adj* Frank,
  Frankish
franc *m* franc, French money
français -e *adj* French
France *f* France *(11)*
franchir to cross, pass over *(25)*
franchissement *m* crossing *(25)*
francien *m* dialect of the Ile-de-
  France *(14)*
francophonie *f* French-speaking
  world *(17)*
frapper to strike *(19)*
fraude *f* fraud, smuggling *(25)*
frequent -e *adj* frequent *(4)*
frère *m* brother *(1)*
friable *adj* crumbling easily *(16)*
friandise *f* epicurism, dainty,
  tidbit *(31)*

frigo *m* refrigerator (*21*)

frisquet *adj* cool (*7*)

frisson *m* shiver (*25*)

frites *f pl* french fried potatoes (*20*)

froid –e *adj* cold (*4*); **il fait froid** the weather is cold (*7*)

froidement *adv* coldly, unpleasantly (*20*)

froideur *f* coldness (*8*)

froisser to rumple, offend (*27*)

fromage *m* cheese (*9*)

front *m* forehead (*26*)

frontière *f* border (*4*)

fruit *m* fruit (*30*)

fruitier –ière *adj* fruit bearing (*17*)

fruste *adj* unpolished, rough (*22*)

fuir to run away, flee (*14*)

fumée *f* smoke, fume (*3*)

fumer to smoke (*29*)

fumoir *m* parlor (*5*)

funambule *m* tight rope walker (*16*)

fur *m* (used only in expressions) **au fur et à mesure** in proportion (*21*)

fusil *m* gun (*30*)

fusion *f* fusion, melting (*3*)

futile *adj* futile (*21*)

futilité *f* futility (*21*)

futur *m* future (*1*)

G

gabelou *m* customs-officer (*27*)

gagner to reach, win (*18*)

gai –e *adj* merry (*25*)

gaîté *f* gaiety (*27*)

galamment *adv* gallantly (*24*)

galant –e *adj* gallant (*24*)

galère *f* galley; **vogue la galère!** happen what may (*28*)

galerie *f* gallery (*5*)

gambader to gambol (*19*)

gamin –ine *m* street-boy, urchin (*13*)

ganster *m* gangster (*25*)

gant *m* glove (*13*)

garage *m* garage (*5*)

garagiste *m* garage man (*11*)

garçon *m* boy (*4*)

garde *f* watch (*2*); **mettre en garde (contre)** to warn (against) (*17*)

garde *m* warder (*25*); **jouer les gardes-chiourmes** act like a warder of convicts

garder to keep, keep from (*17*)

gare *f* station (*8*)

garer to park (*20*)

garnement *m* scamp, rogue (*31*)

garni –e *adj* furnished, trimmed (*20*)

garnir to trim (*7*)

Garonne *f* Garonne river (*7*)

garrotter to pinion, tie down (*15*)

gars *m* guy (*8*)

Gascogne *f* Gascony (*7*)

gastronomie *f* gastronomy (*29*)

gastronomique *adj* gastronomic (*28*)

gâteau *m* cake (*9*)

gâter to spoil (*27*)

gauche *adv* left; **à gauche** to the left (*5*)

Gaule *f* Gaul (*13*)

gaver to cram, gorge (*29*)

gaz *m* gas (*5*)

géant –e *adj* gigantic; *n* giant (*16*)

gelée *f* frost (*4*)

geler to freeze (*7*)

gendarme *m* policeman (*7*)

gêné –e *adj* uneasy (*19*)

général –e *adj* general (*9*)

généralement *adv* generally (*4*)

généraliser to generalise (*23*)

génération *f* generation

génie *m* genius (*3*)

genou *m* knee (*18*)

genre *m* kind (*14*)

gens *m pl* people (*11*)

gentil –le *adj* gentle, nice (*4*)

gentiment *adv* gently (*27*)

géographique *adj* geographic (*14*)

geranium *m* geranium (*1*)

germanique *adj* Germanic (*17*)

geste *m* gesture (*3*)

geste *f* epic poem (*3*)

gibier *m* game (*15*)

gilet *m* vest (*13*)

gîte lodging (*17*)

glace *f* ice, plate-glass, mirror (*13*)

glacial –e *adv* cold (*8*)

gladiateur *m* gladiator (*26*)

gloire *f* glory (*26*)

glorieux –se *adj* glorious (*10*)

golf *m* golf (*9*)

gomme *f* gum, eraser (*22*)

gorge *f* throat (*7*)

gothique *adj* Gothic (*3*)

goupillon *m* bottle-brush (*31*)

goût *m* taste (*3*)

goûter *m* tea (*30*)

gouttelette *f* small drop (*30*)

gouvernement *m* government (*20*)

gouverner to govern (*20*)

grâce *f* grace, mercy (*13*); **grâce à** thanks to (*22*)

graine *f* seed (*17*)

grammaire *f* grammar (*3*)

grand –e *adj* tall, great, grand, grown-up (*3*)

grandeur *f* height, greatness; **grandeur d'âme** magnanimity (*10*)

grandiose *adj* grand (*7*)

grands-parents *m pl* grandparents (*22*)

grand-chose *adv* something (*28*)

grand-maman *f* grandma (*30*)

grand-mère *f* grandmother (*17*)

grand-papa *m* granddad (*25*)

grand-père *m* grandfather (*19*)

grand-route *f* highway (*19*)

grand-rue *f* main street (*29*)

grange *f* barn (*13*)

grappe *f* bunch (*15*)

gras –se *adj* fat (*4*)

gratitude *f* gratitude (*10*)

grave *adj* heavy, serious, low (*19*)

gravir to climb (*16*)

gravité *f* gravity (*26*)

gré *m* will, wish; thanks (*17*)

grec, grecque *adj* Grecian, *n* Greek (*4*)

Grece *f* Greece (*15*)

greffer to graft (*30*)

grenier *m* attic, loft (*19*)

grimper to climb (*29*)

gris -e *adj* grey (*2*)

gronder to scold (*20*)

gros -se *adj* big (*4*)

grossir to enlarge, to put on weight (*26*)

groupe *m* group (*16*)

grue *f* crane (*16*)

guère *adv* scarcely (*9*)

guéri -e *adj* healed (*10*)

guérir to cure; se guérir to get better (*26*)

guerre *f* war; guerre mondiale *f* world war (*9*)

guet *m* watch, look-out (*17*)

guetter to watch, lie in wait for (*17*)

gueule *f* mouth (of animal)

guide *m* guide, guide book (*20*)

guider to guide (*25*)

guitare *f* guitar (*24*)

gymnastique *f* gymnastics (*25*)

H

habile *adj* skillful (*26*)

habileté *f* skill (*16*)

(s')habiller to dress (*24*)

habitable *adj* habitable (*30*)

habitant -e *n* inhabitant (*11*)

habitation *f* dwelling

habiter to inhabit, live (*4*)

habitude *f* habit (*21*)

habituel -le *adj* usual (*16*)

(s')habituer à to get used to (*21*)

*hache, *f* hatchet (*19*)

*hachis *m* mince meat, hash (*9*)

*haine *f* hatred (*9*)

*haïr to hate (*15*)

haleine *f* breath (*21*); être hors d'haleine to be out of breath (*21*)

*hall *m* hall

*halles *f pl* market-house; le carreau des halles (*18*) floor of central market

hallucinant -e *adj* hallucinating (*28*)

*hameau *m* hamlet (*2*)

*hangar *m* shed, hangar (*19*)

*hantise *f* obsession (*15*)

*hardiesse *f* boldness (*9*)

*haricot *m* bean (*29*)

harmonieux -se *adj* harmonious (*3*)

(s') harmoniser to harmonize (*15*)

*hasard *m* chance (*25*)

*haschisch *m* hashish (*30*)

*hâte *f* haste (*17*)

*hâter to hurry (*20*)

*hausser to increase, amplify, raise (*14*)

*haut -e *adj* high (*10*)

*haut-parleur *m* loud-speaker (*28*)

*havre *m* haven (*19*)

hécatombe *f* hecatomb, sacrifice or slaughter (*29*)

hectare *m* hectare 2 and one-half acres (*24*)

hélas *itj* alas! (*24*)

héler to hail (*18*)

*héraut *m* herald (*10*)

herbe *f* grass (*8*)

*hérisser to stick up on, bristle (*16*)

héritage *m* heritage (*7*)

héritier *m* heir (*29*)

*héros *m* hero (*10*)

hésiter to hesitate (*15*)

*hêtre *m* beech (*4*)

heure *f* hour; de bonne heure early (*18*); être à l'heure to be on time (*20*); à quelle heure? at what time? à tout à l'heure see you later

heureusement *adv* luckily (*19*)

heureux -se *adj* happy (*4*)

*heurter to strike or knock against, to offend (*30*)

hier *adv* yesterday (*6*)

hiérarchique *adj* hierarchical (*14*)

*hippie *m* hippie (*24*)

hirondelle *f* swallow (*25*)

*hisser to raise (*16*)

histoire *f* history, story (*19*)

historique *adj* historical (*19*)

hiver *m* winter (*4*)

*HLM *m* (habitation à loyer modéré) low cost housing (*27*)

hoc, ad hoc for the purpose (*25*)

homme *m* man (*6*); comme un seul homme all together (*20*)

honnête *adj* honest (*21*)

honorable *adj* honorable (*8*)

*honte *f* shame (*7*)

*honteux -se *adj* ashamed (*15*)

horaire *m* schedule (*22*)

horizon *m* horizon (*16*)

horizontal -e *adj* horizontal (*14*)

horloge *f* clock (*19*)

*hors *prep* outside (*29*); hors de out of (*21*)

*hors-taxe *adj* duty-free (*29*)

hospitalier -ière *adj* hospitable (*19*)

hostile *adj* hostile (*11*)

hôte, hôtesse guest, host, hostess (*8*)

hôtel *m* hotel (*4*)

hôtelier *m* inn-keeper (*2*)

*houille *f* coal (*9*)

*houle *f* swell, surge (*29*)

huile *f* oil (*21*)

huissier *m* usher (*19*)

*huit *adj* eight (*10*)

huître *f* oyster (*9*)

humain -e *adj* human (*15*)

humanités *f pl* humanities; faire leurs humanités to study Latin and Greek (*13*)

humeur *f* humor, mood (*30*)

humide *adj* wet (*4*)

humiliant -e *adj* humiliating (*25*)

humilité *f* humility (*28*)

*hurlement *m* yell (*20*)

*hypocrisie *f* hypocrisy (*21*)

I

Ibère *m* Iberian (*13*)

ici *adv* here (*10*)

idéal **-e** *adj* ideal; *n* **idéal** ideal (*14*)

idéalisme *m* idealism (*30*)

idée *f* idea (*15*); **n'avoir qu'une idée en tête** to think only of; **Vous en avez des idées!** How funny! (*22*)

identifier to identify (*30*)

ignorant **-e** *adj* uninformed, ignorant (*21*)

il he or it

il y a there is, there are

illimité **-e** *adj* boundless, unlimited (*26*)

illusion *f* illusion (*11*)

illustrer to illustrate (*19*)

ils *m pl* they (*1*)

image *f* picture, image (*28*)

imaginaire *adj* imaginary (*7*)

imagination *f* imagination (*11*)

imaginer to imagine (*24*)

immédiat **-e** *adj* immediate (*28*)

immediatement *adv* immediately (*26*)

immense *adj* immense (*9*)

immeuble *m* apartment house (*5*)

immobilier **-ière** *adj* pertaining to real estate (*11*)

immobiliser to fix (*6*)

immortel **-e** *adj* immortal *m pl* French academy members

impardonnable *adj* unpardonable (*17*)

impatience *f* impatience (*17*)

(s')impatienter to get impatient (*25*)

impénitent **-e** *adj* unrepentant, impenitent (*26*)

impérieux **-se** *adj* domineering (*6*)

imperméable *adj* waterproof (*30*)

implanter to implant (*21*)

implorer to implore (*19*)

importance *f* importance (*11*)

important **-e** *adj* important (*11*)

importer to import (*20*)

imposer to impose (*23*)

impossible *adj* impossible (*24*)

imprévu **-e** *adj* unexpected, unforeseen (*19*)

imprudence *f* carelessness (*24*)

imprudent **-e** *adj* imprudent, careless (*20*)

inaugurer to inaugurate (*29*)

incapable *adj* incapable (*13*)

incendie *m* fire (*24*)

incessant **-e** *adj* ceaseless, incessant (*23*)

incident *m* incident (*24*)

inciter to incite (*25*)

inclus **-e** *adj* included (*20*)

inconnu **-e** *adj* unknown; *n* stranger (*13*)

incontestable *adj* unquestionable

indécis **-e** *adj* undecided (*23*)

indépendant **-e** *adj* independent (*8*)

indescriptible *adj* undescribable (*18*)

indifférent **-e** *adj* indifferent (*23*)

indigne unworthy (*18*)

(s')indigner to become indignant (*18*)

indiquer to indicate (*25*)

indispensable *adj* indispensable (*16*)

individu *m* individual, person, fellow (*21*)

individuel **-le** individual

industrie *f* industry (*20*)

industriel *m* manufacturer (*9*)

inéluctable *adj* unavoidable (*30*)

inexistant **-e** *adj* non-existent (*6*)

inexorablement *adv* unrelentingly (*29*)

infanterie *f* infantry (*11*)

(s')infiltrer to infiltrate (*21*)

infini **-e** *adj* infinite (*28*)

infirmier **-ière** *n* nurse (*29*)

infliger to inflict (*21*)

influence *f* influence (*21*)

influencer to influence (*23*)

informations *f pl* news (*6*)

informatique *f* theory of computerized information (*23*)

infraction *f* breach (*25*)

ingénieur *m* engineer (*15*)

inhumain **-e** *adj* inhuman (*13*)

injurer to insult (*18*)

injuste *adj* unjust (*19*)

inlassablement *adv* indefatigably (*30*)

innovation *f* innovation (*17*)

innover to innovate (*13*)

inoccupé **-e** *adj* free (*19*)

inquiet **-iète** *adj* uneasy, anxious (*20*)

(s')inquiéter to worry (*19*)

(s')inscrire to register, enter (*24*)

insister to insist (*8*)

insouciant **-e** *adj* careless (*19*)

(s')inspirer de to be inspired by (*29*)

installer to install; **s'installer** to settle (*20*)

instant *m* instant; **à l'instant** right now (*13*); **pour l'instant** for the moment (*6*)

instantané *m* snapshot (*23*)

instar a (l'); **à l'instar de** like, after the the manner of (*17*)

instinct *m* instinct (*17*)

instituteur **-trice** *n* school teacher, instructor (*7*)

instruire to teach, instruct (*31*)

instruit **-e** *adj* learned (*28*)

instrument *m* tool (*17*)

insupportable *adj* unbearable (*25*)

intègre *adj* honest (*29*)

intellectuel **-le** *adj* intellectual (*7*)

intelligence *f* intelligence (*16*)

intelligent **-e** *adj* intelligent (*28*)

intense *adj* intense (*28*)

intensément *adv* intensely (*27*)

intention *f* intention (*26*)

interdiction *f* interdiction, prohibition (*23*)

interdire to forbid (*29*)

intéressant –e *adj* interesting
(*21*)

intéresser to interest;
s'intéresser to be interested in
(*6*)

intérêt *m* interest (*25*)

intérieur –e *adj* interior; à
l'intérieur de inside (*4*)

interlocuteur *m* interlocutor (*19*)

interloqué *adj* flabbergasted,
abashed (*19*)

intermédiaire *m* intermediate
(*21*)

interpréter to interpret (*23*)

interroger to question;
s'interroger to question oneself (*28*)

intervention *f* intervention

interview *f* interview (*27*)

interviewer to interview (*20*)

intimité *f* intimacy (*22*)

intoxiqué –e *adj* poisoned (*30*)

introuvable *adj* indiscoverable
(*24*)

inutile *adj* useless (*13*)

invitation *f* invitation (*8*)

invité –e *n* guest (*4*)

inviter to invite (*25*)

invoquer to call upon (*28*)

irisé –e *adj* iridescent (*20*)

irréel –le *adj* unreal (*29*)

irrésistiblement *adv* irresistibly
(*8*)

isolé –e *adj* isolated (*14*)

italianisme *m* italianism (*17*)

Italie *f* Italy (*13*)

italien –ne *adj* Italian (*4*)

itinéraire *m* itinerary (*26*)

ivre *adj* drunk (*9*)

J

jadis *adv* formerly (*5*)

jaillir to spring (*27*)

jalousie *f* jealousy (*30*)

jamais *adv* never (*9*)

jambe *f* leg (*7*)

janvier *m* January (*5*)

Japon *m* Japan (*29*)

jardin *m* garden (*3*)

jardinet *m* little garden (*8*)

jaune *adj* yellow (*25*)

jauni –e *adj* yellowed (*16*)

jaunir to turn yellow (*28*)

jersey *m* jersey (*27*)

jeter to throw, throw away; se
jeter throw oneself, flow into
(*3*)

jeu *m* game (*8*); ce n'est pas de
jeu it is not fair (*18*); les jeux
sont faits the die is cast (*10*)

jeudi *m* Thursday (*6*)

jeûne *m* fasting (*4*)

jeune *adj* young (*10*); jeune fille
f young girl (*11*); jeunes gens
m pl young people

jeunesse *f* youth (*6*)

jockey *m* jockey (*26*)

joie *f* pleasure (*24*)

joindre to join (*21*)

joli –e *adj* pretty (*9*)

joliment *adv* prettily, nicely,
very (*24*)

joue *f* cheek (*18*)

jouer (à) to play; jouer de to
play (instrument) (*7*)

joueur *m* gambler (*26*)

jour *m* day (*4*); ces jours-ci a
few days ago (*28*); dans huit
jours in a week (*23*); faire
jour to become daylight (*21*);
un jour some day (*28*)

journal *m* diary (*6*); journal
parlé news broadcast, the news
(TV + radio) (*6*)

journée *f* day (*4*)

juillet *m* July (*23*)

juin *m* June (*10*)

jument *f* mare (*5*)

jupe *f* skirt (*29*)

jurer to swear (*30*)

jusqu'à *prep* as far as, until (*4*);
jusqu'alors until then (*23*);
jusqu'ici as far as here (*22*)

juste *adj* fair, just; tout juste
exactly (*19*)

justement *adv* exactly (*11*)

justesse *f* exactness, appropri-

ateness; avec justesse rightly
(*11*)

juxtaposition *f* juxtaposition
(*28*)

K

kermesse *f* village fair (*21*)

kilomètre *m* kilometer (*29*)

klaxon *m* horn (of a car, etc.) (*6*)

L

la *art* the (*2*)

là *adv* there (*5*)

labeur *m* work (*9*)

lac *m* lake (*16*)

lacs *m pl* trap, toils (*20*)

laid –e *adj* ugly (*5*)

laisse *f* leash (*11*)

laisser to allow (*11*)

lait *m* milk (*9*)

lamenter to lament (*18*)

lampe *f* lamp (*30*)

lance *f* lance (*18*)

lancer to throw, fling, launch

langage *m* language, speech, dic-
tion (*18*); langage chiffré code
language

langue *f* language, tongue (*2*)

large *adj* large, broad; au large
de off (*23*)

largement *adv* largely (*23*)

larme *f* tear (*25*)

las! *excl* alas! (*25*)

latin *m* Latin (*13*)

laver to wash (*13*)

là-bas *adv* there, over there (*10*)

là-haut *adv* up there (*16*)

le the (*2*)

leçon *f* lesson (*15*)

lecteur *m* reader (*16*)

lecture *f* reading (*15*)

légalisation *f* legalization,
witnessing (*30*)

légendaire *adj* legendary (*2*)

légende *f* legend (*4*)

léger –ère *adj* light; à la légère
lightly (*17*)

légèreté *f* lightness (*29*)

légume *m* vegetable (*25*)

leitmotiv *m* dominant recurring theme or image (*26*)

lendemain *m* morrow (*17*)

lent –e *adj* slow (*4*)

lentement *adv* slowly (*13*)

lequel which (*16*)

les *art* the

lessive *f* washing, clothes to be washed, detergent (*21*)

lettre *f* letter (*13*)

leur (s) *adj* their (*2*)

levée *f* raising, embankment, levee (*18*)

lever to raise; se lever to rise (*13*)

lèvre *f* lip (*30*)

liasse *f* bundle (*28*)

libérateur *m* liberator (*10*)

libérer to free (*10*)

liberté *f* freedom (*2*)

libraire *m* bookseller (*11*)

librairie *f* bookstore (*19*)

libre *adj* free (*11*)

librement *adv* freely (*24*)

lieu *m* place (*9*); avoir lieu to take place (*17*)

ligne *f* line (*7*); en quelques lignes briefly (*15*)

ligue *f* league (*13*)

lilas *m* lilac (*3*)

limite *f* limit (*7*)

limiter to limit (*4*)

limpidité *f* limpidity, clarity (*3*)

linge *m* linen, underwear (*21*)

linguistique *adj* linguistic, *n* linguistics (*11*)

lire to read (*6*)

lit *m* bed

litige *m* litigation, issue

litre *m* liter (*16*)

littéraire *adj* literary (*26*)

littérature *f* literature (*8*)

littoral *m* shore, coast (*10*)

livre *m* book (*3*)

livre *f* pound (*22*)

livrer to deliver, give up; se livrer à surrender, indulge in, perform (*25*)

livret *m* booklet (*25*)

location *f* location (*29*)

loge *f* hut, lodge, box

loger to lodge (*24*)

logique *adj* logical (*23*)

logis *m* house, home (*10*)

loi *f* law (*21*)

loin –e *adj* far (*16*); de très loin by far (*24*)

loisir *m* leisure, spare time (*11*)

Londres *m* London (*23*)

long, longue *adj* long (*4*); *n* length, extent; à la longue in the long run (*17*); le long de along (*23*)

longer to go along (*9*)

longtemps *adv* a long time (*7*); fini depuis longtemps long over (*15*)

longueur *f* length (*13*)

loquace *adj* talkative (*23*)

Lorraine *f* Lorraine (*3*)

lors *adv* then (*10*); lors de *adv* at the time of (*10*); lorsque *conj.* when (*7*)

louable *adj* praiseworthy (*30*)

louer to rent, praise

lourd –e *adj* heavy (*4*)

Louvain *m* Louvain, town in Belgium (*1*)

louve *f* she-wolf (*24*)

Louvre *m* Louvre (*23*)

loyer *m* rent (*18*)

lucidité *f* clarity, lucidness (*26*)

lui he, him (*10*)

lui-même himself (*15*)

luire to shine (*20*)

lumineux –se *adj* luminous (*30*)

lunaire *adj* lunar (*21*)

lundi *m* Monday (*31*)

lune *f* moon (*20*)

lurette *f* used in expressions only; il y a belle lurette a long time ago (*27*)

lutte *f* struggle, fight (*19*)

lutter to struggle (*29*)

luxe *m* luxury (*29*)

lycée *m* high school (*31*)

lycéen –ne *n* high school student (*16*)

Lyonnais *m* person from Lyons (*3*)

M

ma my, (*1*)

machine *f* machine (*16*)

maçon *m* bricklayer (*29*)

madame *f* madame, lady, Mrs. (*4*)

mademoiselle *f* young lady, Miss (*13*)

magasin *m* store (*7*)

magique *adj* magic, magical (*18*)

magistral –e *adj* magisterial (*28*)

magnétophone *m* tape recorder (*23*)

magnifique *adj* magnificent (*4*)

mai *m* May (*9*)

maigre *adj* lean, thin

maigrir to grow thin (*20*)

main *f* hand (*6*); à la main in his or her hand, by hand (*10*); les mains dans les poches with a minimum of baggage (*24*); serrer la main à quelqu'un to shake hands with someone (*22*)

maint –e *adj* many (*7*)

maintenant *adv* now (*14*)

maintenir to maintain (*23*)

maire *m* mayor (*10*)

mairie *f* city hall (*18*)

mais *adv* but (*1*)

maison *f* house (*2*); maison de maître *f* large house (*5*)

maisonnée *f* household (*27*)

maisonnette *f* cottage (*19*)

maître *m* master (*5*)

maîtrise *f* mastery (*6*)

maîtriser to master, control (*6*)

majesté *f* majesty (*22*)

majestueux –se *adj* majestic (*4*)

majorette *f* majorette (*30*)

majorité *f* majority (*11*); majorité écrasante *f* overwhelming majority (*16*)

mal *adv* badly *(5)*; with difficulty *(16)*; **pas mal de** many, a lot of *(9)*

malade *adj* ill *(7)*

maladie *f* illness *(22)*

mâle *m* male *(17)*

malgré *prep* in spite of *(20)*

malheur *m* misfortune, unhappiness *(6)*

malheureusement *adv* unhappily *(20)*

malheureux –se *adj* unhappy *(11)*

malice *f* maliciousness *(24)*

malin, maligne *adj* mischievous, malicious, clever *(23)*

malle *f* trunk *(19)*

maman *f* mama *(11)*

manche *f* sleeve *(13)*

manger to eat *(9)*

manié –e *pp* handled, managed *(30)*

manie *f* idiosyncrasy, whim, oddity, mania *(21)*

maniement *m* handling *(16)*

manière *f* manner; **de manière à** so as to *(11)*

manifeste *adj* obvious *(16)*

manifestement *adv* obviously *(20)*

manoir *m* manor *(14)*

manqué –e *pp* missed *(26)*

manquer to be missing or lacking *(20)*

manteau *m* coat *(11)*

manuel –le *adj* manual *(19)*

maquette *f* model *(18)*

(se)maquiller to put on some make up *(30)*

maquis *m* brush, wild bushy land, scrub *(4)*

marais *m* swamp *(5)*

maraude *f* marauding, pilfering *(21)*; **en maraude** looting *(21)*

marbre *m* marble *(5)*

marchand –e *n* dealer, merchant *(22)*

marché *m* market; **par-dessus le marché** besides, in the bargain *(3)*

marche *f* step, walk, movement, march *(16)*; **s'est mis en marche** started *(18)*

marcher to walk *(6)*; **marcher avec le progrès** to keep up with progress *(6)*

mare *f* pond *(20)*

marécage *m* swamp, marsh *(5)*

marée *f* tide *(29)*

marge *f* margin *(28)*; **en marge de** on the fringe of

mari *m* husband *(17)*

mariage *m* marriage *(15)*

marié –e *n* bridegroom, bride

(se)marier to get married *(27)*

marin –e *adj* of the sea, marine *(20)*

maritime *adj* maritime, naval *(3)*

marque *f* mark, brand, stamp *(3)*

marquer to mark, brand, score *(4)*

marquise *f* marchioness, marquess *(22)*

mars *m* March, Mars *(20)*

marteler to hammer *(19)*

masque *m* mask *(21)*

masse *f* mass, people *(29)*

matelas *m* mattress *(31)*

matérialisme *m* materialism *(30)*

matériaux *m pl* materials *(29)*

matériel –le *adj* material *(11)*

maternel –le *adj* maternal *(16)*

mathématiques *f pl* mathematics, also **math** *(22)*

matière *f* matter *(22)*

matin *m* morning *(10)*

matinal –e *adj* early, morning *(4)*

matinée *f* morning; afternoon performance; **faire la grasse matinée** to lie in bed late *(26)*

maudire to curse *(14)*

mauvais –e *adj* bad; **il fait mauvais** the weather is bad *(4)*

mazout *m* oil *(29)*

me *pron* me

mécanique *adj* mechanical *(16)*

mécanisme *m* mechanism *(16)*

méchant –e *adj* wicked *(25)*

mèche *f* wick; fuse; lock (of hair) *(24)*

méconnaître to not recognize, disregard *(20)*

médecin *m* physician

médecine *f* medicine *(1)*

médical –e *adj* medical *(30)*

médicament *m* medicine *(25)*

médiocre *adj* mediocre *(25)*

médiocrité *f* mediocrity *(21)*

médisance *f* slander *(27)*

méditer to meditate *(28)*

Méditerranée *f* Mediterranean Sea *(3)*

méditerranéen –ne *adj* Mediterranean *(4)*

(se)méfier to mistrust *(22)*

meilleur –e *adj* better *(25)*

mêler to mingle, mix *(30)*

même *adj* same, even *(2)*; **de même** the same *(17)*; **de même que** as well as *(15)*; **il en va de même** it's the same thing *(25)*

mémoire *f* memory; **à la mémoire de** in memory of *(10)*

menaçant –e *adj* threatening *(29)*

menace *f* threat *(16)*

menacer to menace *(14)*

ménage *m* household, married couple *(18)*

mener to lead, to drive *(22)*

mentionner to mention *(9)*

mentir to lie *(7)*

menton *m* chin *(29)*

méprisé –e *adj* despised *(6)*

mer *f* sea *(3)*

merci *m* thanks *(13)*

mercredi *m* Wednesday *(22)*

mère *f* mother *(4)*

méridional –e *adj* southern; *n* southerner *(2)*

mériter to deserve *(19)*

merveilleux –se *adj* wonderful *(28)*

mes *adj* my *(8)*

messieurs *pl* of **monsieur**

mesure *f* measure *(21)*; **au fur et à mesure** in proportion with *(21)*; **dans la mesure où** in as

much as (23); **prendre des
mesures** to take steps (29)
mesurer to measure
métallique adj metallic (23)
métaphysique f metaphysics (30)
méthode f method (16)
méthodiquement adv
methodically (14)
métier m job (5)
mètre m meter (4)
métro m subway (10)
mets m dish (29)
mettre to put, put on (11); **se
mettre à** to set about, begin
(18); **mettre à la portée de** to
put within the reach of (14);
mettre de côté to tidy up (21);
mettre en garde to warn (15)
meuble m piece of furniture (5)
meublé –e adj furnished (5)
meunier –ière miller, miller's
wife; **à la meunière** in flour
and butter (20)
meutre m murder (27)
meurtrier –ière adj murderous;
n murderer (13)
Meuse f Meuse River (9)
méxicain –e adj Mexican (20)
Mexique m Mexico (2)
micro m mike (14)
Midi m the south of France (3)
midi m noon (25)
**mien, mienne, miens,
miennes** poss adj mine (30)
miette f crumb (17)
mieux adv better (11)
migration f migration (29)
milieu m atmosphere, middle; **au
milieu de** in the midst of (14)
militant –e adj militant (22)
mille adj thousand (4)
million m million (18)
minimiser to minimize (2)
minimum m minimum (26)
ministre m minister (22)
minuit m midnight (13)
minuterie f time switch (5)
minute f minute (7)
mioche m kid, urchin (22)

miraculeux –se adj miraculous
(17)
mirer to look at; **se mirrer** to
look at oneself in a mirror, to be
reflected (30)
mirobolant –e adj marvelous
(23)
misère f misery (28)
mission f mission (28)
Mistral m cold north wind of
Provence (24)
mi-chemin adv halfway (4)
mocassin m moccasin (24)
mode f fashion (21); **à la mode**
fashionable; **mode d'emploi**
directions for use (19)
moderne adj modern (5)
modification f change, modification (17)
modifier to change (22)
modiste f milliner (19)
moeurs f pl morals, customs,
manners (19)
moi pr me (8)
moindre adj smaller, less,
shorter (17)
moins adv less (2); **à moins de**
without, unless (30); **au moins**
at least; **de moins en moins**
less and less (22); **le moins
possible** the least possible (19)
mois m month (10)
moi-même pron myself (20)
mol see **mou**
mollement adv softly (24)
mollesse f softness (27)
moment m moment; **au moment
où** when, at the moment of (1)
momentané –e adj momentary
(30)
momentanément adv momen-
tarily (14)
mon adj m my
monarchie f monarchy (19)
monastère m monastery (15)
monceau m heap, pile (13)
monde m world (2)
modial –e adj world-wide (17)
monoprix m market (29)

monsieur m sir (4)
mont m mountain (2)
montagnard –e n mountaineer
(31)
montagne f mountain (3)
montagneux –se adj hilly,
mountainous (4)
monter to climb, go up; ride (4)
montre f watch (17)
montrer to show (28)
monument m monument (10)
(se)moquer to ridicule; **se
moquer de** to laugh at, make
fun of (25)
moquette f carpeting (19)
moraliste m moralist (26)
morceau m piece; **en mille
morceaux** in pieces (19)
mordre to bite (11)
moribond –e dying (28)
mort –e adj dead (13)
mort f death (15)
mortel –le adj mortal (2)
mot m word (2)
moteur m motor (28)
motif m reason (30)
motivation f motivation (23)
moto f motorcycle (6)
motocycliste m driver of a motorcycle (6)
mou, mol, molle adj soft (4)
mouche f fly (19)
mouchoir m handkerchief (10)
mouillé –e adj wet (23)
moulin m mill (24)
mourant –e adj dying (10)
mourir to die (16)
mousseux –se adj sparkling,
frothy (9)
mouton m sheep (22)
mouvant –e adj moving (26)
mouvement m movement (27)
mouvoir to move (16)
moyen –ne adj average, medium
moyen m means; **au moyen de**
by means of (11)
multicolore adj many colored,
variegated (18)
multiple adv multiple

multiplier to multiply (*18*)
municipal –e *adj* municipal (*21*)
munis (de) furnished, armed (with) (*13*)
mur *m* wall (*4*)
mûr –e *adj* ripe (*24*)
mûrir to ripen (*30*)
murmure *m* murmur (*22*)
murmurer to whisper (*22*)
musée *m* museum (*5*)
musique *f* music (*7*)
mutuel –le *adj* mutual (*26*)
mysterieux –se *adj* mysterious (*3*)

N

nageoire *f* fin (*20*)
nager to swim (*6*)
naguère *adv* quite lately (*16*)
naïf –ve *adj* naive (*23*)
naissance *f* birth (*18*)
naître to be born (*6*)
nappe *f* table cloth, cover, sheet (*24*)
natal –e *adj* native (*8*)
natation *f* swimming (*25*)
nation *f* nation (*3*)
national –e *adj* national (*22*); la nationale *f* state highway (*28*)
nature *f* nature (*13*)
naturel –le *adj* natural (*4*)
naturellement *adv* naturally (*11*)
ne *adv* not, no; ne . . . guère hardly; ne . . . jamais never; ne . . . ni . . . ni neither . . . nor; ne . . . pas not; ne pas . . . non plus not . . . either (*11*); ne . . . personne nobody (*8*); ne . . . plus no more, no longer (*8*); ne . . . que only (*8*); ne . . . rien nothing, not anything (*8*)
né –e *pp* born (*4*)
néanmoins *adv* nevertheless
nécessaire *adj* necessary (*26*)
nécessairement *adv* necessarily (*11*)
nécessité *f* necessity (*11*)
négliger to neglect (*28*)

nègre, négresse *n* negro; *adj* negro or negroid (*28*)
neige *f* snow; *slang*, cocaine (*4*)
neiger to snow (*7*)
néologisme *m* neologism, new word or expression (*11*)
nerveux –se *adj* nervous (*30*)
nettoyer to clean, straighten up (*29*)
neuf –ve *adj* new (*6*); tout neuf, flambant neuf brand new (*30*)
neveu *m* nephew (*22*)
névrose *f* neurosis (*26*)
nez *m* nose (*18*)
ni *conj* nor (*8*); ni si . . . ni si . . . neither so . . . nor so (*18*)
nid *m* nest (*7*)
nièce *f* niece (*20*)
niveau *m* level (*23*)
noble *adj* noble (*13*)
noblesse *f* nobility, nobleness (*30*)
noctambule *n* night-prowler; *adj* night-prowling (*14*)
noctambulisme *m* night roving (*22*)
Noé *m* Noah (*15*)
Noël *m* Christmas (*25*)
noir –e *adj* black (*4*)
noirci –e *adj* blackened (*8*)
noircir to blacken (*24*)
nom *m* name; nom propre *m* surname
nombre *m* number
nombreux –se numerous (*24*)
nommer to name
non *adv* no (*1*); non pas not (*16*)
nord *m* north (*2*)
nord-ouest *m* north-west (*3*)
normal –e *adj* normal (*4*)
normalement *adv* normally (*16*)
normand –e *adj* Norman (*3*)
Normandie *f* Normandy (*3*)
nos *adj pl* our (*8*)
note *f* note, bill (*30*)
notre (*pl* nos) *adj* our; notre maison our house (*19*)
nôtre (*pl* nôtres) *pr* ours; c'est le nôtre it's ours (*30*)

nourrir to feed (*14*)
nourriture *f* food (*13*)
nous *pr* we
nous-mêmes *pr* ourselves (*20*)
nouveau, nouvel, nouvelle new (*4*)
nouveauté *f* novelty (*21*)
nouvel –le *see* nouveau
nouvelle *f* short story (*23*)
nouvellement *adv* newly (*24*)
nouvelles *f pl* news (*6*)
noyer to drown (*23*)
nuage *m* cloud (*8*)
nuance *f* shade, faint difference or gradation (*22*)
nuire (à) to harm, hurt (*18*)
nuit *f* night (*2*); faire nuit to become night (*7*)
nul, nulle *pr adj* not any (*25*)
nullement *adv* by no means (*29*)
numéro *m* number; porter un numéro to bear a number (*28*)
numéroter to number
n'importe qui no matter who (*25*)
n'importe quoi no matter what (*25*)

O

obéir (à) to obey (*21*)
objet *m* object, belonging, article (*30*)
obligatoire *adj* obligatory, compulsory (*2*)
obliger to compel (*15*)
oblong –ue *adj* oblong (*2*)
obscurité *f* darkness (*28*)
observer to observe (*29*)
obstacle *m* obstacle (*26*)
obstiné *adj* stubborn (*8*)
(s')obstiner to persist, insist (*22*)
obtenir to obtain (*25*)
oc yes (in southern France) (*3*)
occasion *f* occasion, opportunity (*16*); d'occasion amateur (*16*)
occidental –e *adj* western (*28*)
occupant *m* occupant (*7*)

occupation *f* job, occupation (*24*)

occupé *adj* inhabited, busy (*5*)

occuper to occupy, reside in; s'occuper to be busy, to handle (*6*)

Océanie *f* Oceania (islands of the central and south Pacific) (*31*)

océanique *adj* oceanic (*14*)

octobre *m* October (*31*)

odeur *f* odor (*21*)

odieux –se *adj* hateful (*25*)

œil *m* (*pl* yeux) eye (*7*); il n'a pas froid aux yeux he is not afraid (*8*)

œillet *m* carnation (*29*)

œuf *m* egg (*17*)

œuvre *f* work, artwork, literary work (*13*); mettre en œuvre to work up (*29*)

offensive *f* offensive, attack (*21*)

office *m* office, duty (*24*)

officiel –le *adj* official; official (of the state, etc.) (*15*)

officiellement *adv* officially (*15*)

offrande *f* offering (*31*)

offre *f* offer (*15*)

offrir to offer (*7*)

oh! *interj* oh! (*20*)

oïl yes (in northern France) (*3*)

oiseau *m* bird (*7*)

ombre *f* shade (*10*)

on *pr* one (*4*); où l'on where one (*6*)

oncle *m* uncle (*17*)

ondoyant –e *adj* flowing, undulating (*3*)

onze *adj* eleven (*31*)

opération *f* operation (*20*)

opinion *f* opinion (*18*)

opposer (à) to oppose (*21*)

opposition *f* opposition (*13*)

opulent –e *adj* wealthy (*3*)

or *m* gold (*25*)

or *conj* now (*28*)

orage *m* storm (*4*)

orageux –se *adj* stormy (*7*)

orange *f* orange (*20*)

orateur *m* orator (*7*)

ordinateur *m* computer

ordre *m* order (*26*)

oreille *f* ear (*7*); faire la sourde oreille to pretend not to hear (*19*)

organiser to organize (*18*)

organisme *m* organism (*17*)

orgueil *m* pride (*28*)

orgueilleux –se proud (*30*)

oriental –e eastern (*4*)

originaire *adj* native (*2*)

original *m* queer character (*20*)

origine *f* origin (*16*)

orphéon *m* choir, brass band (*30*)

orthographe *f* spelling (*22*)

os *m* bone (*15*)

osé –e *pp* dared, daring (*13*)

oser to dare (*13*)

où *adv* where; d'où hence

ou *conj* or (*2*)

oubli *m* oblivion, oversight; commettre un oubli to forget (*25*)

oublier to forget (*8*)

ouest *m* west (*4*)

ouf! *int* oh! finally! (*28*)

oui *adv* yes (*4*)

ouïe *f* hearing; gill of a fish (*14*)

outre *adv* beyond (*26*); *prep* besides

outré *adj* incensed (*27*)

ouvert –e *adj* open (*6*)

ouvrage *m* work (*13*)

ouvrier –ière *n* worker (*2*)

ouvrir to open; s'ouvrir (sur) to open up (on) (*7*)

P

page *f* page (*20*)

païen –ne *adj* pagan; *n* pagan (*19*)

pain *m* bread (*9*)

pair –e *adj* equal; *n* peer (*30*)

paisible *adj* peaceful (*6*)

palais *m* palace

palier *m* landing (on a staircase) (*5*)

pallier to palliate, excuse, reduce the harshness of (*30*)

panneau *m* sign; panel; snare (*23*)

pantalon *m* trousers (*13*)

papa *m* dad (*11*)

pape *m* pope

paperasserie *f* red tape (*25*)

papier m paper (*24*); papier à lettres *m* stationery (*27*)

papillon *m* butterfly; traffic ticket (*23*)

Pâques *f pl* Easter (*28*)

paquet *m* parcel (*21*)

par *prep* by (*2*)

parachever to complete (*26*)

paradis *m* paradise (*29*)

paradoxal –e *adj* paradoxical (*22*)

paraître to seem, appear (*19*)

parapluie *m* umbrella (*17*)

parc *m* park (*5*)

parce que *conj* because (*3*)

parcourir to run along (*29*)

parcours *m* course; road, route (*29*)

pardessus *m* overcoat (*13*)

pardon *m* forgiveness (*4*)

pareil –le *adj* same (*4*)

pareil *m* match, similar or equal person or thing (*8*)

parents *m pl* parents; relatives (*4*)

parer to adorn; dress; trim

paresse *f* laziness (*20*)

paresseux –se *adj* lazy (*20*)

pare-brise *m* windshield (*23*)

pare-chocs *m* bumper (*6*)

parfait –e *adj* perfect, thorough (*20*)

parfaitement *adv* perfectly (*25*)

parfois *adv* sometimes (*4*)

parfum *m* perfume (*3*)

parfumeur *m* perfumer (*29*)

pari *m* bet (*26*)

parier to bet (*18*)

Paris *m* Paris (*2*)

parisien –ne *adj* Parisian (*13*)

parking *m* parking (*29*)

parlé *pp* spoken (*2*)

parler to speak (*2*); parler de choses et d'autres to chat (*25*); se parler to be spoken (*13*) parmi *prep* among (*5*)

parodie *f* parody (*27*)

parole *f* word; **donner la parole à** give the right to speak (*15*); **prendre la parole** to speak (*14*); **tenir parole** to keep one's word (*19*)

parquet *m* floor (*8*)

parsemer to sprinkle, strew (*20*)

part *f* share, part; **à part** aside; **à part cela** besides; **d'autre part** on the other hand (*17*); **de part et d'autre** on both sides; **faire la part belle à** to favor (*28*); **faire part de** to announce (*28*)

partage *m* share (*28*)

partager to share (*1*)

partant *adv* therefore (*23*)

partenaire *m* partner (*24*)

parti *pp adj* gone (*8*)

participer to participate (*21*)

particulier –ière special, peculiar (*2*)

particulièrement particularly (*10*)

partie *f* part, party (*3*); **en partie** partly (*14*)

partir to leave (*1*); **à partir de** from, starting from (*16*)

partisan *m*

partout *adv* everywhere (*3*)

parvenir to reach, succeed, manage (*20*)

pas *adv* not

pas *m* step (*17*)

passage *m* passage; **au passage** passing by (*20*)

passager –ère *adj* momentary, transient (*6*)

passant –e *n* passer-by (*29*)

passé –e *adj* last, past; *n* past (*5*)

passe *f* passing; **être en passe de** to be about to (*29*)

passeport *m* passport (*29*)

passer to pass; happen, take place; put on; spend (*6*)

passerelle *f* footbridge (*29*)

passeur *m* ferryman; smuggler (*25*)

passionnant –e *adj* thrilling (*26*)

passion *f* passion (*19*)

passif –ve *adj* passive (*21*)

patisserie *f* pastry (*26*)

patois *m* country dialect (*3*)

patrie *f* native land (*9*)

patriotisme *m* patriotism (*22*)

patron –ne *n* owner, boss, chief (*10*)

patte *f* foot (animal) (*13*)

pâturage *m* pasture (*9*)

pâture *f* food (for animals), fodder (*13*)

pauvre *adj* poor (*9*)

pavillon *m* pavilion, tent, lodge (*19*)

payant –e *adj* paying (*23*)

payer to pay; **payer comptant** to pay cash (*14*)

pays *m* country (*2*); **pays noir** coal-mining area (*8*)

paysage *m* landscape (*4*)

paysan –ne *n* peasant (*2*)

PDG *m* abbrev. **président-directeur général** president and director

pêche *f* peach (*22*)

pécher to sin (*30*)

pédale *f* pedal (*6*)

peindre to paint (*21*)

peine *f* pain, sorrow; **à peine** hardly, scarcely (*19*)

peiner to grieve (*24*)

peintre *m* painter (*29*)

peinture *f* painting, picture (*7*); paint (*21*)

pélerin –e *n* pilgrim (*4*)

pelisse *f* fur-lined coat (*2*)

pelle *f* shovel (*16*)

pelton *m* ball; cluster, group (*21*)

(se)pelotonner to coil, curl up (*17*)

pelouse *f* lawn

pénaliser to penalise (*21*)

penchant *m* inclination (*7*)

(se)pencher to lean, bend (*20*)

pendant *prep* during

pendre to hang (*29*)

penetrer to enter (*5*)

pénible *adj* painful (*30*)

pénitencier *m* reform school (*22*)

pensée *f* thought (*16*)

penser to think (*8*)

pension *f* pension, annuity; **en pension** boarding (*1*)

pentecôte *f* Whitsunday, Pentecost (*28*)

percé (de) *adj* pierced (with) (*5*)

percée *f* opening, penetration (*9*)

percepteur *m* tax collector (*7*)

percer to pierce (*29*)

percevoir to perceive (*14*)

percher to perch, roost (*16*)

perçu –e *adj* perceived (*14*)

perdant –e *n* loser (*23*)

perdre to lose; **perdre du terrain** to lose ground; **se perdre** to get lost (*20*)

père *m* father

perfectionner to perfect (*29*); **se perfectionner** to perfect oneself

Périgord *m* Perigord, area in south France (*6*)

péril *m* danger (*17*)

périmé –e *adj* obsolete, out of date, overdue (*11*)

periode *f* period (*26*)

periodiquement *adv* periodically (*9*)

périphrase *f* periphrasis, use of a long phrasing rather than a shorter one (*17*)

périple *m* trip (*29*)

permanent –e *adj* permanent (*7*)

permettre to permit, allow (*14*)

permis *m* permit (*24*)

permission *f* permit, permission (*25*)

pernod *m* alcoholic aniseed beverage (*9*)

perpétuel –le *adj* perpetual (*27*)

perpétuer to perpetuate (*25*)

perplexe *adj* perplexed, confused (*23*)

perquisitionner to search (*27*)

persil *m* parsley (*20*)

persistance *f* persistence (*17*)

personnage *m* person, character (*15*)

personnalité *f* personality

personne *f* person

personne *pron* nobody (*15*)

personnel –le *adj* personal (*22*)

perspective *f* perspective, view, prospect (*30*)

persuader to convince (*15*)

perverti –e *adj* perverted (*30*)

peser to weigh (*28*)

peste *f* plague (*25*)

pétiller to crackle; to sparkle (*30*)

petit –e *adj* small; short; petty; **petit déjeuner** *m* breakfast (*29*); **petit écran** *m* television screen (*6*); **petites gens** *f pl* humble folks (*18*)

pétrole *m* oil (*29*)

peu *adv* little

peuplade *f* tribe (*9*)

peuple *m* people (*2*)

peupler to people (*7*)

peur *f* fear (*7*)

peureux –se *adj* fearful (*11*)

peut-être *adv* perhaps, maybe (*6*)

pharmacie *f* pharmacy (*1*)

pharmacien *m* pharmacist (*19*)

phénomène *m* phenomenon (*30*)

philologie *f* philology (*1*); **philologie romane** *f* romance philology (*1*)

philosophie *f* philosophy (*1*)

photo *f* photograph (*20*)

photographie *f* photography (*23*)

photographier to photograph (*20*)

photographique *adj* photographic (*21*)

phrase *f* sentence (*28*)

physionomie *f* look, physiognomy (*18*)

physique *f* physics (*30*)

pianiste *n* pianist (*27*)

piano *m* piano (*3*)

Picardie *f* Picardy, area in North France (*8*)

pièce *f* piece; play (theater);

room; **de toutes pièces** out of nothing (*15*); **monter une pièce** to stage a play (*29*)

pied *m* foot; **au pied** at the foot (*4*); **de plain-pied** on a level (*29*); **être sur pied** to be standing (*15*); **sur la pointe des pieds** on tip-toe (*14*)

pierre *f* stone (*4*)

piétiner to trample, stamp (*8*)

pigeon *m* pigeon, dove (*17*)

pile *adv* exactly (*14*)

pilote *m* pilot (*27*)

pin *m* pine (*4*)

pinède *f* pine-grove (*24*)

pion *m* pawn; **damer le pion à quelqu'un** to outwit someone (*20*)

pire *adj* worse (*25*)

pis *adv* worse (*24*)

piscine *f* swimming pool (*6*)

pitié *f* pity (*2*)

pivoter to turn round, revolve (*13*)

placard *m* closet (*21*)

place *f* place, spot; **faire place à** to be replaced by; **sur place** on the spot (*25*)

placer to put, place (*9*)

plafond *m* ceiling (*5*)

plage *f* beach (*19*)

plaindre to pity; **se plaindre** to complain (*18*)

plaine *f* plain (*27*)

plainte *f* complaint (*25*)

plain-pied *adv* **de plain-pied** on a level (*29*)

plaire to please (*17*)

plaisant –e *adj* amusing (*25*)

plaisanter to joke (*25*)

plaisir *m* pleasure (*6*)

plan *m* project (*18*)

planche *f* board (*30*)

plancher *m* floor (*19*)

planète *f* planet (*22*); **planète-mère** *f* earth (*25*)

plante *f* plant (*15*)

planter to plant (*16*)

plat *m* dish (*3*); **plat de résistance** main dish (*9*)

plat –e *adj* flat, dull (*8*)

platane *m* plane-tree (*7*)

plateau *m* plateau; tray (*9*)

plate-bande *f* flowerbed (*29*)

pléiade *f* pleiad, group of seven illustrious people, from the Pleiades, constellation of seven stars (*17*)

plein –e (de) *adj* full (of); **en plein** right in the middle (*10*)

pleuvoir to rain; **il pleut** it is raining (*7*)

plier to fold, bend; yield, give in (*13*)

plomb *m* lead (*18*)

plonger to plunge (*20*)

pluie *f* rain (*4*); **pluie battante** driving rain (*18*)

plume *f* feather (*13*)

plupart *f* majority, greatest part (*5*)

plus *adv* more (*3*); **au plus** at most; **de plus** moreover (*17*); **de plus en plus** more and more (*14*); **plus d'un** more than one (*25*); **plus . . . plus** the more . . . the more (*25*); **plus tard** later (*10*)

plusieurs *adj* several; *n* several (*2*)

plutôt *adv* rather (*19*)

pluvieux –se rainy (*4*)

pneu *m* tire; **pneu crevé** flat tire (*24*)

poche *f* pocket (*24*)

poêle *f* frying pan (*20*)

poème *m* poem (*9*)

poésie *f* poem (*17*)

poète *m* poet (*9*)

poétiser to poeticize, idealize (*18*)

poignée *f* handful; handle (*17*)

poignet *m* wrist (*18*)

poing *m* fist; **dormir à poings fermés** to sleep like a log (*20*)

point *m* period, dot; point, subject (*23*); **à point** at the right time (*21*); **point cardinal** direction; **mettre un point final** to end (*27*)

pointe *f* point (*14*)

pointu –e *adj* sharp, pointed (*3*)

poire *f* pear (*3*)

poirier *m* peartree (*3*)

poisson *m* fish (*9*)

poivre *m* pepper (*20*)

polaire *adj* polar (*8*)

pôle *m* pole (*4*)

police *f* police (*23*)

policier –ière *adj* pertaining to the police; *n* police officer, detective (*9*)

politesse *f* politeness (*22*)

politicien –ne *n* politician (*18*)

politique *f* politics (*7*)

polonais –e *adj* Polish (*27*)

pomme *f* apple (*3*)

pompier *m* fireman (*13*)

pont *m* bridge (*29*)

populaire *adj* of the people (*29*)

population *f* population (*10*)

port *m* harbor (*3*)

portail *m* gate (*27*)

porte *f* door, gate (*5*)

portée scope, range (*14*)

porter to bear, carry; to wear; porter sur to bear upon (*23*); se porter to feel; carry oneself; go (*17*)

portion *f* portion (*17*)

portrait *m* portrait (*26*)

poser to pose; to put or place (*19*)

position *f* position (*16*)

posséder to possess (*30*)

possession *f* possession (*16*)

possibilité *f* possibility (*5*)

possible *adj* possible (*16*)

postal –e *adj* postal (*24*)

poste *m* post office (*6*); poste relais relay station (*21*); ouvrir un poste de radio to turn on the radio (*22*)

postier *m* post office employee (*7*)

pot *m* pot (*8*)

potage *m* soup (*22*)

potager *m* vegetable garden (*29*)

poteau *m* post, stake (*23*)

potin *m* gossip, noise (*28*)

poubelle *f* garbage can (*22*)

pouce *m* thumb (*19*)

poupée *f* doll (*15*)

pour *prep* for, in order to (*1*); pour ainsi dire so to speak (*16*)

pourcentage *m* percentage (*23*)

pourchasser to pursue (*9*)

pourquoi *adv* why (*6*)

poursuivre to pursue (*9*)

pourtant *adv* however (*8*)

pour-cent *m* percentage; à un dixième de pour-cent près difference of 1/1000 (*23*)

pousser to push, to incite; to grow (of plants, etc) (*16*)

poussière *f* dust (*8*)

poutre *f* beam (*16*)

pouvoir to be able (*14*); n'en pouvoir plus to be exhausted (*22*); *n m* power (*20*)

Prado *m* Prado, museum of art in Madrid (*28*)

prairie *f* meadow; prairie (*4*)

pratique *f* practice (*13*)

précaution *f* precaution (*20*); prendre des précautions to be careful (*25*)

précéder to precede (*27*)

précédent –e *adj* previous (*15*)

prêcher to preach (*25*)

précieux –se precious (*19*)

précipitation *f* rush (*28*)

précipiter to hasten; se précipiter to throw oneself, rush forward (*20*)

précis –e *adj* exact, precise (*21*)

précisément *adv* precisely (*10*)

précision *f* precision (*16*)

préférence *f* preference (*16*)

préférer to prefer (*3*)

préfet *m* prefect, administrator (*23*)

préjudé *m* prejudice (*21*)

prélever to take beforehand, appropriate (*26*)

premier –ière *adj* first (*1*)

prenant –e *adj* engaging, captivating (*8*)

prendre to take (*11*); prendre congé to take leave (*17*)

préoccupation *f* care, worry (*26*)

préoccupé –e *adj* worried (*24*)

préparer to prepare (*20*)

préposé *m* official (*25*); le préposé ad hoc official in charge

près (de) near, close (to) (*1*); de près close by (*24*); près de + *inf* about to (*15*)

présent –e *adj* present; à présent now, presently, nowadays (*6*)

présenter to present, introduce (*21*); se présenter to appear, present oneself; se présenter à to run for (*10*)

préserver to preserve (*22*)

président *m* president; président-directeur général (PDG) president and director (*18*)

presque *adv* almost (*4*)

pressé –e *adj* pressed, in a hurry (*15*)

presser to press, squeeze; to hasten; to urge (*27*); se presser to hurry, to crowd (*13*)

prestigieux –se *adj* marvellous, amazing (*29*)

prêt (à) *adj* ready (to) (*1*)

prétendre to claim (*25*)

prêter to loan, lend (*15*)

prétexte *m* pretext (*28*)

preuve *f* proof (*15*); faire preuve de quelque chose demonstrate, show something (*10*)

preux *m* valiant knight (*9*)

preux *adj* valiant (*30*)

prévenir to inform, warm; precede; prevent (*27*)

prévision *f* forecast (*23*)

prévoir to foresee (*18*)

prier to pray; je vous en prie please (*20*)

primaire *adj* elementary (*22*)

primeur *f* early vegetable, flower (*6*)

primitif –ve *adj* primitive (*17*)

primordial –e *adj* primordial, primeval (*11*)

principal –e *adj* principal, chief (*15*)

principe *m* principle; basis; source; **en principe** theoretically (*15*); **de principe** fundamental (*18*)

printemps *m* spring (*6*)

prison *f* prison (*15*)

prisonnier –ière *n* prisoner (*30*)

privation *f* deprivation, need or want (*30*)

privé –e *adj* private (*21*)

priver to deprive (*27*); **se priver (de)** abstain (from) (*26*)

privilège *m* privilege (*17*)

prix *m* price, cost, prize (*10*); **attacher un prix à** to value (*22*); **à tout prix** at any cost (*23*)

probable *adj* probable (*26*)

probablement *adv* probably (*21*)

problème *m* problem (*6*); **poser un problème** to present a problem (*19*)

procédé *n* process (*23*)

procéder to proceed (*9*)

procès *m* trial; **faire le procès de** to bring to trial (*15*)

prochain –e *adj* next (*23*)

proche *adj* close by (*6*)

proches *m pl* near relations (*30*)

proclamer to proclaim (*26*)

procurer to get, procure (*25*)

prodigieux –se *adj* prodigious, wonderful (*9*)

production *f* production (*29*)

produire to produce (*19*)

produit *m* product (*19*)

profane *adj* profane, vulgar (*15*)

proférer to utter (*30*)

professeur *m* professor (*1*)

profession *f* profession (*11*)

profil *m* profile (*8*)

profit *m* profit (*30*)

profiter to profit (*20*)

profond –e *adj* deep (*15*)

profondément *adv* deeply (*20*)

profondeur *f* depth (*3*)

programme *m* program (*6*)

progrès *m* progress (*6*)

progressif –ve *adj* progressive (*18*)

proie *f* prey (*8*)

projet *m* project, plan (*18*)

projeter to project, throw; to plan, design (*19*)

prolonger to extend, prolong (*9*); lengthen (*29*)

promenade *f* walk (*28*)

(se)promener to take a walk (*20*)

promeneur –euse *n* walker (*30*)

promesse *f* promise (*21*)

prometteur –euse *adj* promising (*21*)

promettre to promise (*17*)

prononcé –e *adj* marked, pronounced (*2*)

prononciation *f* pronunciation (*13*)

pronostic *m* prognostication, prophecy (*23*)

propagande *f* propaganda (*21*)

prophète *m* prophet (*25*)

propice *adj* propitious, favorable (*28*)

propos *m* words, remarks; aim, purpose (*15*); **à propos** by the way; **à propos de** about (*6*)

proposer to propose (*9*)

propre *adj* clean; own (*8*); **propre à** pertaining to (*13*)

propriétaire *m* owner (*18*)

propriété *f* property, estate (*6*)

protecteur –trice *n* protector (*27*)

protection *f* protection (*7*)

protéger to protect

protestant –e *adj* protestant; *n* Protestant (*5*)

protester to protest (*20*)

protocolaire *adj* according to protocol, regular (*22*)

prouver to prove (*14*)

Provence *f* Provence (*7*)

provenir (de) to come (from) (*14*)

province *f* province (*3*)

provoquer to provoke, cause (*23*)

prudence *f* carefulness, prudence (*19*)

prudent –e *adj* prudent (*23*)

prune *f* plum (*31*)

prunier *m* plum tree (*31*)

psychologique *adj* psychological (*25*)

psychologiquement *adv* psychologically (*11*)

public –ique *adj* public (*4*)

public *m* public (*14*)

publicité *f* advertising (*17*)

publier to publish (*18*)

puis *adv* then

puisque *conj* since (*14*)

puissance *f* power (*7*)

punir to punish (*7*)

punissable *adj* punishable (*29*)

punition *f* punishment (*30*)

pur –e *adj* pure; **pur et simple** without reservation (*23*)

purement *adv* completely (*15*)

pyromane *m* pyromaniac (*24*)

Q

quadrillé –e *adj* squared, divided into squares (*29*)

quai *m* wharf; platform (*8*)

qualifier to qualify (*11*)

qualité *f* quality (*14*)

quand *conj* when (*6*)

quand-même *adv* nevertheless (*22*)

quant à *adv* as for (*16*)

quantité *f* quantity (*21*)

quarante *adj* forty

quarante et un *adj* forty-one (*31*)

quarante-cinq *adj* forty-five (*20*)

quarante-deux *adj* forty-two (*2*)

quarante-huit *adj* forty-eight (*24*)

quart *m* quarter (*31*)

quartier *m* quarter, district (*5*)

quasi *adv* almost

quasi-inconnu *n* barely known person (*22*)

quatorze *adj* fourteen (*31*)

quatre *adj* four (*4*)

quatre-vingts *adj* eighty (*31*)

quatre-vingt-deux *adj* eighty-two (*31*)

quatre-vingt-dix *adj* ninety (*31*)

quatre-vingt-onze *adj* ninety-one (*31*)

quatre-vingt-un *adj* eighty-one (*31*)

quatrième *adj* fourth (*1*)

que *pr* which, whom, what; *conj* that, than (*6*)

quel **-le** *adj* which, what (*6*); **quel temps fait-il?** what is the weather like? (*7*)

quelconque *adj* any sort of (*25*)

quelque *adj* some, a few (*16*); **quelque chose** something (*16*); **quelque part** somewhere (*16*)

quelquefois *adv* sometimes (*5*)

quelques-uns **-unes** *pr* a few (*25*)

quelqu'un **-e** *pr.* someone, somebody (*10*)

querelle *f* quarrel (*3*)

quérir to fetch (used only in *inf* with **aller, envoyer, venir**) (*19*)

question *f* question (*18*); **être question de** to be a question of (*22*); **poser la question** to ask (*18*)

questionner to question (*27*)

quête *f* search (*24*)

queue *f* tail (*20*)

qui *pr* who, whom, which; **à qui** to whom (*6*); **de qui** of whom; **qui est-ce que** whom (*6*); **qui est-ce qui** who (*6*);

quiconque *pr* whoever (*25*)

quiétude *f* quiet, quietude (*29*)

quintette *m* quintet (*27*)

quinze *adj* fifteen; **quinze jours** two weeks

quitter to leave; leave off (*11*)

quoi *pr* what; **à quoi** about what (*6*); **de quoi** of what

quoique *conj* though (*27*)

quotidien **-ne** *adj* daily (*17*)

quotidiennement *adv* daily (*24*)

R

race *f* race, family, ancestry (*2*)

racine *f* root (*19*)

racoler to attract, enlist, recruit (*23*)

raconter to tell (*9*)

radio *f* radio (*2*)

raffinement *m* refinement (*22*)

raffoler to dote (*30*)

rafraîchir to cool, refresh (*19*)

ragot *m* gossip (*28*)

raisin *m* grape (*15*)

raison *f* reason (*3*); **donner raison** to side with, give victory (*16*)

rajeunir to rejuvenate, renew, renovate (*20*)

ralliement *m* rallying (*14*)

ramasser to pick up (*19*)

ramener to bring back, restore (*27*)

rançon *f* ransom (*26*)

rang *m* row, rank (*21*)

ranger to tidy up, set in order (*21*)

rapide *adj* fast (*25*)

rapidement *adv* quickly (*18*)

rapidité *f* rapidity (*28*); **avec la rapidité de l'éclair** as fast as lightning

rappel *m* recall (*16*)

rappeler to recall (*10*)

rapport *m* report, account, communication, relationship (*14*)

rapporter to bring back (*3*); to quote or tell (*26*)

rapprocher to bring close together (*14*)

rare *adj* rare, unusual (*28*)

rarement *adv* rarely, seldom (*7*)

raser to shave; to graze or skim over (*19*)

rasoir *m* razor (*14*)

rassemblement *m* gathering (*16*)

rassurant **-e** *adj* reassuring (*19*)

rassuré **-e** *adj* reassured

rassurer to reassure (*25*)

rat **-e** *n* rat (*2*)

rater to miss, fail to obtain; misfire (*23*)

ratifier to ratify (*26*)

ravage *m* ravage, waste (*24*)

ravager to lay waste (*29*)

ravi **-e** *adj* delighted, very glad

rayon *m* ray (*29*)

réalisateur *m* producer, film director (*21*)

réaliser to realize (*18*)

réaliste *m* realist (*6*)

réalité *f* reality (*23*)

rebelle *m* rebel (*9*)

rebours *m* reverse, contrary, backwards (*28*)

recaler to readjust, touch up; to stop (*28*)

récemment *adv* lately (*22*)

récent **-e** *adj* recent (*27*)

receptif **-ve** *adj* receptive (*22*)

recette *f* receipt, returns (*16*); recipe (*27*)

recevoir to receive (*16*)

recherche *f* search, research, investigation (*2*)

rechercher to look for, seek, investigate (*17*)

récipient *m* vessel, container (*20*)

réciter to recite, repeat, tell or relate (*26*)

réclame *f* advertising (*7*)

réclamer to claim, reclaim (*7*); demand; object to

récolter to harvest (*16*)

recommencer to begin again (*30*)

récompense *f* reward (*21*)

récompenser to reward (*29*)

reconnaissable *adj* recognizable (*2*)

reconnaissance *f* recognition, gratitude (*10*)

reconnaître to recognize (*22*)

record *m* record (in sports, etc.) (*29*)

recours *m* recourse; **avoir recours à** to appeal to (*23*)

recouvrir to cover again (*18*)

récrimination *f* recrimination, retaliating reply (*18*)

reçu *m* receipt (*9*)

reculé *adj* remote, distant (*17*)

reddition *f* surrender (*9*)

rédiger to write, compose; to edit (*9*)

redoutable *adj* formidable (*19*)

redouter to fear (*28*)

(se)redresser to straighten out (*13*)

réel –le *adj* real

réellement really (*21*)

refaire to do over again (*24*)

référence *f* reference (*24*)

refermer to close again (*18*)

réfléchir to think over, reflect (*15*)

reflet *m* reflection (*21*)

refléter to reflect (light, etc.) (*26*)

réflexion *f* reflection; **se faire la réflexion** to think (*18*)

réforme *f* reform

réfugié –e *n* refugee (*9*)

(se)réfugier to take shelter (*9*)

refuser to refuse (*30*)

regagner to regain; to go back to (*21*)

regard *m* look (*6*)

regardant –e *adj* stingy (*21*)

regarder to look at (*2*); **en regardant** looking at (*21*)

régime *m* diet (*14*)

régiment *m* regiment (*22*)

région *f* region, area (*3*)

régional –e *adj* local (*3*)

registre *m* book, register

règle *f* law, rule; **se mettre en règle avec** to conform to the laws of (*16*)

règlement *m* regulation (*14*)

régner to reign, prevail (*22*)

regret *m* regret (*22*)

regrettable *adj* deplorable (*29*)

regretter to be sorry (*23*)

(se)regrouper to gather together again (*24*)

régulièrement regularly (*27*)

rejeter to reject, dismiss (*6*)

rejeton *m* offspring, sprout (*30*)

rejoindre to overtake, rejoin (*21*)

réjoui –e *adj* jolly, merry (*19*)

relais *m* relay (*21*)

relater to quote, relate the facts (*26*)

relatif –ve *adj* relative (*24*)

relativement *adv* relatively (*24*)

(se)relaxer to relax, release (*30*)

relayer to relieve; **se relayer** to work in shifts (*17*)

reléguer to relegate; to transport (*22*)

relier to connect (*11*)

relire to read over (*26*)

remanger to eat again (*23*)

remarquable *adj* remarkable, noticeable (*1*)

remarque *f* remark (*16*)

remarquer to remark, to notice (*19*)

remercier to thank (*20*)

remettre to put back, restore, go back (*20*); **s'en remettre à** to leave it up to, to rely on (*21*)

remodelage *m* remodelling

remonter (à) to go back (to), rise again (*13*)

remplacer to replace (*22*)

remplir to fill (*22*)

renaissance *f* rebirth, renaissance (*17*)

rencontre *f* meeting (*22*)

rencontrer to encounter, meet (*7*)

rendre to give back; to pay, return (*11*); **se rendre** to go; surrender (*18*); **se rendre compte** to realize, be aware of (*28*)

renfrogné –e *adj* frowning, grouchy (*18*)

renommée *f* fame, renown (*25*)

renoncer to give up (*30*)

renouveau *m* renewal, renaissance (*6*)

renouveler to renew (*29*)

renseignement *m* piece of information (*24*)

rentrée *f* reopening, re-entering (*23*)

rentrer to return; **rentrer dans la maison** to go back home

renvoyer to send back, to send again (*17*)

répandre to spread, scatter; to pour out (*18*)

reparler to talk again (*11*)

repartir to set out again; to answer or retort (*20*)

repas *m* meal (*9*)

(se)repentir to repent (*22*)

répéter to repeat (*16*)

répétition *f* repetition (*29*)

replacer to put back again (*18*)

réplique *f* reply (*9*)

répliquer to reply (*21*)

répondre to answer (*11*)

réponse *f* answer (*18*)

reporter to take back (*21*)

repos *m* rest (*22*)

reposant –e *adj* restful (*5*)

reposer to replace; to rest or repose; **reposer sur** to be based on (*14*); **se reposer** to rest (*20*)

repousser to push back, repel (*29*)

reprendre to take back (*11*)

représentant *m* representative (*23*)

représenter to represent (*13*)

reprise *f* resumption; recovery; repetition (*mus.*) (*13*); **à plusieurs reprises** repeatedly (*25*)

reproche *m* reproach, objection (*27*)

reprocher to reproach (*15*)

république *f* republic (*4*)

réputation *f* reputation (*29*)

réserve *f* reserve (*7*); **sans réserve** without reservation (*22*)

réserver to reserve (*28*)

résidentiel –le *adj* residential

résigner to resign; **se résigner** to be resigned (*21*)

résistance *f* resistance (*9*)

résistant –e *adj* strong, unyielding (*20*)

résister to resist (*6*)

résonner to resound (*15*)

respecter to respect (*25*)

respectif –ve *adj* respective; own (*21*)

respiration *f* breath, respiration

respirer to breathe; **respirer à pleins poumons** to breathe deeply (*19*)

resplendir to shine brightly (*18*)

responsabilité *f* responsibility

responsable *adj* responsible (*28*)

ressemblance *f* likeness (*13*)

ressembler to look like (*4*)

ressentir to feel, experience

resserrement *m* contraction; condensation (*16*)

ressortir to come out again; **faire ressortir** to bring out (*19*)

ressource *f* resource (*14*)

restaurant *m* restaurant (*29*)

reste *m* remainder (*10*)

rester to remain; to live, inhabit (*5*)

restituer to restore, return, repay (*28*)

restreint –e *adj* restrained, restricted (*23*)

restriction *f* restriction (*24*)

résultat *m* result (*14*)

résulter to result (*16*)

retard *m* delay; **en retard** late (*19*)

retenir to retain (*17*)

retentir to resound, reverberate (*9*)

retenue *f* reserve, caution; **sans retenue** without reservation, indiscreet (*22*)

réticent –e *adj* discreet (*23*)

retirer to remove, withdraw; draw again (*23*)

retouche *f* alteration, touching up (*13*)

retour *m* return (*16*)

retourné –e turned around (*18*)

retourner to turn back, send back; **se retourner** turn around, look back (*16*)

retraite *f* retreat; **retraite aux flambeaux** march with torches and band (*30*)

rétrécir to shrink (*30*)

retrouver to find again; **se retrouver** to get together (*30*)

rétroviseur *m* rear mirror (*20*)

réunion *f* meeting (*14*)

réussir to succeed (*23*)

réussite *f* success (*29*)

revaloir to return or requite; **vous lui revaudrez celà** you will do as much for her (*25*)

rêve *m* dream

réveil *m* awakening; alarm clock (*11*)

réveiller to wake up (*14*)

révélation *f* disclosure, revelation (*28*)

révéler to reveal, disclose; betray (*18*)

revendiquer to claim (*7*)

revenir to return; **revenir sur ses pas** to retrace one's steps (*17*)

revenu *m* income (*24*)

rêver to dream

revers *m* reverse, setback; **essuyer des revers** to have setbacks (*30*)

revivifier to enliven, quicken again (*20*)

revoir to see again; **au revoir** good-by (*8*)

révolter to revolt, rouse; **se révolter** to rebel (*30*)

révolteur *m* to rebel (*30*)

révolu –e *adj* past, finished; revolved (*30*)

révolution *f* revolution (*22*)

révolutionnaire *adj* and *n* revolutionary (*22*)

revue *f* review, magazine (*25*)

rez-de-chaussée *m* ground floor (*5*)

Rhin *m* Rhine River (*2*)

Rhône *m* Rhone River (*7*)

rhumatisme *m* rheumatism (*7*)

riche *adj* rich (*3*)

richement *adv* richly, lavishly (*14*)

richesse *f* wealth (*29*)

rideau *m* curtain (*28*)

ridée *f* net (*13*)

ridicule *adj* ridiculous (*6*)

rien *m* nothing (*11*); trifle (*13*); **rien que** *conj* only (*25*)

rigoureux –se *adj* severe, strict (*4*)

rigueur *f* rigor; **à la rigueur** if necessary (*29*)

rire to laugh (*17*); **éclater de rire** to burst into laughter (*19*); **fou rire** uncontrollable laughter (*20*); **rire aux larmes** to laugh until one cries (*17*)

risque *m* risk (*3*)

risquer to risk (*22*)

rival –e *m* rival (*8*)

rivière *f* river (*20*)

robe *f* dress (*20*)

roi *m* king

rôle *m* part, role (*22*)

romain –e *adj* Roman (*13*)

roman –e *adj* romanesque (style) (*3*)

roman *m* novel (*6*); **roman de chevalerie** *m* romance

romanes-philologie romane romance philology (*13*)

Rome *f* Rome

rompre to break (*26*)

rond –e *adj* round (*6*)

ronfler to snore (*6*)

ronger to chew, gnaw; to consume (*19*)

rosbif *m* roast beef (*9*)

rose *f* rose; **roses baccarat** long stemmed roses (*18*)

rôti *m* roast; **rôti de boeuf** beef roast (*20*)

rouage *m* machinery; wheels (*16*)

roue *f* wheel (*6*)

rouge *adj* red (*4*)

rougeâtre *adj* reddish (*20*)

rougir to redden (*7*)

roulant –e *adj* rolling (*18*)

rouler to roll; to drive, go (*6*)

roupillon *m* nap; **l'heure du roupillon** siesta time (*22*)

roussi –e *adj* burnt, browned (*24*)

route *f* road, route; **se mettre en route** to set out (*20*)

royal –e *adj* royal (*5*)

royaume *m* kingdom (*7*)

RTL *f* Radio-Télévision-Luxembourg (*27*)

rude *adj* rough, harsh (*9*)

rue *f* street (*8*)

rugby *m* rugby (*7*)

rugissement *m* roaring (*14*)

ruine *f* ruin (*16*)

ruiner to ruin (*28*)

ruisseau *m* creek, brook (*20*)

rural –e *adj* rural (*3*)

russe *adj* Russian (*5*)

rutiler to glow (*30*)

rythme *m* rhythm (*15*)

S

sa his, her (*13*)

sable *m* sand (*29*)

sacré –e *adj* sacred

sacrifier to sacrifice (*28*)

sacrilège *m* sacrilege (*19*)

sacrosaint *adj* sacrosanct (*24*)

sage *adj* wise (*13*)

sagement *adv* nicely, with docility (*19*)

sagesse *f* wisdom (*25*)

sain –e *adj* healthy (*28*)

saisi –e *adj* seized, struck, surprised (*29*)

saisir to seize, catch (*26*)

saison *f* season (*4*)

salaire *m* salary (*24*)

salaison *f* salting (*31*)

sale *adj* dirty (*13*)

salle *f* room (*5*); **salle à manger** *f* dining room (*5*); **salle de**

bain *f* bathroom (*13*); **salle de séjour** *f* living room (*5*); **salle d'eau** *f* bathroom (*19*)

salon *m* living room, parlor (*5*)

saluer to salute (*4*)

salut *m* greeting; salvation; **la planche de salut** the ultimate help (*30*)

samedi *m* Saturday (*10*)

sanitaire *adj* sanitary (*25*)

sans *prep* without (*2*)

santé *f* health (*20*)

sapin *m* pine, fir (*31*)

satellite *m* satellite

satirique *adj* satirical (*8*)

satisfaction *f* satisfaction (*30*)

satisfait –e *adj* satisfied (*18*)

sauf –ve *adj* safe; *prep* except for (*28*)

saumon *m* salmon (*20*)

saumoné –e *adj* salmon-like (*20*)

saupoudrer to sprinkle (*29*)

saut *m* jump, leap (*9*)

sauter to jump

sauvage *adj* wild (*2*)

sauver to save, preserve, deliver (*26*); **se sauver** to escape, run away (*19*); **sauve qui peut** every man for himself (*28*)

savant –e *n* learned person (*23*)

savoir to know; **savoir par coeur** to know by heart (*13*); **savoir gré (de)** to be thankful (for) (*17*); **pas que je sache** not that I know (*28*)

savon *m* soap (*31*)

scandinave *adj* Scandinavian (*24*)

scène *f* scene, stage, scenery (*23*)

sciatique *f* sciatica (*17*)

science *f* science, knowledge (*1*)

scientifique *adj* scientific (*17*)

sciure *f* sawdust (*29*)

se *pr* himself, herself (*3*)

séance *f* meeting (*14*)

sec, seche *adj* dry; **il fait sec** it is dry (*7*)

second –e *adj* second (*6*)

secondaire *adj* secondary (*25*)

secret –ète *adj* secret

secret *m* secret (*28*)

secrétaire *m or f* secretary (*5*)

segment *m* part, segment (*11*)

seigneur *m* lord (*14*)

seine *f* fishnet; **Seine** Seine River (*3*)

seize *adj* sixteen (*31*)

séjour *m* stay (*5*)

séjourner to live, inhabit, remain, reside (*5*)

sel *m* salt (*20*)

selectif –ve *adj* selective (*22*)

selon *prep* according to (*19*)

semaine *f* week (*10*)

semblable *adj* similar

semblant *m* semblance (*14*)

sembler to seem (*8*)

semer to sow (*16*)

Semoy *f* Semoy River in France and Belgium (*9*)

sens *m* sense, consciousness; interpretation; direction (*27*); **en ce sens que** in as much as (*18*); **sens interdit** no entry (a one-way street) (*21*)

sensation *f* sensation (*6*)

sensé –e *adj* sensible, intelligent (*6*)

sensibilité *f* sensibility (*14*)

sensible *adj* sensitive (*17*)

sentiment *m* feeling (*26*)

sentimental –e *adj* sentimental (*15*)

sentinelle *f* sentry (*26*)

sentir to feel, to smell (*7*)

séparation *f* separation (*4*)

séparer to separate (*7*)

sept *adj* seven (*7*)

septième *adj* seventh (*10*)

sérieux –se *adj* serious (*1*)

seriner to drum (*17*)

serpenter to wind, meander (*6*)

serrer to squeeze, press; **serrer la main** to shake hands (*15*)

servante *f* maid (*30*)

service *m* service function; set of dishes (*29*)

serviette *f* briefcase (*8*); napkin (*15*)

servir to serve; **servir à** to be used for; **se servir de** to use (*18*)

ses *poss adj* his, her

seul –e *adj* single, alone (*5*); only (*14*); **un seul** only one (*18*)

seulement *adv* only (*6*); **pas seulement** not only

sévère severe (*18*)

si *conj* if (*6*); **même si** even if (*17*)

si *adv* yes (*10*)

siamois –e *adj* Siamese (*2*)

Sicambres *m pl* ancient German people (*19*)

siècle *m* century (*5*)

siège *m* seat (*7*)

sien –ne *p adj* his, hers (*30*)

signalisation *f* road signs (*23*)

signe *m* sign

signer to sign (*22*)

signification *f* meaning (*11*)

signifier to mean (*26*)

silence *m* silence

silencieux –se *adj* silent (*19*)

simple *adj* simple

simplement *adv* simply (*23*)

simplifier to simplify (*13*)

sincérité *f* sincerity (*10*)

singulier –ière singular (*22*)

sinon *adv* otherwise, else (*13*)

sitôt *adv* as soon as (*22*)

situation *f* position (*15*)

situé –e *adj* located (*7*)

six *adj* six (*5*)

ski *m* ski; **skier, faire du ski** to ski (*22*)

snobisme *m* snobbishness (*17*)

société *f* society (*30*)

sœur *f* sister (*1*)

soi *pr* oneself (*21*)

soif *f* thirst (*7*)

soigneusement *adv* carefully (*29*)

soigner to take care of, nurse (*22*)

soin *m* care; **prendre soin de** to take care of (*22*)

soir *m* evening (*10*)

soirée *f* evening (*4*)

soit! *int* so be it! (*26*)

soit *conj* either (*28*)

soixante *adj* sixty (*31*)

soixante et onze *adj* seventy-one (*31*)

soixante-dix *adj* seventy (*31*)

soixante-douze *adj* seventy-two (*31*)

sol *m* G, note in music, so (*3*)

sol *m* soil (*9*)

soldat *m* soldier (*19*)

soleil *m* sun (*17*)

solennel –le *adj* solemn (*18*)

solide *adj* solid, strong (*2*)

solidement *adj* strongly (*25*)

solitude *f* solitude (*11*)

solution *f* answer, solution

sombre *adj* dark, somber (*18*)

sombrer to founder, fail, go down (*28*)

somme *f* sum; **en somme, somme toute** in short (*25*)

sommeil *m* sleep (*7*)

sommeiller to doze (*21*)

sommet *m* summit, top (*4*)

son *adj* his, her

son *m* sound (*3*)

sondage *m* poll (*23*)

sonder to sound (*23*)

songer (à) to think, dream about, intend (19)

sonner to ring (*11*)

sonnerie *f* ringing (*14*)

sonore *adj* sonorous, resonant (*3*)

Sorbonne *f* Sorbonne (university) (*20*)

sort *m* fate (*7*)

sorte *f* kind; **de sorte que** so that (*18*)

sortie *f* exit (*29*)

sortir to go out (*24*); **en sortir** to get out of (*24*)

sou *m* cent (*9*)

souci *m* care, worry (*9*)

(se)soucier to care for (*22*)

soudain –e *adv* suddenly (*19*)

souffle *m* breath; puff of wind, breeze (*6*); **être à bout de souffle** to be out of breath (*21*)

souffler to blow; to breathe; to whisper (*17*)

souffrir to suffer (*7*)

souhait *m* wish

souhaitable *adj* desirable (*22*)

souhaiter to wish (*17*)

souillé *adj* soiled (*29*)

soulier *m* shoe (*23*)

souligner to underline, to stress (*27*)

soumettre to submit

soumis –e (à) *adj* submitted, subjected (to) (*16*)

soupçon *m* suspicion (*24*)

soupe *f* soup (*9*)

soupir *m* sigh; **le dernier soupir** dying breath (*27*)

source *f* origin, source; spring (*16*)

sourd –e *adj* deaf (*19*)

sourire *m* smile (*11*)

sourire to smile (*13*)

souris *f* mouse, mice (*2*)

sournoisement *adj* surreptitiously, cunningly (*21*)

sous *prep* under; **sous-douane** duty free (*29*); **sous peu** *adv* soon

soutenir to sustain (*20*)

souterrain *m* tunnel; *adj* **–e** underground (*29*)

souvenir *m* memory; **en souvenir de** in memory of (*10*); **(se)souvenir (de)** to remember (*20*)

souvent *adv* often (*1*)

spatial –e *adj* spacial (*28*)

speaker *m* **speakerine** *f* speaker, announcer (*22*)

spécial –e *adj* special (*3*)

spécialement especially (*9*)

spécialité *f* speciality (*29*)

spectacle *m* show (*29*)

spectaculaire *adj* spectacular (*28*)

spectateur *m* spectator (*29*)

spirale *f* spiral; *adj* **–e** spiral (*5*)

spirituel –le *adj* witty; intellectual; spiritual (*14*)

splendide *adj* splendid (*5*)

sport *m* sport, game (*18*)

sportif –ve *adj* sporting (*22*)

sprinter to sprint (*21*)

stabilité *f* stability (*14*)

station *f* station (*29*); station de taxi cabstand (*21*); station thermale spa

stationnement *m* parking (*23*)

stationner to park (*21*)

statistique *f* statistics

statue *f* statue (*5*)

stock *m* stock (*29*)

stratégique *adj* strategic (*29*)

strict –e *adj* strict, precise (*28*)

strictement *adv* strictly (*25*)

structure *f* structure, form (*17*)

studieux –se *adj* studious (*1*)

studio *m* studio (*20*)

style *m* style (*27*)

stylo *m* pen (*8*)

subir to undergo, sustain, submit to (*13*)

subit –e *adj* sudden, unexpected (*27*)

subitement *adv* suddenly (*27*)

sublimer to sublimate (*15*)

substance *f* substance (*30*)

substrat *m* substratum; language preceded by another and influenced by it (*13*)

subtil –e *adj* subtle (*15*)

subvenir to provide (*20*)

succéder to succeed, follow (*18*)

succès *m* success; best-seller (*28*); faire le succès de to contribute to the success (*29*)

sucre *m* sugar (*21*)

sucrerie *f* dainty, sweet (*9*)

sud *m* south (*2*)

suédois –e Swedish (*29*)

suffire to suffice (*31*)

suffisamment *adv* enough (*24*)

suffisant –e *adj* sufficient (*24*)

suffrage *m* suffrage, vote (*16*)

suggérer to suggest (*15*)

suggestion *f* suggestion (*25*)

suicide *m* suicide (*27*)

Suisse *f* Switzerland; *adj* Swiss (*1*)

suite *f* result; rest, those that follow; succession or continuance (*18*); tout de suite immediately (*22*); à la suite de following

suivant –e *adj* following

suivre to follow (*19*); suivre des yeux to follow with the eyes (*19*)

sujet *m* subject (*26*)

superficie *f* area (*29*)

supérieur –e *adj* superior (*8*)

supermarché *m* supermarket (*29*)

supplanter to supplant (*21*)

supplémentaire *adj* supplementary (*23*)

supplier to beseech, beg (*15*)

supporter to stand (*19*)

supposer to suppose (*27*)

suppression *f* suppression (*29*)

supprimer to suppress (*23*)

suprématie *f* supremacy (*14*)

sur *prep* on, upon (*4*); sur le point de about to (*15*); sur place on the spot (*6*)

surface *f* surface (*25*)

surgir to spring up, rise up; surgir d'une baguette magique to appear as if by a magic wand (*18*)

surprendre to surprise (*11*)

surpris –e *adj* surprised (*10*)

surprise *f* surprise (*20*)

surtout *adv* above all, specially, mainly (*9*)

surveiller to watch over (*19*)

survenir to occur, befall, happen unexpectedly (*20*)

susciter to raise up, arouse

suspect –e *adj* suspicious (*29*)

suzerain *m* –e *f* liege lord, lady

symbole *m* symbol (*27*)

symétrique *adj* symmetric (*5*)

symphonie *f* symphony (*27*)

synonyme *m* synonym; *adj* synonymous (*11*)

syntaxe *f* syntax (*13*)

système *m* system (*14*)

T

ta *adj* your (fam.) (*8*)

tabac *m* tobacco (*6*)

table *f* table (*8*); être à table to be sitting at the table (*19*); se mettre à table to sit down at the table (*29*)

tableau *m* picture (*14*)

tache *f* stain (*20*)

tâche *f* task (*27*)

tâcher to try (*28*)

tacheter to speckle, mottle (*20*)

(se)taire to keep silent (*13*)

talent *m* talent, ability (*28*)

talon *m* heel (*24*)

tambour *m* drum (*15*)

tambour-major *m* drum-major (*30*)

tandis que *conj* while (*20*)

tant *adv* many; tant mieux so much the better (*6*); tant pis too bad (*20*); tant sur tant so much by so much (*25*)

tante *f* aunt

taper to hit, tap; to type (*18*) taper à la machine to type

tapisser to paper, to adorn, to plaster (*29*)

tapoter to tap, pat (*27*)

tard *adv* late (*16*)

tarder to delay (*29*)

tardif –ve *adj* late, slow, tardy (*7*)

tarif *m* rate, tariff (*20*)

tarte *f* pie

tas *m* heap (*16*)

tasse *f* cup (*8*)

taudis *m* slum (*18*)

taureau *m* bull (*26*)

taux *m* rate, price (*18*)

taxe *f* tax (*29*)

taxi *m* taxi (*18*)

te *pron* you (fam.) (*14*)

technologie *f* technology (*17*)

teint *m* complexion (*3*)

teinte *f* color, tint (*21*)

tel –le *adj* such (*9*); tel quel such as it is (*7*)

télé *f* T.V. (*6*)

téléphone *m* telephone (*14*)

téléphoner to telephone (*25*)

téléspectateur *m* televiewer (*21*)

télévisé –e *adj* televised (*21*)

téléviseur *m* television set (*6*)

télévision *f* television (*2*)

témoigner to witness, show (*26*)

tempérament *m* temper, temperament, character (*7*)

température *f* temperature (*4*)

tempérer to moderate (*3*)

temple *m* temple (*29*)

temps *m* weather, time; à quelque temps de là some time later (*19*); avec le temps in the long run (*22*); avoir le temps to have time (*28*); dans le temps formerly (*29*); du temps de at the time of (*29*); il y a quelque temps a while ago (*28*)

tendance *f* tendency (*3*)

tendre *adj* tender

tendre to stretch, hold out (*30*)

tendrement *adv* tenderly (*28*)

tendu –e *adj* stretched (*19*)

tenir to hold, keep, have, manage; tenir à to want, to be attached to (*20*); tenir bon to hold fast (*17*); tenir de to get from; tenir des propos to say (*17*); tenir debout to be standing (*19*); s'en tenir là to go as far as that; qu'à cela ne tienne anyhow (*23*); il ne tient qu'à vous it's up to you (*26*)

tennis *m* tennis (*25*)

tension *f* tension, strain (*16*)

tentant –e *adj* tempting (*30*)

tente *f* tent (*18*)

tenter to tempt (*14*); to try, attempt (*18*)

tenu –e *adj* kept, bound (*17*)

terme *m* word, term; en d'autres termes in other words (*18*)

terminer to end (*20*)

terrain *m* field, lot, ground (*11*); gagner du terrain to gain ground (*21*); perdre du terrain to lose ground (*21*)

terrasse *f* terrace (*5*)

terre *f* land, earth (*9*)

terrible *adj* terrible (*7*)

terrien –ne *n* landowner; landlubber (*26*)

territoire *m* territory (*3*)

tes *adj* your, (fam.) *pl* (*8*)

testament *m* testament, will (*31*)

tête *f* head (*7*); perdre la tête lose one's head (*27*)

têtu –e *adj* stubborn (*8*)

texte *m* text (*13*)

thé *m* tea (*24*)

théâtre *m* theater (*9*)

thermale –e *adj* thermal (*4*)

thèse *f* thesis (*24*)

ticket *m* ticket (*20*)

tien –ne *pr* your (fam.) (*30*)

tiens! well! (*22*)

tiers, tierce *adj* third (*22*)

timbre *m* stamp (*15*)

tirer to pull, shoot; s'en tirer à bon compte to pull through (*24*)

tiret *m* blank, dash, hyphen (*29*)

titre *m* title (*9*)

toi *pr* you; toi-même yourself (*8*)

toile *f* linen; sail-cloth; web (*24*); en toile made of canvas (*25*)

toit *m* roof (*5*)

tombant –e *adj* falling (*29*)

tombe *f* grave (*8*)

tomber to fall (*10*); tomber sur to come upon (*19*)

ton your (*8*)

ton *m* tone; hausser le ton to raise one's voice (*14*)

tondre to mow (*23*)

tonner to thunder (*7*)

torrent *m* torrent (*20*)

torse *m* torso (*6*)

tort *m* wrong (*7*)

torture *f* torture (*27*)

tôt *adv* early (*18*)

totalement *adv* completely (*30*)

toucher (à) to touch (*21*)

toujours *adv* always, still (*13*)

tour *m* turn, tour; faire le tour du monde to go around the world (*17*)

tour *f* tower (*25*)

tourbillon *m* whirlwind (*18*)

tourisme *m* touring (*24*)

touriste *n* tourist (*20*)

touristique *adj* touristic (*9*)

tourner to turn (*10*)

tourne-disque *m* record-player (*27*)

tournoi *m* tournament (*7*)

tournoyer to whirl (*16*)

tous *pr* all, every (*8*); tous les jours every day (*9*)

tout –e *adj.* all; pas du tout not at all (*18*); tout à coup suddenly (*6*); tout à fait entirely (*25*); tout à l'heure later (*14*); tout de suite immediately (*8*); tout le monde everyone (*11*)

toux *f* cough (*20*)

toxicomane *m* drug addict (*30*)

(se)tracasser to worry (*25*)

tracer to draw (*20*)

tradition *f* tradition (*22*)

traditionnel –le *adj* traditional (*21*)

trafic *m* trade (*25*)

tragédie *f* tragedy (*11*)

trahir to betray (*30*)

trahison *f* treason (*30*)

train *m* pace; train; être en train de to be in the act of (*6*); du train où vont les choses the way things are going (*24*)

traîner to stroll about; drag; train or trail (*24*)

trait *m* mark, trait, characteristic (*7*)

traité *m* treatise (*30*)

traitement *m* treatment (*17*)

traître *m* traitor (*30*)

trajet *m* distance, passage (*18*)

tranche *f* slice *(20)*

tranquillisant *n* tranquilizer *(29)*

tranquillisé –e *adj* calmed

tranquilliser to quiet, calm *(29)*

transformer to transform

transit *m* transit *(18)*

transport *m* transportation *(6)*

transporter to carry, convey *(10)*

transposer to transpose *(16)*

travail *m* work

travailler to work *(7)*

travailleur *adj* hard working *(8)*

travers *m* breadth; irregularity, defect; au travers through *(26)*

traverser to cross *(16)*

trébucher to stumble *(29)*

treize *adj* thirteen *(31)*

trembler to tremble *(17)*

tremie *f* hopper, funnel *(29)*

trentaine *f* about thirty *(22)*

trente *adj* thirty *(22)*

trente et un *adj* thirty-one *(31)*

trente-deux *adj* thirty-two *(31)*

trépidation *f* trepidation, shaking, jarring *(6)*

très *adv* very *(1)*

triangle *m* triangle *(2)*

tribu *f* tribe *(9)*

tribunal *m* court *(13)*; passer devant les tribunaux to be brought to court *(27)*

trimestre *m* quarter *(17)*

triomphal –e *adj* triumphal *(21)*

triomphant –e *adj* triumphant *(14)*

triomphe *m* triumph *(6)*

triompher to triumph *(26)*

triste *adj* sad *(7)*

tristesse *f* sadness *(30)*

trois *adj* three *(1)*

troisième *adj* third *(1)*

tromper to deceive; se tromper to be mistaken *(18)*

trompette *f* trumpet *(30)*

trône *m* throne *(14)*

trop *adv* too much *(9)*

trophée *m* trophy *(19)*

trottoir *m* sidewalk *(16)*

trouble *adj* thick, muddy *(14)*

troubler to disturb, confuse, muddy *(14)*

trouer to pierce *(28)*

troupe *f* troop, herd, flock *(19)*

trouver to find *(7)*; se trouver to be, to happen *(5)*

trouvère *m* minstrel

truc *m* trick *(23)*

truite *f* trout *(20)*

tu *pron* you (fam.)

tuer to kill *(20)*

tuerie *f* slaughter *(15)*

tunnel *m* tunnel *(11)*

tutoiement *m* using the tu (familiar) form *(22)*

tutoyer to use the tu or familiar form *(22)*

tuyau *m* pipe, tube, stem *(14)*

TV *f* T.V. *(21)*

type *m* type *(7)*

U

ultime *adj* ultimate *(27)*

un –e *pron* one; *adj* a *(20)*

uni –e *adj* united, smooth *(11)*

uniforme *adj* uniform *(4)*

unique *adj* only, unique *(26)*

unir to unite, join

unité *f* unity *(3)*

univers *m* universe *(21)*

universel –le *adj* universal *(22)*

uns *pr* some people *(16)*

urbain –e *adj* urban *(6)*

usagé –e *adj* worn, used *(30)*

usager *m* user *(25)*

usine *f* factory *(7)*

ustensile *m* utensil *(14)*

usure *f* wear *(31)*

ut *n* musical note C, do *(27)*

utile *adj* useful *(22)*

utiliser to use *(6)*

utopie *f* utopia *(21)*

V

vacances *f pl* vacation *(7)*

vacancier *m* tourist *(9)*

vacarme *m* uproar, racket *(14)*

vache *f* cow *(9)*

vagabond *m* vagrant *(30)*

vague *f* wave *(8)*

vaguement *adv* vaguely *(18)*

vain –e *adj* vain *(13)*

vaincre to conquer *(17)*

vaincu *m* conquered *(17)*

vainement *adv* in vain *(21)*

vainqueur *m* winner, conqueror *(21)*

vaisselle *f* dishes *(13)*

valeur *f* valor *(19)*

valise *f* suitcase *(18)*

vallée *f* valley *(9)*

valoir to be worth *(18)*

vanter to praise; se vanter to boast *(30)*

vapeur *f* steam, vapor *(19)*

variété *f* variety *(11)*

vase *m* vase *(19)*

vassal *m* retainer, vassal *(14)*

vaste *adj* vast, spacious *(5)*

veau *m* calf, veal *(15)*

vedette *f* star, actress; scout *(15)*

veille *f* eve *(10)*; the day before *(15)*

veiller (sur) to watch (over) *(21)*

vélodrome *m* cycle racing track *(21)*

vendeur *m* –se *f* sales person *(2)*

vendre to sell *(11)*

vengeance *f* revenge *(30)*

(se)venger to avenge (oneself) *(30)*

venir to come; venir de + *inf* to have just *(11)*

vent *m* wind *(7)*; il fait du vent it is windy

vente *f* sale *(29)*

ventre *m* stomach *(20)*

venue *f* arrival *(23)*

verdir to grow green *(7)*

verdure *f* greenery

vérifier to verify *(16)*

véritable *adj* true *(7)*

vérité *f* truth *(15)*

verre *m* glass *(9)*

vers *prep* toward *(4)*; *m* line (of a

poem), verse (21)
verser to pour (22)
vert -e adj green (4)
vertical -e adj vertical (14)
vertu f virtue (13)
veste f coat (28)
veston m jacket (6)
vêtement m garment, clothes (18)
(se)vêtir to dress (13)
viande f meat (2)
vibration f vibration (19)
vibrer to vibrate (8)
vice m fault, flaw, vice (11)
victoire f victory (6)
victuailles f pl victuals, food (14)
vide m emptiness (27)
vie f life (11)
vieil see vieux
vieillard m old man (18)
vieilli -e adj old, grown old (18)
vieillir to grow old (16)
viennois -e Viennese (25)
vieux, vieil, vieille old (4)
vif -ve alive (24)
vigne f vine; vineyard (6)
vignoble m vineyard (9)
villa f farm, suburban residence (14)
village m village, town (10)
ville f city; en ville downtown (4)
vin m wine (9)
vindicatif -ve adj vindictive (19)
vingt adj twenty (17)
vingt et un adj twenty-one (31)
vingtième adj twentieth (11)
vingt-deux adj twenty-two (31)
vingt-quarte adj twenty-four (31)
vingt-sept adj twenty-seven (22)
vingt-trois adj twenty-three (24)
violemment adv violently (24)
violent -e adj violent (24)
violer to violate (4)

violette f violet (3)
violon m violin (3)
viril -e adj manly (6)
visa m
visage m face (18); changer de visage to change appearance (30)
visiblement adv obviously, visibly (20)
visite f visit (9); faire une visite à, rendre visite à to call on (19)
visiter to visit (20)
visiteur m visitor (19)
vison m mink (15)
vite adv quickly (13)
vitesse f speed (22)
viticole adj pertaining to vine culture (15)
viticulteur m wine grower (15)
vitre f windowpane (17)
vitrine f shop-window (29)
vivant -e adj living (29)
vivre to live (13)
vocabulaire m vocabulary (16)
voeu m vow, wish; faire des voeux to wish (17)
voici adv here is, are (22)
voilà there is, are (3)
voir to see; voir loin to make plans long in advance (20)
voire adv even, indeed (14)
voisin m -e f neighbor (6)
voisin -e adj neighboring (24)
voiture f car (5); en voiture! all aboard! (20)
voix f voice (3)
vol m theft, flight (18)
voler to fly; to rob or steal (10)
volet m shutter (5)
voleur m thief (20)
volonté f will (27)
volontiers adv willingly (22)
volubilité f volubility, fluency (7)

volume m book (14)
vomir to vomit (30)
vos your (8)
voter to vote (23)
votre pl vos adj your
vôtre pl vôtres pr yours (30)
vouer to devote; se vouer à to devote oneself to (21)
vouloir to wish, want (14)
vous pr you; je suis à vous I'll be with you (13)
vous-même pr yourself (20)
voyage m trip; faire un voyage to go on a trip
voyager to travel (10)
voyageur m traveler (18)
vrai -e adj true
vraiment adv truly (14)
vrombissement m humming (14)
vue f view; en vue prominent (15)
vulgaire adj simple, common
vulgarité f vulgarity (21)

W

wallon -ne adj walloon (9)
week-end m week-end (16)
wehrmacht f armed forces (German)
whisky m whisky (27)

Y

yeux m pl eyes; sauter aux yeux to be obvious

Z

zéro m zero (31)
zigzaguer to zigzag (6)
zinc m zinc (31)
zone f zone (21); zone bleue limited parking (21)

Grammatical Index

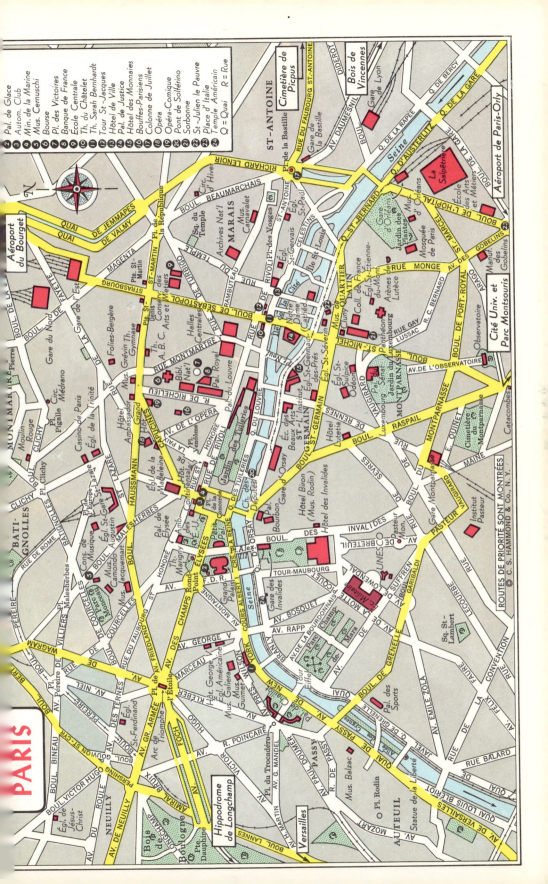

PARIS

Légende

1. Pal. de Glace
2. Autom. Club
3. Min. de la Marine
4. Mus. Cernuschi
5. Bourse
6. Pl. des Victoires
7. Banque de France
8. École Centrale
9. Th. du Châtelet
10. Th. Sarah Bernhardt
11. Tour St-Jacques
12. Hôtel de Ville
13. Pal. de Justice
14. Hôtel des Monnaies
15. Bouffes-Parisiens
16. Colonne de Juillet
17. Opéra
18. Opéra-Comique
19. Sorbonne
20. St-Julien le Pauvre
21. Place d'Italie
22. Temple Américain

Q = Quai   R = Rue

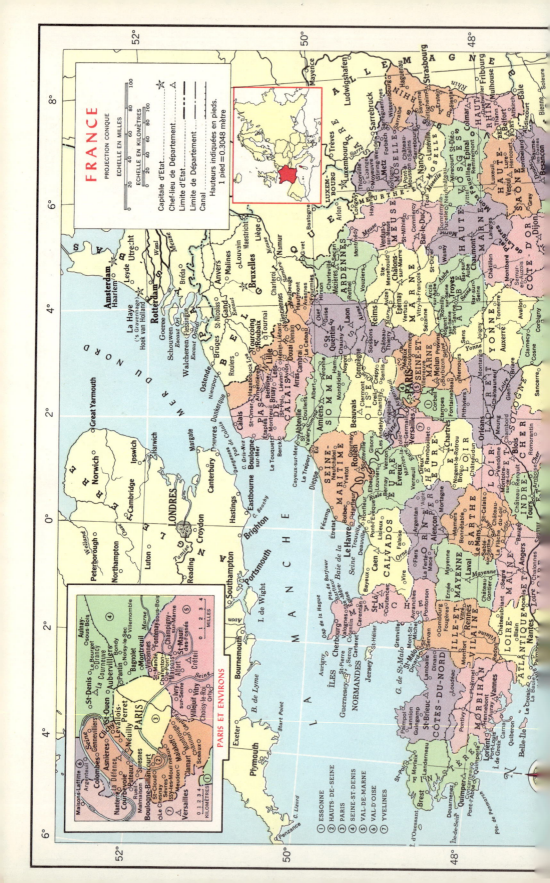

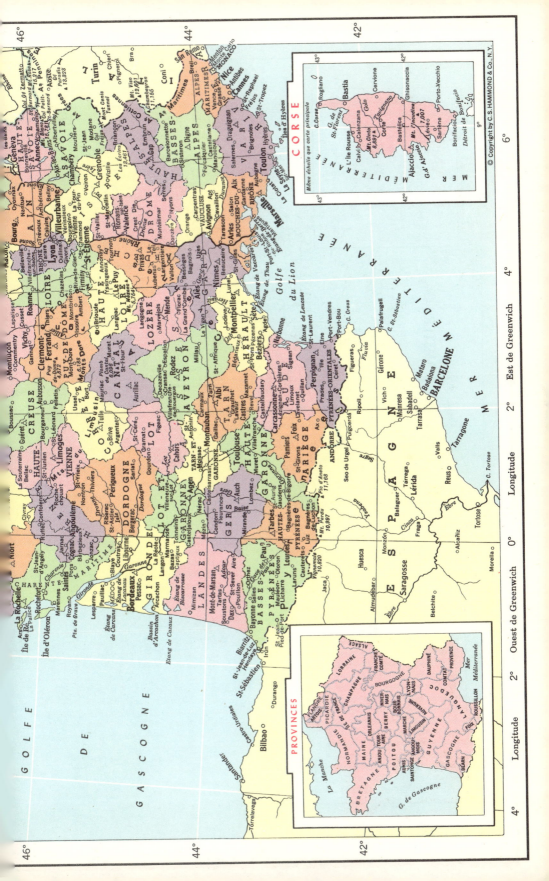

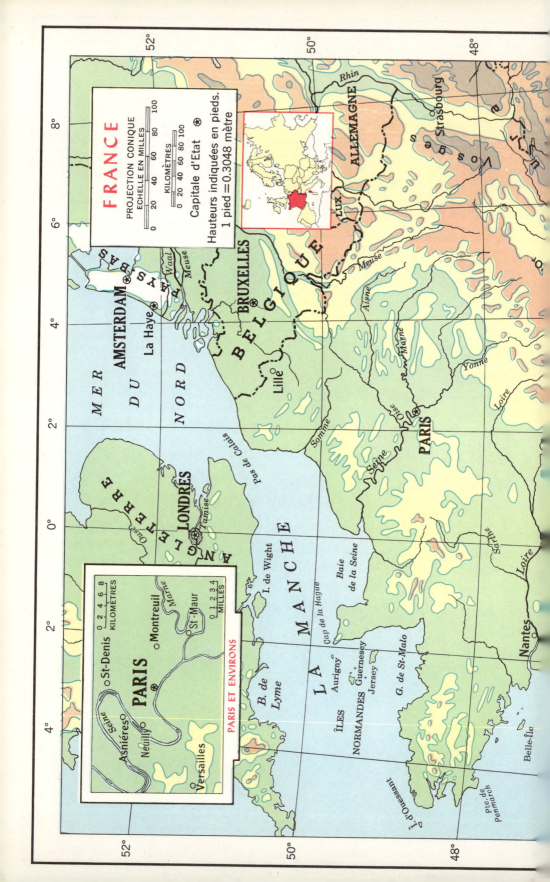

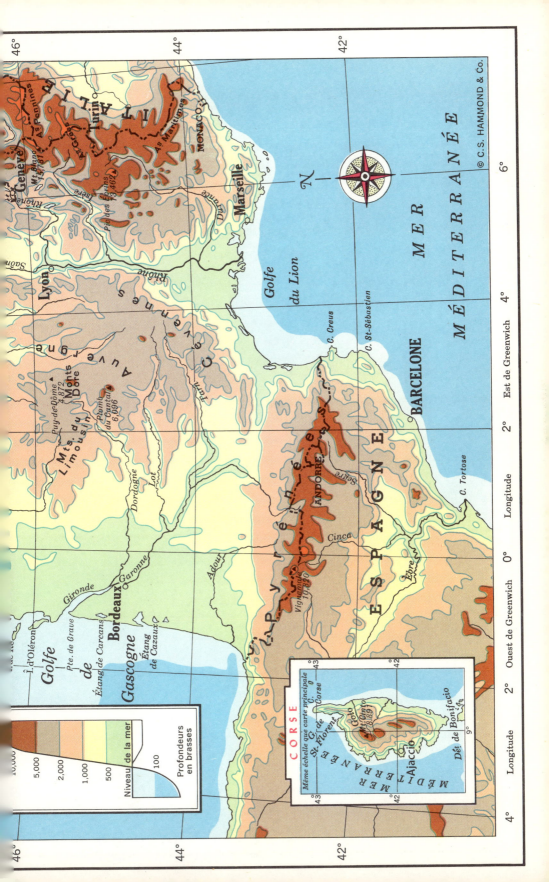

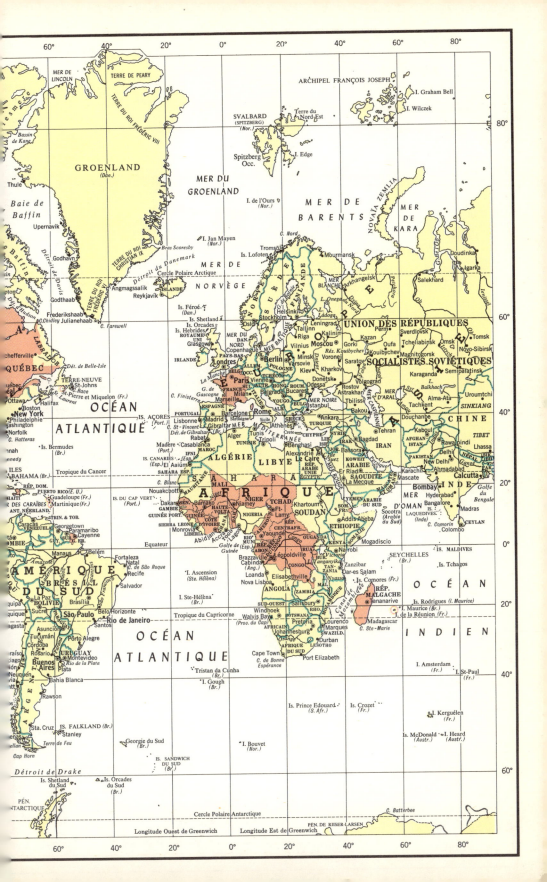

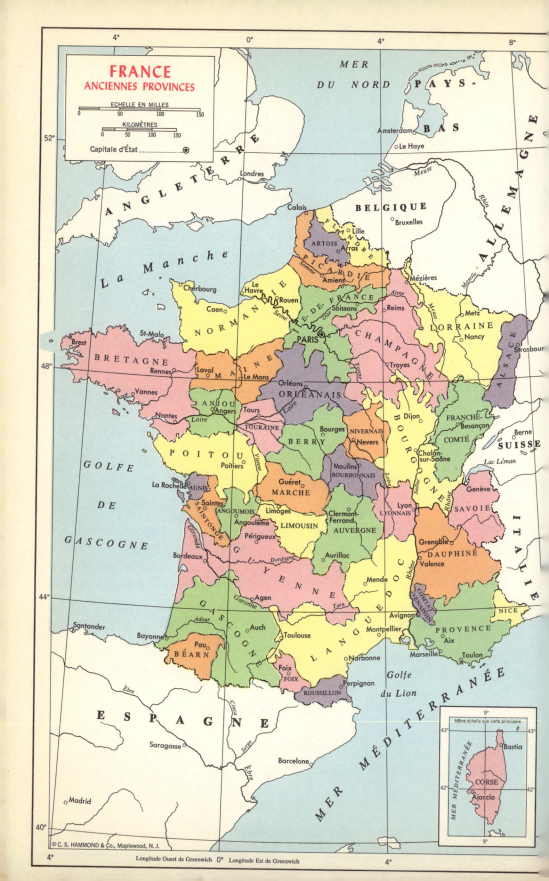

FRANCE
ANCIENNES PROVINCES

ECHELLE EN MILLES
0 · 50 · 100 · 150

KILOMÈTRES
0 · 50 · 100 · 150

Capitale d'État .... ⊗

MER DU NORD

PAYS-BAS

ANGLETERRE

ALLEMAGNE

Amsterdam
Le Haye

Londres

La Manche

BELGIQUE

Bruxelles

Calais

FLANDRE
Lille
ARTOIS
Arras
PICARDIE
Amiens
Somme

Cherbourg
Le Havre
Rouen
Seine
Oise
Soissons
ILE-DE-FRANCE
Aisne
Reims
Mézières
Moselle
Metz
LORRAINE
Nancy
Rhin

NORMANDIE
Caen
St-Malo
PARIS
CHAMPAGNE
Troyes
Yonne
Strasbourg
ALSACE
Berne

Brest
BRETAGNE
Rennes
MAINE
Laval
Le Mans
Orléans
ORLÉANAIS
Loire
Dijon
BOURGOGNE
FRANCHE-
Besançon
COMTÉ
SUISSE

Vannes
ANJOU
Angers
Tours
TOURAINE
Loire
Bourges
BERRY
NIVERNAIS
Nevers
Chalon-
sur-Saône
Saône
Genève
Lac Léman

Nantes
Loire

POITOU
Poitiers
Vienne
Moulins
BOURBONNAIS
Loire
Lyon
LYONNAIS
SAVOIE

La Rochelle
AUNIS
Guéret
MARCHE
Limoges
Clermont-
Ferrand
AUVERGNE

ITALIE

Saintes
SAINTONGE
ANGOUMOIS
Angoulême
LIMOUSIN
Périgueux
Aurillac
Grenoble
DAUPHINÉ
Valence
Rhône

GOLFE
DE
GASCOGNE

Bordeaux
Gironde
GUYENNE
Dordogne
Mende
Rhône

Santander
Agen
Garonne
Tarn
Avignon
COMTAT
VENAISSIN
NICE

Bayonne
Adour
GASCOGNE
Auch
Toulouse
LANGUEDOC
Montpellier
PROVENCE
Aix
Marseille
Toulon

Pau
BÉARN
Foix
FOIX
Narbonne

ESPAGNE

Saragosse
ROUSSILLON
Perpignan
Golfe
du Lion

Madrid

Barcelone

Ebre
Cinca
Segre
Ebre

MER MÉDITERRANÉE

Même échelle que carte principale

Bastia
CORSE
Ajaccio

© C. S. HAMMOND & Co., Maplewood, N.J.

Longitude Ouest de Greenwich   0°   Longitude Est de Greenwich